"十二五"职业教育国家规划教材
经全国职业教育教材审定委员会审定
高等职业院校国家技能型紧缺人才培养培训工程规划教材·汽车运用与维修专业

汽车及配件营销

（第5版）

曹红兵　主　编
王新伟　蔡爱敏　楼　荣　盛　琦　副主编

电子工业出版社
Publishing House of Electronics Industry
北京·BEIJING

内 容 简 介

本书是"十二五"职业教育国家规划教材，系统阐述了汽车及配件市场营销的基本知识和基本理论。全书共 14 章，内容包括：我国汽车市场、汽车市场营销环境分析、汽车市场营销战略、汽车市场细分与目标市场选择、汽车用户购买行为分析、汽车市场调查与预测、汽车产品营销策略、汽车价格营销策略、汽车分销渠道策略、汽车促销策略、汽车营销实务、汽车配件营销、汽车服务策略、汽车网络营销与电子商务。为突出汽车营销实践技能的培养，扩展营销思维，开阔眼界，每章均含有案例分析或相关内容文摘，以及分析思考题和课程实践项目。

本书可作为高等学校汽车类专业的教学用书，也可作为汽车营销与售后服务行业的培训教材，还可供从事汽车营销与售后服务理论研究与实践的相关人员阅读。

未经许可，不得以任何方式复制或抄袭本书之部分或全部内容。
版权所有，侵权必究。

图书在版编目（CIP）数据

汽车及配件营销／曹红兵主编. —5 版. —北京：电子工业出版社，2018.7
ISBN 978-7-121-34158-8

Ⅰ.①汽… Ⅱ.①曹… Ⅲ.①汽车－市场营销学－高等学校－教材②汽车－配件－市场营销学－高等学校－教材 Ⅳ.①F766

中国版本图书馆 CIP 数据核字（2018）第 088233 号

策划编辑：程超群
责任编辑：郝黎明　　特约编辑：王　炜
印　　刷：三河市鑫金马印装有限公司
装　　订：三河市鑫金马印装有限公司
出版发行：电子工业出版社
　　　　　北京市海淀区万寿路 173 信箱　邮编 100036
开　　本：787×1 092　1/16　印张：21　字数：538 千字
版　　次：2005 年 5 月第 1 版
　　　　　2018 年 7 月第 5 版
印　　次：2021 年 3 月第 5 次印刷
定　　价：49.00 元

凡所购买电子工业出版社图书有缺损问题，请向购买书店调换。若书店售缺，请与本社发行部联系，联系及邮购电话：(010) 88254888，88258888。
质量投诉请发邮件至 zlts@phei.com.cn，盗版侵权举报请发邮件至 dbqq@phei.com.cn。
本书咨询联系方式：(010) 88254577，ccq@phei.com.cn。

前　言

随着国民经济持续、健康、快速发展，以及国家将汽车工业作为国民经济支柱产业予以扶持，我国的汽车需求进入高速扩张时期，市场容量迅速扩大。2017年，我国汽车产销分别完成2901.5万辆和2887.9万辆，连续九年蝉联全球第一。预计，我国汽车工业在今后十年仍将呈现一个快速增长的发展态势。

《汽车及配件营销》从2005年第1版至今，成功入选"十二五"职业教育国家规划教材，目前已是第5版修订。

第5版在内容上力求真实反映我国汽车营销领域的最新成果，以适应国内汽车市场的不断发展。同时，在总结以往教学经验的基础上，根据高等职业教育的培养目标和学生特点，对教材内容进行了适当的调整，尽可能地符合学生的认知规律。当然，"必需、够用""注重理论与实际的有机结合、学以致用"这两个编写原则，在第5版中仍然得以充分体现。为便于学生学习本书内容、提高分析问题的能力，每章均含有学习目标与要求，以及分析思考题和课程实践。为突出汽车营销实践技能的培养，扩展营销思维，开阔眼界，每章还附有案例分析或相关内容文摘。

本书由曹红兵担任主编，王新伟、蔡爱敏、楼荣、盛琦担任副主编，其中第1章、第2章、第4章、第5章、第7章、第8章由曹红兵编写；第13章、第14章由王新伟编写；第3章、第6章由蔡爱敏编写；第11章、第12章由楼荣编写；第9章、第10章由盛琦编写。在编写过程中，陈汉生等老师也对编写工作提出了宝贵的建议，提供了丰富的技术资料，在此向他们表示感谢。

在本书的编写过程中，编者参考了大量的国内外市场营销和汽车营销方面的书籍、论文等文献资料，在此，谨向原作者表示谢意。

本书可作为高等学校汽车类专业的教学用书，也可作为汽车营销与售后服务行业的培训教材，还可供从事汽车营销与售后服务理论研究与实践的相关人员阅读。

由于编者水平有限，编写时间仓促，书中难免有不妥或错误之处，敬请读者及有关专家批评指正。

编　者

目 录

第1章 我国汽车市场 (1)
  1.1 汽车工业在国民经济中的地位与作用 (1)
    1.1.1 汽车工业在世界经济中的地位与作用 (1)
    1.1.2 汽车工业在我国国民经济中的地位与作用 (3)
  1.2 我国汽车市场的特点与发展趋势 (4)
    1.2.1 我国汽车市场的基本特点 (4)
    1.2.2 我国汽车市场的发展趋势 (10)
  分析与思考 (17)
  课程实践 (17)

第2章 汽车市场营销环境分析 (18)
  2.1 汽车市场营销的微观环境 (18)
    2.1.1 企业的内部环境 (18)
    2.1.2 企业的外部环境 (18)
  2.2 汽车市场营销的宏观环境 (20)
    2.2.1 人口环境 (20)
    2.2.2 自然环境 (21)
    2.2.3 经济环境 (23)
    2.2.4 科学技术环境 (27)
    2.2.5 政策与法律环境 (27)
    2.2.6 社会文化环境 (32)
  2.3 汽车企业适应营销环境变化的策略 (33)
    2.3.1 企业营销环境分析的方法 (33)
    2.3.2 企业应对营销环境变化的策略 (34)
    2.3.3 企业适应营销环境变化的措施 (35)
  分析与思考 (51)
  课程实践 (51)

第3章 汽车市场营销战略 (52)
  3.1 汽车市场营销战略概述 (52)
    3.1.1 汽车市场营销战略的含义 (52)
    3.1.2 汽车市场营销战略的作用 (53)
  3.2 汽车市场营销战略的规划 (53)
    3.2.1 分析营销机会 (54)
    3.2.2 确定营销战略任务 (55)
    3.2.3 规划营销战略目标 (56)
  3.3 汽车市场营销战略的类型 (57)
    3.3.1 汽车企业发展战略 (57)
    3.3.2 汽车顾客满意战略 (58)
    3.3.3 汽车市场营销竞争战略 (60)
    3.3.4 汽车企业业务投资战略 (63)
    3.3.5 汽车企业业务单位战略 (65)
  分析与思考 (68)
  课程实践 (69)

第4章 汽车市场细分与目标市场选择 (70)
  4.1 汽车市场细分 (70)
    4.1.1 市场细分的概念与作用 (70)
    4.1.2 市场细分的必要条件 (71)
    4.1.3 市场细分的依据 (72)
    4.1.4 市场细分的方法与步骤 (74)
  4.2 汽车目标市场策略 (76)
    4.2.1 评估细分市场 (76)
    4.2.2 选择目标市场 (77)
    4.2.3 确定营销策略 (78)
  4.3 汽车市场定位 (80)
    4.3.1 市场定位的概念 (80)
    4.3.2 市场定位的指标 (80)
    4.3.3 市场定位战略和步骤 (84)
  分析与思考 (92)
  课程实践 (93)

第5章 汽车用户购买行为分析 (94)
  5.1 汽车用户分类及购买行为过程 (94)
    5.1.1 汽车产品的使用特点 (94)
    5.1.2 汽车用户分类 (95)
    5.1.3 用户购买行为的一般过程 (95)
  5.2 汽车个人用户购买行为分析 (96)
    5.2.1 汽车个人消费市场的基本特征 (96)
    5.2.2 汽车个人购买行为的模式 (97)
    5.2.3 汽车个人购买行为的类型 (98)

         5.2.4 影响汽车个人购买行为的
               因素 …………………… (99)
         5.2.5 汽车个人购买决策的
               过程 …………………… (104)
   5.3 汽车产业用户购买行为分析 …… (106)
         5.3.1 汽车产业市场的特点 …… (106)
         5.3.2 汽车产业用户的购买行为
               过程 …………………… (106)
         5.3.3 影响汽车产业用户购买
               行为的因素 …………… (108)
   5.4 汽车集团组织用户购买行为
       分析 ……………………………… (108)
         5.4.1 汽车集团组织市场的基本
               特点 …………………… (108)
         5.4.2 汽车集团组织购买行为
               类型 …………………… (110)
         5.4.3 影响汽车集团组织购买行为
               的主要因素 …………… (111)
         5.4.4 汽车集团组织购买决策的
               过程 …………………… (112)
         5.4.5 汽车集团组织的购买
               方式 …………………… (113)
   分析与思考 ……………………………… (118)
   课程实践 ………………………………… (118)

第6章 汽车市场调查与预测 …………… (119)
   6.1 汽车市场调查 ………………… (119)
         6.1.1 汽车市场调查的作用 …… (119)
         6.1.2 汽车市场调查的主要
               内容 …………………… (120)
         6.1.3 汽车市场调查的步骤 …… (121)
         6.1.4 汽车市场调查的基本
               方法 …………………… (124)
         6.1.5 汽车市场调查的基本
               技术 …………………… (125)
   6.2 汽车市场预测 …………………… (126)
         6.2.1 汽车市场预测的分类 …… (126)
         6.2.2 汽车市场预测的主要
               内容 …………………… (127)
         6.2.3 汽车市场预测的步骤 …… (127)
         6.2.4 汽车市场预测的方法 …… (128)

   分析与思考 ……………………………… (134)
   课程实践 ………………………………… (134)

第7章 汽车产品营销策略 ……………… (135)
   7.1 汽车产品组合策略 ……………… (135)
         7.1.1 汽车产品整体概念 ……… (135)
         7.1.2 汽车产品组合概念 ……… (137)
         7.1.3 汽车产品组合策略 ……… (137)
   7.2 汽车产品品牌与商标策略 ……… (139)
         7.2.1 品牌的概念和作用 ……… (139)
         7.2.2 汽车品牌的意义与特征 … (140)
         7.2.3 汽车品牌策略 …………… (140)
         7.2.4 汽车商标策略 …………… (142)
   7.3 汽车产品寿命周期理论与策略 … (144)
         7.3.1 汽车产品寿命周期的
               概念 …………………… (144)
         7.3.2 汽车产品寿命周期的营销
               策略 …………………… (145)
         7.3.3 车型升级换代的类型与
               作用 …………………… (147)
   分析与思考 ……………………………… (161)
   课程实践 ………………………………… (161)

第8章 汽车价格营销策略 ……………… (162)
   8.1 汽车价格的构成与影响因素 …… (162)
         8.1.1 汽车价格的构成 ………… (162)
         8.1.2 汽车价格的影响因素 …… (163)
   8.2 汽车定价的程序与方法 ………… (166)
         8.2.1 汽车定价的目标 ………… (166)
         8.2.2 汽车定价的程序 ………… (168)
         8.2.3 汽车定价的方法 ………… (169)
   8.3 汽车定价策略 …………………… (171)
         8.3.1 新产品定价策略 ………… (171)
         8.3.2 产品组合定价策略 ……… (172)
         8.3.3 产品寿命周期定价策略 … (173)
         8.3.4 差别定价策略 …………… (174)
         8.3.5 地区定价策略 …………… (175)
         8.3.6 心理定价策略 …………… (176)
         8.3.7 折扣与折让定价策略 …… (178)
   8.4 汽车产品价格调整策略 ………… (179)
         8.4.1 主动提价策略 …………… (179)
         8.4.2 主动降价策略 …………… (180)

分析与思考……………………（187）
　　课程实践……………………（187）
第9章　汽车分销渠道策略……………（188）
　9.1　汽车分销渠道概述………………（188）
　　9.1.1　汽车分销渠道的含义…………（188）
　　9.1.2　汽车分销渠道的功能…………（189）
　　9.1.3　汽车分销渠道的参数…………（190）
　　9.1.4　汽车分销渠道的模式…………（190）
　　9.1.5　我国汽车分销渠道存在的
　　　　　问题………………………（192）
　9.2　汽车分销渠道中的中间商………（193）
　　9.2.1　中间商的类型与特征…………（193）
　　9.2.2　中间商的功能………………（193）
　　9.2.3　批发商（或地区分
　　　　　销商）……………………（195）
　　9.2.4　经销商（或特许经
　　　　　销商）……………………（197）
　9.3　汽车分销渠道的设计、组织与
　　　管理………………………………（198）
　　9.3.1　汽车分销渠道的设计…………（198）
　　9.3.2　汽车分销渠道的组织…………（199）
　　9.3.3　汽车分销渠道的管理…………（200）
　9.4　汽车分销渠道的发展……………（201）
　　9.4.1　汽车分销渠道的类型…………（201）
　　9.4.2　我国汽车分销渠道的发展
　　　　　策略………………………（203）
　　分析与思考……………………（207）
　　课程实践……………………（208）
第10章　汽车促销策略………………（209）
　10.1　汽车促销概述……………………（209）
　　10.1.1　汽车促销的原则及
　　　　　　作用……………………（209）
　　10.1.2　汽车促销的方式………………（210）
　　10.1.3　汽车促销组合应考虑的
　　　　　　因素……………………（210）
　10.2　汽车人员促销策略………………（211）
　　10.2.1　汽车人员促销的特点及
　　　　　　过程……………………（211）
　　10.2.2　汽车人员促销的任务…………（212）

　　10.2.3　汽车人员促销的方法、
　　　　　　策略和技巧………………（213）
　　10.2.4　汽车人员促销的管理…………（215）
　10.3　汽车广告策略……………………（216）
　　10.3.1　广告的概念与作用……………（216）
　　10.3.2　广告决策……………………（217）
　　10.3.3　广告效果评估…………………（219）
　10.4　汽车销售促进策略………………（219）
　　10.4.1　汽车销售促进的概念和
　　　　　　目标……………………（219）
　　10.4.2　汽车销售促进的工具…………（220）
　　10.4.3　汽车销售促进的实施与
　　　　　　评价……………………（221）
　10.5　汽车公共关系策略………………（222）
　　10.5.1　汽车公共关系的概念…………（222）
　　10.5.2　汽车公共关系促销的
　　　　　　工具……………………（222）
　　10.5.3　汽车公关活动的内容…………（223）
　　10.5.4　汽车公关活动计划的
　　　　　　执行与评价………………（224）
　　分析与思考……………………（228）
　　课程实践……………………（228）
第11章　汽车营销实务………………（229）
　11.1　汽车厂商整车销售实务…………（229）
　　11.1.1　进货………………………（229）
　　11.1.2　验收………………………（229）
　　11.1.3　运输………………………（229）
　　11.1.4　存储………………………（230）
　　11.1.5　定价………………………（230）
　　11.1.6　销售………………………（230）
　11.2　经销商整车销售实务……………（231）
　　11.2.1　销售展厅硬件设施的要
　　　　　　求和管理…………………（233）
　　11.2.2　销售人员的作用和
　　　　　　要求……………………（234）
　　11.2.3　客户资源管理…………………（235）
　　11.2.4　销售过程……………………（237）
　　11.2.5　销售经营管理的关键
　　　　　　指标……………………（242）

· VII ·

分析与思考………………………(245)
　　　课程实践…………………………(246)
第12章　汽车配件营销………………(247)
　12.1　汽车配件分类与易损件………(247)
　　　12.1.1　汽车配件的分类…………(247)
　　　12.1.2　发动机易损件……………(248)
　　　12.1.3　底盘易损件………………(250)
　　　12.1.4　电器、仪表易损件………(252)
　　　12.1.5　车身易损件………………(253)
　12.2　汽车配件目录的使用…………(253)
　　　12.2.1　配件目录的内容…………(253)
　　　12.2.2　配件编号和规格的
　　　　　　　识别……………………(253)
　12.3　汽车配件的采购………………(256)
　　　12.3.1　汽车配件进货渠道与
　　　　　　　货源鉴别………………(256)
　　　12.3.2　汽车配件进货方式………(256)
　　　12.3.3　控制进货量………………(257)
　12.4　汽车配件的仓储管理…………(259)
　　　12.4.1　入库验收…………………(259)
　　　12.4.2　仓储管理…………………(260)
　　　12.4.3　出库……………………(263)
　12.5　汽车配件的销售………………(264)
　　　12.5.1　汽车配件销售的特征……(264)
　　　12.5.2　汽车配件的销售方式……(264)
　　　12.5.3　汽车配件的门市销售……(265)
　　　分析与思考………………………(274)
　　　课程实践…………………………(274)
第13章　汽车服务策略………………(276)
　13.1　服务与服务营销………………(276)
　　　13.1.1　服务的分类与特征………(276)
　　　13.1.2　服务营销的组合要素……(278)
　　　13.1.3　服务质量管理……………(279)
　　　13.1.4　服务的有形展示…………(280)
　13.2　汽车的售后服务………………(282)
　　　13.2.1　汽车售后服务的作用……(282)
　　　13.2.2　汽车售后服务的概念、
　　　　　　　内容及功能……………(283)
　　　13.2.3　技术培训…………………(285)
　　　13.2.4　质量保修…………………(286)
　　　13.2.5　备品供应…………………(288)
　　　13.2.6　汽车售后服务的工作
　　　　　　　流程……………………(290)
　　　13.2.7　售后服务管理……………(295)
　　　分析与思考………………………(304)
　　　课程实践…………………………(304)
第14章　汽车网络营销与电子商务……(305)
　14.1　汽车网络营销…………………(305)
　　　14.1.1　网络营销理论……………(305)
　　　14.1.2　网络营销的内容…………(308)
　　　14.1.3　网络营销系统……………(310)
　　　14.1.4　企业网络营销站点………(312)
　14.2　汽车电子商务…………………(314)
　　　14.2.1　电子商务的层次与分类…(314)
　　　14.2.2　电子商务的功能…………(315)
　　　14.2.3　汽车企业应用电子商务的
　　　　　　　优劣分析………………(317)
　　　14.2.4　汽车企业电子商务策略…(318)
　　　分析与思考………………………(325)
　　　课程实践…………………………(325)

第1章 我国汽车市场

【学习目标与要求】
1. 了解汽车工业在国民经济中的地位与作用。
2. 掌握当前我国汽车市场的基本特点。
3. 了解我国汽车市场的发展趋势。

1.1 汽车工业在国民经济中的地位与作用

1.1.1 汽车工业在世界经济中的地位与作用

汽车工业在国民经济和社会发展中发挥着重要作用。

在很多发达国家及发展中国家，汽车工业已成为一个非常重要的支柱产业，对世界经济的发展和社会进步产生了巨大的作用。发达国家在其工业化过程中，都伴随着汽车工业的高速发展，汽车工业的增长速度远超过国民经济和其他行业的增长速度。

所谓支柱产业是指产品市场广阔，在国民经济中具有辐射面广、关联度大、牵动力强的产业。由于它的启动和发展可以促进其他产业发展，甚至对国民经济的腾飞有着直接的推动作用，进而可以提高一个国家的科技水平和综合国力。一般认为，支柱产业应具有以下特征：

①产品市场广阔，对经济增长贡献度高，在国民经济中具有突出地位；
②对其他产业波及效果大，牵动力强，能够大面积促进相关产业的发展；
③有利于优化国民经济的产业结构，促进产业结构高级化；
④能够创造大量的就业机会。

汽车是世界上唯一兼有零件数以万件计、年产量以千万辆计、保有量以亿辆计、售价以万元计的综合性、高精度、大批量生产的工业产品，完全具备支柱产业应具有的四个特征。

1. 汽车产品市场广阔，汽车工业对经济增长的贡献程度高，在国民经济中地位突出

发达国家的汽车工业发展都与国民经济发展直接相关，并基本保持与国内生产总值（GDP）的同向增长。日本在经济高速发展的15年间，国民生产总值增长了6倍，而汽车工业的产值却增长了57倍。汽车工业完成的工业增加值在其国内生产总值中的比例，西欧平均为7%，日本在10%以上，美国也超过了5%。因而，有人从数量上理解支柱产业完成的工业增加值，占同期GDP的比例应不小于5%。

随着汽车业全球化发展，汽车业产值大幅度提高。目前，全球汽车工业年总产值在15 000亿美元以上。这个数字表明，汽车工业是全球性创造产值巨大的产业。

《财富》杂志于1955年创立"美国500强"，1957年发布"美国之外100家最大的工业企业国际排行榜"，经过多次扩充企业数量和行业，在1995年形成并延续至今的"财富世界500强"排行榜。由于历史较悠久，又有较大影响，"财富世界500强"成为衡量全球大型公司的权威榜单，甚至有人称之为"终极榜单"。从近些年来的世界500强企业排行榜中，能看出汽车工业在国民经济中的突出地位。

按照《财富》杂志划分企业所属行业类别的标准，在2015年共计34家汽车企业入围，其中有22家整车企业。德国大众公司排名世界500强第8位，稳居世界500强汽车公司第一位。排名前五位的分别为德国大众公司（总榜单排名第8位）、丰田汽车公司（总榜单排名第9位）、戴姆勒股份公司（总榜单排名第17位）、意大利EXOR集团（总榜单排名第19位）、通用汽车公司（总榜单排名第21位）。

按照《财富》杂志划分企业所属行业类别的标准，全球汽车行业在2016年有34家整车及零部件企业进入世界500强行列，其中有22家整车企业上榜，在53个行业分类中仅次于商业储蓄银行业的53家。汽车行业34家企业的数量与具体企业均与2015年相同。德国大众公司排名世界500强第7位，稳居世界500强汽车公司第一位。排名前五位的分别为德国大众公司（总榜单排名第7位）、丰田汽车公司（总榜单排名第8位）、戴姆勒股份公司（总榜单排名第16位）、通用汽车公司（总榜单排名第20位）、福特汽车公司（总榜单排名第21位）。

按照《财富》杂志划分企业所属行业类别的标准，在2017年世界500强中车辆与零部件业有34家企业，其中有23家整车企业上榜，在58个行业分类中仅次于商业储蓄银行业的51家。丰田汽车公司和德国大众公司跻身前十位，丰田汽车公司在全球排名第5位，而在汽车行业则以254.694百万美元的营业收入位居第一位。排名前五位的分别为丰田汽车公司（总榜单排名第5位）、德国大众公司（总榜单排名第6位）、戴姆勒股份公司（总榜单排名第17位）、通用汽车公司（总榜单排名第18位）、福特汽车公司（总榜单排名第21位）。

2. 汽车工业对其他产业的波及效果大、牵动力强，能够大面积促进相关产业的发展

汽车工业是一个高投入、高产出、集群式发展的产业部门。汽车工业自身的投资、生产、研发、供应、销售、维修，前序的原材料、零部件、技术装备、物流，后序的油料、服务、报废回收、信贷、咨询、保险，直至广告、租赁、驾驶员培训、汽车运输、汽车救援、汽车美容、汽车运动、加油站、基础设施建设、汽车旅游、汽车旅馆、汽车影院、汽车餐厅等，构成了一个无与伦比的长链条、大规模的产业体系。

汽车产业链长、辐射面广、关联度高、就业面广、消费拉动大，与其相关的上游产业包括钢铁、有色金属、橡胶、玻璃、机械、化工、电子、石油等，其下游产业包括销售、维修、公路建设、交通、物流、保险理赔、汽车美容和旅游等。汽车工业的发展能带动钢铁、机械、电子、橡胶、玻璃、石化、建筑、服务等150多个相关产业的发展，汽车制造业对其他产业带动效应的直接相关度为1:2.4~1:2.7。汽车消费的拉动作用范围大、层次多，是典型的波及效果（相关产业为汽车工业服务所形成的增加值）大的产业，其波及效果是数倍于汽车工业本身的效益。以美国为例，汽车工业消费了美国25%的钢材、60%的橡胶、33%的锌、17%的铝和40%的石油；在商业领域，汽车经销商的收入占美国批发商的17%和零售商的24%。可见，汽车行业的发展不但可以带动相关制造行业发展，还可强力拉动服务业，对经济的拉动作用巨大。

3. 汽车工业科技创新和科技成果吸收能力强，有利于促进国民经济产业结构升级

汽车诞生100多年来，汽车的技术进步使得汽车的面貌日新月异，汽车工业变得日益强大和成熟。20世纪70年代以后，汽车在安全、节能和环保方面又有了新的突破和进展。特别是电子技术与汽车技术的结合，使得汽车技术又有了一个质的飞跃，汽车正在走向电子化、网络化、智能化、轻量化、能源多样化。同时，汽车的能耗、噪声和污染等公害日益减少，安全性、经济性、舒适性、使用方便性日益提高。汽车科技是国家整体提高科技水平的领头羊，是国家创新工程的重要阵地。

汽车工业的发展，不断地对相关产业提出新的要求，促进其技术的进步。例如，高性能燃料和润滑油、特种钢材和有色金属、子午线轮胎、工程塑料、夹层玻璃和钢化玻璃、汽车电子设备等，就大大推动了石油工业、冶金工业、橡胶工业、化学工业、玻璃工业、电子工业的技术进步。现代汽车科技涉及空气动力学、人机工程学、结构力学、机械工程学、热力学、流体力学、材料学、工业设计学等多个学科，它们紧密相连、相互依附、相互促进。

汽车工业还是带头应用最新技术成果的行业。通过新技术在汽车行业的试验、研究和完善，最终推广和运用到其他工业。组合机床、自动生产线、柔性加工系统、机器人、全面质量管理等新技术、新工艺、新方法，都是在汽车工业最先得到推广和应用。汽车工业是消化吸收科技成果（尤其是高科技成果）最强的工业部门之一，如世界上70%的机器人被应用于汽车工业，CAD/CAM技术正被广泛用于汽车设计和生产，以电子产品为代表的一大批高科技产品在汽车上的装车率日益提高。机械、电子、化学、材料、光学等众多学科技术领域取得的成就多在汽车上得到了体现和应用。

汽车工业的发展，直接促进国家产业结构的升级。由于汽车工业的水平几乎代表着一个国家的制造业水平、工业化水平和科技水平，汽车科技及其相关科技对其他产业的辐射直接促进有关产业的进步，特别是技术含量相对较高产业的发展，从而使得国家的产业结构不断走向高级化。产业结构的升级，提高了产业的国际竞争能力，必将导致国家出口产品结构的优化，形成以深加工、高附加值为主的出口结构。第二次世界大战后，汽车作为"国际贸易第一大商品"的地位从未被撼动。

4. 汽车工业能够提供众多的就业机会

发展汽车工业是提供就业机会的有效途径，其就业机会不仅量大、面广，而且技术含量也高。有统计数字表明，汽车工业每提供1个就业岗位，上/下游产业的就业人数是10~15人。目前，在几个主要汽车生产国和消费国中，汽车产业及相关产业提供的就业机会约占全国总就业机会的10%~20%，尤其是汽车服务业的就业人数大幅度增长，就业比例明显提高。西欧的主要发达国家，全国平均每6~7个就业人员中就有一个是与汽车产业相关的。也就是说，汽车工业与相关产业的就业人口的比例高达11%~14%。汽车工业为汽车发达国家提供了巨大的就业机会。我国与日本、德国相比，汽车总就业人数相对较多。有专家预测，到2030年将达1亿人以上。

1.1.2 汽车工业在我国国民经济中的地位与作用

1953年7月15日，第一汽车制造厂在长春破土动工，我国的汽车工业从这里起步。在60多年的发展历程中，经历了由计划经济向市场经济的转型。自2001年年底加入WTO以来，汽车工业蓬勃发展已经成为我国国民经济的重要支柱产业，在促进经济发展、增加就业、拉动内需等方面发挥着越来越重要的作用。同时，我国宏观经济持续、快速增长也推动了汽车需求量的迅速增加，市场需求的变化使汽车工业迎来了突飞猛进的发展。

从我国经济增长的实际情况看，进入21世纪以来，汽车产量年均增长20%以上，对世界汽车增长每年的贡献率达到近50%。过去十年汽车工业总产值占GDP的比重从3.4%稳步提升至4%~4.5%，占GDP中工业总产值的比重也在稳步提升，对经济平稳运行有较强的带动作用。在经济规模方面，据《中国汽车工业年鉴》统计，2012年汽车制造业实现工业增加值7940.4亿元，占GDP的1.40%。2013年汽车制造业利润总额3166.6亿元，与2001年相比增长15倍之多。在产业地位方面，通过对2005年我国62个部门的投入产出流量表的分析可以看出，国内汽车制造业每增值 1 元，可以有效带动上/下游关联产业 2.64 元的增值。据此计算，2013 年我国汽车产业对国民经济的拉动作用远远超过 10%，影响到 156 个行业，汽车工业在国民经济中的地位也日益突出。2015 年我国汽车产值为 2.8 万亿元，同比增长 4.9%，汽车产值占 GDP 的比重为 4.1%，占 GDP 中工业总产值的比重超过 12%。2005—2015 年我国汽车工业总产值占 GDP 比重情况如图 1-1 所示。

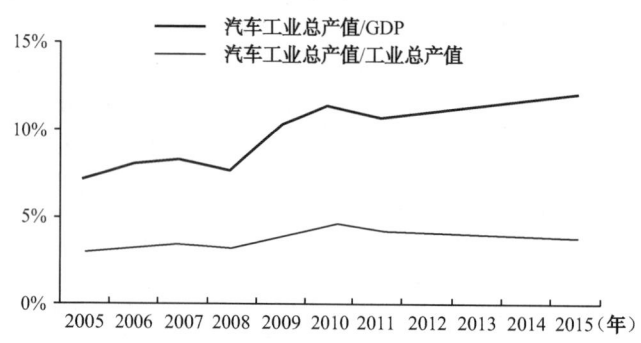

图 1-1 2005—2015 年我国汽车工业总产值占 GDP 比重情况

2016 年，我国汽车行业拥有规模以上企业 14 110 余家，约占经济总量的 2%。汽车行业工业增加值同比增长 15.5%，分别高于国内生产总值和规模以上工业增速 8.8 个百分点、9.5 个百分点，推动经济增长 0.3 个百分点，对经济增长的贡献率高达 4.5%。实现主营业务收入 80 185.8 亿元，同比增长 14.1%，增幅比规模以上工业高出 9.2 个百分点。实现利润总额 6677.4 亿元，同比增长 10.8%，增幅比规模以上工业高出 2.3 个百分点。完成固定资产投资 12 037 亿元，同比增长 4.5%，增幅比规模以上工业高出 0.9 个百分点。

我国幅员辽阔、人口众多，物质生产和经济运转需要现代公路交通的强力支持，即必然要求交通方式和交通工具的现代化。我国正在致力于建设以快速列车、高速公路、立交桥、地铁、轻轨、空运、海运为组成内容，各种交通运输方式彼此协作、相互协调发展的现代化综合交通体系。由于汽车具有灵活性、快捷性、方便性、适应性和广泛性，现代公路交通是现代交通体系最重要的组成部分。随着人们生活水准的提高，方便、快捷、舒适的公路交通也是满足人们出行的客观需要。在这样的国情和发展背景下，汽车在我国已经呈现出市场广阔、需求量大的特点，并且在未来较长时期内，这种需求趋势仍将持续下去，加入 WTO 后我国汽车市场的快速增长便是最好的例证。同时，由于我国存在大量剩余劳动力，就业矛盾突出，汽车产业对于多方面扩大就业途径，带动间接就业特别是服务业就业的增长，具有比其他国家更大的作用。这种作用，无论是其经济意义，还是其政治意义，都是不可低估的。

我国已明确将汽车工业列为国民经济的支柱产业予以扶植和发展，这种战略地位是由经济社会发展和汽车产业自身的特点所决定的，这是保证经济持续、健康发展的重要举措之一。

1.2 我国汽车市场的特点与发展趋势

1.2.1 我国汽车市场的基本特点

我国自 20 世纪 50 年代中期开始生产汽车，至 1992 年汽车产/销量首次突破百万辆大关，经历了 36 年的时间。从 100 万辆发展至 2000 年产销量超过 200 万辆，其间经历了 8 年的时间，而到 2002 年销售突破 300 万辆仅仅用了两年多时间。2009 年，我国汽车产/销量分别达到 1379.10 万辆和 1364.48 万辆，以 300 多万辆的优势首次超越美国，成为世界汽车产销第一大国。

2011 年是"十二五"的开局之年，国内生产总值为 471 564 亿元，同比增长 9.2%，城镇居民人均可支配收入和农村居民人均纯收入分别实际增长 14.1%和 17.9%。随着经济的快速增长和居民收入水平的持续提高，对汽车等商品的需求不断上升。2011 年汽车产/销量分别为 1841.89 万辆和 1850.51 万辆，同比增长 0.84%和 2.45%。

2012 年，我国汽车市场继续保持平稳增长态势，汽车产/销量双双超过 1900 万辆，又一次刷新全球历史纪录，产/销量连续 4 年世界第一。其中，全年累计生产汽车 1927.18 万辆，同比增长 4.6%，销售汽车 1930.64 万辆，同比增长 4.3%，产/销量同比增长率分别提高了 3.8 和 1.8 个百分点。

2013 年，我国汽车产/销量分别为 2211.68 万辆和 2198.41 万辆，同比增长 14.76%和 13.87%，增长率提高了 10.2 和 9.6 个百分点。

2014 年我国汽车产/销量双双突破 2300 万辆，其中汽车生产 2372.29 万辆，同比增长 7.26%，汽车销售 2349.19 万辆，同比增长 6.86%，连续 6 年位居全球第一。

2015 年我国全年累计生产汽车 2450.33 万辆，同比增长 3.29%，销售汽车 2459.76 万辆，同比增长 4.71%，产/销量创历史新高，再次刷新全球纪录，并已连续 7 年蝉联全球第一。

2016 年是"十三五"开局之年，中国汽车产/销量分别完成 2811.88 万辆和 2802.82 万辆，产/销量再创历史新高，连续 8 年蝉联全球第一。产/销量同比分别增长 14.46%和 13.65%，同比增长率提高了 11.21 和 8.97 个百分点。

2017 年，我国汽车产/销量分别完成 2901.5 万辆和 2887.9 万辆，同比增长 3.2%和 3%，虽然同比增长率低了 11.3 和 10.6 个百分点，但仍然创历史新高，连续 9 年蝉联全球第一。

2000—2016 年我国汽车产销量及其增速变化情况如图 1-2 所示。

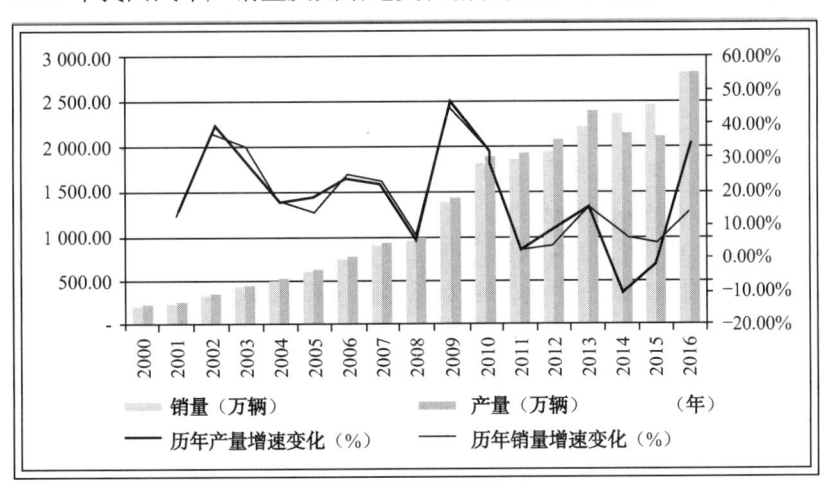

图 1-2 2000—2016 年我国汽车产/销量及增速

在汽车产/销量快速增长的同时，我国汽车保有量也随之不断增长。2006 年我国汽车保有量为 4985 万辆，2016 年达到 19 440 万辆，11 年间增长了 289.97%。2006—2016 年我国汽车保有量及历年增速变化情况如图 1-3 所示。未来 5 年，预计中国每年将至少售出 2500 万辆汽车，到 2020 年，中国的汽车保有量将达到 3 亿辆左右。

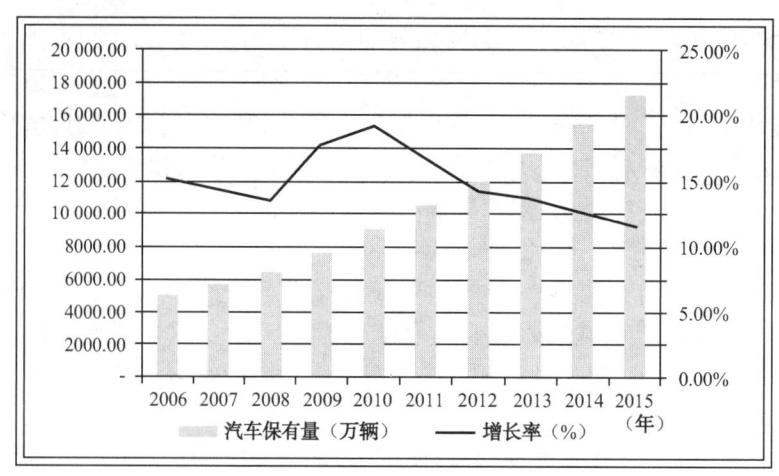

图 1-3　2006—2016 年我国汽车保有量及增速

当前，我国的汽车需求增长较快，市场容量迅速扩大，在汽车产/销量连创新高的同时，需求结构也发生了较大的变化，汽车市场总体呈现出以下特点：

1. 乘用车和商用车的产品结构向国际市场靠拢

以轿车为主的乘用车一直是我国汽车工业最薄弱的环节，我国现代化的轿车工业的建设始于 20 世纪 80 中后期。1986 年，轿车产/销量不到 1 万辆，占汽车市场份额不足 3%。2010 年，我国汽车产/销量分别为 1826.47 万辆和 1806.19 万辆，乘用车产/销量分别为 1389.71 万辆和 1375.78 万辆，占汽车总产量的 76.1%、总销量的 76.2%。这个比例与当时的国际汽车市场基本一致，如美国汽车市场上乘用车的比例为 73%左右，日本在 76%左右，欧盟则在 90%左右。

2011 年，我国累计生产汽车 1841.89 万辆，销售汽车 1850.51 万辆，其中乘用车产/销量分别完成 1448.53 万辆和 1447.24 万辆，占汽车总产量的 78.6%、总销量的 78.2%。2012 年，我国全年累计生产汽车 1927.18 万辆，销售汽车 1930.64 万辆，其中乘用车产/销量 1552.37 万辆和 1549.52 万辆，占汽车总产量的 80.6%、总销量的 80.3%。2013 年，我国汽车产/销量分别为 2211.68 万辆和 2198.41 万辆，其中乘用车产/销量分别为 1808.52 万辆和 1792.89 万辆，占汽车总产量的 81.8%、总销量的 81.6%。2014 年我国生产汽车 2372.29 万辆，销售汽车 2349.19 万辆，乘用车产/销量分别完成 1991.98 万辆和 1970.06 万辆，占汽车总产量的 84%、总销量的 83.9%。2015 年我国全年累计生产汽车 2450.33 万辆，销售汽车 2459.76 万辆，2015 年乘用车产/销量分别为 2107.94 万辆和 2114.63 万辆，占汽车总产量的 86%、总销量的 86%。2016 年我国汽车产/销量分别为 2811.88 万辆和 2802.82 万辆，乘用车产/销量分别为 2442.1 辆和 2437.7 万辆，占汽车总产量的 86.8%、总销量的 87%。2010—2016 年我国乘用车产/销量占汽车总产量的比例变化情况如图 1-4 所示。以轿车为主的乘用车需求（主要是私人消费需求）的迅速增加，已经成为推动我国汽车业及市场发展最活跃、最重要的力量。

2017 年，我国乘用车产/销量分别为 2480.7 万辆和 2471.8 万辆，同比增长 1.6%和 1.4%，均低于汽车总体 1.6 个百分点，占汽车产/销量比重分别达到 85.5%和 85.6%。

2. 汽车价格稳中有降，品质和性能逐步提升

进入 21 世纪以来，伴随着市场规模的不断扩大升级、竞争加剧，汽车价格基本呈持续单边走低态势，在经历了加入 WTO 初期的快速下降后，汽车价格已逐步趋于稳定。

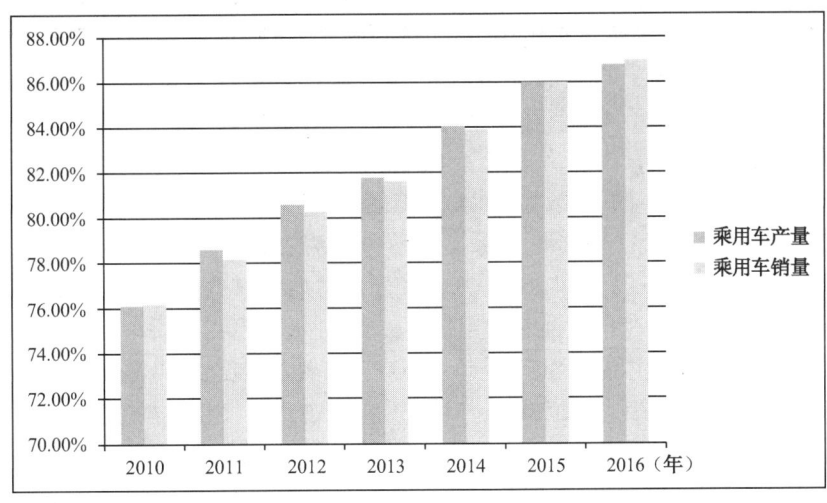

图 1-4　2010—2016 年我国乘用车产/销量占汽车总产量的比例

注：乘用车涵盖了轿车、微型客车及不超过 9 座的轻型客车。乘用车细分为基本型乘用车（轿车）、多功能车（MPV）、运动型多用途车（SUV）、专用乘用车和交叉型乘用车。

"十二五"期间，在宏观政策继续保持连续性与稳定性的指导下，汽车行业受需求推动，价格继续保持稳中下行态势，量升价跌。合资品牌已向中低端市场渗透，其价格下探至 10 万元以下，已与自主品牌价格区间重合，迫使自主品牌企业将销售市场重心由一、二线城市向三、四线城市转移，为抢占市场份额，产品价格将面临较大的下行压力。

"十三五"期间，随着新能源、智能化等技术的不断提升，国内汽车市场也迎来了新一轮的转型升级。跨国巨头和自主品牌汽车企业积极推出新一代的升级产品，但价格尤其是合资品牌的价格却在不断下探。对比合资品牌的价格大幅下探，自主品牌汽车的价格保持相对稳定，但在产品的品质和性能提升方面则更加明显，新产品在外观、配置、动力、内饰、空间、智能化等方面都有全新的升级，以满足消费者不断增长的需求。随着市场竞争愈加激烈，未来国内汽车市场的格局或将迎来大的变革，一部分汽车企业将会被淘汰出局。

3. 自主品牌获得长足发展，但自主开发能力仍然较弱

长期以来，技术落后严重制约了自主品牌汽车的发展，质次价低、山寨抄袭的印象使得自主品牌只能在低端市场立足。随着国家调整汽车产业政策，鼓励与支持国内汽车企业进行自主研发能力和自主汽车品牌的建设，国内汽车生产企业加大了在研发能力方面的投入，自主品牌产品的技术水平日益提高，在国内市场的地位进一步提升。具体来看，自主品牌的发展因不同领域而有所不同。在商用车领域，大部分产品为自主开发，市场基本由自主品牌占领，占有率达 90%以上；在乘用车市场，国内自主品牌所占市场份额呈稳步增长趋势。

2015 年，自主品牌乘用车共销售 873.76 万辆，同比增长 15.27%，占乘用车销售总量的 41.32%，同比占有率提升了 2.86 个百分点。德系、日系、美系、韩系和法系乘用车分别销售 399.82 万辆、336.43 万辆、259.57 万辆、167.88 万辆和 72.93 万辆，分别占乘用车销售总量的 18.91%、15.91%、12.27%、7.94%和 3.45%。韩系品牌同比销量略有下降，其他外国品牌呈小幅增长。

2016 年，自主品牌乘用车年销量为 1052.9 万辆，首次突破 1000 万辆大关，同比增长 20.5%，远高于乘用车市场的 14.93%。同期日系、德系、美系、韩系、法系等品牌销量增速分别为 12.70%、12.81%、13.89%、6.74%和-11.82%，占乘用车销售总量的 43.2%，同比提高了2个百分点。其中，自主品牌轿车销售234万辆，同比下降3.7%，占轿车销售总量的19.3%，销售率下降了1.4个百分点；自主品牌SUV销售526.8万辆，同比增长57.6%，占SUV销售总量的58.2%，销售率提高了4.8个百分点；自主品牌MPV销售223.8万辆，同比增长19.9%，占MPV销售总量的89.6%，销售率提高了1.2个百分点。

2017年，自主品牌乘用车销量为1084.67万辆，同比增长3.02%，市场份额提升0.69个百分点，达到43.88%。德系、日系、美系、韩系和法系乘用车分别销售484.97万辆、420.48万辆、303.95万辆、114.45万辆和45.58万辆，分别占乘用车销售总量的19.62%、17.01%、12.30%、4.63%和1.84%。在自主品牌乘用车中，SUV增长迅猛，轿车品牌表现稳定，MPV出现大幅下滑。2017年，自主品牌SUV共销售621.7万辆，同比增长18%，市场份额为60.6%；轿车共销售235.4万辆，同比增长0.6%，市场份额为19.9%；MPV共销售172.8万辆，同比下滑22.8%，市场份额为83.5%。

2009—2016年自主品牌乘用车销量、自主品牌乘用车市场占有率如图1-5、图1-6所示。

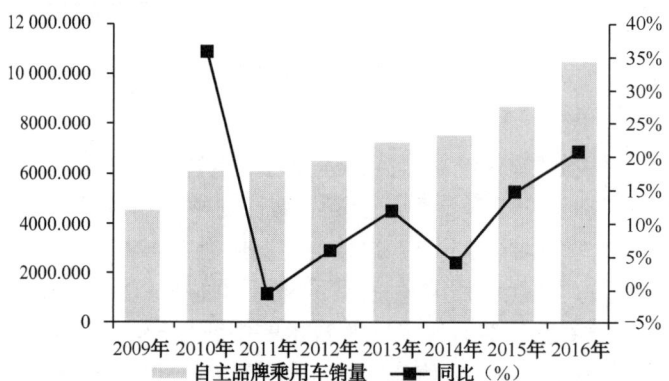

图1-5　2009—2016年自主品牌乘用车销量（辆）

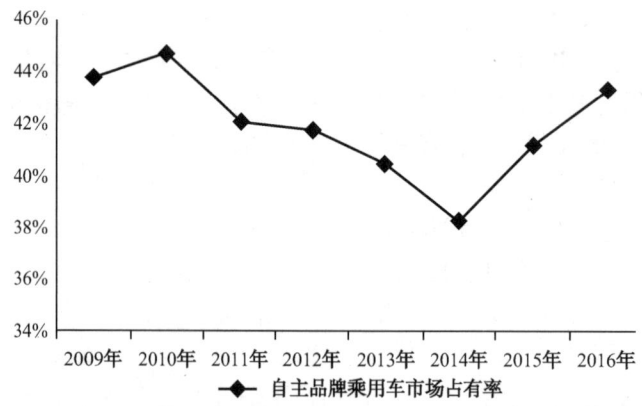

图1-6　2009—2016年自主品牌乘用车市场占有率（%）

虽然我国汽车企业自主品牌取得了较快的发展，但自主品牌出现的核心问题就是大而不强，自主开发能力总体仍然较弱，主要依靠引进国外技术。在汽车工业整体利润受到挤压的大背景下，如果继续沿用技术引进和组装生产的模式，将影响企业的长远发展。随后，集中出现了几个能与合资品牌同台竞争的企业，是我国成为汽车强国的重要因素。

4．产业集中度稳步提升，合资企业占据主导地位

目前，我国汽车市场初步形成了"四大"即一汽（一汽集团）、上汽（上汽集团）、东风

（东风集团）、长安（长安集团）为第一梯队，以"十小"即广汽（广汽集团）、北汽（北汽集团）、奇瑞（奇瑞汽车）、比亚迪、华晨（华晨集团）、江淮（江淮集团）、吉利（吉利汽车）、中国重汽、福汽（福汽集团）、陕汽（陕汽集团）为第二梯队的产业格局。

2015 年，汽车销量排名前十位的生产企业依次为：上汽、东风、一汽、长安、北汽、广汽、华晨、长城、江淮和吉利，分别销售 586.4 万辆、387.3 万辆、284.4 万辆、277.7 万辆、248.9 万辆、130.3 万辆、85.6 万辆、85.3 万辆、58.8 万辆和 56.2 万辆。与上年同期相比，一汽销量略有下降，其他企业有一定的增长，吉利和江淮增速更快。2015 年，十家企业共销售 2200.7 万辆，占汽车销售总量的 89.5%。2015 年，上述十家企业共销售中国品牌汽车 948.5 万辆，占中国品牌汽车销售总量的 79.2%。其中共销售中国品牌乘用车 711.6 万辆，占中国品牌乘用车销售总量的 81.5%；共销售中国品牌商用车 236.9 万辆，占中国品牌商用车销售总量的 73.3%。

2016 年，汽车销量排名前十位的企业依次为：上汽、东风、一汽、长安、北汽、广汽、长城、吉利、华晨和奇瑞。与上年同期相比，华晨销量呈小幅下降，其他企业均呈增长，吉利和奇瑞增速更为明显。2016 年，上述十家企业共销售 2475.99 万辆，占汽车销售总量的 88.34%。

2017 年，汽车销量排名前十位的企业依次是：上汽、东风、一汽、长安、北汽、广汽、吉利、长城、华晨和奇瑞。与上年同期相比，吉利和广汽销量增长明显，上汽和一汽增速略低，其他六家企业呈一定下降。2017 年，上述十家企业共销售 2556.24 万辆，占汽车销售总量的 88.52%。值得一提的是，2017 年共有八家企业年销量超过 100 万辆。

5. 新能源汽车产/销量保持迅猛增长

随着汽车工业迅猛发展，全球汽车保有量快速增长导致对石油消费需求大幅增长，汽车尾气排放导致了空气质量下降、温室效应等一系列问题，由于全球石油资源有限，能源安全与环保已成为各国关注的重点问题。从汽车工业节能减排趋势看，仅仅依靠燃油车的技术进步难以满足更为严格的节能减排法规的目标要求，发展新能源汽车是解决日益严重的能源危机和环保压力的唯一途径，也是人类社会可持续发展的唯一道路。对新能源汽车没有统一的分类标准，我国新能源汽车主要分为纯电动汽车、混合动力电动汽车和燃料电池电动汽车。

2015 年，在国家及各地方的大力推动下，新能源汽车产/销量总体保持了较快的增长势头。截至2015年年底，新能源汽车累计产/销量为 34.1 万辆和 33.1 万辆，同比增长了 3.3 倍和 3.4 倍。其中纯电动汽车产/销量分别为 25.5 万辆和 24.8 万辆，同比增长了 4.2 倍和 4.5 倍，占新能源汽车比重分别为 74.8%和 74.8%；插电式混合动力汽车产/销量分别为 8.6 万辆和 8.4 万辆，同比增长了 1.9 倍和 1.8 倍。在新能源乘用车中，纯电动乘用车产/销量分别为 15.2 万辆和 14.7 万辆，同比增长了 2.8 倍和 3 倍；插电式混合动力乘用车产/销量分别为 6.3 万辆和 6.1 万辆，同比均增长了 2.5 倍。在新能源商用车中，纯电动商用车产/销量分别为 10.2 万辆和 10.1 万辆，同比增长了 10.4 倍和 10.6 倍；插电式混合动力商用车产/销量分别为 2.3 万辆和 2.3 万辆，同比增长 91.1%和 88.8%。

2016 年，我国新能源汽车生产 51.7 万辆，销售 50.7 万辆，同比分别增长 51.7%和 53%。其中纯电动汽车产/销量分别为 41.7 万辆和 40.9 万辆，同比增长 63.9%和 65.1%；插电式混合动力汽车产/销量分别为 9.9 万辆和 9.8 万辆，同比增长 15.7%和 17.1%。在新能源乘用车中，纯电动乘用车产/销量分别为 26.3 万辆和 25.7 万辆，同比增长 73.1%和 75.1%；插电式混合动力乘用车产/销量分别为 8.1 万辆和 7.9 万辆，同比增长 29.9%和 30.9%。在新能源商用车中，纯电动商用车产/销量分别为15.4万辆和15.2万辆,同比增长50.2%和50.7%;插电式混合动力商用车产/销量分别为1.8和1.9万辆,同比下降22.5%和19.3%。

2017年,我国新能源汽车产/销量为79.4万辆和77.7万辆,同比分别增长53.8%和53.3%,市场占比达到2.7%,提高了0.9个百分点。其中,纯电动汽车产/销量分别为66.7万辆和65.2万辆,同比增长59.8%和59.6%;插电式混合动力汽车产/销量分别为12.8万辆和12.4万辆,同比增长28.5%和26.9%。在新能源乘用车中,纯电动乘用车产/销量分别为47.8万辆和46.8万辆,同比增长81.7%和82.1%;插电式混合动力乘用车产/销量分别为11.4万辆和11.1万辆,同比增长40.3%和39.4%。

6. 汽车市场环境和市场秩序逐渐规范,汽车交易和消费行为趋于理性化

随着社会整体市场体系的健全和规范,汽车市场中相应的法律、法规也趋于逐步完善,除了市场通行的规则外,严格的汽车排放标准和产品认证制度正在全国范围内推行开来,国际上通行的召回制度也已实施,从非正当渠道流入市场的进口车数量大幅降低,这些举措净化了国内汽车市场的生产经营和消费环境。

由于汽车消费的总体结构出现以私人消费为主和汽车市场买方市场的全面形成,家庭、个人和私营企业购买比例不断增加,汽车消费行为趋于理性化。一方面,汽车厂商及其代表(经销商等)必须正视消费者的需要,生产或提供适销对路的产品或服务,正确开展现代市场营销活动,提高经营水平;另一方面,消费者的消费心理日益成熟,已能够在购买时作出明智的分析和选择,冷静地对待购买、使用和消费环节,根据自己的需要选择厂家、品牌和价格等,以最大限度地满足自己的需求。

1.2.2 我国汽车市场的发展趋势

即使经历了十余年的快速增长,我国汽车市场仍有较大的发展空间,正呈现出以下发展趋势。

1. 刚性需求仍然强盛,市场潜力巨大

为了衡量一个国家和地区汽车使用的广泛性和普及程度,学术界引入了"汽车密度"的概念,主要使用"千人汽车保有量"指标,系指一个国家或地区每千人拥有的汽车数量(辆/千人)。这里,汽车拥有量又被称为汽车保有量,系指全社会拥有的可以上路行驶的各类汽车的总辆数。

2005年,我国千人汽车保有量为24辆。2007年,我国千人汽车保有量为33辆。期间,欧盟为340辆、日本为380辆,而美国达到了780辆,世界平均水平为110辆。2010年,我国千人汽车保有量为58辆,不及世界平均水平的一半。2011年,我国平均千人汽车保有量为69辆,接近140辆的世界平均水平的一半。2014年,我国千人汽车保有量首次破百,达到107辆,较10年前增长3.5倍。2005—2014年中国千人汽车保有量如图1-7所示,2012年全球主要国家千人汽车保有量如图1-8所示。

虽然我国的汽车普及率增长迅速,但在全球范围内目前仍处于较低的水平,不仅低于全球千人汽车保有量的平均水平,更远低于发达国家千人汽车保有量500~800辆的水平,表明我国汽车行业仍具有较大的发展空间。即使达到世界平均普及程度,我国的汽车市场还有很大的增长潜力,尚有近亿辆的净增空间。换言之,按每年市场净增1000万辆,现有保有量中按每年10%的更新需求计算,我国每年保持1500~2000万辆的需求,还可以维持10年以上的时间。事实上,由于汽车普及是个复杂过程,实际增长过程将远远超过10年,这表明我国汽车市场在今后一个较长时期内，仍然是一个市场趋于增长的阶段。

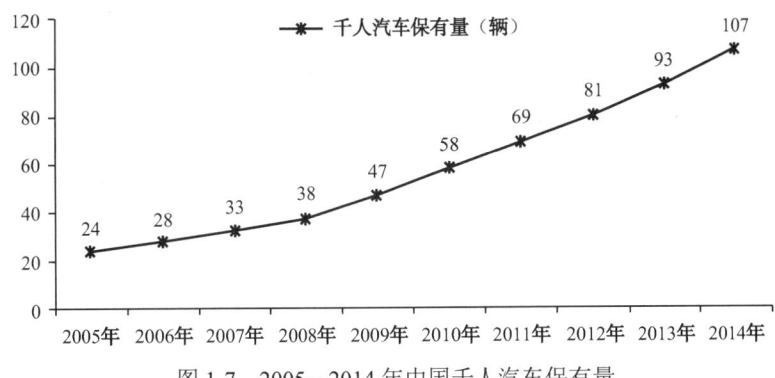

图 1-7　2005—2014 年中国千人汽车保有量

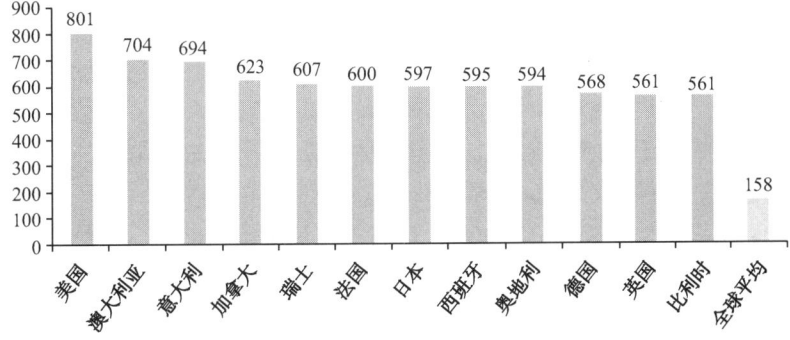

图 1-8　2012 年全球主要国家千人汽车保有量（辆）

据国家统计局统计，2016 年年底，全国居民每百户家用汽车拥有量为 27.7 辆，比上年增长 21.9%，不足 1/3 的家庭有车。目前，我国千人汽车保有量为 110 多辆，仍然低于全球平均水平，与发达国家相比具有较大差距。而美国汽车拥有量每百户达 220 辆，一家 2 辆车多一点，欧洲、日本和韩国等国家每百户汽车拥有量将近 150 辆，两家达 3 辆车。从总体来讲，中国汽车产业具有极大潜力，消费还有很大空间，不少家庭的刚性需求仍然强盛。

2. 市场竞争日趋激烈

据不完全统计，到 2015 年年底，我国前 30 家汽车企业（集团）的产能将为 3124 万辆，已经远远大于国家发改委预测的市场需求。未来 2～3 年，国内汽车行业的产能将继续上升，促使汽车市场竞争程度进一步加剧。另外，从长期来看，汽车消费也面临城市交通环境拥挤、能源价格持续走高以及汽车消费支持政策取消、部分大城市限制购车等多方面不利因素。

3. 以轿车为主的乘用车仍然快速增长

研究表明，随着人均国民收入的增加，轿车普及率（千人轿车拥有量）将按如图 1-9 所示的规律变化。即在经济发展程度很低（$R<R_1$）时，轿车普及率也很低，这个阶段为轿车普及前期；当经济发展到一定程度（$R_1<R<R_2$）时，轿车普及率呈缓慢增长态势，这个阶段为缓慢普及期；随着经济的进一步发展（$R_2<R<R_3$），轿车开始以较快速度进入个人消费领域，普及率呈迅速上升态势，这个阶段为快速普及期；当经济发展达到相当水平（$R>R_3$），轿车普及率较高时，普及率又呈缓慢增长态势，这个阶段称为轿车普及后期。进一步研究还表明，R_1 大体相当于普及型轿车价格的 1/3～1/2，R_2 大体相当于普及型轿车的价格，R_3 大体相当于高级轿车的价格。

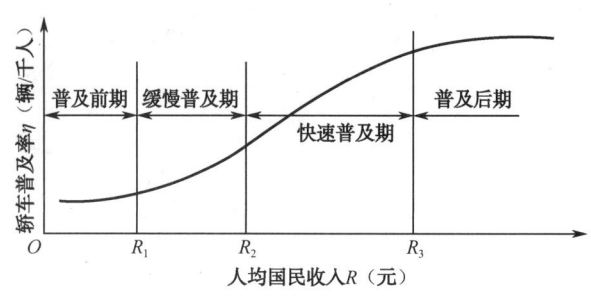

图 1-9 轿车普及率的变化

随着我国经济的快速增长和人民生活水平的提高，以轿车为主的乘用车越来越成为家庭和个人有能力购买的耐用消费品。近年来，我国汽车产/销量增长主要体现在乘用车特别是轿车产销的增长上，乘用车占汽车总产量比重也呈现逐年上升态势。特别是在中西部地区，由于过去经济欠发达，原有的城镇化率较低，轿车拥有量基数较低。近几年，随着产业向中西部地区的转移，其经济快速增长，城镇化速度加快，轿车普及率呈迅速上升态势，轿车拥有量也随之快速增长。

4. 汽车市场向二、三线城市转移，城镇化是促进三线市场发展的主要力量

一线、二线、三线城市的市场结构基本上呈"3—4—3"格局，即一线城市的市场份额约占30%、二线约占40%、三线约占30%。随着一线城市限购和二、三线城市逐步放量，市场潜力此消彼长。目前，一线市场每年大约下降两个百分点，预计到2020年，一线市场份额会下降到15%左右，三线市场将提升至55%左右。随着消费动力下沉，汽车消费越来越呈现出向县域延伸的趋势，县域覆盖的大规模人口正在经历由"生存型"向"享受型"的消费需求升级，县域市场逐渐成为汽车产业的"金砖市场"。

农民入城后大多从事服务业，因此会产生对交叉型轿车（商乘两用，要求空间大，能够载人、拉货）的大量需求。同时，三、四线城市居民和部分农村地区将成为我国汽车市场中刚性需求消费的主要力量。

5. 汽车消费群体将发生改变

据调查，目前汽车消费主力为80后人群（47%）、三/四线城市（52%）和收购用户（55%）。未来，汽车消费主力人群也将发生改变，以下四大新兴消费群体更值得关注：90后、城市新移民（从农村或小城来到大城市经商或工作，在当地居住满两年及以上）、中产新女性（个人月收入8000元以上，有独立工作或生意）和准二孩家庭（已生育一个小孩，25~40岁间的育龄家庭）。二胎政策将会带来家庭结构的转变，家庭购车需求也将随之发生变化，中大型SUV、MPV已成为越来越多二胎家庭的购车刚需，这一部分的汽车市场空间将进一步扩大，消费升级潜力巨大。

6. 消费需求多元化、个性化

过去，消费者选择车型时比较注重经济实用。近几年来，一方面随着居民收入水平的逐步提高，消费者对汽车的认识越来越理性，对汽车各种性能和功能的要求越来越高，同质化的产品已无法满足市场需求。另一方面，随着市场竞争的日趋激烈，在售车型产品不断丰富，内/外部设计元素的差异将向更加细化的方向发展，以突出产品的个性特点。汽车消费环境的显著变化使得消费者的购车需求呈多元化和个性化趋势，汽车消费进入了个性化、时尚化时代，购买大排量的运动型多用途乘用车（SUV）汽车的人越来越多，汽车改装的需求越来越多，年轻人追求轿车外型时尚化的趋势日益明显。轿车的消费距离原来最基本的功能——解决上班问题越来越远，汽车已成为张扬个性的工具。人们对各种汽车比赛趋之若鹜，消费者对轿车的评价也越来越重视其外观是否"酷"，中国人不仅终于接受了两厢轿车，而且对于最时尚的轿车也很是追捧。为了满足消费者的多种需求，国内汽车厂家不断推出新车型，最近两年每年都有超过100款上市，包括全新车型和改款车型。专家认为，新车型过多，会导致单种车型年销量过低，并不利于提高企业的规模效益。

7．新能源汽车成消费主流

2012年6月，我国发布了《节能与新能源汽车产业发展规划（2012—2020）》，指出要加快培育和发展新能源汽车产业，推动汽车动力系统电动化转型。2014年7月，国务院发布了《关于加快新能源汽车推广应用的指导意见》，确定了"贯彻落实发展新能源汽车的国家战略，以纯电驱动为新能源汽车发展的主要战略取向，重点发展纯电动汽车、插电式（含增程式）混合动力汽车和燃料电池汽车"的新能源汽车发展指导思想。2015年5月，国务院印发《中国制造2025》，正式提出制造强国战略，并将节能与新能源汽车列为重点发展的十大领域之一，总体上指明了节能汽车、新能源汽车和智能网联汽车技术的发展方向和路径。

2016年10月26日，受国家制造强国建设战略咨询委员会、工业和信息化部委托，中国汽车工程学会组织逾500位行业专家历时一年研究编制的《节能与新能源汽车技术路线图》发布会在沪正式召开。总体目标是：至2030年，汽车产业碳排放总量先于国家提出的"2030年达峰"的承诺和汽车产业规模达峰之前，在2028年提前达到峰值，新能源汽车逐渐成为主流产品、汽车产业初步实现电动化转型。路线图显示，2020年汽车产/销规模将达到3000万辆，2025年达到3500万辆，2035年达到3800万辆。主要里程碑是：至2020年，新能源汽车销量占汽车总体销量的比例达到7%以上。至2025年，新能源汽车销量占汽车总体销量的比例达到15%以上。至2030年，新能源汽车销量占汽车总体销量的比例达到40%以上。

8．二手车规模扩大化

二手车，是指从办理完注册登记手续到达到国家强制报废标准之前进行交易并转移所有权的汽车，包括三轮汽车、低速载货汽车（原农用运输车）、挂车和摩托车。二手车市场是汽车市场的重要组成部分，在发达国家早已成为汽车销售的主流形式，其销售量往往数倍于新车销量。近年来，我国二手车市场伴随着国内汽车工业的迅速发展和汽车保有量的增加获得了快速发展，交易量一直呈现两位数的增长势态，交易额也大幅度攀升。

虽然我国二手车交易总量增长速度较快，但与欧美成熟市场相比尚处在起步阶段，发展潜力仍然巨大。从国际平均水平来看，二手车在乘用车市场中已占到57%的比例，明显高于新车的交易量，在美国、德国等成熟市场中，二手车的比例均高于70%，而我国2012年的二手车交易量仅为26%。这些数据表明，我国二手车市场还具有很大的发展空间、潜力巨大。随着有车一族换车频率的增大和换车者的增多，二手车车源将不断扩大，有专家认为我国汽车市场将步入"置换时代"。目前，我国二手车交易量与新车销量之比已从1:6上升至1:4，预计2020年，在实现新车4000万辆交易规模时，二手车、新车销量比将达到1:1。

当然，在快速发展过程中的我国二手车市场也难免出现一些问题，如二手车交易体制不成熟、交易不规范，二手车信息不对称、鉴定评估缺乏科学统一的标准、二手车交易形式相对落后、售后服务体系不完善等，这些问题在一定程度上制约着二手车市场的健康发展。从总体上看，我国二手车市场尚处于起步阶段，其功能和作用未得到充分发挥，尚需要扶植和发展。

【文摘1.1】

2016年我国汽车产/销量双超2800万辆 同比增长14.46%和13.65%

新华网北京2017年1月12日电：今日，中国汽车工业协会对外发布的数据显示，2016年我国汽车产/销量再创历史新高，分别为2811.88万辆和2802.82万辆，同比增长14.46%和13.65%，增幅提升了11.21个百分点和8.97个百分点。

受购置税优惠政策等促进因素影响，2016年我国汽车产/销月度销量除2月份以外，其余月份均明显高于上年同期，销量累计增长率呈直线上升走势，总体呈现产/销两旺发展态势。2014—2016年汽车月度销量如图1-10所示。

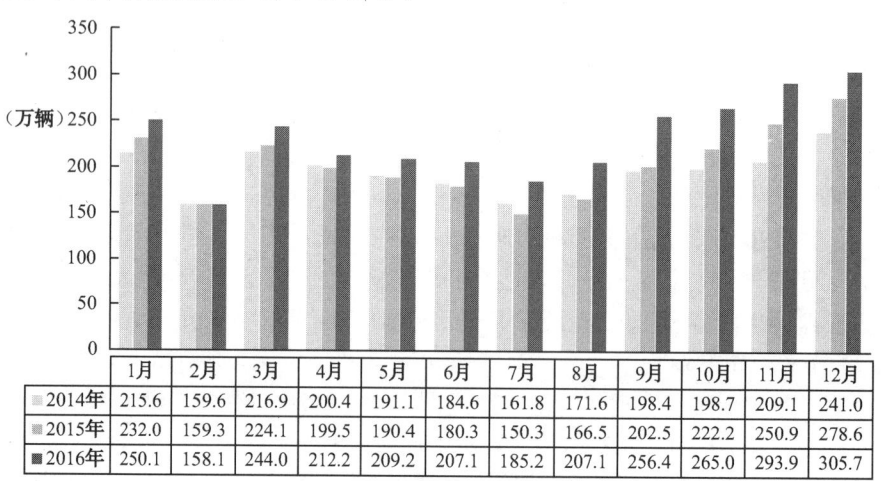

图1-10 2014—2016年汽车月度销量

2016年，基本型乘用车（轿车）产销1211.13万辆和1214.99万辆，同比增长3.91%和3.44%；运动型多用途乘用车（SUV）产销915.29万辆和904.70万辆，同比增长45.72%和44.59%；多功能乘用车（MPV）产销249.06万辆和249.65万辆，同比增长17.11%和18.38%；交叉型乘用车产销66.59万辆和68.35万辆，同比下降38.32%和37.81%。1.6升及以下乘用车销售1760.7万辆，同比增长21.4%，占乘用车销量比重为72.2%，提高了3.6个百分点，对乘用车销量的贡献度为97.9%。1.6升及以下乘用车占乘用车销量的比重如图1-11所示。

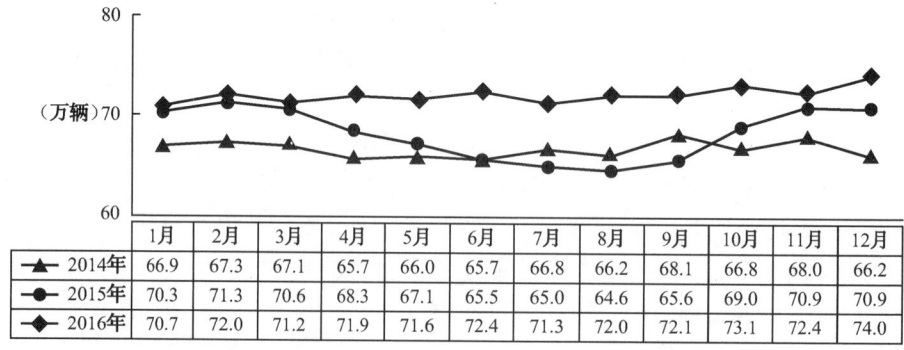

图1-11 2014—2016年1.6升及以下乘用车占乘用车销量的比重

2016年新能源汽车生产51.7万辆，销售50.7万辆，同比分别增长51.7%和53%。其中纯电动汽车产/销量分别为41.7万辆和40.9万辆，同比增长63.9%和65.1%；插电式混合动力汽车产/销量分别为9.9万辆和9.8万辆，同比增长15.7%和17.1%。新能源乘用车中，纯电动乘用车产/销量分别为 26.3 万辆和 25.7 万辆，同比增长 73.1%和 75.1%；插电式混合动力乘用车产/销量分别为 8.1 万辆和 7.9 万辆，同比增长 29.9%和 30.9%。新能源商用车中，纯电动商用车产/销量分别为 15.4 万辆和 15.2 万辆，同比增长 50.2%和 50.7%；插电式混合动力商用车产/销量分别为 1.8 和 1.9 万辆，同比下降 22.5%和 19.3%。2015—2016 年新能源汽车月度销量如图 1-12 所示。

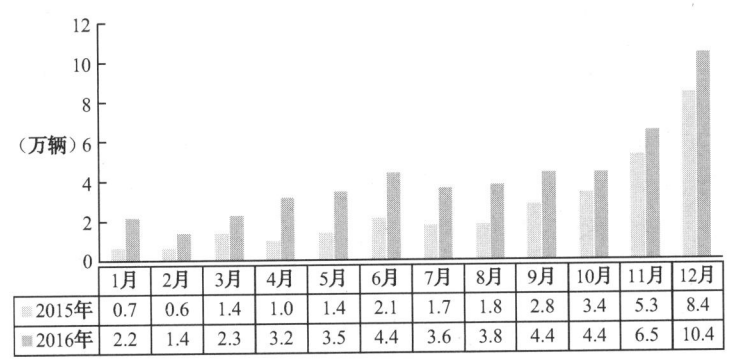

图 1-12 2015—2016 年新能源汽车月度销量

2016 年，商用车产/销量分别为 369.8 万辆和 365.1 万辆，比上年增长了 8%和 5.8%，增幅进一步提高。从分车型产销情况看，客车产/销量比上年分别下降了 7.4%和 8.7%；货车产/销量比上年分别增长了 11.2%和 8.8%，货车从 3 月起产/销量持续上升，拉动作用明显，增长贡献度分别达到 116%和 126%。

2016 年，汽车销量排名前十位的企业依次为：上汽、东风、一汽、长安、北汽、广汽、长城、吉利、华晨和奇瑞。与上年同比，华晨销量呈小幅下降，其他企业均呈增长，吉利和奇瑞增速更为明显。2016 年，上述十家企业共销售 2475.99 万辆，占汽车销售总量的 88.34%。

【文摘 1.2】

2017 年我国汽车产销量回落 中汽协：2018 年车市或继续放缓

中国汽车工业协会（中汽协）1 月 11 日发布的数据显示，2017 年，我国汽车产/销量分别为 2901.54 万辆和 2887.89 万辆，同比增长 3.19%和 3.04%，增速比上年同期回落 11.27 个百分点和 10.61 个百分点。其中乘用车产/销量分别为 2480.67 万辆和 2471.83 万辆，同比增长 1.58%和 1.40%；商用车产/销量分别为 420.87 万辆和 416.06 万辆，同比增长 13.81%和 13.95%。

2017 年，汽车销量排名前十位的企业依次是：上汽、东风、一汽、长安、北汽、广汽、吉利、长城、华晨和奇瑞。2017 年，上述十家企业共销售 2556.24 万辆，占汽车销售总量的 88.52%。

中汽协有关负责人表示，2017 年，我国汽车行业面临一定的压力，一方面由于购置税优惠幅度减小，乘用车市场在 2016 年出现提前透支；另一方面新能源汽车政策调整，对上半年销售产生了一定影响。

受购置税优惠幅度减小的影响，2017 年乘用车产/销增速明显减缓，是自 2008 年以来年度最低增长水平。2017 年，乘用车产/销量分别为 2480.7 万辆和 2471.8 万辆，同比增长 1.6%和 1.4%，均低于汽车总体 1.6 个百分点，占汽车产/销量比重分别达到 85.5%和 85.6%，同比低于 1.3 和 1.4 个百分点。

而新能源车成为车市在2017年的最大亮点。全年新能源汽车产/销量均接近80万辆，同比分别增长53.8%和53.3%，产/销量增速分别提高了2.1和0.3个百分点。2017年新能源汽车市场占比为2.7%，同比提高了0.9个百分点。

中汽协有关负责人预测，2018年国内汽车市场或销售2987万辆，预计增速为3%。由于2018年汽车市场的影响因素整体偏负面，在乘用车增长乏力和商用车增速回落的背景下，预计2018年全年汽车销量增速不会高于2017年。

【案例1.3】

龙头车企晒2018年"小目标" 新能源车销量或突破百万辆

2018年1月11日，中国汽车工业协会发布2017年汽车工业经济运行情况。国内汽车产/销量分别为2901.5万辆、2887.9万辆，同比增长3.2%和3%，连续九年蝉联全球第一。值得一提的是，2017年新能源车不负众望，国内产/销量接近80万辆，市场份额继续提高。此外，根据各龙头车企披露的2018年战略目标，新能源车销量有望突破100万辆。

数据显示，2017年国内新能源车产/销量分别为79.4万辆、77.7万辆，同比增长了53.8%、53.3%。细分来看，新能源（纯电动）乘用车产/销量分别为47.8万辆、46.8万辆，同比增长了81.7%、82.1%；插电式混合动力乘用车产/销量则分别为11.4万辆和11.1万辆，同比增长了40.3%、39.4%。

根据全国乘用车市场信息联席会（乘联会）的最新统计，2017年度，排在新能源乘用车销量榜单前十名的热销车型分别是：北汽新能源EC系列、知豆D2、宋DM 1.5T、奇瑞eQ电动车、帝豪EV、江淮IEV、比亚迪e5、长安奔奔EV、比亚迪秦、荣威RX5 1.5T EDU，各自的市场累计销量分别为7.81万辆、4.23万辆、2.94万辆、2.51万辆、2.32万辆、2.31万辆、2.24万辆、2.1万辆、1.97万辆、1.95万辆。

作为纯电动车市场和细分产品市场的"双冠王"，北汽新能源在2017年实现新突破：全年销售纯电动汽车10.32万辆，同比增长98%，成为国内首家年产销超过10万辆的纯电动车企。对2018年的目标，北汽新能源表示，将以"全新EC+全新EX"形成"国民车"组合，重点强化对三、四线市场的普及；同时，还将以换电版、分时版、网约版、物流专用车等多产品进军专用车市场。

而以多款产品发力市场的比亚迪在2018年1月9日也宣布，公司迎来了第30万辆新能源车下线，成为国内最快达成新能源车30万辆（累计）产/销规模的车企。截至2017年年底，比亚迪在全球新能源车市场的占有率已攀升至13%左右。比亚迪表示，2018年公司将迎来"王朝车型"全面迭代。宋DM作为公司王朝系列重要车型，也将在智能网联等方面不断优化。

作为吉利旗下新能源车主力军之一，以微型电动车迅速占领市场的知豆D2，2017年销量较2016年增长553.7%，增速惊人。同时，帝豪EV 2017年总销量也较2016年增长了78.7%。新能源车板块高速增长也成就了吉利整体销量的增长，使吉利成为2017年车界当之无愧的黑马。基于此，吉利汽车发布了2018年的销售目标为158万辆。

伴随自主品牌车崛起，尤其是新能源车的井喷式增速，各大车企在总结过去一年业绩时，也为自己制定了未来的战略目标。如基于荣威（系列）新能源车2017年总销量为4.42万辆。上汽表示，2018—2020年将投放包括荣威光之翼纯电动轿车在内的十余款自主品牌新车，涵盖MPV、SUV、轿车、休旅车以及新能源车等多个细分领域。

长安汽车新能源战略也已提速。数据显示，长安新能源车2017年12月单月销量为1.18

万辆，全年累计销量达 6.12 万辆，同比增长 218.97%。按公司规划，至 2025 年，公司将陆续推出 24 款新能源车产品，累计销量达 400 万辆。

业内人士预计，照此趋势发展，国内新能源车在 2018 年的销量将突破 100 万辆。

分析与思考

1. 当前我国汽车市场的基本特点有哪些？
2. 我国汽车市场有怎样的发展趋势？

课程实践

1. 目标

了解当前我国汽车行业及市场的现状、特点及存在的问题。

2. 内容

（1）组织一场关于我国汽车行业及市场的研讨会。将学生分成若干小组，按小组拟定报告题目，分头查阅资料，起草主题报告。每个小组选定一名同学代表本小组发言，时间限定在 5 分钟。

（2）邀请汽车行业知名人士、专家学者做专题报告，并回答学生所关心的问题。

3. 要点及注意事项

经常从网络、报刊、杂志中收集汽车行业及市场相关信息资料，特别注意就行业内的重大事件重点阅读专家的深度分析文章。经常深入汽车生产、销售与服务企业，与同行交流行业信息。

第 2 章　汽车市场营销环境分析

【学习目标与要求】
1. 了解微观环境的各种因素对汽车市场营销的影响。
2. 掌握宏观环境的各种因素对汽车市场营销的影响。
3. 掌握企业适应营销环境变化的策略和措施。

汽车企业作为社会经济组织，它总是在一定的外界环境条件下开展市场营销活动。企业的营销环境是指在营销活动之外，能够影响营销部门建立并保持与目标顾客良好关系的各种因素和力量，即市场营销环境是企业营销职能外部不可控制的所有力量和相关因素的集合。营销环境是不断变化的，它既给企业造就了新的市场机会，又给企业带来某种威胁。因此，市场营销环境对企业的生存和发展具有重要意义。企业必须重视对市场营销环境的分析和研究，并根据市场营销环境的变化制定有效的市场营销战略，扬长避短，趋利避害，适应变化，抓住机会，从而实现自己的市场营销目标。

营销环境可以分为宏观环境和微观环境两大类。

2.1　汽车市场营销的微观环境

市场营销微观环境是指与企业紧密相连、直接影响其营销能力的各种参与者，可分为企业的内部环境和外部环境。

2.1.1　企业的内部环境

企业的内部环境指企业的类型、组织模式、组织机构及企业文化等因素。企业的组织机构，即企业职能分配、部门设置及各部门之间的关系，是企业内部环境最重要的因素。

一般而言，企业的组织机构包括高层管理部门、财务部门、产品研发与技术部门、采购部门、生产部门、营销部门。营销部门必须与其他部门密切合作，营销计划必须经高层管理层同意方可实施，财务部门负责寻找和使用实施营销计划所需的资金，产品研发与技术部门研制适销对路的产品。用营销概念来说，就是所有这些部门都必须"想顾客所想"，并协调一致地实现上乘的顾客价值和满意度。

企业内部环境是企业提高市场营销效率和效果的基础。因此，企业管理者应强化企业管理，为市场营销创造良好的内部环境。

2.1.2　企业的外部环境

企业的外部环境包括生产供应者、营销中介、顾客（用户）、竞争者、有关公众。

1. 生产供应者

生产供应者指向企业提供生产经营所需资源（如设备、能源、原材料、配套件等）的组织或个人。供应者的供应能力包括供应成本的高低（由原材料价格变化所引起）、供应的及时性（由供应短缺或延迟、工人罢工所引起），是营销部门需要关注的。这些因素短期将影响销售的数额，长期将影响顾客的满意度。

企业应处理好同生产供应者之间的关系，而为企业的市场营销营造较为有利的环境。我国不少的汽车企业对其生产供应者采取"货比三家"的政策，既与生产供应者保持大体稳定的配套协作关系，又让生产供应者之间形成适度的竞争，从而使本企业的汽车产品达到质量和成本的相对统一。实践表明，这种做法对企业的生产经营活动具有较好的效果。

对汽车企业的市场营销而言，企业的零部件（配套协作件）供应者尤为重要。汽车企业不仅要选择和规划好零部件供应者，而且还应从维护本企业市场营销的长远利益出发，配合国家有关部门对汽车零部件工业和相关工业的发展施加积极影响，促其发展，以改变目前汽车零部件工业和相关产业发展相对滞后的状况，满足本企业生产经营及未来发展的配套要求。特别是现代企业管理理论非常强调供应链管理，汽车整车生产企业应认真规划自己的供应链体系，将供应者视为战略伙伴，不要过分牺牲其利益，而应按照"双赢"的原则实现共同发展。

2. 营销中介

营销中介指协助汽车企业从事市场营销的组织或个人。它包括中间商、实体分配公司、营销服务机构和财务中间机构等。

中间商指销售渠道公司，能帮助汽车企业找到顾客或把产品销售出去。中间商包括批发商和零售商。寻找合适的中间商并与之进行有效的合作并不是一件容易的事。制造商不能像从前那样从很多独立的小型经销商中任意挑选，而必须面对具备一定规模并不断发展的销售机构。这些机构往往有足够的力量操纵交易条件，甚至将某个制造商拒之门外。

实体分配公司指帮助企业完成原产地至目的地之间存储和移送商品。在与仓储、运输公司打交道的过程中，企业必须综合考虑成本、运输方式、速度及安全性等因素，从而决定运输和存储商品的最佳方式。

营销服务机构包括市场调查公司、广告公司、传媒机构、营销咨询机构，它们帮助汽车企业正确地定位和促销产品。由于这些机构在资质、服务及价格方面变化较大，汽车企业在做选择时必须认真考察。

财务中间机构包括银行、信贷公司、保险公司及其他金融机构，它们能够为交易提供金融支持或对货物买卖中的风险进行保险。而大多数汽车企业都需要借助金融机构为交易提供资金。

营销中介对企业市场营销的影响很大，如关系到企业的市场范围、营销效率、经营风险、资金融通等。因而企业应重视营销中介的作用，以获得他们的帮助，弥补企业市场营销能力的不足并不断地改善企业的财务状况。

3. 顾客（用户）

顾客是企业产品销售的市场，是企业赖以生存和发展的根本。企业市场营销的起点和终点都是满足顾客的需要，汽车企业必须充分研究各种汽车用户的需要及其变化。

一般来说，顾客市场可分为五类：消费者市场、企业市场、经销商市场、政府市场和国际市场。消费者市场由个人和家庭组成，他们仅为自身消费而购买商品和服务。企业市场购买商品和服务是为了深加工或在生产过程中使用。经销商市场购买产品和服务是为了转卖，以获取利润。政府市场由政府机构组成，购买产品和服务用以服务公众，或作为救济物资发放。最后是国际市场，由其他国家的购买者组成。每个市场都有各自的特点，销售人员需要对此进行仔细分析。

4．竞争者

任何企业的市场营销活动都要受到其竞争者的挑战，这是市场营销的重要微观环境。现代市场营销理论认为，竞争者有各种不同的类型，企业应针对不同类型的竞争者分别采取不同的竞争策略。

5．有关公众

公众指对企业的营销活动有实际的潜在利害关系和影响力的一切团体和个人。一般包括融资机构、新闻媒介、政府机关、协会、社团组织及一般群众等。

公众对企业市场营销的活动规范、对企业及其产品的信念等有实质性影响：融资机构影响企业获得资金的能力；新闻媒体对消费者具有导向作用；政府机关决定有关政策的动态；一般公众的态度影响消费者对企业产品的信念等。现代市场营销理论要求企业采取有效措施与重要公众保持良好关系、树立良好企业形象。为此，企业应适时开展正确的公共关系活动。

2.2 汽车市场营销的宏观环境

企业的市场营销活动除了研究本企业微观营销环境的具体特点外，更重要的是要研究市场营销的宏观环境。宏观环境指能影响整个微观环境和企业营销活动的广泛性因素，通常包括人口环境、自然环境、经济环境、科学技术环境、政策法律环境和社会文化环境等诸多方面，涉及面广，诸因素间又相互制约、相互影响，形成十分复杂的因果关系。一般地说，宏观环境因素对企业的市场营销具有强制性、不确定性和不可控性等特点，对企业的发展有极大的影响。企业只能适应却不能改变宏观环境。

2.2.1 人口环境

人口环境指一个国家和地区（企业目标市场）的人口数量、人口质量、家庭结构、人口年龄分布及地域分布等因素的现状及其变化趋势。人口环境是一切社会经济活动的基础和出发点，是影响企业市场营销的基本宏观因素。

1．人口总量与自然增长状况

在收入不变的情况下，人口越多，对汽车的需求量也就越大；反之，需求量则小。随着科技进步、生产力发展和生活条件的改善，世界各国的人口平均寿命大为延长，死亡率大幅度降低，尽管出生率有所下降，但总人口仍呈现增长态势，这为汽车营销提供了新的潜在市场。

2．人口结构

婚姻状况与家庭的数量、规模在很大程度上会影响以家庭为消费单位的汽车需求。随着经济的发展，人口平均受教育程度提高，独生子女增多，使得家庭结构日趋小型化，子女一般不和父母一起生活和居住，相互之间的交通方式就是以车代步。

成年人的经济比较独立，工作流动性增强，人们工作和生活的节奏加快，使得人口更富有个性和独立性，对能够彰显车主个性的车辆需求有所增加。随着职业女性的增加和经济地位的提高及其自主、自立意识的增强，已经有越来越多的女性成为现实的或潜在的汽车消费者，女性已经成为汽车消费市场中一支举足轻重的力量。

人口平均寿命延长，老年人的比例增加，社会出现老龄化现象，对方便老年人驾驶的车辆需求会有所增加。汽车厂商必须生产出符合老年消费者需要的汽车，占领老年人市场，这在人口老龄化的社会里是非常重要的。美国福特汽车公司推出的"福特老人"系列轿车就是专门为60岁以上的老人设计的。该车考虑了老年人大多具有腿脚不便、反应迟钝的特点，不但车门较宽、门槛较低，而且特别配备了移动驾驶座、放大的仪表盘和后视镜、按钮式制动及自动锁车系统等，以适应老年人对安全性和方便性的特殊要求，深受老年人欢迎。

3．人口分布

人口分布的动态变化对汽车企业的营销活动也产生了一定的影响。目前，我国人口的地域分布出现城市化、郊区化趋势。城市化是工业化和现代化的必然趋势。随着社会经济的发展，农村剩余人口大量向城市转移，人口数量的增加直接导致城市规模不断扩大，许多从前人口较少的郊区，也逐渐发展成繁华的居住区。人们居住在这些远郊地区，却要到原来的市区上班，这无形中就增加了市民买车的需要。另外，由于市区人口拥挤，空气和噪声污染严重，使得市区人口不断向郊区流动，出现了在市区上班、郊区居住的格局。第二次世界大战以后，发达国家的城市人口大量流向郊区，近年来我国也明显呈现这种趋势。以上变化，无疑都将增加汽车的消费需求，给汽车产业的发展创造市场机会。

汽车营销人员在研究人口环境时，还应注重区别其对国际、国内两个汽车市场的不同影响。如对西方发达国家而言，由于汽车（尤其是轿车）已经作为耐用消费品广泛地进入家庭，人口因素就是营销者必须充分重视的环境因素。而对国内汽车市场，由于汽车正处于私人消费的普及时期，人口因素正在成为越来越重要的环境力量。在这个时期，营销者应着重研究高收入阶层的人口数量、职业特点、地理分布等因素的现状及其发展变化，加强对我国人口具体特点的研究，以抓住不断增加的营销机会。

2.2.2 自然环境

自然环境指影响社会生产的自然因素，主要包括资源环境、土地环境、地理环境、生态环境和能源环境等因素。

1．资源环境

汽车的生产和使用，需要消耗大量的自然资源，如钢铁、有色金属、橡胶、石化、木材、水资源等。汽车工业越发达，汽车普及程度越高，汽车生产消耗的自然资源也就越多。而自然资源总的变化趋势是日益短缺，因此，自然资源将对汽车厂商构成一个长期的营销约束条件。

为了减少资源约束对汽车营销的不利影响，汽车厂商应努力减少资源消耗，提高原材料的综合利用率和循环利用率，并通过技术进步，积极发展新型材料和代用材料。第二次世界大战以后，汽车生产大量采用轻质材料和新型材料，每辆汽车消耗的钢材平均下降10%以上，自重减轻达40%，为节约钢铁资源作出了巨大贡献。

2．土地环境

土地资源是否丰富，直接关系到道路交通条件和城市交通条件的好坏，如公路、城市道路、停车场、加油站、维修站的建设，都需要占用必要的土地资源，因此土地是汽车使用非常重要的环境条件。总体来讲，随着人口增长和城市化进程的加快，土地资源对汽车营销也是一个长期的约束条件。但在一定的发展阶段，一个地方或城市拿出必要的土地资源，改善交通条件和促进城市发展也是必需的，这时可能就会改善汽车的使用环境，从而促进汽车需求的增长。因此，土地资源对汽车营销的影响是通过公路交通和城市道路交通条件而间接影响的。

长期以来，我国公路建设与国外先进水平相比，存在着公路数量少、密度低、等级低、汽车通过能力差、各种车辆混流等状况，公路建设滞后于汽车工业发展。近年来，我国公路建设的步伐明显加快，"十二五"期间我国高速公路通车里程位列世界第一，"十三五"期间全国高速公路将新增通车里程 4.6 万公里，2020 年高速公路通车里程将达 16.9 万公里。在国务院批准的《国家公路网规划（2013—2030 年）》中指出，国家高速公路网（简称"71118 网"）由 7 条首都放射线、11 条南北纵线、18 条东西横线，共 36 条主线，以及地区环线、并行线、联络线等组成，约为 11.8 万公里；规划建设展望线约 1.8 万公里，总里程为 13.6 万公里，连接全国地级行政中心、城镇人口超过 20 万的中等及以上城市、重要交通枢纽和重要边境口岸。四通八达的高等级公路网将改变人们的出行方式，有力地促进汽车市场的发展。

由于我国城市的布局刚性较大，城市布局形态一经形成，改造和调整的困难很大。城市道路交通的发展面临较大的土地供给压力，因而城市道路交通条件对汽车营销的约束作用，相对公路交通而言更为明显一些。目前，有关方面正着手考虑通过建立现代化的城市交通管理系统、增加快速反应能力和强化全民交通意识等手段，提高城市交通管理水平。同时，国家和各城市也将更加重视对城市交通基础设施的建设，改善城市道路交通的硬件条件。随着我国城市道路交通软/硬件条件的改善，城市道路交通对我国汽车营销的约束作用将会有一定的缓解。

3. 地理环境

地理环境主要包括一个地区的地形、地貌、山川、河流等自然地理因素。地理因素对汽车营销的影响有：自然地理对经济地理尤其对道路交通条件（如道路的宽度、坡度、弯度、平坦度、坚固度、耐久度、隧道涵洞及道路桥梁里程等）具有决定性影响，从而对汽车产品的具体性能有着不同的要求。因而汽车厂商应向不同地区推出性能不同的汽车产品。例如，在我国西南高原地区，汽车承担了大部分的运输任务，针对其海拔高、山高坡陡等地理特点，有的汽车厂商在这一地区销售带有废气涡轮增压装置及电涡流缓速器的车辆，就深受广大用户的欢迎。

地理环境还常常决定一个地区的自然气候条件，包括大气的温度、湿度、降雨、降雪、降雾、风沙等情况及这些因素的季节性变化。自然气候对汽车的冷却、润滑、启动、充气效率、功率的发挥、制动性能及对汽车机件的正常工作和使用寿命等，均会产生直接的影响，同时对驾驶员的工作条件也有实质性的影响。因而汽车厂商在市场营销的过程中，应向目标市场推出适合当地气候特点的汽车产品，并做好相应的技术服务。

4. 生态环境

生态环境指人类及动/植物赖以生存和发展的各种环境因素。随着人类社会物质文明的发展，生态环境遭到严重破坏，个别地方甚至出现毁灭性破坏。大量使用以传统石油为燃料的汽车，会明显地增加空气污染，对人类的生存环境造成较大的压力，这成为传统汽车的诟病。

日趋恶化的生态环境，已经引起人类自身的高度警觉，各国环境保护的法规越来越健全，执法也越来越严格，这对传统汽车的营销构成很大的约束。为了应对这种挑战，汽车生产大国的政府及其汽车厂商，纷纷投入巨资，加强对汽车节能、减少排放等新技术的研究，积极开发新型动力和新能源汽车。现在被普遍采用的电子控制燃油喷射系统、废气再循环系统、三元催化净化器等降低排放污染的技术，就是汽车工业为适应环境保护的产物。未来的汽车将采用更多的新材料和新技术以减少对环境造成的污染。例如，电动汽车、混合动力汽车、燃料电池汽车等即将成为未来汽车的主流。

5. 能源环境

能源环境指为汽车提供动力的各种能源形式。虽然能源形式的类别很多，但能够转化为汽车动力的能源种类却很有限，目前汽车产品广泛利用的能源形式主要有石油（包括汽油和柴油）、石油液化气、天然气等几种，部分特定场合下还包括电能、氢能、生物能（生物柴油）等。

从营销角度看，能源的形式、供给是否充足及能源供给的结构比例，直接影响到用户对汽车品种的选择及购买。石油是一种不可再生的资源，终有耗尽的一天。按照已经开发的油田数量估计，到2050年全世界的石油就将遭遇枯竭危机，距离现在不过30多年。即使把已勘探到还没有开发的油田数量一并计算在内，到2100年，地球石油资源也将被消耗殆尽。目前，我国已成为世界能源消费第一大国，是全球第二大石油消耗国，也是全球第二大原油进口国，石油资源成为国家能源安全的重要因素。同时，大量的能源消耗还带来了严重的环境污染，汽车排放污染已成为大中城市中心地带空气污染的主要来源。因此，发展节能与新能源汽车也就成为解决日益严重的能源危机和环保压力的唯一途径，也是人类社会可持续发展的唯一道路。

为应对日益突出的燃油供求矛盾和环境污染问题，世界主要汽车生产国纷纷加快部署，将发展新能源汽车作为国家战略，加快推进技术研发和产业化，同时大力发展和推广应用汽车节能技术。节能与新能源汽车已成为国际汽车产业的发展方向，未来10年将迎来全球汽车产业转型升级的重要战略机遇。

随着我国经济持续快速发展和城镇化进程加速推进，今后较长一段时期汽车需求量仍将保持增长势头，由此带来的能源紧张和环境污染问题将更加突出。加快培育和发展节能汽车与新能源汽车，既是有效缓解能源和环境压力，推动汽车产业可持续发展的紧迫任务，也是加快汽车产业转型升级、培育新的经济增长点和国际竞争优势的战略举措。

2.2.3 经济环境

经济环境指能够影响消费者购买力和消费方式的经济因素。经济环境影响汽车产品市场需求的大小，从而对汽车市场有着重要的影响。多年的实践经验表明，国民经济形势的好坏与汽车市场是否景气具有密切的相关性，宏观经济对全社会的消费能力和汽车产品的需求量具有决定性影响。因此，经济环境是汽车营销最重要的宏观环境因素。

1. 消费者收入分析

收入因素是构成市场的重要因素，因为市场规模的大小，归根结底取决于消费者的购买力大小，而消费者的购买力取决于他们收入的多少。企业必须从市场营销的角度来研究消费者收入，通常从以下三个方面进行分析。

（1）国民生产总值（GNP）。国民生产总值指一个国家或地区的国民，在一定时期（一个季度或一年）内创造的以货币表现的全部最终产品（含货物和服务）价值的总和，它等于国内生产总值（GDP）加上来自国外的劳动报酬和财产收入减去支付给国外的劳动者报酬和财产收入。GNP是衡量一个国家经济实力与购买力的重要指标。GNP增长越快，对商品的需求和购买力的提升就越大；反之，就越小。一般来说，当人均国民生产总值从300美元上升到1000美元时，经济就进入了起飞前的准备阶段；当人均国民生产总值超过了1000美元时，经济就会进入高速发展的起飞阶段。

在"十一五"的五年间，我国国内生产总值平稳增长，长期稳定保持在9%以上。2006年，我国国内生产总值达26 301亿美元，排名世界第4位。人均国内生产总值为2001美元，排名世界第 108 位。到了"十一五"末的 2010 年,我国 GDP 总量已达 62 740 亿美元,排名世界第 2 位,首次超过了日本,成为世界第二大经济体,人均 GDP 达到 4682 美元。"十二五"时期我国国内生产总值年均增长 7.8%,经济总量稳居世界第 2 位,十三多亿人口的人均国内生产总值增至 7800 美元左右。2016 年是"十三五"的开局之年,国内生产总值达 112 028 亿美元,按可比价格计算,同比增长 6.7%,人均 GDP 达到 8126 美元。我国国民经济运行缓中趋稳、稳中向好,实现了"十三五"良好开局。2017 年国内生产总值 122 427.76 亿美元,同比增长 6.9%,实现了 2011 年以来的首次增长提速。

随着我国国内生产总值的较快增长,人民生活水平明显提高,在消费支出中个人可随意支配的收入比例增加,越来越希望追求较高的生活质量。就汽车市场而言,私人购车及私人汽车保有量的比例正在迅速增加,私人购车已进入中等收入阶层及中等收入家庭,家用轿车日益普及。

(2)个人可支配收入。个人可支配收入指消费者的名义收入扣除政府或法律规定的必须由消费者个人缴纳的各项刚性开支后,消费者可用于现实消费和支配的收入。这些刚性支出包括社会保险金、个人税赋、罚款、学费、住房公积金等,不包括通货膨胀。个人可支配收入构成实际购买力,是影响汽车消费者购买力的决定性因素。

2015 年全国居民人均可支配收入为 21 966 元,同比增长 8.9%,扣除价格因素,实际增长 7.4%;全国居民人均可支配收入中位数为 19 281 元,增长 9.7%。按常住地分,2015 年城镇居民人均可支配收入为 31 195 元,同比增长 8.2%,扣除价格因素,实际增长 6.6%;城镇居民人均可支配收入中位数为 29 129 元,增长 9.4%。农村居民人均可支配收入为 11 422 元,同比增长 8.9%,扣除价格因素,实际增长 7.5%;农村居民人均可支配收入中位数为 10 291 元,同比增长 8.4%。

2016 年全国居民人均可支配收入为 23 821 元,同比名义增长 8.4%,扣除价格因素实际增长 6.3%。按常住地分,城镇居民人均可支配收入为 33 616 元,增长 7.8%,扣除价格因素实际增长 5.6%;农村居民人均可支配收入为 12 363 元,增长 8.2%,扣除价格因素实际增长 6.2%。城乡居民人均收入倍差 2.72,同比缩小 0.01。全国居民人均可支配收入中位数为 20 883 元,同比名义增长 8.3%。

2005—2015 年全国居民(城镇、农村)人均可支配收入情况如图 2-1 所示。

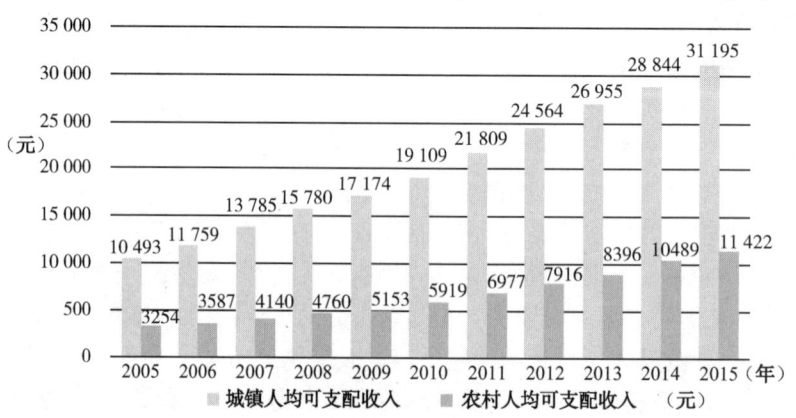

图 2-1　2005—2015 年全国居民(城镇、农村)人均可支配收入

(3)家庭和个人可任意支配收入。家庭和个人可任意支配收入是指个人可支配收入再扣除基本生活支出(食物、衣服等)和固定支出(房租、商业保险、分期付款、抵押贷款等)

后，消费者可随心所欲支配的收入。这部分收入是消费需求变化中最活跃的因素，一般用于购买高档耐用消费品、娱乐、教育和旅游等，也是企业开展营销活动时所要考虑的主要因素。目前，我国大多数家庭开支依次用于吃穿、住房、子女教育、医疗、交通及通信。城镇家庭在住房、子女教育、医疗、交通及通信等方面的开支已占家庭收入的20%，而发达国家则占40%。家庭经济承受能力是轿车进入家庭的先决条件，衡量家庭是否具备购买和使用轿车的经济承受能力，国际上通常以轿车价格与人均 GNP 的比值 R 来表示。由于各国家庭收入结构、家庭消费结构、国内货币实际购买能力，以及发展家用轿车的政策不尽相同，因此，R 值有所差异。按照部分国家的经验，当轿车大量进入家庭时（每百户拥有轿车5辆以上），其 R 值波动在1.4～2.0。针对我国情况分析，按照排量1.0升轿车正常价格6万元、年行驶1万公里、年使用费6000元计，我国轿车大量进入家庭的 R 值预计为2.0～3.0，即人均国民生产总值为2万～3万元，相当于家庭年收入5万元的水平。这样，一般用2～3年的积累，就可购买一辆轿车，其使用费占家庭年收入的12%。

2. 消费者支出分析

消费者支出是指消费者的收入/支出结构，以及这种结构随消费者收入变动而变化的情况。随着消费者收入的变化，消费者支出会发生相应变化，继而使一个国家或地区的消费结构也发生变化。德国经济学家恩格尔于1857年发现了消费者收入变化与支出模式，即消费结构变化之间的规律性：随着居民家庭收入的增加，用于购买食物的支出比例会下降，而用于交通、休闲、保健、教育及储蓄等方面的支出比例会大大上升。经济学界将这种现象称为恩格尔定律，并使用恩格尔系数作为度量指标。

恩格尔系数（%）=（食品支出额/个人或家庭支出总额）×100%

恩格尔定律表明，消费者的支出模式及其变化受恩格尔系数的支配。恩格尔系数不同，消费者的支出结构模式也会不同。国际上广泛采用恩格尔系数评价人们生活水平的状况。恩格尔系数越小，食品支出所占比例越小，表明生活富裕，生活质量高；恩格尔系数越大，食品支出所占比例越高，表明生活贫困，生活质量低。根据联合国粮农组织提出的标准，该系数在59%以上为贫困，50%～59%为温饱，40%～50%为初步富裕（小康），30%～40%为富裕，低于30%为最富裕。

如图2-2所示为2005—2015年我国城乡居民家庭的恩格尔系数（%）变化情况。从图中可以看出，我国城镇、农村居民用于食品消费的比例在逐年下降，说明人们的生活水平在逐年提高，这就为汽车营销创造了良好的需求环境。

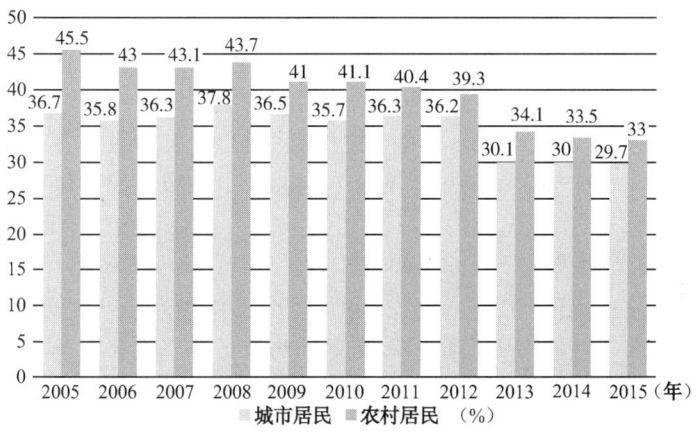

图2-2 2005—2015年我国城乡居民家庭的恩格尔系数（%）

消费者的支出模式除普遍受收入因素影响外，从消费者个体而言，支出模式还受家庭所处的寿命周期阶段及其居住地点的影响。如新婚夫妇和没有孩子的丁克家庭，在交通、娱乐（旅游）方面的支出比例较高；有孩子读书的中/青年家庭，在住房、教育方面的支出比例较高；老两口家庭在医疗、保健、旅游方面的支出比例较高；居住地点与工作地点相距较远的人群，在交通方面的支出比例较高等。

恩格尔系数是衡量一个国家、地区、城市及家庭生活水平高低的重要参数。企业从恩格尔系数可以了解目前市场的消费水平，也可以推知今后消费变化的趋势及对企业营销活动的影响。恩格尔系数的变化，各社会阶层、各地区居民的消费支出结构的变化，会使汽车消费的层次和需要不断变化。当这个地区居民可以自由支配的资金越来越多，足以支付个人购买汽车费用时，这个地区购买家用汽车的个人消费支出必将增加，个人汽车消费的市场也会越来越大。汽车营销者要注意研究消费者支出模式及变化走势，以便更好地把握汽车消费市场及目标顾客群，赢得汽车营销的商机。

3. 消费者储蓄分析

消费者的储蓄行为直接制约着市场消费量购买的大小。当收入一定时，如果储蓄增多，现实购买量就减少；反之，如果用于储蓄的收入减少，现实购买量就增加。

居民储蓄倾向受到利率、物价等因素的影响。人们储蓄目的也是不同的，有的为了养老，有的为了购买而积累，当然储蓄的最终目的主要也是为了消费。消费者储蓄是一种潜在的、未来的购买力。现代社会，消费者的储蓄形式除传统的银行存款外，还包括对债券、基金、股票、外汇、黄金、返还型保险产品等金融资产的投资，以及对投资型房地产等不动产的投资等。这些形式的储蓄在一定条件下，大都可以转化为现实的购买力。汽车企业应关注居民储蓄的增减变化，了解居民储蓄的不同动机，从而制定相应的营销策略，获取更多的商机。

4. 消费者信贷分析

消费者信贷是指消费者以个人信用或其财产为保证，从金融机构获得一定的贷款，并将贷款作为消费资金用于购买商品或服务，或者直接从供应商那里提前获得商品或服务的消费现象。消费者信贷的主要形式包括短期赊销、分期付款、"一次贷款、分期偿还"和信用卡透支等。信用消费允许人们购买超过自己现实购买力的商品，创造了更多的消费需求。随着我国金融体制改革的不断深入及银行体系的改组，国家对金融调控将更多地采用经济手段。信贷规模的大小、信贷控制的松紧，对汽车销售市场的需求规模扩张与收缩形成同向运动。银行在汽车金融领域内实施的政策，对于个人消费将起到决定性作用，同时也对汽车营销产生深远影响。目前，在个人汽车消费市场中，个人消费信贷仍占很大比例。银行收缩信贷消费对汽车消费市场的影响很大，如2004年年底至2005年年初的北京汽车市场，很多购车者都在持币待购，车市十分冷清。一方面是汽车的价格战刚刚开始，许多消费者在期待更低的购车价格；另一方面是金融政策发生了变化，过去很多可以低首付甚至零首付的销售方式由于政策的原因不能实施，从而加大了购车者的资金压力。金融政策的变化对汽车销售市场产生了影响。

5. 经济运行速度分析

地区经济运行速度的高低，决定着对汽车的需求，影响着全社会对运输工具的需求规模。汽车营销应重视对经济行情的研究，掌握其变化趋势，把握好汽车市场的行情变化；同时，还应注意对变化过程中的速度变化、转折时刻等具体特点的研究，以便做好转变过程中的营销战略变化研究。如2003年国家大力开展公路超载治理，一些过去以公路货运为重要运输途径的地区，原来热销的车型大都受到了重创，载货汽车销售市场低迷。但是这些地区是不需要公路货运了吗？显然不是，是原来流行的车型由于治理超载变得不适应市场了，但这些地区的经济运行速度很快，依然很需要公路货运这种途径。很快，这些地区的汽车销售市场格局发生了变化，过去并不十分热销的大吨位车型在经历了这个阶段后变得火爆起来。如果汽车销售商看准了这个变化，必然能够在竞争中占据有利的位置。

2.2.4　科学技术环境

科学技术环境指一个国家和地区整体科学技术水平的现状及其变化。世界汽车技术竞争的历史显示，20世纪60年代以前是汽车制造竞争阶段，企业以提高效率和降低成本为目的；20世纪70年代是汽车性能竞争阶段，以降低汽车振动、减小噪声和提高汽车使用寿命为目的；20世纪80年代是汽车造型竞争阶段，以虚拟成型技术、柔性生产技术为特征；20世纪90年代以后，汽车技术的竞争进入了汽车仿真设计竞争阶段，以汽车车型的快速更新作为占领市场的重要手段。当前，随着能源革命和新材料、新一代信息技术的不断突破，汽车产品加快向新能源、轻量化、智能和网联的方向发展，汽车正从交通工具转变为大型移动智能终端、储能单元和数字空间，将乘员、车辆、货物、运营平台与基础设施等实现智能互联和数据共享。汽车生产方式向充分互联协作的智能制造体系演进，产业上/下游关系更加紧密，生产资源实现全球高效配置，研发制造效率大幅提升，个性化定制生产模式将成为趋势。可见，科学技术始终贯穿于汽车企业的营销活动中。

作为汽车营销环境的一部分，科学技术环境不仅直接影响汽车企业内部的生产和经营，同时还与其他环境因素相互依赖、相互作用，特别是与经济环境、社会文化环境的关系更为密切。从汽车营销角度看，科学技术环境的影响主要表现在以下几个方面：

①科学技术水平的整体进步有利于汽车厂商赢得更多的营销机会；

②掌握和应用了先进科技成果的汽车厂商，必然会在产品的成本、质量、性能等方面赢得竞争优势，从而掌握汽车营销的主动权；

③科技进步促进了汽车营销的现代化。技术革命不仅改进了汽车产品，而且改变了汽车生产、销售人员的价值观。

因此，如果汽车厂商不及时跟上科技发展的步伐，就可能被淘汰。

2.2.5　政策与法律环境

市场营销学中的政策与法律环境，又称为政治环境，是指能够影响企业市场营销各项活动的相关政策、法律及制定它们的权力组织。政策与法律环境的改变会显著地影响企业的营销活动和利益。企业的一切营销活动都必须受到政府的方针、政策和法律环境的强制制约和约束，都要符合WTO所规定的运行规则。在遵纪守法的基础上，企业可以充分利用法律、法令、规则中有利于企业发展的因素，规避或控制其不利因素，从而能在其保障下取得发展。

国家方针政策主要有两大类：一类是大政方针，如改革开放的政策、国民经济和社会发展的政策、人口政策等重大、长期不变的方针政策；另一类是局部性的方针政策，如金融政策、税收政策、产业政策等，在一个时期内，根据经济发展的阶段会不断调整方针政策。政府的方针政策都会对企业营销活动有很大影响，特别是局部性直接关联的方针政策将极大地左右企业的营销活动。国家的汽车政策主要包括汽车产业政策、汽车企业政策、汽车产品政策和汽车消费政策四个方面。

法律环境包括中央政府和地方政府颁布的政府令、暂行条例、管理办法及实施意见等各种行政法规，包括鼓励性政策和限制性政策、经济性政策和非经济性政策，还包括产品的技术法规、技术标准及商业惯例等，它是企业营销活动的准则。汽车企业的经营活动应符合法律法规的规定，并注意把握其倾向性、稳定性和连续性。

作为我国国民经济的支柱产业之一，汽车产业的发展受到了政府的大力关注与支持，"十二五"期间，国家政策的总体目标仍是强调汽车工业发展要从汽车大国向汽车强国转变，出台的多项政策和法规对汽车的生产和消费产生了较大的影响。

2012年10月，经国务院常务会议通过的《缺陷汽车产品召回管理条例》公布，并自2013年1月1日起施行。公告称，为严格实施国家机动车排放标准，推进环境空气质量改善进程，规定要求自2013年1月1日起，所有生产、进口、销售和注册登记的天然气发动机与汽车必须符合国V排放标准。与2004年的《缺陷汽车产品召回管理规定》相比，新条例对隐瞒汽车产品缺陷、不实施召回等违法行为加大了处罚力度，将罚款额度大幅提高。

2012年12月，国家质量监督检验检疫总局发布《家用汽车产品修理、更换、退货责任规定》，自2013年10月1日起施行，对汽车市场，尤其对售后市场产生了重要影响。对于生产企业而言，应进一步规范售后服务架构、完善售后服务渠道。而对于消费者而言，维权成本或将就此有所降低。此外，汽车三包法的出台一方面是对其本身的考验，因为汽车作为一个内部复杂的大件消费品有其特殊性，汽车三包法的实施需要进行补充和调整；另一方面，汽车三包法也是对汽车企业、经销商和消费者的共同考验。

2013年12月，国家质检总局、国家标准委正式发布了《二手车鉴定评估技术规范》，这项二手车评估的首个国家标准于2014年6月1日开始实施。二手车鉴定评估是二手车交易过程中的重要环节，但长期以来缺乏统一规范的二手车鉴定评估标准和方法，鉴定评估随意性大，并且注重对车辆价格估算，忽略车辆技术性能检测与鉴定，对车辆的技术状况主要通过鉴定评估师的经验判别，评估结果可信度低。该规范的颁布与实施，将引导二手车企业按照规定的流程和方法，确保鉴定评估结果的客观和公正。各相关企业在销售环节向消费者明示车辆的技术状况，最大限度地解决二手车信息透明化问题，保护了消费者的合法权益。

2014年8月，国家工商行政管理总局发布了《工商总局关于停止实施汽车总经销商和汽车品牌授权经销商备案工作的公告》，宣布自2014年10月1日起，停止实施汽车总经销商和汽车品牌授权经销商备案工作，从事汽车品牌销售的汽车经销商（含总经销商），按照工商登记管理相关规定办理，其营业执照经营范围统一登记为"汽车销售"，已将营业执照经营范围登记为"××品牌汽车销售"的汽车总经销商和汽车品牌授权经销商，可以申请变更登记为"汽车销售"。在传统的汽车品牌销售模式下，很容易形成市场资源的垄断，造成经销商的随意加价，这种类似于"汽车大卖场"的形式出现，迫使众汽车品牌"正面交锋"。而竞争者一多，难免会形成市场调节，价格当然也不再是商家一方说了算。

2015年4月，财政部、科技部、工业和信息化部和发展改革委下发《关于2016—2020年新能源汽车推广应用财政支持政策的通知》，公布了2016—2020年新能源汽车推广应用的补助政策。根据该通知规定，2017—2020年除燃料电池汽车外其他车型补助标准适当退坡，其中2017—2018年补助标准在2016年基础上下降20%，2019—2020年补助标准在2016年基础上下降40%。预计2016—2020年新能源汽车中央财政补贴将超过2000亿元；资金申报和下发由审批改为预拨，将极大利好车企提高资金灵活度；由于补贴标准退坡幅度加倍，低价新能源汽车销售将受到较大影响。

2015年5月，财政部、国家税务总局同工业和信息化部下发《关于节约能源使用新能源车船，车船税优惠政策的通知》，对使用新能源车船免征车船税，节约能源车船减半征收车船税。

2015年8月，交通运输部发布了《关于修改〈机动车维修管理规定〉的决定》。就破除垄断而言，自主选择维修、使用同质配件等关键词写入新规；就行政管理而言，加强维修质量管理检查、配件实行追溯制度等关键词写入新规。新规自2016年4月19日起施行。

2015年9月，国家税务总局《关于贯彻落实减征1.6升及以下排量乘用车车辆购置税有关问题的通知》规定，对纳税人自2015年10月1日至2016年12月31日期间购置的排气量在1.6升及以下的乘用车，暂减按5%的税率征收车辆购置税。

2015年10月，交通运输部发布了《汽车维修技术信息公开实施管理办法》。从2016年1月1日起，汽车生产者应以可用的信息形式、便利的信息途径、合理的信息价格，向所有维修经营者及消费者无差别、无歧视、无延迟地公开所销售汽车车型的维修技术信息；不得通过设置技术壁垒排除、限制竞争，封锁或者垄断汽车维修市场。汽车生产者应公开的维修技术信息包括车辆识别代号的编码原则；汽车维修手册，含电路接线图、电子控制系统故障代码、排放控制系统信息、车身尺寸图、车轮定位参数的标准范围及调整方法等；零部件目录，含汽车生产者提供的用于售后服务的原厂零部件名称、商标和编号、零部件变更、升级、换代信息等；适用具体车型电子控制系统的软、硬件版本识别号；对车辆电子控制系统需要重新编程的信息；专用诊断、检测、维修工具和设备及其相关软件信息；车辆认证信息；技术服务通告；汽车召回信息和缺陷消除措施等。

2015年11月，国家质量监督检验检疫总局公布了《缺陷汽车产品召回管理条例实施办法》，自2016年1月1日起施行。该办法作为自2013年1月1日起施行的《缺陷汽车产品召回管理条例》的细化规章，进一步明确和强化了生产者召回责任主体义务，增加了对汽车零部件生产者的义务，对监管部门的工作流程以及地方质检部门参与召回管理的内容进行了细化，增加了向社会发布风险预警信息的内容，丰富了对缺陷汽车调查的工作手段。

"十三五"是全面建成小康社会的决胜阶段，汽车产业作为国民经济重要支柱之一，也必将迎来新的发展机遇。围绕"创新、协调、绿色、开放、共享"的发展理念，国家对于汽车行业的政策进行了多项调整，并将继续调整，以进一步实现产业结构的优化升级。

2016年1月，环境保护部、工业和信息化部发布了《关于实施第五阶段机动车排放标准的公告》，要求东部11省市（北京市、天津市、河北省、辽宁省、上海市、江苏省、浙江省、福建省、山东省、广东省和海南省）自2016年4月1日起，所有进口、销售和注册登记的轻型汽油车、轻型柴油客车、重型柴油车（仅公交、环卫、邮政用途），须符合国五标准要求；全国自2017年1月1日起，所有制造、进口、销售和注册登记的轻型汽油车、重型柴油车（客车和公交、环卫、邮政用途），须符合国五标准要求。这也标志着93、97号汽油将会被92、95号汽油全面替代，93、97号汽油将退出市场；全国自2017年7月1日起，所有制造、进口、销售和注册登记的重型柴油车，须符合国五标准要求。全国自2018年1月1日起，所有制造、进口、销售和注册登记的轻型柴油车，须符合国五标准要求。

2016年1月，环境保护部办公厅发布《乘用车内空气质量评价指南》（征求意见稿），在2011年颁布的标准上进行了修订，并从推荐性标准升级为国家强制性标准。标准对M1类车车内的苯、甲苯、二甲苯、乙苯、苯乙烯、甲醛、乙醛、丙烯醛等八种挥发性物质的浓度限值进行了严格设定，并给出了汽车厂家强制执行的时间表。规定从2017年1月1日起，所有新定型销售车辆必须满足本标准要求；此前已经定型的车辆，自 2018 年 7 月 1 日起实施强制标准要求。除此之外，还增加了信息公开和环保一致性检查要求，并确定了检测汽车车内空气质量的时限。

2016 年 3 月，国务院办公厅发布了《关于促进二手车便利交易的若干意见》，明确要求各地政府不得制定实施限制二手车迁入的政策，国家鼓励淘汰和要求淘汰的相关车辆及国家明确的大气污染防治重点区域有特殊要求的除外。已经实施限制二手车迁入政策的地方，要在 2016 年 5 月底之前予以取消。这对二手车市场的发展是重大利好，推动了二手车市场繁荣。

2016 年 8 月，国家发展改革办公厅发布《新能源汽车碳配额管理办法》（征求意见稿），要求相关部委、企业、行业协会等在 8 月 25 日之前反馈书面意见。（征求意见稿）指出，国务院碳交易主管部门将根据规划目标，对燃油汽车规模企业设定新能源汽车与燃油汽车产/销量的年度比例要求，并折算为企业应缴的新能源汽车碳配额（汽车企业生产和进口的新能源汽车在使用过程中相对于燃油汽车减少的二氧化碳排放量）数量。对于燃油汽车企业产/销量未达到一定规模、但新能源汽车达到一定数量，且自愿纳入管理的企业也可按此管理办法执行。企业可通过生产、进口新能源汽车生成新能源汽车碳配额或从碳排放市场交易获取新能源汽车碳配额。该管理办法自 2017 年开始试行，于 2018 年正式实施。

2016 年 8 月，工业和信息化部发布《新能源汽车生产企业及产品准入管理规则》（修订征求意见稿）。对于申请新能源汽车的生产企业，该（修订征求意见稿）要求需要具备生产新能源汽车产品所必需的设计开发能力、生产能力、产品生产一致性保证能力、售后服务及产品安全保障能力，并符合《新能源汽车生产企业准入条件及审查要求》。审查条件有 17 项具体条款，其中有 8 项为否决条款，只要超过 2 项未达标，则该企业就不被准入。工业和信息化部将新能源汽车范围调整为纯电动汽车、插电式混合动力汽车和燃料电池电动汽车。重新划定了新能源汽车的范围，提高了企业准入门槛，强化了产品安全监控。新规于 2017 年 7 月 1 日正式实施。

2016 年 10 月，在 2016 中国汽车工程学会年会上，发布了《节能与新能源汽车技术路线图》，这也是业内千呼万唤的新能源汽车最新政策。本次发布的技术路线图为"1+7"，主要包括：总体技术路线图、节能汽车技术路线图、纯电动和插电式混合动力汽车技术路线图、氢燃料电池汽车技术路线图、智能网联汽车技术路线图、汽车制造技术路线图、汽车动力电池技术路线图、汽车轻量化技术路线图。该技术路线图描绘了我国汽车产业技术未来 15 年的发展蓝图。总体目标是：至 2030 年，汽车产业碳排放总量先于国家提出的"2030 年达峰"的承诺和汽车产业规模达峰之前，在 2028 年提前达到峰值，新能源汽车逐渐成为主流产品、汽车产业初步实现电动化转型，智能网联汽车技术产生一系列原创性科技成果，并有效普及应用，技术创新体系基本成熟，持续创新能力和零部件产业具备国际竞争力。

2016 年 11 月，财政部、国家税务总局联合发布了《关于对超豪华小汽车加征消费税有关事项的通知》。为了引导合理消费，促进节能减排，经国务院批准，对超豪华小汽车加征消费税。"小汽车"税目下增设"超豪华小汽车"子税目。征收范围为每辆零售价格 130 万元（不含增值税）及以上的乘用车和中轻型商用客车，即乘用车和中轻型商用客车子税目中的超豪华小汽车。对超豪华小汽车，在生产（进口）环节按现行税率征收消费税的基础上，在零售环节加征消费税，税率为 10%。上述规定自 2016 年 12 月 1 日起执行。

2016 年 12 月，财政部、国家税务总局发布了《关于减征 1.6 升及以下排量乘用车车辆购置税的通知》，自 2017 年 1 月 1 日起至 12 月 31 日止，对购置 1.6 升及以下排量的乘用车减按 7.5%的税率征收车辆购置税。自 2018 年 1 月 1 日起，恢复按 10%的法定税率征收车辆购置税。

2017 年 4 月，商务部公布《汽车销售管理办法》，自 2017 年 7 月 1 日起施行，《汽车品牌销售管理实施办法》同时废止，取消了一直延续的厂商品牌授权备案制，减少行政审批的要求，允许授权模式与非授权模式并存。重点提出鼓励发展共享型、节约型的流通与服务模式，加快发展城乡一体的销售及售后服务网络，积极发展电子商务，大力加强新能源汽车销售和售后服务体系建设。明确提出供应商不得要求经销商同时具备销售、售后服务等功能，不得限制经销商为其他供应商的汽车提供配件及售后服务。明确提出供应商不得规定销售数量、压库、限制转售、搭售、干涉广告宣传、人力资源、财务管理等活动。明确提出经销商和供应商如实标明配件信息，明示生产商、生产日期、适配车型。明确收费标准、售后服务技术政策、"三包"信息等。从根本上打破了汽车销售品牌授权单一体制，汽车流通体系真正进入社会化发展阶段，重新调整了厂家与经销商的关系，强化现有市场的规范运行。同时，经销商不能绑定销售保险、金融、配件等，经销商不得随意加价销售，售后服务内容、配件、价格更透明，取消异地购车不能上牌的规定，强制要求车、证不分离等对消费者购车带来更多利好。同时，由于买车的店未必能修车，就需要明确车辆责任归属，这也给消费者带来了一些新的影响。

2017 年 4 月，工业和信息化部、发展和改革委员会、科技部联合印发《汽车产业中长期发展规划》。该规划指出，到 2020 年，培育形成若干家进入世界前十名的新能源汽车企业，智能网联汽车与国际同步发展；形成若干家超过 1000 亿元规模的汽车零部件企业集团；打造若干世界知名汽车品牌，商用车安全性能大幅提高；汽车后市场及服务业在价值链中的比例达到 45%以上。中国品牌汽车逐步实现向发达国家出口；新车平均燃料消耗量，乘用车降到 5.0 升/百公里、节能型汽车燃料消耗量降到 4.5 升/百公里以下、商用车接近国际先进水平，实施国六排放标准，新能源汽车能耗处于国际先进水平，汽车可回收利用率达到 95%。到 2025 年，新能源汽车骨干企业在全球的影响力和市场份额进一步提升，智能网联汽车进入世界先进行列；形成若干家进入全球前十名的汽车零部件企业集团；若干中国品牌汽车企业产/销量进入世界前十名。重点领域全面实现智能化，汽车后市场及服务业在价值链中的比例达到 55%以上；中国品牌汽车在全球影响力得到进一步提升。新车平均燃料消耗量，乘用车降到 4.0 升/百公里、商用车达到国际领先水平，排放达到国际先进水平，新能源汽车能耗处于国际领先水平，汽车实际回收利用率达到国际先进水平。

2017 年 9 月，工业和信息化部、财政部、商务部、海关总署、国家质量监督检验检疫总局联合公布了《乘用车企业平均燃料消耗量与新能源汽车积分并行管理办法》，该办法将于 2018 年 4 月 1 日正式实施。按照规定，对传统能源乘用车年度生产量或者进口量不满 3 万辆的乘用车企业，不设定新能源汽车积分比例要求；达到 3 万辆以上的，从 2019 年度开始设定新能源汽车积分比例要求。2019—2020 年度，新能源汽车积分比例要求分别为 10%、12%。2021 年度及以后年度的新能源汽车积分比例要求，由工业和信息化部另行公布。

2017 年 9 月，国家质量监督检验检疫总局和国家标准化管理委员会联合发布《机动车运行安全技术条件》（GB 7258—2017）。作为机动车运行和车辆生产制造的安全标准，通过增删和修改相关规定，对车辆生产制造进行更详细、更有针对性的约束和管理，对商用汽车行业产生重大影响。与 GB 7258—2012 相比，GB 7258—2017 要求电动车窗具备防夹功能，不能随便悬挂与车辆品牌不符合的厂标，随车配备 1 件反光背心；要求乘用车所有位置都必须提供三点式安全带；要求所有乘用车应配备能记录碰撞等特定事件发生时的车辆行驶速度、制动状态等数据信息的事件数据记录系统（EDR），或者配备符合标准规定的车载视频行驶记录装置。新标准将纯电动车、插电式混合动力车等新能源车单列，就行驶安全、行驶性能方面提出技术要求。其中，在车辆起步且车速低于20km/h时，应能给车外人员发出适当的提示性声响。当车辆发生漏电情况时，应通过一个明显的信号装置提示驾驶人。同时，车辆应该具备能切断动力电路的功能，避免产生二次交通事故。

2017年10月，中国人民银行、银监会联合发布《关于调整汽车贷款有关政策的通知》，自2018年1月1日起，自用传统动力汽车贷款最高发放比例为80%，商用传统动力汽车贷款最高发放比例为70%；自用新能源汽车贷款最高发放比例为85%，商用新能源汽车贷款最高发放比例为75%；二手车贷款最高发放比例为70%。与2004年发布的《汽车贷款管理办法》旧政策相比，新增新能源汽车贷款规定，且贷款发放比例高于传统车。另外，二手车贷款发放比例由50%提升至70%，这个比例与商用传统动力汽车已经持平，比自用传统动力汽车只低了10个百分点，国家鼓励支持二手车交易是显而易见的。

2017年12月，财政部、税务总局、工业和信息化部、科技部联合发布《关于免征新能源汽车车辆购置税的公告》，明确自2018年1月1日至2020年12月31日，对购置纳入目录的新能源汽车免征车辆购置税。对免征车辆购置税的新能源汽车，通过发布《免征车辆购置税的新能源汽车车型目录》实施管理。2017年12月31日之前已列入目录的新能源汽车，对其免征车辆购置税政策继续有效。根据现行政策，2014年9月1日至2017年12月31日，同样通过发布《免征车辆购置税的新能源汽车车型目录》管理，列入目录的新能源汽车免征车辆购置税。

2.2.6 社会文化环境

传统观念认为，市场营销是一种经济活动，经济因素是决定市场营销环境的唯一因素。但是，单纯用经济因素已不足以说明消费者行为的特点，例如，它不能解释为什么两个收入完全相同的人或人均收入相近的两个国家，在消费模式上迥然不同的现象。近年来，虽然国际贸易往来越来越频繁，发达国家居民收入水平和经济技术水平越来越接近，在一定程度上产生了需求的趋同性，但实际上各个国家的消费者在需求爱好、消费模式上，仍然存在很大的差异性。由此可见，非经济因素对市场营销具有相当重要的作用。市场营销活动不仅是经济活动，也是一种文化活动。

世界的社会文化是多姿多态的，每个国家或地区都有其核心文化和生活方式，以及价值观念、风俗习惯和审美观念。

1. 价值观念

价值观念是指人们对社会生活中各种事物的态度和看法。消费者由于价值观念相差甚大，对商品的需求和购买行为亦不相同。美国人喜欢提前消费、不尚储蓄、流行分期付款；偏爱产品的新颖性和时尚性，具有较多激进的前沿消费群体。中国人喜欢存钱、消费观念偏于传统、喜爱商品耐久实用，但现在，也出现了大量的新潮青/中年消费群体，他们崇尚个性，形成了新的消费风尚。

2. 风俗习惯

不同文化环境中的人们，因自然环境和生活方式迥异，在饮食、服饰、居住、婚丧、信仰等方面形成了独特的心理特征、道德规范、行为方式和生活习惯。

企业应充分了解目标市场上消费者的禁忌、习俗、避讳、流行。例如，美国通用公司曾生产以 NOVA 命名的汽车，含义为"神枪手"，但在拉丁美洲的语言里是"跑不动"的意思，所以该车型无法在拉美地区寻得销路。

3. 审美观念

审美观是指人们对商品的好与坏、美与丑、喜欢与嫌恶的不同评价。不同国家、地区、民族、宗教、阶层、年龄和个人，常常具有不同的审美标准。而人们的审美观念也会随着时间的变化而改变。对于企业而言，生产大批量的雷同产品不能满足不同的市场需求，必须根据不同社会文化背景下的消费者审美观念及其变化趋势，来开发产品，制定市场营销策略。

在中国人眼里，作为代步工具的汽车就是"轿车"。显然，"轿车"一词是由"轿子"派生而来的，是与身份和权势密切相关的。这种文化传统根深蒂固，强烈地影响了桑塔纳和富康两种轿车的命运。桑塔纳有"轿"，威风凛凛，尽管在国际市场上已经淡出，却在中国轿车市场独领风骚；富康车无"尾"，小巧玲珑，尽管在国际市场上领先一步，却在中国轿车市场上知音难觅。究其原因，是因为我国的消费者认为它"不气派""有头无尾"（不吉利）、"断后"（断香火）。于是后来添了"尾巴"，而且将"东风"改为"神龙"，将"富康"改为"神龙—富康"或"神龙—富康988"，寓意既得天助又送吉祥，才渐渐受到了国人的青睐。

2.3 汽车企业适应营销环境变化的策略

营销者必须善于分析营销环境的变化，研究相应的对策，提高企业市场营销的应变能力。只有如此，企业才能在激烈的市场竞争中立于不败之地。

2.3.1 企业营销环境分析的方法

企业只有不断地适应各种营销环境的变化，方可顺利地展开营销活动。为此，企业除了在技术上建立营销环境监测和预警系统，加强对营销环境变化的预测外，还必须掌握环境分析工具，从而主动调整营销策略，使企业的营销活动不断地适应营销环境的变化。

一般情况下，营销环境都是机会与威胁并存、利益与风险结合在一起的综合环境。营销环境机会是指由于环境变化形成的对企业营销管理富有吸引力的领域。在该市场领域里，企业将拥有竞争优势，可以将市场机会转为营销机会，利用营销机会获得营销成功。营销环境威胁是指由于环境变化形成的对企业营销的冲击和挑战。

对汽车厂商而言，并非所有的环境机会都具有相同的吸引力，也不是所有的环境威胁都产生相同的压力。企业对于每种营销环境的变化给企业带来的机会或威胁，应从数量或程度上予以分析，运用比较的方法，找出和抓住最有吸引力的营销机会，避开最严重的环境威胁，这就是环境分析。

环境分析的具体方法可以通过选择"潜在吸引力（或危害性）""成功可能性（或出现威胁的可能性）"这两个指标，根据它们的具体特点去评价某种环境变化的具体特点。如果某种环境变化对企业营销机会的"潜在吸引力"大，而企业营销活动的"成功可能性"也大，如图 2-3（a）所示的右上角部分，表明该种环境变化将对企业的营销活动非常有利，企业应当抓住这样的机会。反之，如果某种营销环境变化对企业营销活动的"潜在危害性"大，而这种"危害出现的可能性"也大，如图 2-3（b）所示的右上角部分，表明该种环境变化将对企业的营销活动产生非常不利的影响，企业应及时调整营销策略，以避开或减轻营销环境变化对企业营销活动的威胁。

弄清营销机会和避免环境威胁，是企业取得营销业绩和谋求发展的重要前提。如果综合考察企业面临的营销机会和环境威胁，企业在营销环境的变化过程中所处的地位和类型是理想企业、风险企业、成熟企业、困难企业，如图2-4所示。显然，理想企业所处的环境最好，困难企业所处的环境最差。因此，各汽车企业对自己所处的地位和类型应保持清醒认识。

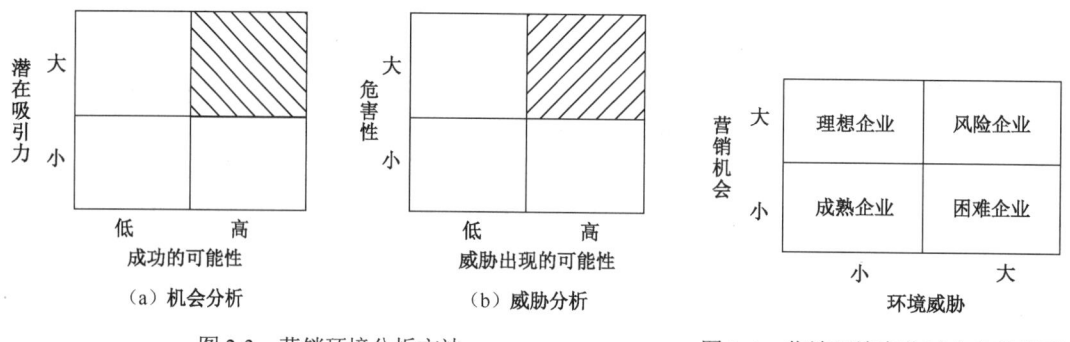

图 2-3 营销环境分析方法

图 2-4 营销环境变化时企业的类型

2.3.2 企业应对营销环境变化的策略

1. 应对营销环境机会的策略

（1）及时利用策略。当市场机会与企业的营销目标一致，企业又具备利用市场机会的资源条件，并享有竞争中的差别利益时，企业应抓住时机，及时调整自己的营销策略，充分利用市场机会，求得更大的发展。

（2）等待时机利用策略。有些市场机会相对稳定，在短时间内不会发生变化，而企业暂时又不具备利用市场机会的必要条件，可以积极准备，创造条件，等待时机成熟时再加以利用。

（3）果断放弃策略。当市场机会十分具有吸引力，但企业缺乏必要的条件，无法加以利用时，企业应做出果断放弃的决策。因为，任何犹豫和拖延都可能导致错过利用其他有利机会的时机，从而一事无成。

2. 应对营销环境威胁的策略

对企业市场营销来说，最大的挑战莫过于环境变化对企业造成的威胁。而这些威胁的来临，一般又不为企业所控制，因此企业应做到冷静分析、沉着应付。面对环境威胁，企业可以采取以下三种策略。

（1）对抗策略。对抗策略通常被称为积极、主动的策略，指当企业面临环境威胁时，试图通过自己的努力限制或扭转环境中不利因素的发展。显然，企业采用此种策略时必须以企业具备足够的影响力为基础，一般只有大型企业才具有采用此种策略的条件。此外，企业在采取此种策略时，其主张和作为应同潮流趋势一致。

（2）减轻策略。指当企业面临环境威胁时，力图通过改变自己的营销组合策略，尽量降低环境威胁对企业的负面影响程度。此种策略适宜于当企业不能控制不利因素发展时采用。一般而言，环境威胁只是对企业市场营销的现状或现行做法构成威胁，并不意味着企业就别无他途，俗话说"天无绝人之路""东方不亮西方亮"。企业只要认真分析环境变化的特点，找到新的营销机会，及时调整营销策略，不仅可以减轻营销损失，而且谋求更大的发展也是可能的。

(3) 转移策略。指当企业面临环境威胁时，将面临环境威胁的产品转移到其他市场上去，或者将投资转移到其他更为有利的产业上去，实行多角经营（跨行业经营），以此来避免环境变化对企业的威胁。但转移市场要以地区技术差异为基础，即在甲地受到威胁的产品，在乙地市场仍有发展前景。企业在决定多角经营时，必须对企业是否在新的产业上具有经营能力进行审慎分析，不可贸然进入。

2.3.3 企业适应营销环境变化的措施

为了适应环境变化，企业必须在营销实践中找到以下行之有效的措施。

1. 加强市场营销计划的弹性

富有弹性的市场营销计划，有利于发挥营销计划的先导作用，使企业在实施营销计划时能够适应环境的变化。因此，企业在制订营销计划时应做到：

①在制订好市场营销基本计划的基础上，准备多种营销应急预案；

②实施滚动性营销计划。使营销计划和决策既处于大体形成，又处于实验性状态，采取"走一步、看一步"的计划方案；

③计划指标要有合理的上/下限幅度。

2. 建立快速应变的组织保证体系，重视后备资源的建设

企业在组织领导体制上要有"统一指挥、个人负责"的系统，完善企业内部的信息共享机制，加强各部门的协调配合，提高整个组织的灵活性和协调性。企业在制订应急计划后，应抓紧落实应急措施和办法，积蓄打赢"应急战"的资源和力量，提高对流动资金、生产物资、生产指挥和中间商等市场营销重要因素的控制水平。

【文摘2.1】

缺陷汽车产品召回管理条例

第一条　为了规范缺陷汽车产品召回，加强监督管理，保障人身、财产安全，制定本条例。

第二条　在中国境内生产、销售的汽车和汽车挂车（以下统称汽车产品）的召回及其监督管理，适用本条例。

第三条　本条例所称缺陷，是指由于设计、制造、标识等原因导致的在同一批次、型号或者类别的汽车产品中普遍存在的不符合保障人身、财产安全的国家标准、行业标准的情形或者其他危及人身、财产安全的不合理的危险。

本条例所称召回，是指汽车产品生产者对其已售出的汽车产品采取措施消除缺陷的活动。

第四条　国务院产品质量监督部门负责全国缺陷汽车产品召回的监督管理工作。

国务院有关部门在各自职责范围内负责缺陷汽车产品召回的相关监督管理工作。

第五条　国务院产品质量监督部门根据工作需要，可以委托省、自治区、直辖市人民政府产品质量监督部门、进出口商品检验机构负责缺陷汽车产品召回监督管理的部分工作。

国务院产品质量监督部门缺陷产品召回技术机构按照国务院产品质量监督部门的规定，承担缺陷汽车产品召回的具体技术工作。

第六条　任何单位和个人有权向产品质量监督部门投诉汽车产品可能存在的缺陷，国务院产品质量监督部门应当以便于公众知晓的方式向社会公布受理投诉的电话、电子邮箱和通信地址。

国务院产品质量监督部门应当建立缺陷汽车产品召回信息管理系统，收集汇总、分析处理有关缺陷汽车产品信息。

产品质量监督部门、汽车产品主管部门、商务主管部门、海关、公安机关交通管理部门、交通运输主管部门、工商行政管理部门等有关部门应当建立汽车产品的生产、销售、进口、登记检验、维修、消费者投诉、召回等信息的共享机制。

第七条 产品质量监督部门和有关部门、机构及其工作人员对履行本条例规定职责所知悉的商业秘密和个人信息，不得泄露。

第八条 对缺陷汽车产品，生产者应当依照本条例全部召回；生产者未实施召回的，国务院产品质量监督部门应当依照本条例责令其召回。

本条例所称生产者，是指在中国境内依法设立的生产汽车产品并以其名义颁发产品合格证的企业。

从中国境外进口汽车产品到境内销售的企业，视为前款所称的生产者。

第九条 生产者应当建立并保存汽车产品设计、制造、标识、检验等方面的信息记录以及汽车产品初次销售的车主信息记录，保存期不得少于10年。

第十条 生产者应当将下列信息报国务院产品质量监督部门备案：
①生产者基本信息；
②汽车产品技术参数和汽车产品初次销售的车主信息；
③因汽车产品存在危及人身、财产安全的故障而发生修理、更换、退货的信息；
④汽车产品在中国境外实施召回的信息；
⑤国务院产品质量监督部门要求备案的其他信息。

第十一条 销售、租赁、维修汽车产品的经营者（以下统称经营者）应当按照国务院产品质量监督部门的规定建立并保存汽车产品相关信息记录，保存期不得少于5年。

经营者获知汽车产品存在缺陷的，应当立即停止销售、租赁、使用缺陷汽车产品，并协助生产者实施召回。

经营者应当向国务院产品质量监督部门报告和向生产者通报所获知的汽车产品可能存在缺陷的相关信息。

第十二条 生产者获知汽车产品可能存在缺陷的，应当立即组织调查分析，并如实向国务院产品质量监督部门报告调查分析结果。

生产者确认汽车产品存在缺陷的，应当立即停止生产、销售、进口缺陷汽车产品，并实施召回。

第十三条 国务院产品质量监督部门获知汽车产品可能存在缺陷的，应当立即通知生产者开展调查分析；生产者未按照通知开展调查分析的，国务院产品质量监督部门应当开展缺陷调查。

国务院产品质量监督部门认为汽车产品可能存在会造成严重后果的缺陷的，可以直接开展缺陷调查。

第十四条 国务院产品质量监督部门开展缺陷调查，可以进入生产者、经营者的生产经营场所进行现场调查，查阅、复制相关资料和记录，向相关单位和个人了解汽车产品可能存在缺陷的情况。

生产者应当配合缺陷调查，提供调查需要的有关资料、产品和专用设备。经营者应当配合缺陷调查，提供调查需要的有关资料。

国务院产品质量监督部门不得将生产者、经营者提供的资料、产品和专用设备用于缺陷调查所需的技术检测和鉴定以外的用途。

第十五条 国务院产品质量监督部门调查认为汽车产品存在缺陷的，应当通知生产者实施召回。

生产者认为其汽车产品不存在缺陷的，可以自收到通知之日起 15 个工作日内向国务院产品质量监督部门提出异议，并提供证明材料。国务院产品质量监督部门应当组织与生产者无利害关系的专家对证明材料进行论证，必要时对汽车产品进行技术检测或者鉴定。

生产者既不按照通知实施召回又不在本条第二款规定期限内提出异议的，或者经国务院产品质量监督部门依照本条第二款规定组织论证、技术检测、鉴定确认汽车产品存在缺陷的，国务院产品质量监督部门应当责令生产者实施召回；生产者应当立即停止生产、销售、进口缺陷汽车产品，并实施召回。

第十六条 生产者实施召回，应当按照国务院产品质量监督部门的规定制定召回计划，并报国务院产品质量监督部门备案。修改已备案的召回计划应当重新备案。

生产者应当按照召回计划实施召回。

第十七条 生产者应当将报国务院产品质量监督部门备案的召回计划同时通报销售者，销售者应当停止销售缺陷汽车产品。

第十八条 生产者实施召回，应当以便于公众知晓的方式发布信息，告知车主汽车产品存在的缺陷、避免损害发生的应急处置方法和生产者消除缺陷的措施等事项。

国务院产品质量监督部门应当及时向社会公布已经确认的缺陷汽车产品信息以及生产者实施召回的相关信息。

车主应当配合生产者实施召回。

第十九条 对实施召回的缺陷汽车产品，生产者应当及时采取修正或者补充标识、修理、更换、退货等措施消除缺陷。

生产者应当承担消除缺陷的费用和必要的运送缺陷汽车产品的费用。

第二十条 生产者应当按照国务院产品质量监督部门的规定提交召回阶段性报告和召回总结报告。

第二十一条 国务院产品质量监督部门应当对召回实施情况进行监督，并组织与生产者无利害关系的专家对生产者消除缺陷的效果进行评估。

第二十二条 生产者违反本条例规定，有下列情形之一的，由产品质量监督部门责令改正；拒不改正的，处 5 万元以上 20 万元以下的罚款：

①未按照规定保存有关汽车产品、车主的信息记录；
②未按照规定备案有关信息、召回计划；
③未按照规定提交有关召回报告。

第二十三条 违反本条例规定，有下列情形之一的，由产品质量监督部门责令改正；拒不改正的，处 50 万元以上 100 万元以下的罚款；有违法所得的，并处没收违法所得；情节严重的，由许可机关吊销有关许可：

①生产者、经营者不配合产品质量监督部门缺陷调查；
②生产者未按照已备案的召回计划实施召回；
③生产者未将召回计划通报销售者。

第二十四条 生产者违反本条例规定，有下列情形之一的，由产品质量监督部门责令改正，处缺陷汽车产品货值金额 1%以上 10%以下的罚款；有违法所得的，并处没收违法所得；

情节严重的，由许可机关吊销有关许可：

①未停止生产、销售或者进口缺陷汽车产品；

②隐瞒缺陷情况；

③经责令召回拒不召回。

第二十五条　违反本条例规定，从事缺陷汽车产品召回监督管理工作的人员有下列行为之一的，依法给予处分：

①将生产者、经营者提供的资料、产品和专用设备用于缺陷调查所需的技术检测和鉴定以外的用途；

②泄露当事人商业秘密或者个人信息；

③其他玩忽职守、徇私舞弊、滥用职权行为。

第二十六条　违反本条例规定，构成犯罪的，依法追究刑事责任。

第二十七条　汽车产品出厂时未随车装备的轮胎存在缺陷的，由轮胎的生产者负责召回。具体办法由国务院产品质量监督部门参照本条例制定。

第二十八条　生产者依照本条例召回缺陷汽车产品，不免除其依法应当承担的责任。

汽车产品存在本条例规定的缺陷以外的质量问题的，车主有权依照产品质量法、消费者权益保护法等法律、行政法规和国家有关规定以及合同约定，要求生产者、销售者承担修理、更换、退货、赔偿损失等相应的法律责任。

第二十九条　本条例自2013年1月1日起施行。

【文摘2.2】
缺陷汽车产品召回管理条例实施办法

第一章　总　　则

第一条　根据《缺陷汽车产品召回管理条例》，制定本办法。

第二条　在中国境内生产、销售的汽车和汽车挂车（以下统称汽车产品）的召回及其监督管理，适用本办法。

第三条　汽车产品生产者（以下简称生产者）是缺陷汽车产品的召回主体。汽车产品存在缺陷的，生产者应当依照本办法实施召回。

第四条　国家质量监督检验检疫总局（以下简称质检总局）负责全国缺陷汽车产品召回的监督管理工作。各级产品质量监督部门和出入境检验检疫机构依法履行职责。

第五条　质检总局根据工作需要，可以委托省级产品质量监督部门和出入境检验检疫机构（以下统称省级质检部门），在本行政区域内按照职责分工分别负责境内生产和进口缺陷汽车产品召回监督管理的部分工作。

质检总局缺陷产品召回技术机构（以下简称召回技术机构）按照质检总局的规定承担缺陷汽车产品召回信息管理、缺陷调查、召回管理中的具体技术工作。

第二章　信息管理

第六条　任何单位和个人有权向产品质量监督部门和出入境检验检疫机构投诉汽车产品可能存在的缺陷等有关问题。

第七条　质检总局负责组织建立缺陷汽车产品召回信息管理系统，收集汇总、分析处理有关缺陷汽车产品信息，备案生产者信息，发布缺陷汽车产品信息和召回相关信息。

质检总局负责与国务院有关部门共同建立汽车产品的生产、销售、进口、登记检验、维修、事故、消费者投诉、召回等信息的共享机制。

第八条　地方产品质量监督部门和各地出入境检验检疫机构发现本行政区域内缺陷汽车产品信息的，应当将信息逐级上报。

第九条　生产者应当建立健全汽车产品可追溯信息管理制度，确保能够及时确定缺陷汽车产品的召回范围并通知车主。

第十条　生产者应当保存以下汽车产品设计、制造、标识、检验等方面的信息：
①汽车产品设计、制造、标识、检验的相关文件和质量控制信息；
②涉及安全的汽车产品零部件生产者及零部件的设计、制造、检验信息；
③汽车产品生产批次及技术变更信息；
④其他相关信息。

生产者还应当保存车主名称、有效证件号码、通信地址、联系电话、购买日期、车辆识别代码等汽车产品初次销售的车主信息。

第十一条　生产者应当向质检总局备案以下信息：
①生产者基本信息；
②汽车产品技术参数和汽车产品初次销售的车主信息；
③因汽车产品存在危及人身、财产安全的故障而发生修理、更换、退货的信息；
④汽车产品在中国境外实施召回的信息；
⑤技术服务通报、公告等信息；
⑥其他需要备案的信息。

生产者依法备案的信息发生变化的，应当在20个工作日内进行更新。

第十二条　销售、租赁、维修汽车产品的经营者（以下统称经营者）应当建立并保存其经营的汽车产品型号、规格、车辆识别代码、数量、流向、购买者信息、租赁、维修等信息。

第十三条　经营者、汽车产品零部件生产者应当向质检总局报告所获知的汽车产品可能存在缺陷的相关信息，并通报生产者。

第三章　缺　陷　调　查

第十四条　生产者获知汽车产品可能存在缺陷的，应当立即组织调查分析，并将调查分析结果报告质检总局。

生产者经调查分析确认汽车产品存在缺陷的，应当立即停止生产、销售、进口缺陷汽车产品，并实施召回；生产者经调查分析认为汽车产品不存在缺陷的，应当在报送的调查分析结果中说明分析过程、方法、风险评估意见以及分析结论等。

第十五条　质检总局负责组织对缺陷汽车产品召回信息管理系统收集的信息、有关单位和个人的投诉信息以及通过其他方式获取的缺陷汽车产品相关信息进行分析，发现汽车产品可能存在缺陷的，应当立即通知生产者开展相关调查分析。

生产者应当按照质检总局通知要求，立即开展调查分析，并如实向质检总局报告调查分析结果。

第十六条　召回技术机构负责组织对生产者报送的调查分析结果进行评估，并将评估结果报告质检总局。

第十七条　存在下列情形之一的，质检总局应当组织开展缺陷调查：
①生产者未按照通知要求开展调查分析的；
②经评估生产者的调查分析结果不能证明汽车产品不存在缺陷的；

③汽车产品可能存在造成严重后果的缺陷的；

④经实验检测，同一批次、型号或者类别的汽车产品可能存在不符合保障人身、财产安全的国家标准、行业标准情形的；

（五）其他需要组织开展缺陷调查的情形。

第十八条　质检总局、受委托的省级质检部门开展缺陷调查，可以行使以下职权：

①进入生产者、经营者、零部件生产者的生产经营场所进行现场调查；

②查阅、复制相关资料和记录，收集相关证据；

③向有关单位和个人了解汽车产品可能存在缺陷的情况；

④其他依法可以采取的措施。

第十九条　与汽车产品缺陷有关的零部件生产者应当配合缺陷调查，提供调查需要的有关资料。

第二十条　质检总局、受委托的省级质检部门开展缺陷调查，应当对缺陷调查获得的相关信息、资料、实物、实验检测结果和相关证据等进行分析，形成缺陷调查报告。

省级质检部门应当及时将缺陷调查报告报送质检总局。

第二十一条　质检总局可以组织对汽车产品进行风险评估，必要时向社会发布风险预警信息。

第二十二条　质检总局根据缺陷调查报告认为汽车产品存在缺陷的，应当向生产者发出缺陷汽车产品召回通知书，通知生产者实施召回。

生产者认为其汽车产品不存在缺陷的，可以自收到缺陷汽车产品召回通知书之日起15个工作日内向质检总局提出书面异议，并提交相关证明材料。

生产者在15个工作日内提出异议的，质检总局应当组织与生产者无利害关系的专家对生产者提交的证明材料进行论证；必要时质检总局可以组织对汽车产品进行技术检测或者鉴定；生产者申请听证的或者质检总局根据工作需要认为有必要组织听证的，可以组织听证。

第二十三条　生产者既不按照缺陷汽车产品召回通知书要求实施召回，又不在15个工作日内向质检总局提出异议的，或者经组织论证、技术检测、鉴定，确认汽车产品存在缺陷的，质检总局应当责令生产者召回缺陷汽车产品。

第四章　召回实施与管理

第二十四条　生产者实施召回，应当按照质检总局的规定制定召回计划，并自确认汽车产品存在缺陷之日起5个工作日内或者自被责令召回之日起5个工作日内向质检总局备案；同时以有效方式通报经营者。

生产者制定召回计划，应当内容全面，客观准确，并对其内容的真实性、准确性及召回措施的有效性负责。

生产者应当按照已备案的召回计划实施召回；生产者修改已备案的召回计划，应当重新向质检总局备案，并提交说明材料。

第二十五条　经营者获知汽车产品存在缺陷的，应当立即停止销售、租赁、使用缺陷汽车产品，并协助生产者实施召回。

第二十六条　生产者应当自召回计划备案之日起5个工作日内，通过报刊、网站、广播、电视等便于公众知晓的方式发布缺陷汽车产品信息和实施召回的相关信息，30个工作日内以挂号信等有效方式，告知车主汽车产品存在的缺陷、避免损害发生的应急处置方法和生产者消除缺陷的措施等事项。

生产者应当通过热线电话、网络平台等方式接受公众咨询。

第二十七条　车主应当积极配合生产者实施召回，消除缺陷。

第二十八条　质检总局应当向社会公布已经确认的缺陷汽车产品信息、生产者召回计划以及生产者实施召回的其他相关信息。

第二十九条　生产者应当保存已实施召回的汽车产品召回记录，保存期不得少于10年。

第三十条　生产者应当自召回实施之日起每3个月向质检总局提交一次召回阶段性报告。质检总局有特殊要求的，生产者应当按要求提交。

生产者应当在完成召回计划后15个工作日内，向质检总局提交召回总结报告。

第三十一条　生产者被责令召回的，应当立即停止生产、销售、进口缺陷汽车产品，并按照本办法的规定实施召回。

第三十二条　生产者完成召回计划后，仍有未召回的缺陷汽车产品的，应当继续实施召回。

第三十三条　对未消除缺陷的汽车产品，生产者和经营者不得销售或者交付使用。

第三十四条　质检总局对生产者召回实施情况进行监督或者委托省级质检部门进行监督，组织与生产者无利害关系的专家对消除缺陷的效果进行评估。

受委托对召回实施情况进行监督的省级质检部门，应当及时将有关情况报告质检总局。

质检总局通过召回实施情况监督和评估发现生产者的召回范围不准确、召回措施无法有效消除缺陷或者未能取得预期效果的，应当要求生产者再次实施召回或者采取其他相应补救措施。

第五章　法律责任

第三十五条　生产者违反本办法规定，有下列行为之一的，责令限期改正；逾期未改正的，处以1万元以上3万元以下罚款：

①未按规定更新备案信息的；
②未按规定提交调查分析结果的；
③未按规定保存汽车产品召回记录的；
④未按规定发布缺陷汽车产品信息和召回信息的。

第三十六条　零部件生产者违反本办法规定不配合缺陷调查的，责令限期改正；逾期未改正的，处以1万元以上3万元以下罚款。

第三十七条　违反本办法规定，构成《缺陷汽车产品召回管理条例》等有关法律法规规定的违法行为的，依法予以处理。

第三十八条　违反本办法规定，构成犯罪的，依法追究刑事责任。

第三十九条　本办法规定的行政处罚由违法行为发生地具有管辖权的产品质量监督部门和出入境检验检疫机构在职责范围内依法实施；法律、行政法规另有规定的，依照法律、行政法规的规定执行。

第六章　附　则

第四十条　本办法所称汽车产品是指中华人民共和国国家标准《汽车和挂车类型的术语和定义》规定的汽车和挂车。

本办法所称生产者是指在中国境内依法设立的生产汽车产品并以其名义颁发产品合格证的企业。

从中国境外进口汽车产品到境内销售的企业视为前款所称的生产者。

第四十一条　汽车产品出厂时未随车装备的轮胎的召回及其监督管理由质检总局另行

规定。

第四十二条 本办法由质检总局负责解释。

第四十三条 本办法自 2016 年 1 月 1 日起施行。

【文摘2.3】

家用汽车产品修理、更换、退货责任规定

第一章 总 则

第一条 为了保护家用汽车产品消费者的合法权益,明确家用汽车产品修理、更换、退货(以下简称三包)责任,根据有关法律法规,制定本规定。

第二条 在中华人民共和国境内生产、销售的家用汽车产品的三包,适用本规定。

第三条 本规定是家用汽车产品三包责任的基本要求。鼓励家用汽车产品经营者做出更有利于维护消费者合法权益的严于本规定的三包责任承诺;承诺一经作出,应当依法履行。

第四条 本规定所称三包责任由销售者依法承担。销售者依照规定承担三包责任后,属于生产者的责任或者属于其他经营者的责任的,销售者有权向生产者、其他经营者追偿。

家用汽车产品经营者之间可以订立合同约定三包责任的承担,但不得侵害消费者的合法权益,不得免除本规定所规定的三包责任和质量义务。

第五条 家用汽车产品消费者、经营者行使权利、履行义务或承担责任,应当遵循诚实信用原则,不得恶意欺诈。

家用汽车产品经营者不得故意拖延或者以无正当理由拒绝消费者提出的符合本规定的三包责任要求。

第六条 国家质量监督检验检疫总局(以下简称国家质检总局)负责本规定实施的协调指导和监督管理;组织建立家用汽车产品三包信息公开制度,并可以依法委托相关机构建立家用汽车产品三包信息系统,承担有关信息管理等工作。

地方各级质量技术监督部门负责本行政区域内本规定实施的协调指导和监督管理。

第七条 各有关部门、机构及其工作人员对履行规定职责所知悉的商业秘密和个人信息依法负有保密义务。

第二章 生产者义务

第八条 生产者应当严格执行出厂检验制度;未经检验合格的家用汽车产品,不得出厂销售。

第九条 生产者应当向国家质检总局备案生产者基本信息、车型信息、约定的销售和修理网点资料、产品使用说明书、三包凭证、维修保养手册、三包责任争议处理和退换车信息等家用汽车产品三包有关信息,并在信息发生变化时及时更新备案。

第十条 家用汽车产品应当具有中文的产品合格证或相关证明以及产品使用说明书、三包凭证、维修保养手册等随车文件。

产品使用说明书应当符合消费品使用说明等国家标准规定的要求。家用汽车产品所具有的使用性能、安全性能在相关标准中没有规定的,其性能指标、工作条件、工作环境等要求应当在产品使用说明书中明示。

三包凭证应当包括以下内容:产品品牌、型号、车辆类型规格、车辆识别代号(VIN)、生产日期;生产者名称、地址、邮政编码、客服电话;销售者名称、地址、邮政编码、电话等销售网点资料、销售日期;修理者名称、地址、邮政编码、电话等修理网点资料或者相关

查询方式；家用汽车产品三包条款、包修期和三包有效期以及按照规定要求应当明示的其他内容。

维修保养手册应当格式规范、内容实用。

随车提供工具、备件等物品的，应附有随车物品清单。

第三章 销售者义务

第十一条 销售者应当建立并执行进货检查验收制度，验明家用汽车产品合格证等相关证明和其他标识。

第十二条 销售者销售家用汽车产品，应当符合下列要求：

①向消费者交付合格的家用汽车产品以及发票；

②按照随车物品清单等随车文件向消费者交付随车工具、备件等物品；

③当面查验家用汽车产品的外观、内饰等现场可查验的质量状况；

④明示并交付产品使用说明书、三包凭证、维修保养手册等随车文件；

⑤明示家用汽车产品三包条款、包修期和三包有效期；

⑥明示由生产者约定的修理者名称、地址和联系电话等修理网点资料，但不得限制消费者在上述修理网点中自主选择修理者；

⑦在三包凭证上填写有关销售信息；

⑧提醒消费者阅读安全注意事项、按产品使用说明书的要求进行使用和维护保养。

对于进口家用汽车产品，销售者还应当明示并交付海关出具的货物进口证明和出入境检验检疫机构出具的进口机动车辆检验证明等资料。

第四章 修理者义务

第十三条 修理者应当建立并执行修理记录存档制度。书面修理记录应当一式两份，一份存档，一份提供给消费者。

修理记录内容应当包括送修时间、行驶里程、送修问题、检查结果、修理项目、更换的零部件名称和编号、材料费、工时和工时费、拖运费、提供备用车的信息或者交通费用补偿金额、交车时间、修理者和消费者签名或盖章等。

修理记录应当便于消费者查阅或复制。

第十四条 修理者应当保持修理所需要的零部件的合理储备，确保修理工作的正常进行，避免因缺少零部件而延误修理时间。

第十五条 用于家用汽车产品修理的零部件应当是生产者提供或者认可的合格零部件，且其质量不低于家用汽车产品生产装配线上的产品。

第十六条 在家用汽车产品包修期和三包有效期内，家用汽车产品出现产品质量问题或严重安全性能故障而不能安全行驶或者无法行驶的，应当提供电话咨询修理服务；电话咨询服务无法解决的，应当开展现场修理服务，并承担合理的车辆拖运费。

第五章 三包责任

第十七条 家用汽车产品包修期限不低于3年或者行驶里程60 000公里,以先到者为准；家用汽车产品三包有效期限不低于2年或者行驶里程50 000公里，以先到者为准。家用汽车产品包修期和三包有效期自销售者开具购车发票之日起计算。

第十八条 在家用汽车产品包修期内，家用汽车产品出现产品质量问题，消费者凭三包凭证由修理者免费修理（包括工时费和材料费）。

家用汽车产品自销售者开具购车发票之日起60日内或者行驶里程3000公里之内（以先

到者为准），发动机、变速器的主要零件出现产品质量问题的，消费者可以选择免费更换发动机、变速器。发动机、变速器的主要零件的种类范围由生产者明示在三包凭证上，其种类范围应当符合国家相关标准或规定，具体要求由国家质检总局另行规定。

家用汽车产品的易损耗零部件在其质量保证期内出现产品质量问题的，消费者可以选择免费更换易损耗零部件。易损耗零部件的种类范围及其质量保证期由生产者明示在三包凭证上。生产者明示的易损耗零部件的种类范围应当符合国家相关标准或规定，具体要求由国家质检总局另行规定。

第十九条　在家用汽车产品包修期内，因产品质量问题每次修理时间（包括等待修理备用件时间）超过5日的，应当为消费者提供备用车，或者给予合理的交通费用补偿。

修理时间自消费者与修理者确定修理之时起，至完成修理之时止。一次修理占用时间不足24小时的，以1日计。

第二十条　在家用汽车产品三包有效期内，符合本规定更换、退货条件的，消费者凭三包凭证、购车发票等由销售者更换、退货。

家用汽车产品自销售者开具购车发票之日起60日内或者行驶里程3000公里之内（以先到者为准），家用汽车产品出现转向系统失效、制动系统失效、车身开裂或燃油泄漏，消费者选择更换家用汽车产品或退货的，销售者应当负责免费更换或退货。

在家用汽车产品三包有效期内，发生下列情况之一，消费者选择更换或退货的，销售者应当负责更换或退货：

①因严重安全性能故障累计进行了2次修理，严重安全性能故障仍未排除或者又出现新的严重安全性能故障的；

②发动机、变速器累计更换2次后，或者发动机、变速器的同一主要零件因其质量问题，累计更换2次后，仍不能正常使用的，发动机、变速器与其主要零件更换次数不重复计算；

③转向系统、制动系统、悬架系统、前/后桥、车身的同一主要零件因其质量问题，累计更换2次后，仍不能正常使用的；

转向系统、制动系统、悬架系统、前/后桥、车身的主要零件由生产者明示在三包凭证上，其种类范围应当符合国家相关标准或规定，具体要求由国家质检总局另行规定。

第二十一条　在家用汽车产品三包有效期内，因产品质量问题修理时间累计超过35日的，或者因同一产品质量问题累计修理超过5次的，消费者可以凭三包凭证、购车发票，由销售者负责更换。

下列情形所占用的时间不计入前款规定的修理时间：

①需要根据车辆识别代号（VIN）等定制的防盗系统、全车线束等特殊零部件的运输时间；特殊零部件的种类范围由生产者明示在三包凭证上；

②外出救援路途所占用的时间。

第二十二条　在家用汽车产品三包有效期内，符合更换条件的，销售者应当及时向消费者更换新的合格的同品牌同型号家用汽车产品；无同品牌同型号家用汽车产品更换的，销售者应当及时向消费者更换不低于原车配置的家用汽车产品。

第二十三条　在家用汽车产品三包有效期内，符合更换条件，销售者无同品牌同型号家用汽车产品，也无不低于原车配置的家用汽车产品向消费者更换的，消费者可以选择退货，销售者应当负责为消费者退货。

第二十四条　在家用汽车产品三包有效期内，符合更换条件的，销售者应当自消费者要求换货之日起15个工作日内向消费者出具更换家用汽车产品证明。

在家用汽车产品三包有效期内，符合退货条件的，销售者应当自消费者要求退货之日起15个工作日内向消费者出具退车证明，并负责为消费者按发票价格一次性退清货款。

家用汽车产品更换或退货的，应当按照有关法律法规规定办理车辆登记等相关手续。

第二十五条　按照本规定更换或者退货的，消费者应当支付因使用家用汽车产品所产生的合理使用补偿，销售者依照本规定应当免费更换、退货的除外。

合理使用补偿费用的计算公式为：$\{[车价款（元）\times 行驶里程（km）]/1000\}\times n$。使用补偿系数 n 由生产者根据家用汽车产品使用时间、使用状况等因素在0.5%至0.8%之间确定，并在三包凭证中明示。

家用汽车产品更换或者退货的，发生的税费按照国家有关规定执行。

第二十六条　在家用汽车产品三包有效期内，消费者书面要求更换、退货的，销售者应当自收到消费者书面要求更换、退货之日起10个工作日内，作出书面答复。逾期未答复或者未按本规定负责更换、退货的，视为故意拖延或者无正当理由拒绝。

第二十七条　消费者遗失家用汽车产品三包凭证的，销售者、生产者应当在接到消费者申请后10个工作日内予以补办。消费者向销售者、生产者申请补办三包凭证后，可以依照本规定继续享有相应权利。

按照本规定更换家用汽车产品后，销售者、生产者应当向消费者提供新的三包凭证，家用汽车产品包修期和三包有效期自更换之日起重新计算。

在家用汽车产品包修期和三包有效期内发生家用汽车产品所有权转移的，三包凭证应当随车转移，三包责任不因汽车所有权转移而改变。

第二十八条　经营者破产、合并、分立、变更的，其三包责任按照有关法律法规规定执行。

第六章　三包责任免除

第二十九条　易损耗零部件超出生产者明示的质量保证期出现产品质量问题的，经营者可以不承担本规定所规定的家用汽车产品三包责任。

第三十条　在家用汽车产品包修期和三包有效期内，存在下列情形之一的，经营者对所涉及产品质量问题，可以不承担本规定所规定的三包责任：

①消费者所购家用汽车产品已被书面告知存在瑕疵的；
②家用汽车产品用于出租或者其他营运目的的；
③使用说明书中明示不得改装、调整、拆卸，但消费者自行改装、调整、拆卸而造成损坏的；
④发生产品质量问题，消费者自行处置不当而造成损坏的；
⑤因消费者未按照使用说明书要求正确使用、维护、修理产品，而造成损坏的；
⑥因不可抗力造成损坏的。

第三十一条　在家用汽车产品包修期和三包有效期内，无有效发票和三包凭证的，经营者可以不承担本规定所规定的三包责任。

第七章　争议的处理

第三十二条　家用汽车产品三包责任发生争议的，消费者可以与经营者协商解决；可以依法向各级消费者权益保护组织等第三方社会中介机构请求调解解决；可以依法向质量技术监督部门等有关行政部门申诉进行处理。

家用汽车产品三包责任争议双方不愿通过协商、调解解决或者协商、调解无法达成一致的，可以根据协议申请仲裁，也可以依法向人民法院起诉。

第三十三条 经营者应当妥善处理消费者对家用汽车产品三包问题的咨询、查询和投诉。

经营者和消费者应积极配合质量技术监督部门等有关行政部门、有关机构等对家用汽车产品三包责任争议的处理。

第三十四条 省级以上质量技术监督部门可以组织建立家用汽车产品三包责任争议处理技术咨询人员库，为争议处理提供技术咨询；经争议双方同意，可以选择技术咨询人员参与争议处理，技术咨询人员咨询费用由双方协商解决。

经营者和消费者应当配合质量技术监督部门家用汽车产品三包责任争议处理技术咨询人员库建设，推荐技术咨询人员，提供必要的技术咨询。

第三十五条 质量技术监督部门处理家用汽车产品三包责任争议，按照产品质量申诉处理有关规定执行。

第三十六条 处理家用汽车产品三包责任争议，需要对相关产品进行检验和鉴定的，按照产品质量仲裁检验和产品质量鉴定有关规定执行。

第八章 罚 则

第三十七条 违反本规定第九条规定的，予以警告，责令限期改正，处1万元以上3万元以下罚款。

第三十八条 违反本规定第十条规定，构成有关法律法规规定的违法行为的，依法予以处罚；未构成有关法律法规规定的违法行为的，予以警告，责令限期改正；情节严重的，处1万元以上3万元以下罚款。

第三十九条 违反本规定第十二条规定，构成有关法律法规规定的违法行为的，依法予以处罚；未构成有关法律法规规定的违法行为的，予以警告，责令限期改正；情节严重的，处3万元以下罚款。

第四十条 违反本规定第十三条、第十四条、第十五条或第十六条规定的，予以警告，责令限期改正；情节严重的，处3万元以下罚款。

第四十一条 未按本规定承担三包责任的，责令改正，并依法向社会公布。

第四十二条 本规定所规定的行政处罚，由县级以上质量技术监督部门等部门在职权范围内依法实施，并将违法行为记入质量信用档案。

第九章 附 则

第四十三条 本规定下列用语的含义：

家用汽车产品，是指消费者为生活消费需要而购买和使用的乘用车。

乘用车，是指相关国家标准规定的除专用乘用车之外的乘用车。

生产者，是指在中华人民共和国境内依法设立的生产家用汽车产品并以其名义颁发产品合格证的单位。从中华人民共和国境外进口家用汽车产品到境内销售的单位视同生产者。

销售者，是指以自己的名义向消费者直接销售、交付家用汽车产品并收取货款、开具发票的单位或者个人。

修理者，是指与生产者或销售者订立代理修理合同，依照约定为消费者提供家用汽车产品修理服务的单位或者个人。

经营者，包括生产者、销售者、向销售者提供产品的其他销售者、修理者等。

产品质量问题，是指家用汽车产品出现影响正常使用、无法正常使用或者产品质量与法规、标准、企业明示的质量状况不符合的情况。

严重安全性能故障，是指家用汽车产品存在危及人身、财产安全的产品质量问题，致使消费者无法安全使用家用汽车产品，包括出现安全装置不能起到应有的保护作用或者存在起火等危险情况。

第四十四条　按照本规定更换、退货的家用汽车产品再次销售的，应当经检验合格并明示该车是"三包换退车"以及更换、退货的原因。

"三包换退车"的三包责任按合同约定执行。

第四十五条　本规定涉及的有关信息系统以及信息公开和管理、生产者信息备案、三包责任争议处理技术咨询人员库管理等具体要求由国家质检总局另行规定。

第四十六条　有关法律、行政法规对家用汽车产品的修理、更换、退货等另有规定的，从其规定。

第四十七条　本规定由国家质量监督检验检疫总局负责解释。

第四十八条　本规定自2013年10月1日起施行。

【文摘2.4】

汽车销售管理办法

第一章　总　　则

第一条　为促进汽车市场健康发展，维护公平公正的市场秩序，保护消费者合法权益，根据国家有关法律、行政法规，制定本办法。

第二条　在中华人民共和国境内从事汽车销售及其相关服务活动，适用本办法。

从事汽车销售及其相关服务活动应当遵循合法、自愿、公平、诚信的原则。

第三条　本办法所称汽车，是指《汽车和挂车类型的术语和定义》（GB/T 3730.1）定义的汽车，且在境内未办理注册登记的新车。

第四条　国家鼓励发展共享型、节约型、社会化的汽车销售和售后服务网络，加快城乡一体的汽车销售和售后服务网络建设，加强新能源汽车销售和售后服务网络建设，推动汽车流通模式创新。

第五条　在境内销售汽车的供应商、经销商，应当建立完善汽车销售和售后服务体系，保证相应的配件供应，提供及时、有效的售后服务，严格遵守家用汽车产品"三包"、召回等规定，确保消费者合法权益。

第六条　本办法所称供应商，是指为经销商提供汽车资源的境内生产企业或接受境内生产企业转让销售环节权益并进行分销的经营者以及从境外进口汽车的经营者。

本办法所称经销商，是指获得汽车资源并进行销售的经营者。

本办法所称售后服务商，是指汽车销售后提供汽车维护、修理等服务活动的经营者。

第七条　国务院商务主管部门负责制定全国汽车销售及其相关服务活动的政策规章，对地方商务主管部门的监督管理工作进行指导、协调和监督。

县级以上地方商务主管部门依据本办法对本行政区域内汽车销售及其相关服务活动进行监督管理。

第八条　汽车行业协会、商会应当制定行业规范，提供信息咨询、宣传培训等服务，开展行业监测和预警分析，加强行业自律。

第二章 销售行为规范

第九条 供应商、经销商销售汽车、配件及其他相关产品应当符合国家有关规定和标准，不得销售国家法律、法规禁止交易的产品。

第十条 经销商应当在经营场所以适当形式明示销售汽车、配件及其他相关产品的价格和各项服务收费标准，不得在标价之外加价销售或收取额外费用。

第十一条 经销商应当在经营场所明示所出售的汽车产品质量保证、保修服务及消费者需知悉的其他售后服务政策，出售家用汽车产品的经销商还应当在经营场所明示家用汽车产品的"三包"信息。

第十二条 经销商出售未经供应商授权销售的汽车，或者未经境外汽车生产企业授权销售的进口汽车，应当以书面形式向消费者作出提醒和说明，并书面告知向消费者承担相关责任的主体。

未经供应商授权或者授权终止的，经销商不得以供应商授权销售汽车的名义从事经营活动。

第十三条 售后服务商应当向消费者明示售后服务的技术、质量和服务规范。

第十四条 供应商、经销商不得限定消费者户籍所在地，不得对消费者限定汽车配件、用品、金融、保险、救援等产品的提供商和售后服务商，但家用汽车产品"三包"服务、召回等由供应商承担费用时使用的配件和服务除外。

经销商销售汽车时不得强制消费者购买保险或者强制为其提供代办车辆注册登记等服务。

第十五条 经销商向消费者销售汽车时，应当核实登记消费者的有效身份证明，签订销售合同，并如实开具销售发票。

第十六条 供应商、经销商应当在交付汽车的同时交付以下随车凭证和文件，并保证车辆配置表述与实物配置相一致：

①国产汽车的机动车整车出厂合格证；
②使用国产底盘改装汽车的机动车底盘出厂合格证；
③进口汽车的货物进口证明和进口机动车检验证明等材料；
④车辆一致性证书，或者进口汽车产品特殊认证模式检验报告；
⑤产品中文使用说明书；
⑥产品保修、维修保养手册；
⑦家用汽车产品"三包"凭证。

第十七条 经销商、售后服务商销售或者提供配件应当如实标明原厂配件、质量相当配件、再制造件、回用件等，明示生产商（进口产品为进口商）、生产日期、适配车型等信息，向消费者销售或者提供原厂配件以外的其他配件时，应当予以提醒和说明。

列入国家强制性产品认证目录的配件，应当取得国家强制性产品认证并加施认证标志后方可销售或者在售后服务经营活动中使用，依据国家有关规定允许办理免于国家强制性产品认证的除外。

本办法所称原厂配件，是指汽车生产商提供或认可的，使用汽车生产商品牌或其认可品牌，按照车辆组装零部件规格和产品标准制造的零部件。

本办法所称质量相当配件，是指未经汽车生产商认可的，由配件生产商生产的，且性能和质量达到原厂配件相关技术标准要求的零部件。

本办法所称再制造件，是指旧汽车零部件经过再制造技术、工艺生产后，性能和质量达到原型新品要求的零部件。

本办法所称回用件，是指从报废汽车上拆解或维修车辆上替换的能够继续使用的零部件。

第十八条　供应商、经销商应当建立健全消费者投诉制度，明确受理消费者投诉的具体部门和人员，并向消费者明示投诉渠道。投诉的受理、转交以及处理情况应当自收到投诉之日起 7 个工作日内通知投诉的消费者。

第三章　销售市场秩序

第十九条　供应商采取向经销商授权方式销售汽车的，授权期限（不含店铺建设期）一般每次不低于 3 年，首次授权期限一般不低于 5 年。双方协商一致的，可以提前解除授权合同。

第二十条　供应商应当向经销商提供相应的营销、宣传、售后服务、技术服务等业务培训及技术支持。

供应商、经销商应当在本企业网站或经营场所公示与其合作的售后服务商名单。

第二十一条　供应商不得限制配件生产商（进口产品为进口商）的销售对象，不得限制经销商、售后服务商转售配件，有关法律法规规章及其配套的规范性文件另有规定的除外。

供应商应当及时向社会公布停产或者停止销售的车型，并保证其后至少 10 年的配件供应以及相应的售后服务。

第二十二条　未违反合同约定被供应商解除授权的，经销商有权要求供应商按不低于双方认可的第三方评估机构的评估价格收购其销售、检测和维修等设施设备，并回购相关库存车辆和配件。

第二十三条　供应商发生变更时，应当妥善处理相关事宜，确保经销商和消费者的合法权益。

经销商不再经营供应商产品的，应当将客户、车辆资料和维修历史记录在授权合同终止后 30 日内移交给供应商，不得实施有损于供应商品牌形象的行为；家用汽车产品经销商不再经营供应商产品时，应当及时通知消费者，在供应商的配合下变更承担"三包"责任的经销商。供应商、承担"三包"责任的经销商应当保证为消费者继续提供相应的售后服务。

第二十四条　供应商可以要求经销商为本企业品牌汽车设立单独展区，满足经营需要和维护品牌形象的基本功能，但不得对经销商实施下列行为：

①要求同时具备销售、售后服务等功能；

②规定整车、配件库存品种或数量，或者规定汽车销售数量，但双方在签署授权合同或合同延期时就上述内容书面达成一致的除外；

③限制经营其他供应商商品；

④限制为其他供应商的汽车提供配件及其他售后服务；

⑤要求承担以汽车供应商名义实施的广告、车展等宣传推广费用，或者限定广告宣传方式和媒体；

⑥限定不合理的经营场地面积、建筑物结构以及有偿设计单位、建筑单位、建筑材料、通用设备以及办公设施的品牌或者供应商；

⑦搭售未订购的汽车、配件及其他商品；

⑧干涉经销商人力资源和财务管理以及其他属于经销商自主经营范围内的活动；

⑨限制本企业汽车产品经销商之间相互转售。

第二十五条　供应商制定或实施营销奖励等商务政策应当遵循公平、公正、透明的原则。

供应商应当向经销商明确商务政策的主要内容，对于临时性商务政策，应当提前以双方约定的方式告知；对于被解除授权的经销商，应当维护经销商在授权期间应有的权益，不得拒绝或延迟支付销售返利。

第二十六条　除双方合同另有约定外，供应商在经销商获得授权销售区域内不得向消费者直接销售汽车。

第四章　监督管理

第二十七条　供应商、经销商应当自取得营业执照之日起90日内通过国务院商务主管部门全国汽车流通信息管理系统备案基本信息。供应商、经销商备案的基本信息发生变更的，应当自信息变更之日起30日内完成信息更新。

本办法实施以前已设立的供应商、经销商应当自本办法实施之日起90日内按前款规定备案基本信息。

供应商、经销商应当按照国务院商务主管部门的要求，及时通过全国汽车流通信息管理系统报送汽车销售数量、种类等信息。

第二十八条　经销商应当建立销售汽车、用户等信息档案，准确、及时地反映本区域销售动态、用户要求和其他相关信息。汽车销售、用户等信息档案保存期不得少于10年。

第二十九条　县级以上地方商务主管部门应当依据职责，采取"双随机"办法对汽车销售及其相关服务活动实施日常监督检查。

监督检查可以采取下列措施：
①进入供应商、经销商从事经营活动的场所进行现场检查；
②询问与监督检查事项有关的单位和个人，要求其说明情况；
③查阅、复制有关文件、资料，检查相关数据信息系统及复制相关信息数据；
④依据国家有关规定采取的其他措施。

第三十条　县级以上地方商务主管部门应当会同有关部门建立企业信用记录，纳入全国统一的信用信息共享交换平台。对供应商、经销商有关违法违规行为依法作出处理决定的，应当录入信用档案，并及时向社会公布。

第三十一条　供应商、经销商应当配合政府有关部门开展走私、盗抢、非法拼装等嫌疑车辆调查，提供车辆相关信息。

第五章　法律责任

第三十二条　违反本办法第十条、第十二条、第十四条、第十七条第一款、第二十一条、第二十三条第二款、第二十四条、第二十五条、第二十六条有关规定的，由县级以上地方商务主管部门责令改正，并可给予警告或3万元以下罚款。

第三十三条　违反本办法第十一条、第十五条、第十八条、第二十条第二款、第二十七条、第二十八条有关规定的，由县级以上地方商务主管部门责令改正，并可给予警告或1万元以下罚款。

第三十四条　县级以上商务主管部门的工作人员在汽车销售及其相关服务活动监督管理工作中滥用职权、玩忽职守、徇私舞弊的，依法给予处分；构成犯罪的，依法追究刑事责任。

第六章　附　则

第三十五条　省级商务主管部门可结合本地区实际情况制定本办法的实施细则，并报国务院商务主管部门备案。

第三十六条　供应商通过平行进口方式进口汽车按照平行进口相关规定办理。

第三十七条　本办法自2017年7月1日起施行。

分析与思考

1．如何对汽车营销环境中的经济环境进行分析？
2．社会文化环境对汽车营销有怎样的影响？
3．当前的政策与法律环境有怎样的特点？
4．汽车企业适应营销环境变化的策略和措施有哪些？

课程实践

1．**目标**
掌握汽车市场营销环境分析的方法。
2．**内容**
将学生分成若干小组，每小组各选择一汽车公司，针对其即将上市的某新型轿车，通过实地调查和收集资料，分析你所在地区的营销环境，并指出该环境的利弊和市场营销机会。
3．**要点及注意事项**
营销环境分析内容要具体翔实，能真实反映该地区的实际情况，并具有时效性。

第3章 汽车市场营销战略

【学习目标与要求】
1. 了解汽车市场营销战略的含义与作用。
2. 熟悉汽车市场营销战略规划的一般过程。
3. 了解汽车市场营销战略的类型。

今天的汽车企业面临着比以往更为激烈的竞争,不断地提高服务质量、满足顾客需求和战胜竞争对手是汽车企业应对竞争、加快发展的战略举措。

要使汽车企业获得长远的发展,必须正确地预测汽车市场的长期发展变化,制定与汽车市场走势、汽车企业能力相适应的汽车市场营销战略,并组织实施和管理控制,使规划的战略目标得以实现。

3.1 汽车市场营销战略概述

汽车企业战略规划,是指为保证汽车企业长期的生存和发展,而对汽车企业发展方向和经营领域作出的规划和决策。汽车企业战略规划和汽车市场营销战略是两个不同的概念,分属不同层次。汽车企业战略规划是属于宏观层次的,而汽车市场营销战略是属于微观层次的,汽车市场营销战略的制定必须以企业战略规划为基础,同时又为实现汽车企业战略规划确定的目标发挥重要作用。汽车市场营销战略是汽车企业战略的一部分,属于汽车企业职能战略。

汽车市场营销战略是汽车企业总体战略的重要组成部分,它的制定和规划受汽车企业整体战略思想的制约,不同的经营思想、营销观念和战略任务,会有不同的汽车市场营销战略。因此,汽车市场营销战略必须与汽车企业整体经营战略相吻合。

3.1.1 汽车市场营销战略的含义

汽车市场营销战略是指汽车企业在现代市场营销观念的指导下,为了实现汽车企业的经营目标,对汽车企业在一定时期内的市场营销策略进行总体设想和综合规划。

一般来讲,汽车市场营销战略是汽车企业运营总体战略下的子战略,它携带着总战略的思想和内涵。同时因为汽车产品的特性,汽车市场营销战略具有以下几个特征。

1. 系统性

汽车市场营销战略本身是一个系统,它包括战略任务、战略目标、战略重点、战术措施等相互联系的要素,同时,它还处于汽车企业经营战略更大的系统之中。

2. 全局性

汽车企业的市场营销战略体现了市场营销整体的发展需要和利益,是汽车企业营销活动的纲领,对各项具体的营销工作都具有权威性的指导作用。

这种全局性包括两层含义:一层是指汽车企业对市场营销战略的整体设计,包括总体规划和整体策略手段；另一层是指汽车企业在市场营销中作出的事关汽车企业全局和未来发展的关键性决策。

3．长远性

汽车市场营销战略的长远性是指战略着眼于未来，要指导和影响未来较长时期内的营销活动，是对未来营销工作的通盘筹划。因此，要立足当前，放眼未来，协调好近期和长远的发展关系。比如浙江吉利控股集团有限公司着眼未来，赢得海内外资本的支持，经技术改造后，可以达到年产30万辆车的生产能力，年产值可达100亿元，为自己奠定了一个较好的发展基础。

4．风险性

战略的重点是决策，但由于企业的外部环境是变化不定的，较难把握，因此，要做出正确的决策就往往带有一定的风险性。而且，大多时候风险本身又是一种机会，风险越大，成功的机会越多。

5．相对稳定性和适应性

汽车市场营销战略既要保持持续向前的状态，又要在一定时期内保持相对稳定性。汽车企业的营销战略是在对自身条件和客观环境长期发展趋势进行科学分析和预测的基础上制定的。从整体看，它是持续向前运动的，但在一定时期内，又具有相对稳定性。同时，汽车企业的营销战略还是动态的，它要随着变化了的主客观条件，尤其是随着外部环境的变化进行调整和完善，使之与环境保持良好的动态适应性。

3.1.2 汽车市场营销战略的作用

规划汽车市场营销战略，对汽车企业的发展有着重要的作用，主要体现在以下几个方面：

1．汽车市场营销战略是汽车企业正确做出长期发展决策的根本保证

在现代科学技术的推动下，汽车属于资金密集型和技术密集型产品，使经营此类产品的汽车企业初始投资远远高于经营劳动密集型产品的企业，若经营决策失误，则会造成更大的损失，后果更加严重，也更难以挽回。

2．汽车市场营销战略是有效提升汽车企业竞争力的途径

随着我国汽车市场体系的不断完善，汽车市场的竞争愈加激烈，竞争机制的作用日益显现，要求企业进行着眼于长期发展的战略规划与管理。正确的战略能使企业在竞争中勇往直前并立于不败之地，而没有战略的企业是不可能与竞争对手抗衡的。

3．汽车市场营销战略是汽车企业适应消费结构迅速变化的有效措施

企业营销活动的宗旨是满足消费者的需求，现代社会市场需求具有复杂化、分散化、多样化、新奇化、个性化等特征，企业要适应这些特征就必须进行战略规划，才能更好地识别消费需求的发展趋向，并在此基础上把握汽车企业的市场营销机会。

4．汽车市场营销战略是增加企业凝聚力的重要途径

依靠企业员工，充分发挥他们的积极性与创造性，是企业发展的基本条件。汽车企业战略可以使企业内部领导与员工统一思想，统一行动，增加企业的凝聚力。

3.2 汽车市场营销战略的规划

汽车市场营销战略的规划过程，也就是汽车企业对汽车营销活动的战略决策过程。一般

来说，企业会通过分析营销机会确定营销任务，从而制定营销目标。

3.2.1 分析营销机会

在竞争激烈的汽车买方市场，有利可图的营销机会并不多。汽车企业必须对市场结构、消费者、竞争者行为进行调查研究、识别、评价和选择汽车市场机会。

汽车企业应该善于通过发现消费者的现实和潜在需求，寻找各种"环境机会"，即汽车市场机会。通过对各种"环境机会"的评估，确定本汽车企业把握"企业机会"的能力。对汽车企业市场机会的分析、评估，首先是通过有关营销部门对汽车市场结构的分析、汽车消费者行为的认识和对汽车市场营销环境的研究。其次是对汽车企业自身能力、汽车市场竞争地位、汽车企业优势与弱点等进行全面、客观的评价。再次是检查汽车市场机会与企业的宗旨、目标与任务的一致性。

汽车市场营销管理者往往采用以下步骤发现市场机会：

第一步，市场调研，了解汽车消费者需求及购买行为；

第二步，搜集信息，掌握国内外汽车新技术、汽车产品、汽车竞争者等方面的情报；

第三步，分析环境，获悉营销环境的改变给企业带来的机会。

分析和判断汽车市场营销的战略机会是进行市场营销战略规划的前提。汽车市场营销发展战略的制定有赖于对市场营销战略机会的评估。最有效的评估手段就是SWOT分析法。

1．SWOT分析法的含义

SWOT是一种分析方法，用来确定汽车企业本身的竞争优势（strength）、竞争劣势（weakness）、机会（opportunity）和威胁（threat），从而将公司的战略与公司的内部资源、外部环境有机结合。因此，明确公司的资源优势和缺陷，了解公司所面临的机会和挑战，对于制定公司未来的发展战略有着至关重要的意义。

SWOT分析法很有针对性，有利于领导者和管理者对汽车企业的发展作出较正确的决策和规划。因此，SWOT分析是分析组织的优/劣势、面临的机会和威胁的一种方法。其中，优/劣势分析主要是着眼于汽车企业自身的实力及其与竞争对手的比较，而机会和威胁分析将注意力放在外部环境的变化及对企业的可能影响上。

2．SWOT分析的步骤

第一步，罗列本汽车企业的优势和劣势，可能的机会与威胁；

第二步，优势、劣势与机会、威胁相组合，形成SO、ST、WO、WT策略；

第三步，对SO、ST、WO、WT策略进行甄别和选择，确定汽车企业目前应该采取的具体战略与策略。

3．SWOT分析的内容

（1）优势与劣势分析（SW）。当两个汽车企业处在同一市场或者说它们都有能力向同一顾客群体提供汽车产品和汽车服务时，如果其中一个汽车企业有更高的赢利率或赢利潜力，那么，就可以认为这个汽车企业比另外一个汽车企业更具有竞争优势。换句话说，所谓竞争优势是指一个汽车企业超越其竞争对手的能力，这种能力有助于实现汽车企业的主要目标——赢利。但值得注意的是：竞争优势并不一定完全体现在较高的赢利率上，因为有时汽车企业更希望增加市场份额，或者多奖励管理人员或雇员。

竞争优势包括以下几个方面：

①技术技能优势；

②有形资产优势；
③无形资产优势；
④人力资源优势；
⑤组织体系优势；
⑥竞争能力优势。

竞争劣势（W）是指某汽车公司做得不好的方面，或指某种会使公司处于劣势的条件。可能导致企业劣势的因素有以下几个方面：
①缺乏具有竞争意义的技能技术；
②缺乏有竞争力的有形资产、无形资产、人力资源、组织资产；
③关键领域里的竞争能力正在丧失，等等。

（2）机会与威胁分析（OT）。汽车公司面临的潜在机会（O）是影响公司战略的重大因素。汽车公司管理者应当确认每一个机会，评价每一个机会的成长和利润前景，选取那些可与公司财务和组织资源匹配、使公司获得竞争优势潜力最大的机会。

潜在的发展机会包括以下几个方面：
①客户群的扩大趋势或产品细分市场；
②技能技术向新产品、新业务转移，为更大客户群服务；
③前向或后向整合；
④市场进入壁垒降低；
⑤获得购并竞争对手的能力；
⑥市场需求增长强劲，可快速扩张；
⑦出现向其他地理区域扩张，扩大市场份额的机会，等等。

危及公司的外部威胁（T）包括以下几个方面：
①出现将进入市场的强大的新竞争对手；
②替代品抢占公司销售额；
③主要产品市场增长率下降；
④汇率和外贸政策的不利变动；
⑤人口特征，社会消费方式的不利变动；
⑥客户或供应商的谈判能力提高；
⑦市场需求减少；
⑧容易受到经济萧条和业务周期的冲击，等等。

当然，SWOT分析法不是仅仅列出四项清单，最重要的是通过评价汽车企业的优势、劣势、机会、威胁，最终得出以下结论：一是在汽车企业现有的内外部环境下，如何最优地运用自己的资源；二是如何建立汽车企业的未来资源。

3.2.2 确定营销战略任务

汽车企业市场营销战略的任务即汽车市场营销的方向，是指在未来一个时期内，汽车市场营销工作的实施对象和预期达到的目的。战略任务是汽车企业市场营销战略的首要内容。它涉及汽车企业的经营范围及汽车企业在社会中的地位，并把本汽车企业和其他汽车企业区别开来。汽车企业的任务随着内/外因素的变化而相应变化。

1. 汽车市场营销战略任务的内容

汽车企业市场营销战略的任务通过规定汽车市场营销的业务范围和经营项目表现出来，主要回答"本企业是干什么的？""主要的营销市场在哪里？""顾客的主要追求是什么？""企业应该怎样去满足这些需求？"等问题。这些问题具体表现为四个方面的内容：一是汽车企业的服务方向，即企业是为哪些购买者服务的；二是汽车产品结构，包括质量结构、品种结构、档次结构等，即企业拿什么样的产品来为购买者服务；三是汽车服务项目，即企业为购买者提供哪些方面的服务；四是市场范围，即汽车企业服务的市场有多大。

汽车企业市场营销的战略任务是随着时间的推移和企业内部条件、外部环境的变化而改变的，但其主要内容不变。

2. 规定汽车企业市场营销任务需考虑的因素

在确定汽车企业市场营销任务时，企业需考虑以下5个方面的因素：汽车企业过去历史的突出特征；汽车企业周围环境的发展变化给汽车企业造成的一些环境威胁或市场机会；汽车企业决策层的意图；汽车企业的资源情况（决定汽车企业可能实施的营销方案）；汽车企业的特有能力。

3.2.3 规划营销战略目标

1. 汽车企业市场营销战略目标的内容

战略目标是汽车企业市场营销活动的总目标，是汽车企业在一定时期内追求和想要取得的成果。汽车企业的市场营销战略目标是一个综合的或多元的目标体系，一般包括市场目标、发展目标、利益目标、贡献目标四个方面的内容。

2. 汽车企业确定的市场营销战略目标应符合以下要求

（1）层次化。汽车企业的最高管理层规定了企业的任务之后，还要把企业的任务具体化为一系列的各级组织层次的目标。各级经理应当对其目标心中有数，并对其目标的实现完全负责，这种制度叫做目标管理。

（2）数量化。目标还应尽可能数量化，并且是可测量的。目标必须是具体和唯一的，即能够被执行者理解，而且这种理解是唯一的。

（3）适用性。企业的最高管理层不能根据其主观愿望来规定目标水平，而应当根据对市场机会和资源条件的调查研究和分析来规定适当的目标水平。这样规定的企业目标才能实现。

（4）协调一致性。有些企业的最高管理层提出的各种目标往往是互相矛盾的。

（5）时间明确性。对于明确的营销目标都应该明确相应的完成时间，这样才便于进行检查和控制。

营销战略目标是指汽车企业在营销战略思想指导下，在营销战略时期内汽车企业全部市场营销活动所要达到的总体要求。制定过程中通过要素间的关联关系，来体现确保汽车市场营销战略的完整性、系统性。其中，战略任务要体现企业文化的内涵，它是指导战略制定和实施的基本思想，是营销战略的灵魂，是确定营销战略的纲领。

3.3 汽车市场营销战略的类型

3.3.1 汽车企业发展战略

汽车企业对现有业务进行评估分析以后，需要对未来发展、新增业务作出战略规划，汽车企业发展战略主要有三类：密集型增长战略、一体化增长战略、多角化增长战略，具体分述如下。

1. 密集型增长战略

密集型增长战略具有三种形式：市场渗透、市场开发、产品开发，如表3-1 所示。

表 3-1　密集型增长战略

产品 市场	现有产品	新产品
现有市场	1. 市场渗透	3. 产品开发
新市场	2. 市场开发	（产品多样化）

（1）市场渗透。市场渗透即采取积极措施，在现有市场上扩大现有产品的销量。可运用三种方法：一是设法使现有顾客多次或大量购买本企业产品。二是吸引竞争对手的顾客购买本企业的产品。三是开发潜在顾客，可通过提高产品质量、改善包装、服务、加大广告宣传及促销力度，多方面刺激需求，扩大销量。

（2）市场开发。市场开发是把现有汽车产品投放新的市场，从而增加销量。汽车企业可把汽车产品从一个地区推进其他地区、全国市场，甚至国际市场，也可以发现新的细分市场，扩大市场范围（关于细分市场的内容将在第4 章详述）。

（3）产品开发。产品开发又称产品多样化，即向现有汽车市场提供新产品，满足现有顾客的潜在需求，增加销量。

2. 一体化增长战略

汽车企业发展到一定程度，企业所属的行业属于增加潜力大，具有吸引力的行业，在供产、产销方面合并后更有利益，便可考虑采用一体化增长战略，以增加新业务提高盈利能力。具体形式有三种：前向一体化、后向一体化、水平一体化。

（1）前向一体化。汽车生产企业向前控制分销系统，如收购、兼并批发商、零售商，通过增强销售力量来谋求进一步的发展。企业也可以把生产的产品向前延伸，如汽车生产制造商经营整车、配件等。

（2）后向一体化。如汽车生产制造商收购、兼并原材料供应商，控制市场供应系统。一方面避免原材料短缺、成本受制于供应商的局面，另一方面通过盈利高的供应业务争取更多收益。

（3）水平一体化。指汽车企业兼并或控制竞争者，也可以实行其他形式的联合经营，既可以扩大经营规模增强实力，也可以取长补短，争取共赢。

3. 多角化增长战略

汽车企业在原有业务上没有更好地发展机会时，企业通过创建新工厂或购买别的企业，生产和经营与企业原有业务无关或关联较小的业务，称为多角化增长战略，又成为多元化战略。

多角化增长战略有以下三种形式：

（1）同心多角化，又称为关联多角化。指汽车企业利用原有技术、生产线和营销渠道开发与原有产品和服务相类似的新产品和新服务项目，如汽车整车生产制造商生产汽车发动机、变速箱等。在一些国家，企业使用自己的产品做原材料再次加工生产，可以获得首次生产产品的营业税。

（2）水平多角化，又称为横向多角化。指汽车企业研究开发能满足现有市场顾客需要的新产品，而产品技术与原有企业产品技术没有必然的联系。如原来生产农用车的企业，现在经营乘用车。这标志企业在技术和生产上进入一个新的领域，具有较大风险。

（3）复合多角化，又称为集团多样化。指企业开发与原有产品的技术无关，同时与原有市场毫无联系的新业务。如白云山制药厂也同时经营药品、汽配、酒店等业务。美国柯达公司主要经营摄影器材，还经营食品、石油、化工和保险公司，实行多角化增长。国际上的大型集团性企业往往采取复合的经营战略，优点是扩大企业经营领域，有效分散经营风险，但管理难度也大大增强了。

无论企业考虑实行哪一种多角化战略，必须具备多角化经营的核心能力，如资金实力、人力资源、市场网络和管理能力。企业规划实行多元化必须慎重，财力和经营实力较弱的中小型企业不宜轻易采用。

3.3.2 汽车顾客满意战略

企业的生存和长期发展，必须建立在顾客满意的基础上。20世纪80年代后期，一些跨国公司陆续导入顾客满意战略。日本汽车业首先引入和推行顾客满意战略，大大增强了国际竞争力，取得了丰硕的成果。随后，美、德、英等国的汽车制造业、航空服务业、旅游业、银行和证券等服务性行业都纷纷引入顾客满意战略。在我国，各大汽车企业也都推出了顾客满意战略，紧紧围绕质量、交货期、服务、价格、创新、环境六大要素制订了目标和对策，有效地增强了竞争实力和提高了汽车市场的整体管理水平。

1．顾客满意战略及其要求

顾客满意战略以顾客满意为中心，统筹汽车企业的生产经营活动，通过使顾客满意来实现汽车企业经营目标的经营战略。

顾客满意战略的要求：第一，在调查和预测顾客需求的基础上，开发顾客满意的产品；第二，产品价格应与顾客接受能力相适应；第三，销售网点的建立要方便顾客；第四，售后服务要细致周到。

"满意的顾客是最好的广告，满意的顾客是最好的推销员"。据有关调查研究结果显示：多一个满意的顾客，有可能带来8个新顾客；多一个不满意的顾客，可能减少25个顾客。

2．外部顾客与内部顾客的关系

可以将顾客分为内部顾客和外部顾客两类，前者主要包括股东、经营者和员工；后者主要包括最终消费者、使用者、受益者或采购方。

顾客满意战略将顾客的含义延伸到汽车企业内部，顾客满意包括外部顾客满意和内部顾客满意。在外部顾客满意与内部顾客满意之间发生矛盾时，应当以外部顾客满意为主导。因为外部顾客的不满意，是没有太多机会弥补的。

在汽车企业内部，下一道工序是上一道工序的"顾客"。基层员工是基层管理人员的顾客，基层管理人员是中层管理人员的顾客，中层管理人员是高层管理人员的顾客，形成了一条"内部顾客关系链"。

顾客满意战略的顾客观：以外部顾客满意为标准，促使内部员工积极参与，努力工作，从各方面提高工作质量，促进整体素质的提高。有满意的员工，才有满意的产品和服务；有满意的产品和服务，才有满意的顾客；有满意的顾客，才有满意的效益；有满意的效益，就能拥有更满意的员工。

3．顾客维系

越来越激烈的市场竞争使汽车企业正竭力同最终顾客形成更牢固的契约和忠诚关系。以往，很多汽车企业总是漫不经心地对待顾客，因为他们认为顾客或者没有很多可供选择的汽车供应商；或是其他汽车供应商无法提供同样质量的产品和服务；或是市场增长很快，公司不用担心顾客是否满意。汽车企业在竞争中可能一周损失100个顾客，而同时又获得另外100个顾客，从而认为销售额仍然是令人满意的。但是，这只是一种高度的"顾客交叉状态"，而且它所带来的成本费用要比保留住原有的100个顾客同时没有新顾客加入所产生的成本要高得多。

顾客满意理论提出后，汽车企业必须开始计算流失顾客的成本和获得新顾客的成本，来考察维系顾客的重要性。

（1）失去顾客的成本。

如今的汽车企业已相当关注顾客损失率，并且采取措施降低这种损失率。这主要有四个步骤。

第一步，汽车企业必须测定公司的维系率。对于一个汽车生产制造企业来讲，它就是经销商的再批发率。

第二步，汽车企业必须识别各种造成顾客损失的原因，并且确定应加以改进的方面。对于那些离开了所在区域或脱离了所经营业务范围的顾客，几乎就无能为力了。但是对于那些因为低劣服务、劣质产品、定价过高等原因而离去的顾客，公司应当制作一种频率分布统计表以反映由各种原因造成顾客流失的百分比。

第三步，汽车企业应当估算由于不必要的顾客流失，公司的利润将损失多少。针对流失的顾客群体，一家大型的交通运输商对利润损失作出了如下的估算。

①公司拥有64 000个客户；

②因为劣质服务，今年公司将损失5%的客户，即3200（0.05×64 000）个客户；

③年均每个客户流失给公司收入造成的损失是40 000元，因此公司损失了128 000 000（3200×40 000）元的收益；

④公司的边际利润是10%，因此公司将损失12 800 000（0.10×128 000 000）元的利润。

第四步，公司应当计算出降低损失率需要花费多少成本，只要成本低于损失的利润，公司就应当支付这笔费用。因而，如果这家交通运输商能以小于12 800 000元的费用保留所有这些顾客，就值得这样做。

（2）维系顾客的必要性。

如今的汽车企业已经意识到维系住现有顾客的重要性，都在竭尽全力地维系住他们的顾客。因受到这样一个事实的影响，即吸引新顾客的成本可能是保持现有顾客满意的成本的5倍。进攻性营销明显地要比防守性营销花费得更多，因为它需要花更多的努力和成本将满意的顾客从现有的供应商那里引导其转变到本公司。

根据一些学者的研究，只要降低5%的顾客损失率，就能增加25%～85%的利润。顾客的维系可以通过两种方式来实现，一个是建立高度的转换壁垒，当顾客转换面临着高昂的资金成本、搜寻成本、忠诚顾客折扣的损失等因素时，则顾客向其他供应商转换的可能性就会很小；另一个是传递高度的顾客满意，这样竞争者就很难简单地运用低价和诱导转换等策略攻克壁垒。

4．关系营销

需要区分销售人员与顾客之间的五种不同程度的关系。

（1）基本型。销售人员把产品销售出去就不再与顾客接触（如汽车推销商仅仅推销汽车）。

（2）被动型。销售人员把产品销售出去并鼓动顾客在遇到问题或有意见时给公司打电话。

（3）负责型。销售人员在汽车产品售出后不久打电话给顾客，询问产品是否符合顾客的期望。销售人员同时向顾客寻求有关产品改进的各种建议，以及缺陷与不足。这种信息能帮助公司不断地改进产品供应。

（4）主动型。公司销售人员不断地给顾客打电话，提供有关改进产品用途的建议或者关于新产品的信息。

（5）伙伴型。公司不断地与顾客共同努力，寻求顾客合理开支的方法；或者帮助顾客更好地进行购买。

大多数公司在市场规模很大且公司的单位边际利润很小的情况下，实行基本型营销。或者是市场上顾客很少而边际利润很高，在这种情况下大多数销售商将转向伙伴型市场营销。在这两种极端情况之间，其他各种关系市场营销的水平都是恰当的。

当一个公司想培养强烈的顾客契约和满意时，应当运用什么特别的市场营销手段呢？有以下三种建立顾客价值的方法。

第一种方法是增加财务利益。如汽车经销商可以对老顾客实行折扣退款等。尽管这些奖励计划能够树立顾客偏好，但也很容易被竞争者模仿，因此不能长久地同其他公司的供给行为区别开来。

第二种方法是增加社会利益。汽车经销商可以通过了解单个顾客（委托人）的需要和愿望，并使其服务个性化和人格化，来增强公司与顾客的契约关系。两者的区别在于：对于一个机构来说，顾客也许是不被知其名的，而委托人则不可能不知其姓名。顾客是针对于一群人或一个大细分市场的一部分而言的，委托人则是针对个体而言的，顾客是由任何可能的人来提供服务，而委托人是由专职人员服务的。

第三种方法是增加结构纽带，同时附加财务利益和社会利益。如汽车制造商可以为汽车经销商提供特定的设备或计算机联网，以帮助经销商管理订货、付款、存款等事务。

3.3.3 汽车市场营销竞争战略

有效的汽车市场营销战略和计划需要对竞争者进行充分地了解，竞争者的经历可以作为汽车企业的前车之鉴，竞争者的现状可以作为汽车企业市场定位的依据，竞争者的发展战略可以作为汽车企业的参考，只有知己知彼，才能百战不殆。

1．识别竞争者

企业要制定正确的竞争战略和策略，就需要深入了解竞争者，了解的主要内容：谁是企业的竞争者，他们的战略和目标是什么，他们的优势与劣势是什么，他们的反应模式是什么，企业应当攻击谁、回避谁。

（1）行业竞争观念。行业是一组提供一种或一类密切替代产品的相互竞争的公司。行业动态首先决定于需求与供应的基本状况，供求会影响行业结构，行业结构又影响行业的行为。决定行业结构的主要因素：销售商数量及产品差异程度、进入与流动障碍、退出与收缩障碍、成本结构、纵向一体化。

（2）业务范围导向与竞争者识别。企业在确定和扩大业务范围时都会自觉或不自觉地受一定导向支配，导向不同，竞争者识别和竞争战略就不同。

①产品导向。产品导向是指企业业务范围限定为经营某种定型产品，在不从事或很少从事产品更新的前提下设法寻找和扩大该产品的市场；

②技术导向。技术导向是指企业业务范围限定为经营用现有设备或技术生产出来的产品；

③需要导向。需要导向是指企业业务范围确定为满足顾客的某一需求，并运用可能互不相关的多种技术生产出分属不同大类的产品去满足这一需求；

④顾客导向。顾客导向是指企业业务范围确定为满足某一群体的需要，如业务范围扩大，则发展与原顾客群体有关但与原有产品、技术和需要可能无关的新业务；

⑤多元导向。多元导向是指企业通过对各类产品市场需求趋势和获利状况的动态分析确定业务范围，新发展业务可能与原有产品、技术、需要和顾客群体都没有关系。

2．判定竞争者的战略和目标

（1）判定竞争者的战略。公司最直接的竞争者是那些处于同一行业、同一战略群体的公司。战略群体指在某特定行业内推行相同战略的一组公司。战略的差别表现在目标市场、产品档次、性能、技术水平、价格、销售范围等方面。区分战略群体有助于认识以下3个问题：不同战略群体的进入与流动障碍不同；同一战略群体内的竞争最为激烈；不同战略群体之间存在现实或潜在的竞争。

（2）判定竞争者的目标。竞争者的最终目标当然是追逐利润，但是每个公司对长期利润和短期利润的重视程度不同，对利润满意水平的看法不同。有的企业追求利润"最大化"目标，有的企业追求利润"满足"目标。具体的战略目标有多种多样，如获利能力、市场占有率、现金流量、成本降低、技术领先、服务领先等，每个企业都有不同的侧重点和目标组合。

3．评估竞争者的实力和反应模式

（1）评估竞争者的优势与劣势。竞争者能否执行和实现战略目标，取决于资源和能力。评估竞争者可分为3步：收集信息、分析评价、优胜基准。

（2）评估竞争者的反应模式。了解竞争者的经营哲学、内在文化、主导信念和心理状态，可以预测其对各种竞争行为的反应。竞争中常见的反应模式有以下4种：从容型竞争者、选择型竞争者、凶狠型竞争者、随机型竞争者。

4．确定攻击对象和回避对象

在了解竞争者后，企业要确定与谁展开最有力的竞争。企业要攻击的竞争者不外乎下列三类。

（1）强竞争者与弱竞争者。攻击弱竞争者在提高市场占有率的每个百分点方面所耗费的资金和时间较少，但能力提高和利润增加也较少。攻击强竞争者可以提高自己的生产、管理和促销能力，更大幅度地扩大市场占有率和利润水平。

（2）近竞争者和远竞争者。多数公司重视同近竞争者对抗并力图摧毁对方，但是竞争胜利可能招来更难对付的远竞争者。

（3）"好"竞争者与"坏"竞争者。"好"竞争者的特点：遵守行业规则；对行业增长潜力提出切合实际的设想；按照成本合理定价；喜爱健全的行业，把自己限制在行业的某一部分或某一细分市场中；推动他人降低成本，提高差异化；接受为其市场份额和利润规定的大致界限。"坏"竞争者的特点：违反行业规则；企图靠花钱而不是靠努力去扩大市场份额；敢于冒大风险；生产能力过剩仍然继续投资；总之，他们打破了行业平衡。公司应支持"好"的竞争者，攻击"坏"的竞争者。

5. 企业市场竞争的战略原则

企业的市场竞争战略会随着时间、地点、竞争者状况、自身条件和市场环境等因素的不同而变化。但某些基本战略是不会改变的，包括创新制胜、优质制胜、廉价制胜、技术制胜、服务制胜、速度制胜、宣传制胜。

6. 汽车市场竞争地位

根据各个汽车企业在市场上占据不同的竞争位置，将汽车企业按照在汽车市场中的竞争地位不同概括地分为市场领导者、市场挑战者、市场追随者及市场补缺者四种战略类型。

（1）市场领导者战略。市场领导者指占有最大的市场份额，在价格变化、新产品开发、分销渠道建设和促销战略等方面对本行业其他公司起着领导作用的公司。占据着市场领导者地位的公司常常成为众矢之的，要击退其他公司的挑战，保持第一位的优势，必须从三个方面努力：

①扩大总需求。一个市场领导者可通过寻找产品的新顾客、新用途来扩大总市场、总需求。

②保护现有市场份额。在汽车行业中，各大汽车公司都十分重视研究和开发，特别是处于领先地位的公司就更是不惜余力。

③扩大市场份额。公司提供一个优质产品，收取超出提供高质量所花费用的溢价。如美国国际商用机器公司、卡特皮拉公司、米其林公司等都执行了这种有利可图的市场份额成长战略。

（2）市场挑战者战略。

①确定战略目标与竞争对手。市场挑战者指在行业中占据第二位及以后的位次，有能力对市场领导者和其他竞争者采取攻击行动，希望夺取市场领导者地位的公司。大多数市场挑战者的目标是增加自己的市场份额和利润，与所要进攻的竞争对手直接相关。

第一，攻击市场领导者。这一战略风险大，潜在利益也大。

第二，攻击规模相同但经营不佳、资金不足的公司。

第三，攻击规模较小、经营不善、资金缺乏的公司。

②选择挑战战略。选择挑战战略应遵循"密集原则"，即把优势兵力集中在关键的时刻和地点，以达到决定性的目的。

第一，正面进攻。向对手的强项而不是弱项发起进攻。

第二，侧翼进攻。寻找和攻击对手的弱点。

第三，包抄进攻。在多个领域同时发动进攻以夺取对手的市场。

第四，迂回进攻。避开对手的有关领域发动小规模、断断续续地进攻，逐渐削弱对手，使自己最终夺取永久性的市场领域。

（3）市场追随者战略。市场追随者指那些在产品、技术、价格、渠道和促销等大多数营销战略上模仿或跟随市场领导者的公司。追随者也应当制定有利于自身发展而不会引起竞争者报复的战略，可分为三类：

①紧密跟随。指在各个细分市场和产品、价格、广告等营销组合战略方面模仿市场领导

者，不进行任何创新的公司。

②距离跟随。指在基本方面模仿市场领导者，但是在包装、广告和价格上又保持一定差异的公司。

③选择跟随。指在某些方面紧跟市场领导者，在某些方面又自行其是的公司。

（4）市场补缺者战略，也称市场利基者。指专门为规模较小的或大公司不感兴趣的细分市场提供产品和服务的公司。规模较小且大公司不感兴趣的细分市场称为利基市场。理想的利基市场具备以下特征：具有一定的规模和购买力，能够盈利；具备发展潜力；强大的公司对这一市场不感兴趣；本公司具备向这一市场提供优质产品和服务的资源和能力；本公司已在顾客中建立了良好的声誉，能够抵御竞争者入侵。

市场利基者是弱小者，面临的主要风险是当竞争者入侵或目标市场的消费习惯变化时有可能陷入绝境。但如今汽车行业竞争激烈，一些大企业也开始采用市场补缺战略。补缺战略有一个关键性的概念就是专门化，即企业以专门的产品、专门的方式服务于专门的顾客。

7. 汽车市场竞争战略

汽车市场竞争战略一般分为三种基本类型，即低成本战略、产品差异化战略和集中化战略。

（1）低成本战略。在这种战略的指导下，企业决定成为所在产业中实行低价成本生产的厂家。成本优势的来源因产业结构不同而异，包括追求规模经济、专利技术、原材料的优惠利润和其他因素，如果一个企业能够取得并保持全面的低成本地位，那么，只要能使价格相等或接近于该产业的平均价格水平，就会成为所在产业中高于平均水平的超群之辈，当低成本企业的价格相当于或低于其竞争厂商时，它的成本地位就会转化为高收益。然而一个在成本上占领先地位的企业不能忽视产品本身，一旦低成本的企业产品在客户眼里不被看作是与其他竞争厂商的产品不相上下或可接受时，这就可能抵消了其有利的成本地位所带来的好处，低成本战略的成功取决于企业日复一日地实施该战略的技能。成本不会自动下降，成本降低是艰难和持之以恒的重视成本工作的结果。企业降低成本的能力有所不同，既使它们具有相似的规模、相似的累计产量或有相似的政策指导时也如此。

（2）产品差异化战略。产品差异化战略就是企业创造本企业产品的特征，使之与同行业其他产品有所差异。产品差异既可以指产品间的实质性差异，比如向市场提供前所未有的具有新特征的产品，也可以指对没有实质性差异的产品通过广告宣传等手段给顾客所造成的感觉上的差异，产品差异战略使顾客对本企业的产品更感兴趣，产生依赖，消除价格的可比性，降低对价格的敏感性，从而产生较大的竞争优势。在旅游车市场、大众公司、奥迪公司、美国福特和欧宝公司都是奉行这样的营销战略。

（3）集中化战略。集中化战略就是企业将经营目标集中到某个市场的某一部分，在这一部分建立自己产品在成本或产品差异上的优势地位。它的思想：与其在不占优势的整体市场上挣扎，不如在局部市场上建立自己的优势。如某汽车制造厂专门为山区的农民制造的摩托车和农用汽车等，就是最好的例子。

3.3.4 汽车企业业务投资战略

1. 企业投资战略概念

企业投资战略是指根据汽车企业总体经营战略要求，为维持和扩大生产经营规模，对有关投资活动所进行的全局性谋划。它是将有限的企业投资资金，根据企业战略目标评价、比较、选择投资方案或项目，获取最佳的投资效果所做的选择。

汽车企业投资战略是汽车企业总体战略中较高层次的综合性子战略，是经营战略化的实用化和货币表现，并影响其他分战略。

2. 企业投资战略类型

（1）按企业投资战略的阶段特征分类，可分为发展型投资战略、稳定型投资战略和退却型投资战略。

①发展型投资战略。发展型投资战略是汽车企业在现有水平上向高一级迈进的战略，在国民经济高速发展的时期及汽车企业经营状况良好的情况下，推行这种战略会收到良好的效果。这种战略的特点是增加对企业设备、原材料、人力资源等的投资，以扩大企业生产规模，提高产品市场占有率。

②稳定型投资战略。稳定型投资战略适用于稳定或下降行业中的汽车企业。这些企业的市场规模已很难扩大，因此，这种战略的特点是在投资方向上不再将本企业的老产品作为重点，不再追加设备投资，而是努力寻找新的投资机会，不再扩大现有企业规模，但尽可能地保持市场占有率，降低成本和改善企业的现金流量，以尽可能多地获取现有产品的利润，积聚资金为将来的发展做准备。企业推行这种战略的要点是企业决策者要切实把握企业的优劣势，选准新的产品作为投资对象。

③退却型投资战略。这种战略多用于经济不景气、资源紧张、企业内部存在着重大问题、产品滞销、财务状况不断恶化、政府对某种产品开始限制，以及企业规模不当、无法占领一个有利的经营角度等情况，其实施的对象可以是企业、也可以是事业部、生产线或一些特定的产品、工艺。这种投资战略的特点是从原先经营领域撤出资金、减少产量、削减研究和销售人员。这种退却型战略是企业家最不愿意采用且可能扭转败局的战略。企业采用这种战略的关键是把握住时机，以退为进。

（2）按投资战略的投向特征分类，可分为专业化投资战略和多元化投资战略。

①专业化投资战略。该投资战略是指企业长期将资金投放于某一特定生产经营领域或特定产品和业务项目上，投资的增加通常只是引起经营规模和市场规模的扩大，而不会引起经营结构和市场结构的改变。企业采取这种投资战略的基本目的多是为了追逐高额利润。

②多元化投资战略。该投资战略又称分散化、多角化投资战略，是指企业将投资分散投放于不同的生产经营领域或不同的产品和业务项目上，投资的增加必然导致经营结构、市场结构的改变。从理论上讲，企业采用多元化投资战略可以有效地分散风险。

当然多元化投资可能产生极高的成本，它不仅包括巨大的开发成本、管理成本，而且还包括机会成本（这里指因未投资主导产品后续发展而使主导产品丧失竞争的能力），并且行业间往往对手众多、市场波动较大、经营主体因经营不善造成的主观风险性较大等。可见，在现实中并非任何企业都可以通过多元化经营来规避经营风险的。

一个企业究竟应实行专业化经营还是多元化经营，这取决于企业所属行业、管理能力、规模实力、发展目标等一系列因素。专业化经营与多元化经营只是企业的两种投资战略，它与企业规模大小并无必然的联系。不过多数多元化经营的大企业集团，在创业初期都是专业化经营的。它们在专业化经营的基础上开发关联产品，走出一条主导产品多样化的道路，以其品牌为纽带开发系列产品。还有些企业在专业化经营基础上由生产关联产品到生产非关联产品，逐步过渡到多元化经营。企业多元化是有风险的，涉及的领域越多，竞争对手也就越多，管理也就越复杂。在我国不乏企业追求多元化经营不成、专营化经营又流产的案例。

总之，一般企业在投资战略上应考虑在专业化经营的基础上，以主导产业或核心产品和核心业务为基础，自动衍生或拓展其他产业或产品业务。

(3) 按投资战略所需要的资金密度分类，可分为资金密集型投资战略、技术密集型投资战略和劳动密集型投资战略。

① 资金密集型投资战略。该战略是指在较长时期内，企业确定的投资方向需要投入大量的资金，这些投资方向的实际运行主要依靠资产的运用来实现。

② 技术密集型投资战略。该战略是指在较长时期，企业确定的投资方向需要大量的技术投入，这些投资方向的实际运行主要依靠技术的运用来实现，投资的重点往往是先期的技术开发。

在技术密集型投资战略中，又可以细分为改变产品整体功能的战略和增加产品附加功能的战略。改变产品整体功能是指通过技术研究使产品的性质发生根本变化，即由一种产品变成另一种产品；增加产品附加功能是指通过技术研究只是在产品的主体功能上增加某些新的功能，产品的主体功能不变。

③ 劳动密集型投资战略。该战略是指在较长时期，企业确定的投资方向需要大量的劳动投入，这些投资方向的实际运行主要靠劳动力的推动。

在投资战略决策中，企业必须根据自身的特点，选择投资方向。当企业资金雄厚时，应选择资金密集型的投资战略；当企业技术力量和研究开发条件雄厚时，应选择技术密集型投资战略；当劳动成本低，企业资金不足、技术条件不充分时，应选择劳动密集型投资战略。一般而言，伴随社会生产力的发展和企业的不断成长壮大，通常要经历由劳动密集型到资金密集型，再到技术密集型投资的战略转移。

对于改变产品整体功能的投资战略，企业应特别注意权衡其失败前与成功后所产生的垄断收益之间的关系，力争将投资风险降至最低。

3. 企业投资战略在企业战略体系中的地位和作用

(1) 导向性。企业总体战略包含两个方面：一个是决定应该从事哪些业务，另一个是决定企业如何发展业务。企业如何发展业务，就涉及一个如何进行资源配置的问题，而企业内部资源的配置正是通过投资战略的实施有效拉动的，因此投资战略具有导向作用。

(2) 保证性。企业投资战略在企业总体战略的指导下，把企业资源合理分配到各个职能部门，协调企业内部各职能部门之间的关系，使企业经营活动有条不紊地进行，它在企业战略中占有十分重要的地位，是企业其他职能战略的基础。同时，投资战略与企业内部其他职能战略互相配合，保证企业总体战略的实现。

(3) 超前性。企业总体战略一经确定，首先就需要通过投资战略在各个职能部门之间合理调配企业资源。因此，相比其他职能战略，企业投资战略具有一定的超前性。

(4) 风险性。由于内部环境的不确定性，企业实施投资战略充满风险，为了保证投资战略的有效实施，就需要通过各种投资组合来分散风险。

3.3.5 汽车企业业务单位战略

1. 业务单位战略的概念

业务单位战略是指在总体战略指导下，以一个业务单位进行竞争的战略，也称为业务单位竞争战略。业务单位不是按企业的组织结构划分，而是按市场划分的。业务单位可能是一个事业部，也可能不是。同一个事业部内，由于面向不同市场，也需要不同的战略。例如，一个汽车公司分为轿车部和卡车部,卡车部又有面向农村的卡车和面向矿山的卡车。市场不同,需要不同的战略,属于不同的战略业务单位。

业务单位战略的目标是取得竞争优势,其主要内容:决定在一个特定市场的产品如何创造价值,包括决定与竞争对手产品的区分、机器的现代化程度、新产品推出和老产品退出、是否成为技术先导企业、如何向顾客传达信息等。

2．业务单位战略的优势

能够在不同的类似业务中找到适合自己的战略,使其更加理性、易于实现。如果企业只是经营某一特定产品,在某一特定市场中开展业务,面对特定客户,在特定区域内经营,那么其公司战略和业务单位战略就属于同一层面,没有必要对其加以区别。

在公司的组织层面上,高级管理人员制定公司战略,以平衡公司的业务组合。公司战略涵盖了公司的整体范围,关注在每个战略业务单位中创造竞争优势。制定一个具有可持续竞争优势的业务单位战略,需要明确在什么市场能够取得竞争优势,什么产品或服务能够区别于竞争对手,以及竞争对手可能采取的行动。竞争战略是在战略业务单位这个层次制定的,包括如何实现竞争优势,以便最大限度地提高企业盈利能力和扩大市场份额,确定相关产品的范围、价格、促销手段和市场营销渠道等。

3．业务单位战略的类型

业务单位战略可分为以下几个基本的类型:成本领先战略、产品差异化战略、集中化战略。

在上述战略中进行选择的标准,包括是否适宜企业环境、是否符合利益相关者的预期、从企业的资源和能力看是否实际可行。

【案例3.1】

上海大众营销战略

上海大众汽车有限公司(以下简称上海大众)是国内保有量最大的轿车生产企业,产品和营销服务网络也遍布全国各地。经过二十多年的不断发展,上海大众"四位一体"的经销商和特约维修站总计600多家,全国的地级市覆盖率超过70%,南至三亚,北至漠河,东至佳木斯,西至喀什,形成了分布最广、布点最密的轿车营销与售后服务网络。上海大众的客户关系管理(CRM)也日益完善,并蝉联2004年、2005年中国汽车行业最佳CRM实施企业。2005年9月,上海大众售后服务热线启用新号码10106789,此举标志着CRM的重要一环——客户服务中心完成了售前、售后呼叫中心的业务整合工作,从而使客户享受到上海大众全过程统一的标准服务,确保各类咨询和建议得到最快速地响应,并且通过对轿车生命周期的全程跟踪实现个性化服务。

2005年10月,上海大众推出了国内第一个将营销与售后服务进行业务整合的服务品牌——上海大众"Techcare大众关爱",纳入营销、售后服务、汽车金融、二手车置换、附件、车主俱乐部六大内容,提供贯穿了用户从买车开始到用车、装饰车、换车等全过程服务。2006年,中国质量协会授予上海大众"全国用户满意服务"称号,以表彰"Techcare大众关爱"为汽车服务行业所做出的卓越贡献。

在大众品牌产品结构不断完善的同时,上海大众又积极推出了多品牌发展战略。2005年4月,上海大众与SKODA汽车公司签署了合作协议,在欧洲享誉百年的SKODA汽车品牌正式落户上海大众。2006年6月,相关方签订了更为深层次的合作协议,SKODA品牌旗下的Octavia、Fabia、Superb三大产品系列将全线引入中国。2006年9月,上海大众在北京正式启动了德国大众旗下的明星品牌 SKODA，宣布其中文名为"斯柯达"和品牌口号为"睿智感悟，恒久魅力"；2006 年 11 月，上海大众斯柯达第一款国产新车 Octavia 明锐在北京国际汽车展览会正式亮相。2007 年 1 月，第一辆 Octavia 明锐正式下线。

优秀的营销和售后服务将成为核心竞争力之一。经过严格的审核和筛选，截至 2007 年 2 月，上海大众斯柯达已经完成了同 79 家经销商的签约工作，覆盖了全国大部分地区。此外上海大众还挑选出 28 家经过严格资质认证的经销商作为首批服务商，从 2007 年 1 月 1 日起，为近三万名斯柯达的进口车主提供售后服务，显示了商家对车主负责的态度。

【案例 3.2】

奥迪汽车在中国市场的营销战略

奥迪公司是德国历史最悠久的汽车制造商之一，奥迪公司从诞生那天起，就一直追求产品的高品质、高档次。奥迪公司的创始人将其品牌定位于"马力强劲、质量优异、装饰豪华"这一形象，奥迪公司并入大众集团后，重新迈上了快速发展的轨道。在世界高档豪华车市场上，宝马、奔驰都是奥迪最强劲的竞争对手，在中国市场亦是如此。同时，凯迪拉克、沃尔沃（VOLVO）、丰田等品牌也在悄悄跟进，通过进口或在华寻找合作伙伴（如宝马与华晨合作）来争分高档车市场的"一杯羹"。

奥迪汽车作为第一家在中国实现本土化生产的全球高档豪华汽车品牌，融合了中德合作伙伴各自的业务特长与优势，最大化地发挥可利用的资源和能力，更好地满足消费者多层次个性化的需求，推动奥迪品牌及其经销商网络在中国长期、持续、健康的发展，进一步加强了奥迪汽车在中国汽车市场的领先地位。

1. 品牌

"同一星球，同一奥迪，同一品质"，同德国大众公司一样，奥迪公司在全球有着统一的品牌准则。奥迪公司中国区总监狄安德对品牌有一个清晰的概念："品牌是一个承诺，品牌是一种体验。品牌是在顾客心中形成的概念，包括产品开发、设计、生产、销售、市场和服务。"这是奥迪汽车行销中国的"指南针"，更是其品牌行销的规则。

品牌定位采取"高档豪华车"策略，使品牌形象易于区隔、识别，容易塑造个性化品牌形象，或者说在市场运作得好的情况下，奥迪汽车会像在德国一样成为高档车的代名词。

由奥迪中国总部负责奥迪品牌形象的传播事业，包括围绕品牌开展的品牌塑造、品牌传播、公关企划等工作，为保证一汽大众的 A4、A6 与"进口"A8 在品牌方面保持良好的统一性，产品广告由一汽大众负责，但他们共同拥有一个完善的整合营销传播计划，保持良好合作关系。奥迪汽车广告一直在"运动"着，通过"运动"适应不同的市场形势，不同的市场阶段，与"品牌运动"相呼应。总体来看，奥迪广告有如下特征：广告传播主线化、广告传播周期化、广告诉求规律化、广告媒体整合化、版面大气化、发布时间集中化、版面选择科学化、广告投放广泛化、核心媒体策略化、广告运动化，其周期性不仅表现在年度传播计划上，还表现在新产品推广上。以 2000 年奥迪 A6 上市为例，营销传播主要分三个阶段：第一阶段是宣传奥迪汽车的品质和领先的技术，用这些具体的信息来诠释奥迪品牌价值观中的"远见"；第二阶段是用奥迪汽车的卓越声誉和所代表的生活方式来诠释"激情"；第三阶段是用奥迪汽车先进的服务和销售网络来诠释"领先"。

2. 产品质量

为了保证产品质量完全符合严格的高标准要求，一汽大众奥迪品牌对零部件厂商进行了时间长、标准高、负责任的支持和培训，并投入了巨大人力、财力，为国内零部件产业的发展做出了巨大贡献。

3. 公关策略与事件行销

旧奥迪的官车形象造成了奥迪品牌形象的异化，新奥迪提升品牌竞争力是以将官车形象转向成功人士的时尚品牌为切入点。经过多年与中国的良好合作，奥迪公司拥有了良好的政府公关资源，在2002年4月举行的"博鳌亚洲论坛"年会期间，奥迪公司为盛会提供55辆奥迪A6，作为博鳌亚洲论坛唯一指定贵宾用车。"打铁要趁热"，奥迪公司在2002年11月份又把最新款奥迪A6的投放仪式放在博鳌，并注入了精心策划的文化诠释。除了与博鳌结下不解之缘，奥迪A6还成为在重庆召开的"亚洲议会和平协会（AAPP）第三届年会"、在北京召开的"世界经济论坛2002中国企业高峰会"的指定贵宾用车。

4. 渠道分销

汽车渠道分销有独家分销、选择性分销、全面分销售三种，而选择性分销是奥迪汽车中国市场的分销策略。由于奥迪汽车系列产品有"进口""本土"生产之分，因国家明文规定"国产车""进口车"不能混合销售，使奥迪A6、A4与A8进入市场的渠道有所不同，经销商服务配套体系方面亦有所区别。但是，这并不影响奥迪公司规范化的经销商管理体系在渠道分销中发挥的重要作用。

5. 服务

①步步相契。

"专业、尊贵、愉悦"是对"奥迪一流服务"战略核心价值的深度诠释。奥迪"卓·悦"服务通过对服务形象、服务行为、服务内容和服务流程的全方位提升，始终将专业的技术、尊贵的礼遇与愉悦的体验贯穿服务全程，力求每一步都主动契合用户的心意，致力于满足用户的一切需求，并给用户带来超出预期的愉悦。为此，奥迪品牌在软/硬件方面推出了各项服务策略及全新举措，如透明车间管理系统、服务的关键、IT系统整合、在线培训、用户投诉分析管理系统、用户服务数据库、优化备件物流、工具改进等一系列服务升级流程，这都为"奥迪一流服务"战略提供了强有力的软/硬件支撑。

②以心悦心。

"奥迪一流服务"战略致力于"以全心全意的卓越服务带给用户发自内心的愉悦"。在服务理念的追求上，奥迪品牌不仅致力于满足用户的一切需求，更以追求用户的全方位身心愉悦为最终目标，愉悦也将是奥迪车主对奥迪一流服务战略的最真切感受。奥迪"卓·悦"的服务"不仅让用户感到满意，更要让用户感到身心愉悦"，以此将服务追求从"用户满意"升华到"用户愉悦"的新高度，让用户充分体会到百年奥迪的"卓·悦"。伴随着"奥迪一流服务"战略的进一步推广，"专业、尊贵、愉悦"的奥迪服务将继续引领中国高档轿车服务而成为新的标杆。

分析与思考

1. 汽车市场营销战略的含义及作用是什么？
2. 汽车市场营销战略规划制定的一般流程是什么？
3. 汽车市场营销的竞争性战略有哪些？

4. 通过案例 3.1 和 3.2，你对汽车企业面对激烈的市场竞争而制定汽车营销战略有何启示？

课程实践

1. 目标
掌握汽车市场营销战略制定的一般过程。

2. 内容
将学生分成若干小组，各小组以某汽车公司为对象，分析其市场机会，并为其规划汽车市场营销战略，形成战略任务书。

3. 要点及注意事项
一定要深入查阅文献资料，多了解实际情况。制作的任务书要具有一定的可行性。

第4章　汽车市场细分与目标市场选择

【学习目标与要求】
1．掌握市场细分的必要条件和依据。
2．掌握市场细分的方法和步骤。
3．掌握目标市场的选择方法与营销策略的确定方法。
4．掌握市场定位的战略和步骤。

现代市场营销认为，企业不应试图在整个市场上争取优势地位，而应该在市场细分的基础上选择对本企业最有吸引力并可以有效占领的那部分市场作为目标市场，实行目标市场营销。

对于汽车行业而言，一个汽车生产或销售企业开展营销时，面对的是一个十分复杂的市场，这个市场中的消费者由于收入、爱好、生活习惯等因素的不同，对提供的汽车商品和服务也就有不同的要求。企业只有选择其中某一部分需求与爱好加以满足，才是上策。比如，我国像一汽、东风两大汽车企业集团，目前也没有能力在整个汽车市场上都争取到优势地位。

4.1　汽车市场细分

4.1.1　市场细分的概念与作用

1．市场细分的概念

所谓市场细分，就是企业根据市场需求的多样性和购买者行为的差异性，把整个市场（全部用户）划分为若干具有某种相似特征的用户群（细分市场），以便用来确定目标市场的过程。市场细分所形成的具有相同需求的用户群体称为细分市场，或子市场（分市场、次级市场等）。换言之，市场细分就是分辨具有不同特征的用户群，把他们分别归类的过程。不同的细分市场之间，需求差别比较明显，而在每一个细分市场内部，消费者具有相同或相近的需求特点，需求差别则比较细微。

市场之所以能够细分，是有其客观基础的。这些基础主要体现在以下两点。

第一，市场需求客观上具有差异性，购买动机和购买行为也具有差异性。可以说，正是由于这种差异性的存在，市场细分才有划分的标准。

第二，市场需求还具有一定的相似性。如果用户的需要没有某种共性，那么市场细分就无从做起，企业不可能将每一个用户都作为一个细分市场。正是这种需要存在共性，市场细分才具有实际的营销意义。

2．市场细分的作用

细分市场不是根据产品品种、产品系列来进行的，而是从消费者（最终消费者和工业生产者）的角度进行划分的，是根据市场细分的理论基础，即消费者的需求、动机、购买行为的多元性和差异性来划分的。市场细分对企业的生产、营销起着极其重要的作用。

（1）有利于选择目标市场和制定市场营销策略。市场细分是目标市场选择和市场定位的前提，在细分的市场上消费需求明确而具体，企业可以根据经营思想、方针及生产技术和营销力量确定服务对象，即目标市场。针对较小的目标市场，便于制定特殊的营销策略。同时，在细分的市场上，信息容易了解和反馈，一旦消费者的需求发生变化，企业可迅速改变营销策略，制定相应的对策，以适应市场需求的变化，提高企业的应变能力和竞争力。

通过市场细分，有利于发现目标消费者群的需求特性，从而使产品富有特色，甚至可以在一定的细分市场形成垄断的优势。

（2）有利于发掘市场机会，开拓新市场，扩大市场占有率。通过市场细分，企业可以对每一细分市场的购买潜力、满足程度、竞争情况等进行分析对比，发现市场上尚未满足的需求，探索出有利于本企业的市场机会，使企业及时做出投产、销售决策，或根据本企业的生产技术条件制订新产品开拓计划，进行必要的产品技术储备，掌握产品更新换代的主动权，开拓新市场，以更好地适应市场的需要。

企业对市场的占有是逐步拓展的。通过市场细分，企业可以先选择最适合占领的某些子市场作为目标市场。当占领这些子市场后，再逐渐向外推进、拓展，从而扩大市场的占有率。

（3）有利于企业合理利用资源，发挥优势。任何一个企业的资源包括人力、物力、资金等都是有限的，都有其优势和不足。有限的资源分摊在众多市场上，使得优势无从发挥，弱势难以弥补。通过细分市场，选择适合的目标市场，企业可以集中人、财、物及其他资源，去争取局部市场的优势，然后再占领目标市场。

（4）有利于企业提高经济效益。前面三个方面的作用都能使企业提高经济效益。除此之外，企业通过市场细分后，可以面对目标市场，生产出适销对路的产品。产品适销对路既能满足市场需要，又可增加企业的收入，还可以加速商品流转，加大生产批量，降低企业的生产销售成本，提高生产工人的劳动熟练程度，提高产品质量，全面提高企业的经济效益。

4.1.2 市场细分的必要条件

并不是所有的市场细分都是有效的，市场细分的必要条件有以下几点。

1. 可衡量性

可衡量性包括以下两项内容。

（1）市场细分的顾客特征信息不仅能通过市场调研及时获得，而且还要具有可衡量性，否则，该资料特征不能成为市场细分的标准。如男性人数、各收入级别的家庭户数、各年龄段人数等都是可以测量的。但有些因素是不易测量的，如消费者购买动机。一方面消费者不愿意透漏个人的动机；另一方面消费者购买各种动机是错综复杂的，难以具体量化、衡量和测定的。

（2）细分出来的各个子市场不仅范围界定明晰，而且各个子市场的规模大小及购买能力能够被测量。否则，各个子市场将会无法界定和衡量，难以描述与说明，市场细分也将失去意义。

在整车销售中，业界通用的市场细分方法有两种：一种是按照排量细分；另一种是按照价格细分，这两种都有定量的指标作为衡量标准。不同排量和不同价格的细分市场都有着鲜明的特征。例如，大排量和高价格车的消费群更注重车辆的外观、动力性、安全性和舒适性，对价格的敏感程度低；而小排量和低价格车的消费群更注重车的耐用性和油耗，对价格非常敏感。

2. 可进入性

可进入性是指企业的资源条件与市场营销能力必须足以进入所选定的子市场,并且能够有所作为。一家生产小型轿车的厂商如果将豪华车列入细分市场,那么这种细分市场就是无效、无意义的。

20世纪八九十年代,本田公司在向美国推出中/高级轿车时,没有与"奔驰""奥迪""富豪"等高级轿车品牌去竞争已富裕起来并拥有高级轿车的中/老年消费者,而是根据本田公司的预测,针对当时美国社会两人家庭的增多、年轻消费者可随意支配的收入越来越多、涉足高级轿车市场的年轻人也越来越多,开辟了一个尚未被竞争对手重视的新兴市场。

3. 可盈利性

可盈利性是指细分后子市场的规模与购买潜力足以促成企业利润目标的实现。如果细分后的子市场顾客的数量、购买力及产品的使用率等指标不高,则说明该子市场的潜力不大,难以支撑企业为此付出的生产成本与销售成本,更难以盈利。这样的子市场对企业来说就无实际的经济价值。因此,有效的市场细分必须有足够的需求规模,保证企业的可盈利性,使企业的市场和经营不断发展与壮大。例如,专门针对身高在1.2m以下的群体开发汽车在理论上是可行的,但并不能带来盈利,还不如通过座椅调节来满足这个细分市场的要求。

4. 差异性

差异性是指市场细分后各子市场对企业市场营销组合中的任何一项因素的变动而迅速做出的差异性反应。如有的子市场对价格的敏感性较高,有的子市场对质量的敏感性较高。这就要求企业对不同的子市场制定不同的相适应的营销组合。这样,市场细分才有效。否则,如果各个子市场对企业市场营销组合因素变化未做出相似的反应,各个子市场的差异性特点就消失了,市场细分也就失去了意义。如按价格来细分市场,对于低价格轿车,降价是一种非常有效的方式,可以增加其销量;而对于高档车市场,这一方式则收效甚微。

4.1.3 市场细分的依据

市场细分面临的首要问题是市场细分变量的选取。所谓市场细分变量,是指那些反映需求内在差异,同时能作为市场细分依据的可变因素。一般来说,形成市场需求差异性的因素都可以作为市场细分的依据。但由于市场类型的不同,细分的依据也有所不同。同时,各行业也可根据各自的特点和需要,选择适当的划分标准进行市场细分。根据汽车商品的特点,研究其市场细分因素时应主要考察消费者市场的情况。影响消费者市场需求的因素,即用来细分消费者市场的变量,可概括为以下四大类。

1. 地理变量

地理变量就是把市场分为不同的地理区域,如国家、地区、省市、南方、北方、城市、农村等。各地区由于自然气候、传统文化、经济发展水平等因素的影响,形成了不同的消费习惯和偏好,并有不同的需求特点。在我国进行汽车销售,运用地理变量,最常见的是根据通用的行政区域划分,将市场分为华东、华南、华中、华北、西部,或者根据经济发展水平划分为沿海地区、内陆地区、边远山区等,根据不同的地理因素,采取不同的营销方案。例如,在推出家庭轿车的初始阶段,营销的重点放在华东或沿海地区,这些地方的经济发展迅速,人民生活水平高,受教育程度和对生活质量的要求都比较高。

2. 人口变量

人口变量就是按年龄、性别、家庭人数、生命周期、收入、职业、文化程度、宗教信仰、民族、国籍、社会阶层等人口统计变量，划分消费者群。对于汽车市场营销来说，收入是进行市场细分必须考虑的因素，如今的中国市场，对于大多数消费者来说汽车还不是必需品，除了法规、政策、公共设施的限制外，影响购买最重要的因素仍然是经济收入。一辆汽车的性能再好、创意再新，如果消费者的收入不足以负担这辆汽车的价格，那么该汽车就不可能打开其细分市场。

3. 心理变量

在人口因素相同的消费者中，对同一商品的爱好和态度也可能截然不同，这主要是由于心理因素的影响。消费者的生活方式、社会阶层、个性和偏好都是心理变量的内容。

个性经常被用来做细分市场的变量，这个变量在汽车市场营销中的运用十分普遍。因为世界上著名的汽车品牌往往都已经被人赋予了个性色彩，因此这些品牌所对应的也往往是一些具有相同个性的消费者。如奔驰象征着上流社会的成功人士；劳斯莱斯象征着身份显赫的贵族；福特象征着踏实的中产阶级白领。这种人格化的品牌异化成为社会地位、身份、财富甚至职业的象征，成为车主的第二身份特征。这种品牌的个性特征往往和创始人的性格有关，又经过长时间的浓缩，已经成为一种约定俗成的特点，是短时间内无法改变的。

心理变量中的偏好是指消费者对某种品牌商品所持的喜爱程度。在市场上，消费者对某种品牌商品的喜爱程度是不同的，企业为了维持和扩大经营，就要努力培养一批品牌忠实者，并掌握其需求特征，以便从商品形式、销售方式及广告宣传等方面去满足他们的需求。

4. 行为变量

行为变量是反映消费者购买行为特点的变量。它包括购买时机、利益偏好、使用状况、使用频率、对品牌的忠实程度、对产品的态度和购买阶段等。行为变量是建立细分市场的最佳起点，行为变量通常可分为以下七类。

（1）购买时机。根据购买者产生需要、购买或使用产品的时机，可将他们区分开来。对于汽车行业来说，春节、五一、国庆等重大节日和春季、秋季的旅游黄金时间往往是购车的高峰时间，在这段时间可以增加广告投放，进行优惠活动等，以吸引消费者购买。

（2）利益偏好。根据消费者从产品中追求的不同利益进行分类，是个有效的细分方法。购买汽车的消费者，有的注重实用性，有的可能就是赶时髦，有的将其作为身份地位的象征，世界著名的整车生产厂家往往都有适合消费者不同利益追求的产品。

（3）使用状况。根据消费者的使用状况可分为"从未用过""曾经用过""准备使用""初次使用""经常使用"五种类型，即五个细分市场。在某种程度上，经济状况决定公司把重点集中在哪一类使用者身上。通常，市场占有率高的大企业常常对潜在使用者感兴趣，而一些小企业则只能尽力吸引经常使用者。对使用状况不同的消费者，在广告宣传及推销方式方面都有所不同。

（4）使用频率。根据消费者使用商品的频率，可以将消费者分成少量使用者、中度使用者和大量使用者。大量使用者的人数通常只占总市场人数的一小部分，但是他们在总消费中所占的比重却很大。营销者通常着重根据大量使用者群体的偏好提供产品和服务。

（5）忠诚程度。不同消费者对产品品牌的忠实程度是不同的，根据消费者的忠实程度，可以把消费者分为四类：坚定忠诚者、适度忠实者、喜新厌旧者和无固定偏好者。其中，坚定忠诚者始终只购买某一品牌的产品，企业应投其所好，巩固其忠诚程度；适度忠诚者则是同时偏爱两三个品牌，企业通过分析这类消费者可以发现本企业的竞争品牌，以便制定有效的对策；喜新厌旧者是经常改变购买品牌的一类消费者，通过对其分析研究，找出产品的弱项并及时改进和调整；无固定偏好者不忠诚于任何品牌，企业应力争使其成为本企业的忠实使用者。

（6）购买阶段。对于每一种产品来说，都可能同时存在已经购买、即将购买、想要购买、对产品感兴趣、对产品有所了解和不了解的各种消费者，这些消费者处在购买过程中的不同阶段。各个阶段的消费者人数的多少，对营销策略的制定有很大的影响。企业的营销策略必须随着购买阶段的发展而调整。

（7）态度。根据消费者对产品的热衷程度，可将其态度分为热爱、喜欢、无所谓、不喜欢和敌视五种。企业可以通过调查、分析，针对不同态度的消费者采用不同的营销对策，以巩固热爱和喜欢态度的消费者，争取无所谓态度的消费者。

以上就是市场细分时经常使用的变量。但是，一个公司在进行市场细分时往往不是运用一个的变量，而是会综合使用几个变量。

例如，上海大众为推出帕萨特轿车进行市场细分和目标市场选择时，采用的就是几个变量的综合。

首先，运用汽车业界通用的按排量和价格进行的细分方式，进行市场细分。对于公务车市场，主要采用排量标准，这样 B 级车消费者的消费背景和消费特征就可以作为帕萨特目标消费者的消费背景和特征。对于非公务车市场，则采用价格细分，帕萨特可以选择 20 万元以上的市场作为目标市场。然后，再考虑这两个市场面对的消费者群体的普遍特征。帕萨特轿车是相对于上海大众以往车型更高档的车种，有着美丽的外观，运用了先进的技术，又有着低油耗等 A 级车通常强调的优点。由此，推断出帕萨特轿车目标市场潜在消费者的背景特征和消费特征，背景特征：30～50 岁的男性、受过高等教育、中/高级管理人员（一般不是老板）、有妻子和孩子、可能是第二辆车；消费特征：有一定的驾驶经验和爱好、对自己做出的决定非常负责、目前自己驾车（包括政府官员、公司白领等）、有成就感和责任心。

4.1.4 市场细分的方法与步骤

1. 市场细分的方法

通常情况下，可按以下依据将市场予以细分。

按西方国家对汽车产品大类的划分方法，可分为轿车市场和商用车市场。轿车市场指各类轿车需求者；商用车市场指除轿车以外的所有汽车产品现实的和潜在的购买者。

按我国对汽车产品类型的划分标准，可分为载货汽车市场、越野汽车市场、自卸车市场、专用汽车市场、特种汽车市场、客车市场、轿车市场；还可分为乘用汽车市场，包括客车、轿车及具有乘用车车身形式的各类专用汽车构成的市场，以及载货汽车市场，包括各类非乘用车车身形式的专用汽车市场。

按购买者的性质不同，可分为机关公务用车市场、商务及事业性单位用车市场、生产经营性用户需求市场、私人消费性用户需求市场等。

按汽车产品的性能特点不同，可分为载货汽车市场，包括重型汽车市场、中型汽车市场、轻型汽车市场和微型汽车市场；轿车市场包括豪华轿车市场、高档轿车市场、中档轿车市场、普及型轿车市场和微型轿车市场；客车市场包括大型、中型、轻型和微型客车市场。

按汽车产品的完整性不同，可分为整车市场、部件市场（含二、三、四类底盘）、汽车配件市场。

按汽车使用燃料的不同，可分为汽油车市场和柴油车市场。

按地理位置不同，可分为东部沿海地区汽车市场、中部地区汽车市场、西部地区汽车市场；也可划分为东北区、华北区、华东区、中南区、西南区和西北区六个汽车市场，甚至还可分为城市汽车市场和农村汽车市场。

按汽车保有量变化，可分为新增需求市场、更新需求市场。

按是否具有军事用途，可分为军用汽车市场、民用汽车市场。

按自然气候条件，可分为丘陵、高原、平原、寒带、热带及亚热带等汽车市场。

按是否属于首次向最终用户销售，可分为新车市场、旧车市场。

按汽车是否具有专长专门用途，可分为普通汽车市场、特种专用汽车市场。

2．市场细分的步骤

市场细分的步骤如图 4-1 所示。

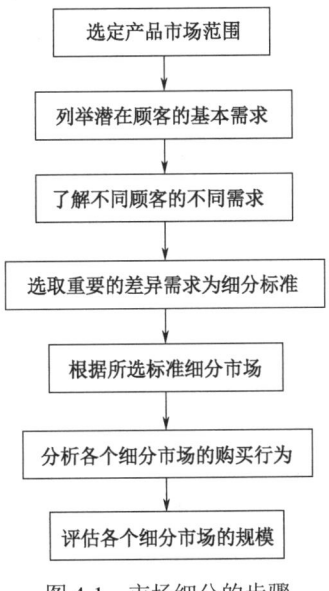

```
选定产品市场范围
     ↓
列举潜在顾客的基本需求
     ↓
了解不同顾客的不同需求
     ↓
选取重要的差异需求为细分标准
     ↓
根据所选标准细分市场
     ↓
分析各个细分市场的购买行为
     ↓
评估各个细分市场的规模
```

图 4-1 市场细分的步骤

（1）选定产品市场范围。选定产品市场范围，即确定进入什么市场、生产什么产品。更多的情况下，产品市场范围应根据顾客的需求，而不是产品本身特性来确定。例如，某汽车制造厂商计划推出一款经济型 SUV，若只是从产品特征考虑，该厂商可能认为这款 SUV 产品是那些热衷于 SUV 产品而支付能力有限的人。可是，从市场需求看，较高收入者也有可能是这款 SUV 产品的潜在顾客，特别是那些已经拥有一辆家庭轿车的较高收入者，他们可能还需要一款 SUV 来满足其周末外出郊游的需要。

（2）列举潜在顾客的基本需求。汽车制造商可以通过调查，了解潜在顾客对产品的基本需求，这些需求可能包括安全、舒适、经济、安静、大空间等。

（3）了解不同顾客的不同需求。对于列举出来的基本需求，不同顾客强调的侧重点可能会存在差别。如经济、安全是所有顾客共同强调的，但有的顾客可能特别强调空间，因为他们需要装载许多外出所需的物品。通过这种差异比较，不同的顾客群体即可被初步识别出来。

（4）选取重要的差异需求为细分标准。抽掉潜在顾客的共同要求，而以特殊需求作为细分标准。经济型是 SUV 的价格分层，是购买者的共同需求，可是它并不适合作为市场细分的基础。

（5）根据所选标准细分市场。根据潜在顾客基本需求的差异性，将其划分为不同的群体或子市场，并赋予每个子市场一定的名称。例如，经济型 SUV 市场可以细分为郊游型、运动型、追随型和玩车型等。

（6）分析各个细分市场的购买行为。进一步分析每个细分市场的需求与购买行为特点，并分析其原因，确定是否可以对这些细分出的市场进行合并，或者进一步细化。

（7）评估各个细分市场的规模。估计每个细分市场的规模，即在调查的基础上，估计每个细分市场的顾客数量、购买频率、支付能力等，并对细分市场的产品竞争状况即发展趋势进行分析。

4.2 汽车目标市场策略

企业在完成市场细分后，就必须评价各个细分市场，再根据产品的特性，本企业的生产、技术、资金等方面的状况决定为某几个细分市场服务，并根据主客观条件选择好目标市场，确定营销战略，实行目标市场营销。

所谓目标市场，就是指企业的目标顾客，是企业期望且能够开拓和占领的市场，也就是企业愿意并有能力进入并为之服务的那个顾客群（细分市场）。企业的一切营销活动都是围绕目标市场进行的，选择和确定目标市场，明确企业的具体服务对象，是企业制定营销策略的基本出发点。

4.2.1 评估细分市场

评估细分市场是指确定细分市场的有效性之后，对于各个有效的细分市场实施进一步的评估，以确定哪个或哪几个细分市场值得进入。对细分市场的评估应从以下三个方面着手。

1. 细分市场的规模和成长可能性

细分市场的规模是指购买能力，也就是将某个细分市场内部的购买能力加总得到该细分市场的规模。细分市场的成长可能性是指细分市场的待开发潜力，主要可以通过市场成长率进行描述。如随着居民收入水平的逐步提高，汽车消费进入了个性化、时尚化时代，购买大排量 SUV 汽车的人越来越多。2016 年全国 SUV 产/销量分别为 915.29 万辆和 904.70 万辆，占汽车产/销量总体的 32.55%和 32.27%，同比增长 45.72%和 44.59%，远远高于 14.46%和 13.65%的汽车产/销量总体增长率。

2. 细分市场的市场结构吸引力

并不是任何一个规模和成长性俱佳的细分市场都是值得进入的目标市场。一个细分市场的结构吸引力取决于该细分市场的五大力量：产业竞争者、潜在进入者、购买者、供应商、产品的替代品，如图 4-2 所示。竞争者多且强的细分市场就不太具有吸引力；容易吸引新竞争者进入且进入壁垒低的细分市场也不是理想的选择；有潜在的可替代品时，细分市场的吸引力也不高；购买者或供应商具有强大议价能力的细分市场，吸引力也不够强。

3. 考虑公司的目标和资源

公司的目标和资源与机会相匹配的程度，即考察公司的业务定义、使命和独特能力是否与市场机会一致。决策者必须考虑企业是否具备在该细分市场获胜所必需的资源，如人才、技术、资金、管理能力、营销能力和经验等。当公司不具备必需的资源时，则要衡量获得这些资源的代价有多大，时间有多长，可能达到的效果如何。要选择有利于充分发挥自己优势的市场，如果无法创造出某种相对优势，就不应进入该市场。企业进入市场的最终目标是培育核心竞争力，这样才能在竞争中取胜。对于既符合外在条件又与企业能力相匹配的细分市场，将成为企业的机会。

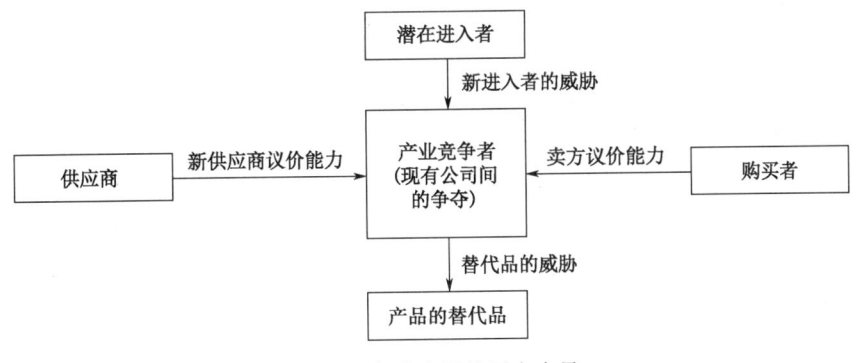

图 4-2 细分市场的五大力量

4.2.2 选择目标市场

选择目标市场是指在评估细分市场之后，在有吸引力的细分市场中选择应该进入的具体目标市场。目标市场选择的工具是产品/市场交叉矩阵。

产品/市场交叉矩阵是以企业提供的产品种类及所面对的细分市场种类所绘制的图形，其形状类似于数学中的矩阵，如图 4-3 所示。

图 4-3 产品/市场交叉矩阵

P_1，P_2，P_3，…，P_n 表示不同的产品，M_1，M_2，M_3，…，M_n 表示不同的细分市场。如果找到合适的规则，就可以把整个市场进行细分，只要把所拥有的产品相应标注在对应的位置上，那么整个市场和产品的对应情况就一目了然了。

根据产品/市场交叉矩阵，可以确定五种目标市场选择模式，即密集单一市场、产品专门化、市场专门化、有选择的专门化和完全市场覆盖，如图 4-4 所示。

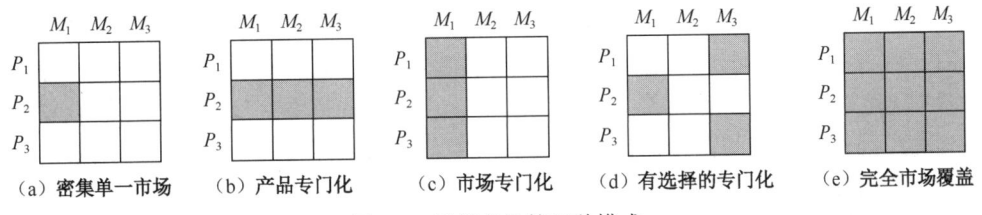

(a) 密集单一市场　(b) 产品专门化　(c) 市场专门化　(d) 有选择的专门化　(e) 完全市场覆盖

图 4-4 目标市场的五种模式

1. 密集单一市场

密集单一市场是指企业的目标市场（顾客）从产品角度集中于一个细分市场，企业只生产一种产品，只供应某一个顾客群，目标是在单一市场上拥有较高的市场占有率。通过密集营销，汽车制造厂商能够更加了解本细分市场的需要，并树立特别的声誉，因此可在该细分市场中建立稳固的市场地位。另外，公司通过生产和销售的专业化分工，也可以取得较好的经济效益。如专攻超豪华汽车的迈巴赫、劳斯莱斯和宾利的生产厂家就是采取这种战略。这三个品牌有着"量身定做、手工打造、价格不菲"的共同点，并将市场固定在"有很高的社会地位、追求享受，并且将汽车作为身份地位象征的顾客"这一细分市场上。

一般来说，这一策略适合实力有限的中、小企业，当企业的实力扩大后，再扩展到其他候选的细分市场上去。采用这一策略也有风险，一旦该细分市场的消费者改变了消费习惯或者出现不景气的情况时，就会危及公司的生存。

2．产品专门化

产品专门化是指集中生产一种产品，公司向各类顾客销售这种产品。通过这种战略，可以在某个产品市场树立起很高的声誉。一般来说，这种战略也适合中、小型企业。如美国福特汽车公司早年生产的T型车，连续十几年始终生产一种车型、一种颜色，在汽车工业发展的初期，T型车开创了大批量、流水化生产的先河；德国保时捷汽车公司主要生产跑车，年产量在2万辆左右，是世界著名的跑车生产厂家。

3．市场专门化

市场专门化是指专门为满足某个顾客群的某种需要而服务。实施此战略可以帮助公司在特定的产品领域树立良好的信誉。市场专门化战略的优点是能够深入细致地了解目标市场的需求，提供满足其需要的产品。其缺点同样是受该顾客群消费习惯的影响过大，如果该顾客群的购买力下降，或者减少开支，企业的经营就会受到严重影响。如大众汽车公司所属的兰博基尼汽车厂专门定制高级汽车，年产仅数百辆，价值均在5万美元以上。

4．有选择的专门化

有选择的专门化是指选择若干个细分市场，其中每个细分市场在客观上都有吸引力，并且符合公司的目标和资源，但在各细分市场之间很少或根本没有联系，然而每个细分市场都可能盈利。这种多细分市场目标的实质是密集单一市场的扩展，优于单细分市场目标，因为这样可以分散公司的风险，即使某个细分市场失去吸引力，公司仍可继续在其他细分市场获取利润。

5．完全市场覆盖

完全市场覆盖是指企业面对整个市场，针对各个细分市场，分别设计不同的产品，采取不同的营销方案，并以所有的细分市场为目标。实力雄厚的大公司有足够的技术和资源生产各种产品来满足各种消费者的需要，往往会采用这种市场策略。如通用汽车公司的产品就覆盖了整个汽车市场，不仅生产轿车，还同时生产吉普车、越野车等，满足各种顾客群的需要。大公司可采用两种主要的方法即通过无差异市场营销或差异市场营销，达到覆盖整个市场的目的。后一种方法在汽车市场营销中普遍使用。如通用、福特、大众等著名整车公司都是运用这种营销方法来实现完全市场覆盖的，这些企业的产品虽然覆盖整个市场的各个方面，但每一系列的产品都有不同的型号以针对不同的消费者需求，目标市场选择仍然存在。

4.2.3 确定营销策略

1．目标市场策略

目标市场营销策略可分为无差异营销、差异化营销、集中营销三大类。

（1）无差异营销策略。无差异营销策略是指企业在市场细分之后，不考虑各细分市场之间的区别，而只注重各细分市场的共性，制订统一的生产和销售计划，以实现开拓市场、扩大销售的目标。

无差异营销策略的优点是节省成本。生产单一产品，可以减少生产与储运成本；无差异的广告宣传和其他促销活动可以节省促销费用；不搞市场细分，可以减少市场调研、产品开发和制定各种营销组合方案等方面的成本。过去，一汽集团、东风汽车公司大量生产的中型货车就属于这种类型。

无差异营销策略适用于一些不存在明显细分市场的产品。对于大多数产品而言，无差异化市场营销策略并不合适，即使采用也只能短期有效。首先，消费者需求千差万别并不断变化，很难有某种产品长期为所有消费者接受和喜欢。其次，众多企业都采用这一战略时，市场竞争就会变得非常激烈，同时在一些小的细分市场上消费需求得不到满足，这对企业和消费者都是不利的。最后，易于受到竞争企业的攻击。当其他企业针对不同细分市场提供更有特色的产品时，采用无差异化战略的企业无法进行有效还击。

（2）差异化营销策略。差异化营销策略是指企业同时为几个细分市场服务，设计不同的产品，并在营销渠道、促销和定价方面都有相应的改变，以适应各个子市场的需要。汽车市场是具有明显差异性的异质市场，因此，差异化营销策略是当今汽车企业共同的选择，而且差异性的划分越来越细致，市场越分越小。

差异化营销策略的优点是小批量、多品种、生产机动灵活、针对性强，使消费者需求能更好地得到满足，由此促进产品销售。另外，由于企业在多个细分市场上经营，在一定程度上可以减少经营风险。如果企业在几个细分市场上获得成功，则有助于提高企业的形象及市场占有率。

差异化营销策略的不足之处主要体现在两个方面：一是增加营销成本，由于产品品种多，管理和存货成本将增加，由于企业需要针对不同的细分市场制订独立的营销计划，会增加企业在市场调研、促销和渠道管理等方面的营销成本；二是企业的资源配置不能有效集中，顾此失彼，甚至在企业内部出现彼此争夺资源的现象，使拳头产品难以形成优势。因此，在决定是否采用差异化营销策略之前，要认真研究所选择的目标市场是否可以进入并具有一定的容量。采用此策略时，要避免对市场的过度细分，否则会增加成本，减少盈利率。

（3）集中营销策略。实行差异化营销策略和无差异化营销策略，企业均是以整体市场作为营销目标的，试图满足所有消费者在某一方面的需要。集中营销策略则是集中力量进入一个或少数几个细分市场，实行专业化生产和销售。典型的案例是浙江万向集团，在其还是一家很小的乡镇企业时，只是专门生产汽车上使用的万向节，并向国内的多家汽车厂商供货。为了开拓美国市场，还精心策划了颇具创意的广告沟通策略。因为上门推销无疑会被拒之门外，于是，他们在洛克菲勒广场一座大厦顶层的广告牌上做户外广告，对面的大厦就是美国某汽车厂商的办公楼，于是有人注意到了这个广告，提议咨询并试用，效果不错，最终的结果是大笔订单源源不断。

集中营销策略的局限性体现在两个方面：一是市场区域相对较小，企业发展受到限制；二是潜伏着较大的经营风险，一旦目标市场突然发生变化，或强大竞争对手进入，或新的更有吸引力的替代品出现，都可能使企业没有回旋余地而陷入困境。

2. 目标市场策略的选择

企业往往根据具体情况组合应用几种目标市场策略。一般来说，在选择目标市场策略时应该考虑以下几个方面。

（1）企业实力。当企业生产能力、技术能力和销售能力很强时，就可同时采用无差异营销策略和差异化营销策略。反之，最好采用集中营销策略。

（2）产品特性。对于一些类似性很强的产品以及不同工厂或地区生产的在品种、质量方面相差较小的产品，宜采用无差异营销策略。而对消费者的要求差别很大的产品，宜采用差异化营销策略或集中营销策略。大多数轿车都属于消费者要求差别大的产品，适合使用差异化营销策略。

（3）市场特性。如果不同市场的消费者对同一产品的需求和偏好相近，宜采用无差异营销策略。

（4）产品处于生命周期的不同阶段。通常在产品处于投入期和成长期时，可采用无差异营销策略，以探测市场和潜在顾客的需求。当产品进入成熟期或衰退期时，则应采用差异化营销策略，以开拓新的市场，或采取集中营销策略，以维持和延长产品生命周期。

（5）竞争者所采用的市场策略。一般来说，企业如果比竞争对手强，则可采取差异化营销策略，差异的程度可与竞争对手一致或更强；如果企业的实力不及竞争对手，则一般不应采取与竞争对手完全一样的市场策略。在此情况下，企业可采取集中营销策略，坚守某一细分市场，也可采取差异化营销策略，但在差异性方面，应针对竞争对手薄弱的产品项目形成自己的优势。

4.3 汽车市场定位

企业在选定目标市场后，必须在选定的目标市场上进行产品定位，目的是使企业及其产品与竞争者区别开来，形成企业独特的形象。

4.3.1 市场定位的概念

产品形象和企业形象是指消费者对产品和企业形成的印象。如大家常说的"物美价廉""经济实惠""优质优价""豪华高贵""性能优良""技术领先"等就属于产品形象。而"对消费者负责""质量过硬""工艺精湛""实力雄厚""服务周到"等则属于企业形象。

市场定位是指确立企业（产品）在目标顾客心目中的形象和地位，其实质是取得目标市场的竞争优势，确定产品在顾客心目中的适当位置而留下深刻的印象，以便吸引更多的顾客，由此提高企业（产品）在顾客心目中的声誉。或者说，定位就是要制定一套特定的营销组合策略来影响潜在顾客对某个产品、品牌或组织的总体感觉的过程。

国内/外各大汽车公司都十分注重市场定位，精心地为其企业和每一种汽车产品赋予鲜明的个性，并将其准确地传达给消费者。如大众汽车公司的"为民造车"，其产品以真正"大众化"为目标；奔驰汽车公司的企业形象是"制作精湛"，其产品形象是"优质豪华""高档名贵"；沃尔沃汽车公司的企业形象是"设计生命"，其产品形象是"绝对安全"；而我国东风汽车公司的企业形象是"技术服务周到"，其中型载货汽车曾以"拉得多、跑得快、省油"等产品形象闻名全国。这些汽车品牌定位清晰、简洁、明了，既道出了品牌的核心，又很好地划分了与竞争对手的品牌界限。

在市场上汽车产品不仅品种繁多，而且各有特色，广大用户又都有着自己的价值取向和认同标准，企业要想在目标市场上取得竞争优势和更大的效益，就必须为企业树立形象，为产品及服务赋予特色，这个过程就是市场定位。

4.3.2 市场定位的指标

企业为其产品进行市场定位，是为了向市场提供具有差异性的产品，这样就可以使其产品具有竞争优势。对于汽车企业而言，一般应在产品、服务和形象等方面实现差异化。

1. 产品差异化

并不是每一种产品都有明显的差异，但是，几乎所有的产品都可以找到一些可以实现差异化的特点。汽车是一种可以高度差异化的产品,其差异化表现在特色、性能、一致性、耐用性、可靠性、可维修性、风格、设计和运行费用上。

(1)特色。特色是指对产品基本功能的某些增补。汽车产品的基本功能就是代步和运输,汽车产品的特色就是在基本功能上的增加,如电动车窗、ABS系统、保险带、安全气囊和空调器等。由于汽车可以提供的差异化项目很多,因此汽车制造商需要确定哪些特色应该标准化,哪些是可以任意选择的。

产品的特色体现了制造商的创造力,一个新特色的产生可能为产品带来意想不到的生命力。如汽车安全气囊发明后,引起了业界的广泛关注,并且很快在世界各大汽车公司中广泛运用,虽然到现在为止,该产品的安全性和实用性仍然备受争议,但无可争议的是,安全气囊已经成为中/高档汽车中不可缺少的一个配件。由此可见,一个企业如果可以率先推出某些有价值的新特色,就是一种最有效的竞争手段。

要注意的是,并不是每一个特色都值得企业去推行,特色必须是有价值的。同时,公司在为产品提供特色的时候,除考虑这个特色是否有价值外,还要考虑增加该特色的成本和顾客愿意为这项特色多付的费用。

(2)性能。性能是指产品主要特点在运用中的水平。一般来说,产品的性能可以分为低、平均、高和超级四种。总体来说,性能高的产品可以产生较高的利润。但是,当性能超过一定的分界点后,由于价格因素的影响,愿意购买的人会越来越少,利润反而会下降。例如,如果一家汽车公司在华东地区大量推销高性能越野吉普车,由于华东地区多是平原的地理环境,同时经济的发达致使道路条件相对优越,因此即使该吉普车的性能优越,购买人数也是相当有限的。

时间的变化也会影响企业对产品质量的管理,在这点上有三种策略可供选择:第一种是制造商不断地改进产品,经常产生高的收益和市场份额。上海大众在桑塔纳轿车的生产上采用的就是这种策略,从最先推出的普通型桑塔纳,到桑塔纳2000型,直到桑塔纳的变形车——时代超人,上海大众就是在原有基础上对桑塔纳车的性能不断进行改进,从而使该车在市场上一直处于领先地位;第二种是保持产品质量,也就是在产品定型后,质量就保持不变,除非有什么明显的缺陷,或出现了新的机会;第三种是随着时间的推移,质量不断下降,这种策略可以逐步降低企业的成本,增加利润,但是容易损害企业的长远利益。

(3)一致性。一致性是指产品的设计和使用与预定标准的吻合程度。例如,帕萨特轿车设计为每百公里耗油5.8升,那么流水线上的每一辆帕萨特轿车都符合这一标准,该汽车就具有高度一致性;反之,一致性就差。一致性是制造商信誉的体现,高度一致性可以增强消费者对该产品的信任。

(4)耐用性。耐用性是指衡量一个产品在自然条件下的预期操作寿命。一般来说,购买者愿意为耐用性较长的产品支付更高的售价。但是,如果该产品的时尚性相当强的话,耐用性就可能不被重视,因为流行一旦过去,该产品就失去价值。同样,技术更新较快的产品也不在此列,如计算机。由于汽车产品特点的作用,耐用性是反映该产品优劣的一个重要指标,生产商完全可以将耐用性作为差异化因素加以宣传。

(5)可靠性。可靠性是指在一定时间内产品将保持不坏的可能性。购买者一般愿意为产品的可靠性付出溢价。由于汽车属于耐用商品,因此可靠性和耐用性一样,是受到汽车消费者重视的指标。

(6)可维修性。可维修性是指一个产品出了故障或用坏后进行维修的容易程度。一辆由标准化零件组装起来的汽车容易调换零件，其可维修性也就高。理想的可维修性是指可以花少量的甚至不花钱或时间，自己动手修复产品。除汽车设计水平和生产质量决定了该汽车的可维修性外，为该汽车提供的售后服务也可以看作可维修性的衡量标准之一。如果一家整车生产企业建立大量的维修点，可以保证消费者在最短的时间和最短的距离，使汽车获得维修，同样可以认为，该汽车的可维修性强。

（7）风格。风格是指产品给予顾客的视觉和感觉效果。许多汽车买主愿意出高价购买一辆汽车就是因为被该汽车的外表所吸引。当人们提到一辆汽车时，最先浮现在脑海的就是该车的外观。风格比质量或性能更能给顾客留下印象。同时，风格具有难以仿效的优势。如为福特公司带来巨大利润的野马跑车之所以受到欢迎，除价格较低外，其风格的独特也是一个很重要的原因。野马跑车的设计集豪华与经济于一体，车身为白色，车轮为红色，后保险杠向上弯曲成一个活泼的尾部，就像是一匹野马。福特公司在芝加哥为新车问世所做的测试中，大部分受测试者都表示首先被该车的外观所吸引；而本田公司为"铃木武士"所进行的市场调查显示，有29%的消费者也是因为"铃木武士"的外观和设计而购买该车的。

（8）设计。设计是指从顾客要求出发，能影响一个产品外观和性能的全部特征组合。设计特别适用于耐用产品，如汽车。所有在产品差异化下讨论的内容都是设计参数。

设计必须确定在特色、性能、一致性、耐用性、可靠性、可维修性、风格等各方面分别投资多少，兼顾以上各点，并力求完美，从而进行必要的取舍。从公司的角度来看，设计良好的产品应该是容易生产和分销的。从顾客的角度来看，设计良好的产品应该是看上去令人愉快的，同时又容易使用、修理和处置的。因此，对于汽车生产商来说，一款车型的推出过程，耗费最大、最困难的就是设计时期。

（9）运行费用。在运行费用中，耗油量是一个十分重要的指标。消费者在购车时，耗油量是其考虑的一个重要因素。一般来说，日本车最省油，德国车次之，美国车最费油。但不要以为，最省油的轿车一定是最受消费者欢迎的。

2. 服务差异化

除实体产品差异化外，企业也可以对其所提供的服务实行差异化。在整车销售中，服务的重要性日渐为企业所重视，并且成为决定销售业绩的一项重要因素。特别是当实体产品较难差异化时，要在竞争中取得成功的关键常常有赖于服务的增加和服务的质量。在汽车销售中，服务的差异化主要体现在订货方便、客户培训、客户咨询、维修和其他多种服务上。

（1）订货方便。订货方便是指如何使顾客以最为便捷的方式向公司订货。网络的普及和电子商务的产生为顾客提供了一种随时随地可以订货的购物方式，这种便捷的订货方式已经开始被广泛使用。因此，作为汽车销售商和生产商，发展电子商务是必然的趋势。

（2）客户培训。客户培训是指对客户单位的雇员进行培训。特许经营是当今汽车销售行业中比较常见的渠道策略，大多数汽车公司都会对其特许经销商进行培训，以便能更好地经营特许店。此外，在汽车销售中，客户培训也可以是如何教会顾客使用新汽车，当然，这项工作并不一定要靠销售人员来进行，一本详细的使用说明书也可以起到客户培训的作用。

（3）客户咨询。客户咨询是指卖方向买方无偿或有偿地提供有关资料、信息系统和提出建议等服务。如帕萨特助理式服务中要求销售人员为客户提供提醒服务，包括提醒消费者按时享受生产商或经销商的承诺服务（如7500km的免费保养）；提醒消费者注意某些常规使用规范，如进行年检、购置保险等。

（4）维修。维修是指消费者所能获得的修理服务的水准。由于汽车是一种耐用商品，消费者购买汽车后一般情况下总希望能尽可能长时间地使用。因此，汽车消费者非常关心从经销商那里可以获得的修理服务质量。

维修是售后服务的一项内容，在服务营销日渐被汽车营销行业重视的今天，优秀的整车生产商和销售商都会注重维修服务的提供。上海大众和上海通用这两家公司都在全国各地建立了许多特约维修点，并且经常对工作人员进行统一培训，以便为顾客提供标准化、良好的维修服务。

（5）其他多种服务。公司还能找到许多其他方法、提供各种服务来增加价值，也可以将上述差异因素融合起来。如果将企业提供的服务和产品融合为一体的话，那么企业可以根据提供服务的差异性为产品定位。在汽车营销中，中/高档汽车，尤其是高档汽车面对消费者的价格弹性相对较低，因此，对于这些顾客来说，服务可能比价格更具有吸引力。对于高档汽车的购买者来说，舒适、快捷、无微不至的服务和汽车的外观、内装饰一样，是拥有者身份地位的象征。

3. 形象差异化

即使竞争产品及服务看上去都一样，消费者也能从公司或品牌形象方面得到一种与众不同的印象。当然，在汽车销售中很少遇到通过产品和服务两项指标都无法区分的产品，但形象差异也是一个不可忽视的定位指标。

要使一个产品具有有效形象需要达到以下三点：一是必须传递特定的信息，这个信息包括产品的主要优点和定位；二是必须通过一种与众不同的途径传递这个信息，从而使其与竞争产品相区分；三是必须产生某种感染力，从而触动顾客的心。

树立一个强有力的形象需要创造力和刻苦的工作，同时也需要时间的考验。要树立形象，必须利用公司可以利用的每一种传播手段，进行不断地重复。汽车是受品牌形象影响很大的一种商品，品牌形象本身就可以看作一类汽车甚至是一家汽车生产公司的标志。品牌的差异是产品定位甚至是企业定位的体现。如世界著名品牌奔驰和宝马属于同一档次的轿车，但各自都有特定的目标市场：奔驰的购买者是年龄偏大、事业有所成就、社会地位较高、收入丰厚的成功人士；而宝马的购买者则属于那些富有朝气、年轻有为、不受传统约束的新一代人士。这些消费者的特点也正是奔驰和宝马的品牌形象。

为树立汽车品牌形象，可利用标志、文字和视听媒体、气氛和特殊事件来完成。

（1）标志。汽车的标志和品牌是密不可分的一个整体，它们通过共同作用来体现汽车的形象。标志是汽车品牌的视觉反应。标志将品牌名称视觉化和形象化，并通过其设计和造型，传达出某种文化、精神和追求。标志容易建立与消费者之间的沟通和认知，通过标志，人们可以轻而易举地辨认出不同类别的汽车品牌，将自己对某种汽车品牌的情感与标志在视觉上联系起来。如英国著名品牌劳斯莱斯除用两个R字母叠合成商标外，还在车头放了一个展翅欲飞的女神雕塑，象征"速度之神""狂喜之灵"。现在，人们一想起劳斯莱斯车，就会想起这个女神雕像。

（2）文字和视听媒体。企业所选择的标志必须通过各种广告来传播其个性。上海大众曾经推出过一个形象广告，一个学生在德语课上被要求翻译"德国精神"这个单词时，没有注意听课的孩子在黑板上画出了由V和W两个字母层叠而成的上海大众标志，表示在他的印象里，上海大众的形象就是以严谨、务实著称的德国精神。上海大众在推出帕萨特轿车时，也制作了大量带有帕萨特标志的信封、信纸、提包、T恤等宣传用品，以求在消费者心目中加深对帕萨特标志的印象。

（3）气氛。一个组织生产或传送其产品或服务的场所是另一个产生有利形象的途径。汽车销售商会要求所有特许经销商都采用同样的外观和内部装潢，甚至包括办公用品的摆放、墙面装饰画的样式都是完全相同的。而这些装饰，如颜色、摆放等，往往是该企业 CI 形象的体现。一个企业就是用这种完全一致的方式在不同的地方宣传企业及其产品形象的。

（4）特殊事件。企业可以通过由其赞助的各类活动营造某个形象。这一点在汽车营销中表现最明显的就是每年举行的一级方程式赛车。世界著名的赛车生产厂家不但为该比赛提供用车，有的还自己组织车队参赛，在比赛中自然展示本企业产品的卓越质量，也通过赛车手的出色表现赋予赛车不同的精神面貌。

另外，企业还可以通过一些特殊事件来展示自己的形象，如公司纪念日、开创者诞辰日等。例如，2001 年元旦是新世纪开始的时刻，受到公众的广泛关注，上海大众就在这时候推出"帕萨特世纪高速公路行"的活动，上海电视台对此活动进行了全程追踪采访，这自然在公众心目中树立了良好的形象。将帕萨特和新世纪的到来联系在一起，同时也赋予了该品牌欣欣向荣、充满生气的形象。

4.3.3 市场定位战略和步骤

在企业的目标市场中，通常会存在一些其他企业的产品。这些产品已经在消费者心目中树立了一定的形象，占有一定的地位。企业要想在目标市场上成功地树立起自己产品独特的形象，就必须考虑这些竞争企业的存在，并针对这些企业的产品，制定适当的定位战略。

今天的消费者面临太多选择，企业要想办法做到差异化定位，使品牌在某一方面占据主导地位。这就要求企业采取一切措施在产品特色上下功夫。

1. 市场定位战略

通常可供企业选择的市场定位战略有以下三种。

（1）竞争性定位。竞争性定位是指将本企业产品定位在与现有竞争者产品相似的市场位置上，与竞争对手针锋相对，争夺同一细分市场。这种定位要考虑以下因素：生产技术与质量水平是否具有优势；市场潜力与市场容量是否足够吸纳两个企业的产品；是否有比竞争对手更强的生产经营实力。只有具备这些条件的企业，才能采用这种定位战略。

（2）拾遗补缺定位。拾遗补缺定位是指企业通过分析市场中现有产品的定位状况，从中找出尚未占领或未被消费者所重视的空缺位置，并以此来为本企业确定市场位置。企业采取这种拾遗补缺之法为其产品定位，可以使自己的产品具有一定的优势和特色，并可避免与同行业的竞争。采用这种定位策略应考虑以下因素：是否有足够数量、确定的消费者需求；这种空缺产品的生产技术是否可行和经济合理；企业是否具有开发与经营的能力。

（3）突出特色定位。突出特色定位是指企业通过分析市场中现有产品的定位状况，发掘出新的具有鲜明特色的市场位置，来为企业的产品定位。企业应根据市场需求情况与本身条件，尽量突出产品特色。这种战略在实施时对企业的条件要求较高，而一旦成功将给企业带来丰厚的收益。

2. 市场定位步骤

企业市场定位的全过程可以通过以下三大步骤来完成。

（1）分析目标市场的现状，确认本企业潜在的竞争优势。这一步骤的中心任务是要回答以下三个问题：①竞争对手产品定位如何？②目标市场上顾客欲望满足程度如何？以及确实还需要什么？③针对竞争者的市场定位和潜在顾客真正需要的利益要求，企业应该和能够做什么？要回答这三个问题，企业市场营销人员必须运用多种调研手段，系统地设计、搜索、分析并报告有关上述问题的资料和研究结果。通过回答上述三个问题，企业就可以从中把握和确定自己的潜在竞争优势在哪里。如广州丰田推出凯美瑞之际，必须对中档车这个市场进行详细分析，无论是雅阁，还是帕萨特，或是马自达6、君威、凯旋、速腾、锐志、天籁，都应该纳入其范畴。

（2）准确选择竞争优势，对目标市场初步定位。竞争优势表明企业能够胜过竞争对手的能力。这种能力既可以是现有的，也可以是潜在的。选择竞争优势实际上就是一个企业与竞争者各方面实力相比较的过程。比较的指标应是一个完整的体系，只有这样，才能准确地选择竞争优势。通常的方法是分析、比较企业与竞争者在经营管理、技术开发、采购、生产、市场营销、财务和产品七个方面究竟哪些是强项，哪些是弱项。借此选出最适合本企业的优势项目，以初步确定企业在目标市场上所处的位置。

（3）显示独特的竞争优势和重新定位。这一步骤的主要任务是企业要通过一系列的宣传促销活动，将其独特的竞争优势准确地传递给潜在顾客，并在顾客心目中留下深刻印象。为此，企业首先应使目标顾客了解、知道、熟悉、认同、喜欢和偏爱本企业的市场定位，在顾客心目中建立与该定位相一致的形象。其次，企业通过各种努力强化目标顾客形象，加深对目标顾客的了解，稳定目标顾客的态度和增进目标顾客的感情来巩固与市场相一致的形象。最后，企业应注意目标顾客对其市场定位理解出现的偏差或由于企业市场定位宣传上的失误而造成的目标顾客模糊、混乱和误会，应及时纠正与市场定位不一致的形象。企业的产品在市场上定位即使很恰当，但在下列情况下，还应考虑重新定位。

①竞争者推出的新产品定位与本企业产品相近，侵占了本企业产品的部分市场，使本企业产品的市场占有率下降。

②消费者的需求或偏好发生了变化，使本企业产品销售量骤减。重新定位就是一个调整的过程，顾客的需求会发生变化，为了适应顾客的变化，企业当然也需要做一定的调整。显然，重新定位也同市场定位一样，都是以市场需求为主要目标的，也是由于市场不断变化而带来的企业行为。重新定位可能是产品名称或价格的变化，更可能是企业产品战略的变化，因此，在重新定位之后，变化所带来的成本与收益的问题也是企业必须考虑的。

【案例4.1】

定位鲜明　奇瑞QQ诠释"年轻人的第一辆车"

案例主体：奇瑞汽车公司。

市场地位：微型轿车市场霸主地位。

市场意义：凭借其品牌战略和市场细分战略，将中国微型轿车带入了营销竞争时代。

市场效果：6个月销售2.8万多台，创造单一品牌微型轿车销售记录。

案例背景：奇瑞汽车公司作为中国地方汽车企业，曾经成功推出奇瑞"旗云""东方之子"等性价比较高的轿车，并且凭借自主品牌的优势与合理的价格优势向国外出口轿车产品，企业已经形成相当的知名度。

微型客车（以下简称微客）曾在20世纪90年代初持续高速增长，但是自20世纪90年代中期以来，各大城市纷纷取消"面的"限制微客，使其至今仍然被大城市列在"另册"，受到歧视。同时，由于各大城市在安全环保方面要求不断提高，成本的抬升使微客的价格优势越来越小，因此主要微客厂家已经把主要精力转向轿车生产，微客产量的增幅迅速下降，从2001年到2003年，微客的产量年增长幅度分别为20.41%、33.00%、5.84%。

在这种情况下,奇瑞汽车公司经过认真的市场调查,精心选择微型轿车打入市场;推出的新产品不同于一般的微型客车,是微型客车的尺寸,轿车的配置。QQ微型轿车在2003年5月推出,6月就获得良好的市场反应,到2003年12月,已经售出了2.88万台,同时获得多个奖项。

1. 奇瑞QQ2003年营销事件回放

2003年4月初,公司开始对奇瑞QQ的上市做预热。在这个阶段,通过软性宣传,传播奇瑞汽车公司的新产品信息,引发媒体对奇瑞QQ的关注。由于这款车的强烈个性特征和最优的性价比,使媒体自发地掀起第一轮的炒作,吸引了消费者的广泛关注。

2003年4月中下旬,蜚声海内外的上海国际车展开幕,也是通过媒体,告知奇瑞QQ将亮相于上海国际车展,与消费者见面,引起了消费者更进一步的关注。就在消费者争相去上海车展关注奇瑞QQ的时候,奇瑞QQ以未做好生产准备的原因没有在车展上亮相,只是以宣传资料的形式与媒体和消费者见面,这极大地激发了媒体与公众的好奇心,引发媒体第二轮的颇有想象力的炒作。在这个阶段,厂家提供了大量精美的图片资料给媒体炒作,引导消费者对奇瑞QQ的关注度走向高潮。

2003年5月,上市预热阶段,就在消费者和媒体对奇瑞QQ充满了好奇时,公司适时推出奇瑞QQ的网络价格竞猜,在更进一步引发消费者对产品关注的同时,也让消费者给出自己心目中理想的奇瑞QQ的价格预期。网上的竞猜活动,有20多万人参与。当时普遍认为QQ的价格应该在6~9万元。

2003年5月底,上市预热阶段,媒体、奇瑞QQ的价格揭晓了——4.98万元,比消费者期望的价格更吸引人。这个价格与同等规格的微型客车差不多,但是从外观到内饰都是与国际同步的轿车配置。此时媒体和消费者沸腾了,媒体开始了第三轮自发的奇瑞QQ现象讨论,消费者中也产生了奇瑞QQ热,此时人们的心情更是希望尽快购买。

这时公司宣布:奇瑞QQ是该公司独立开发的一款微型轿车,因此,消费者在购车时不必多支付技术转让费用。这为奇瑞QQ树立了很好的技术形象,为消费者吃了一颗定心丸。

2003年6月初,上市阶段,消费者对奇瑞QQ的购买欲望已经具备,媒体对奇瑞QQ的关注已经形成,奇瑞QQ自身的产能也已具备,开始在全国同时供货,消费者势如潮涌。此阶段,一边是大批量供货,一边是借助平面媒体,大面积刊出定位诉求广告,将奇瑞QQ年轻时尚的产品诉求植根于消费者的脑海。除了平面广告,同时还邀请了专业的汽车杂志进行实车试驾,对奇瑞QQ的品质进行更深入的真实报道,在具备了强知名度后进一步加深消费者的认知度,促进消费者理性购买。

2003年6月中下旬,上市阶段,奇瑞QQ在全国近20个城市同时开展上市期的宣传活动,邀请各地媒体,对奇瑞QQ进行全面深入的报道,保持对奇瑞QQ现象持续不断地传播;2003年7月至9月,奇瑞QQ开始了热卖阶段,这阶段重点是持续不断刊登全方位的产品诉求广告,同时针对奇瑞QQ的目标用户年轻时尚的个性特点,结合互联网的特性,连同新浪网推出了"奇瑞QQ"网络Flash设计大赛,吸引目标消费者参与。

2003年10月,奇瑞QQ已经热卖了3个多月,在全国各地都有相对的市场保有量,这时,厂家针对已经购车的消费者开展了"奇瑞QQ冬季暖心服务大行动",为已经购车的用户进行全方位服务,以不断提高消费者对奇瑞QQ产品的认知度,以及对奇瑞品牌的忠诚度。

2003年11月下旬,厂家更进一步地针对奇瑞QQ消费者时尚个性的心理特征,组织开展了"QQ秀个性装饰大赛"。由于奇瑞QQ始终倡导"具有亲和力的个性"的生活理念,因此在当今社会的年轻一代中深获共鸣。从这次个性装饰设计大赛中不难看出，奇瑞QQ已逐渐成为年轻一代时尚生活新理念的代言者。

2. 奇瑞QQ营销策略解析

轿车已越来越多地进入大众家庭，但由于地区经济发展的不平衡及人们收入水平的差距，对汽车的需求走向了进一步的细分市场。由于微型轿车的品牌形象在汽车市场一向是低端的代名词，因此如何把握消费者的心态，突出微型轿车年轻时尚的特征与轿车的高档配置，在众多的消费群体中进行细分，才能更有效地锁住目标客户，以全新的营销方式和优良的性能价格比吸引客户。

令人惊喜的外观、内饰、配置和价格是奇瑞公司占领微型轿车这个细分市场成功的关键。

3. 明确的市场细分锁定时尚男女

奇瑞QQ的目标客户是收入并不高但有知识、有品位的年轻人，同时也兼顾有一定事业基础、心态年轻、追求时尚的中年人。一般大学毕业两三年的白领都是奇瑞QQ潜在的客户，人均月收入2000元即可轻松拥有这款轿车。

许多时尚男女都因为奇瑞QQ的靓丽、高配置和优性价比就把这个可爱的小精灵领回家了，从此与奇瑞QQ成了快乐的伙伴。

奇瑞公司有关负责人介绍，为了吸引年轻人，奇瑞QQ除轿车应有的配置外，还装载了独有的"I-say"数码听系统，成为了"会说话的QQ"，堪称目前小型车时尚配置之最。据介绍，"I-say"数码听是奇瑞公司为用户专门开发的一款车载数码装备，集文本朗读、MP3播放、U盘存储多种时尚数码功能于一身，让奇瑞QQ与计算机和互联网紧密相连，完全迎合了离开网络就像鱼儿离开水的年轻一代的需求。

4. 独特的品牌策略　诠释"年轻人的第一辆车"

奇瑞QQ的目标客户群体对新生事物感兴趣，富于想象力、崇尚个性，思维活跃，追求时尚。虽然由于资金的原因，他们对品牌的忠诚度较低，但是对汽车的性价比、外观和配置十分关注，是容易互相影响的消费群体；从整体的需求来看，他们对微型轿车的使用范围要求较多。奇瑞QQ定位为"年轻人的第一辆车"，从使用性能和价格比上满足他们通过驾驶奇瑞QQ所实现的工作、娱乐、休闲、社交的需求。

奇瑞公司根据对奇瑞QQ的营销理念推出了符合目标消费群体特征的品牌策略。

在产品名称方面："QQ"在网络语言中有"我找到你"之意，"QQ"突破了传统品牌名称非洋即古的窠臼，充满时代感的张力与亲和力，同时简洁明快、朗朗上口、富有冲击力。

首先在品牌个性方面：奇瑞QQ被赋予了"时尚、价值、自我"的品牌个性，将消费群体的心理情感注入品牌内涵。

其次是引人注目的品牌语言："青年人的第一辆车""秀我本色"等流行时尚语言配合创意的广告形象，将追求自我、张扬个性的目标消费群体的心理感受描绘得淋漓尽致，与目标消费群体产生情感共鸣。

5. 整合营销传播　形成市场互动

奇瑞QQ作为一个崭新的品牌，在进行市场细分与品牌定位后，投入了立体化的整合传播，以大型互动活动为主线，包括奇瑞QQ价格网络竞猜、奇瑞QQ秀个性装饰大赛、奇瑞QQ网络Flash大赛等，为奇瑞QQ 2003年的营销传播大造声势。

相关信息的立体传播：选择目标群体关注的报刊媒体、电视、网络、户外、杂志、活动等，将奇瑞QQ的品牌形象、品牌诉求等信息迅速传达给目标消费群体和广大受众。

各种活动"点""面"结合：从新闻发布会和传媒的评选活动，形成全国市场的互动，并为市场形成了良好的营销氛围。在所有的营销传播活动中，特别是网络大赛、动画和内装饰大赛，都让目标消费群体参与进来，在体验之中将品牌潜移默化地融入消费群体的内心，与消费者产生情感共鸣，起到了良好的营销效果。

奇瑞 QQ 作为奇瑞诸多品牌战略中的一环，抓住了微型轿车这个细分市场的目标用户。用更好的产品质量支撑品牌，在营销推广中注意客户的真实反映，及时反馈并主动解决更加突出了品牌的公信力。

据奇瑞汽车公司总经理介绍："因为广大用户的厚爱，奇瑞 QQ 现在供不应求。作为独立自主的企业，奇瑞公司什么时候推出什么样的产品完全取决于市场需求。对于一个受到市场热烈欢迎的产品，奇瑞公司的使命就是多生产出质量过硬的产品，让广大用户能早一天开上自己中意的时尚个性小车。"

今后，奇瑞公司会根据自己对市场的判断，选择适当的时机推出带动力转向、ABS、天窗和真皮座椅的豪华型微型轿车。

【案例 4.2】

2017 年轿车细分市场表现盘点

随着中国消费者的收入稳步提升，过去几年汽车消费水平不断升级，廉价的入门级车型销量日渐式微，眼看着就要被市场所淘汰，但国家推动新能源汽车市场的努力让 A00 级汽车市场出现了"回光返照"现象。而除了这个细分市场外，其他各个车型销量在 2017 年基本延续了此前的宏观趋势，如图 4-5 所示。

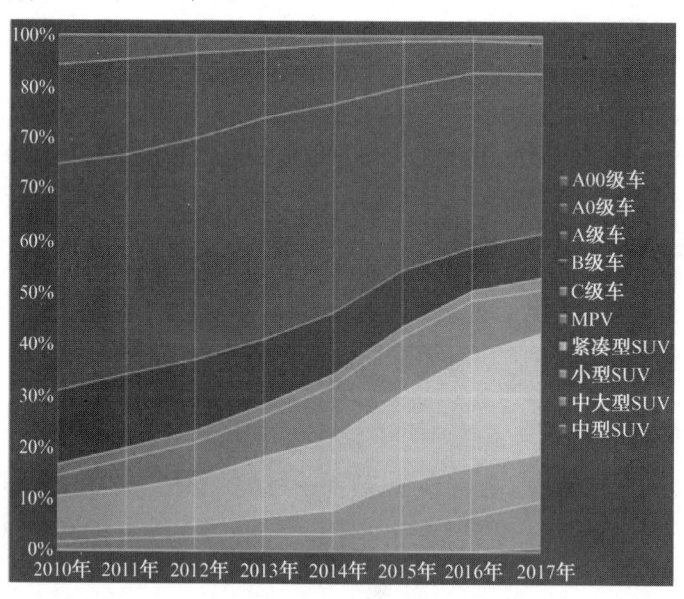

图 4-5 乘用车各细分市场份额走势

1. A00 级车"回光返照" 前十名全是纯电动

按照此前的销量走势，A00 级车（以奇瑞 QQ 为代表）的销量已经连跌近十年，到 2016 年总销量只剩 18.27 万辆，市场份额也仅为 0.77%，该级别车型马上会被彻底边缘化。然而，在各车企为了争夺入门级新能源市场纷纷推出以 A00 级传统燃油车为基础开发的纯电动车型之后，A00 级车总体销量在 2017 年出现了逆转，总销量达到 30.68 万辆，市场份额也回升到

1.27%，如图 4-6 所示。

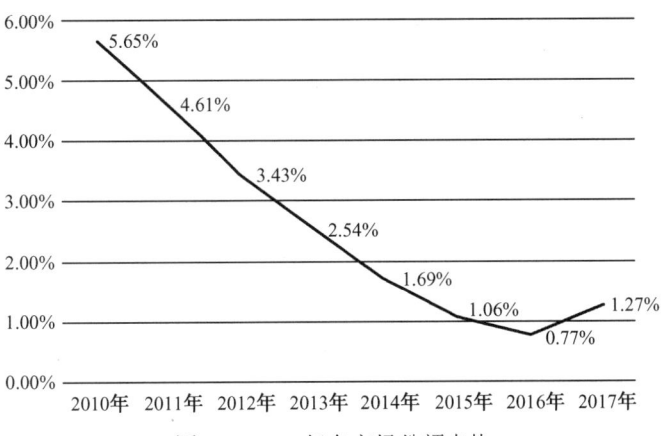

图 4-6　A00 级车市场份额走势

从图 4-7 所示的 2017 年 A00 级车销量榜中不难发现，排前十名的 A00 级车几乎全是纯电动车，只有奇瑞 QQ 的销量包含了一部分传统燃油车。排前十名的车型合计销量占 A00 级车细分市场总销量的 75%，集中度非常高。

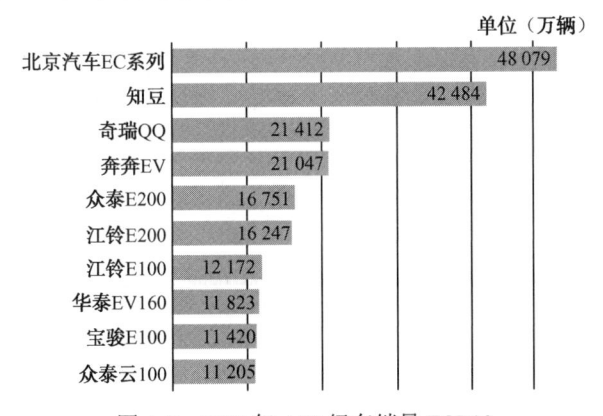

车型	销量（辆）
北京汽车EC系列	48 079
知豆	42 484
奇瑞QQ	21 412
奔奔EV	21 047
众泰E200	16 751
江铃E200	16 247
江铃E100	12 172
华泰EV160	11 823
宝骏E100	11 420
众泰云100	11 205

图 4-7　2017 年 A00 级车销量 TOP10

即便如此，随着中型汽车 SUV 市场的走热，其销量有望在 2018 年超越 A00 级车市场，后者将正式垫底中国汽车市场。

2. 稳步下跌　A0 级车销量再创新低

与 A00 级车一样，A0 级车在消费升级的大潮之下，市场前景同样不容乐观，而且缺乏新能源产品扶持，2017 年 A0 级车市场继续下跌，如图 4-8 所示。

2017 年 A0 级车总销量 14.51 万辆，较 2016 年减少 0.41 万辆，降幅收窄。

2017 年 A0 级车销量排前十名的如图 4-9 所示，前十名车型总销量占 A0 级车细分市场比重达到 66.83%，集中度同样较高。值得注意的是，除排第一名的宝骏 310 外，其他 9 款车型均为合资产品，这说明该细分市场合资产品优势明显。

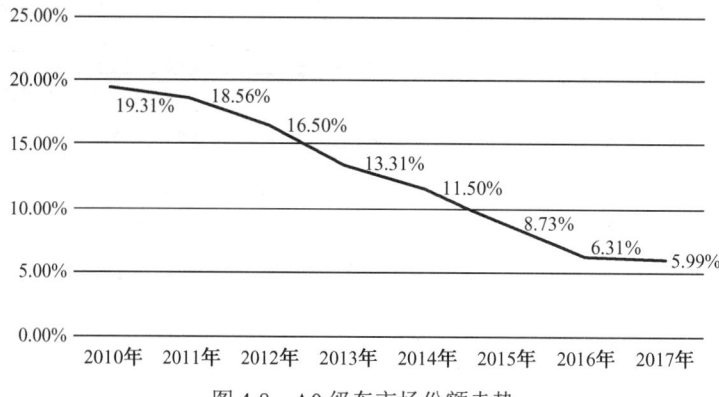

图 4-8 A0 级车市场份额走势

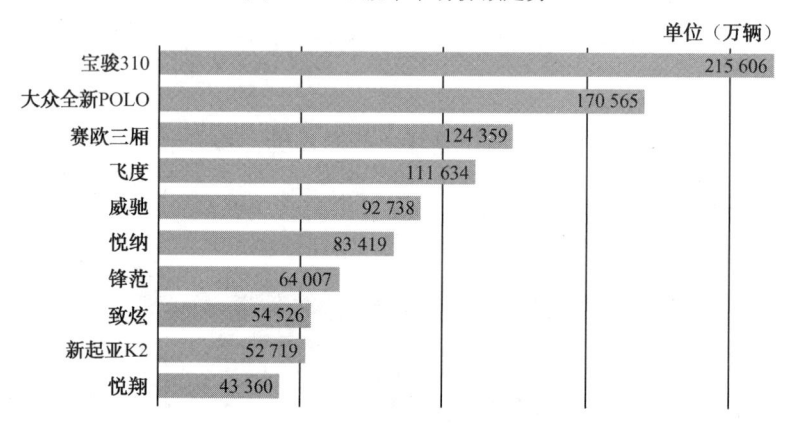

图 4-9 2017 年 A0 级车销量 TOP10

3. A 级车依然是王者 但份额跌破三分之一

毫无疑问，750 万辆年销量的 A 级车依然是汽车市场的王者，但这一地位还能保持多久，目前很难判断。

2017 年 A 级车的销量较 2016 年减少了近 50 万辆，降幅达到 6%，市场占比也从 33.79% 减少到 30.98%。过去 7 年，A 级车的市场份额已经大幅减少了约 12%，如图 4-10 所示。

图 4-10 A 级车市场份额走势

2017 年 A 级车销量排前十名如图 4-11 所示，前十名车型合计销量占 A 级车细分市场总销量 44.34%。排第一名的朗逸销量高达 45 万辆，只有吉利帝豪一款自主品牌车型勉强挤入前十名，这显示出合资品牌优势明显。

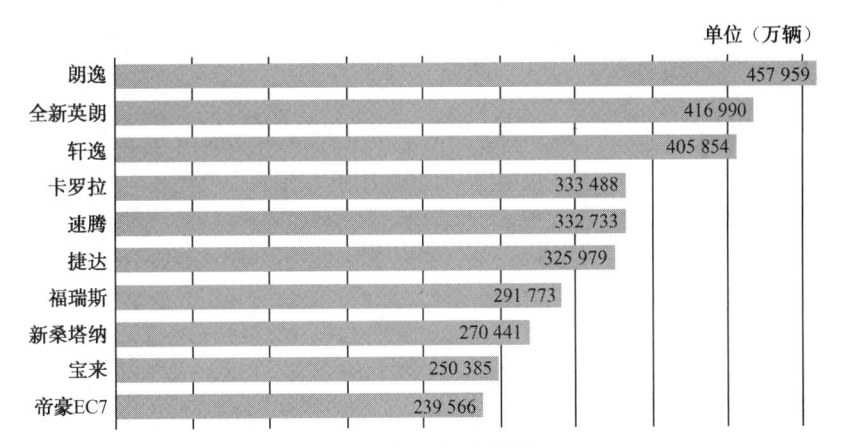

车型	销量
朗逸	457 959
全新英朗	416 990
轩逸	405 854
卡罗拉	333 488
速腾	332 733
捷达	325 979
福瑞斯	291 773
新桑塔纳	270 441
宝来	250 385
帝豪EC7	239 566

单位（万辆）

图 4-11　2017 年 A 级车销量 TOP10

4. B 级车销量徘徊　市场份额下跌

与上述车型销量出现了较大起伏不同，B 级车市场总销量已经维持了多年的稳定。自 2013 年 B 级车年销量首次达到 200 万辆之后，连续 4 年销量水平没有出现明显的变化，2017 年 B 级车总销量依然维持在这个水平，为 205 万辆。逆水行舟不进则退，随着汽车市场总销量不断提升，踌躇不前的 B 级车销量占汽车市场总体份额已经缓慢跌落至 2017 年的 8.48%，如图 4-12 所示。

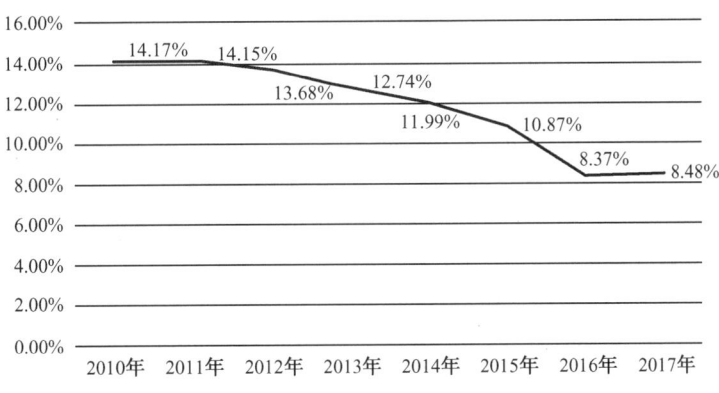

年份	份额
2010年	14.17%
2011年	14.15%
2012年	13.68%
2013年	12.74%
2014年	11.99%
2015年	10.87%
2016年	8.37%
2017年	8.48%

图 4-12　B 级车市场份额走势

2017 年 B 级车销量排前十名如图 4-13 所示，十款车合计年销量达到 137 万辆，占 B 级车细分市场的比例达到了 67%，集中度较高，前十名均为合资产品，第一款上榜的自主品牌车型吉利博瑞排名第 16 位。

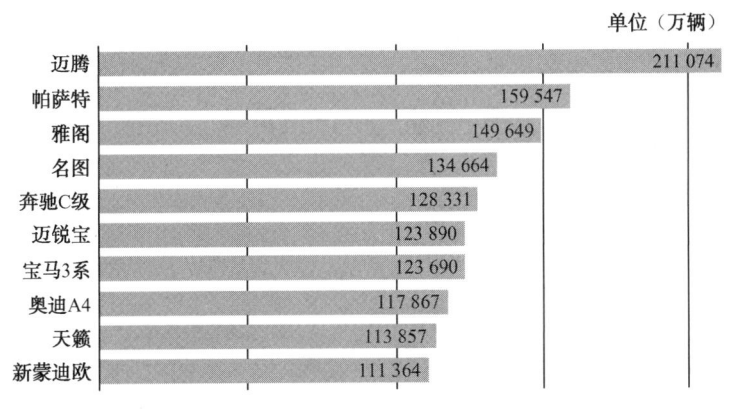

单位（万辆）

车型	销量
迈腾	211 074
帕萨特	159 547
雅阁	149 649
名图	134 664
奔驰C级	128 331
迈锐宝	123 890
宝马3系	123 690
奥迪A4	117 867
天籁	113 857
新蒙迪欧	111 364

图 4-13　2017 年 B 级车销量 TOP10

5. C级车销量上升　豪华品牌的天下

作为各个品牌产品中的最高级别车型，C级车的市场规模一直较小，且由于销量增长较慢，过去几年C级车市场份额不断下降。不过随着奔驰等豪华品牌相关产品持续热销，2017年C级车市场销量出现了较大幅度的增长，总销量首次突破50万辆大关，达到56.9万辆，较2016年提高10万辆，如图4-14所示。

图4-14　C级车市场份额走势

2017年C级车销量排前十名如图4-15所示，毫无意外，这是豪华品牌的天下，奥迪、宝马、奔驰这"豪华三强"稳稳占据前三名，丰田皇冠、福特金牛座和大众辉昂三款合资品牌的销量合计不足奥迪A6L一款车型。

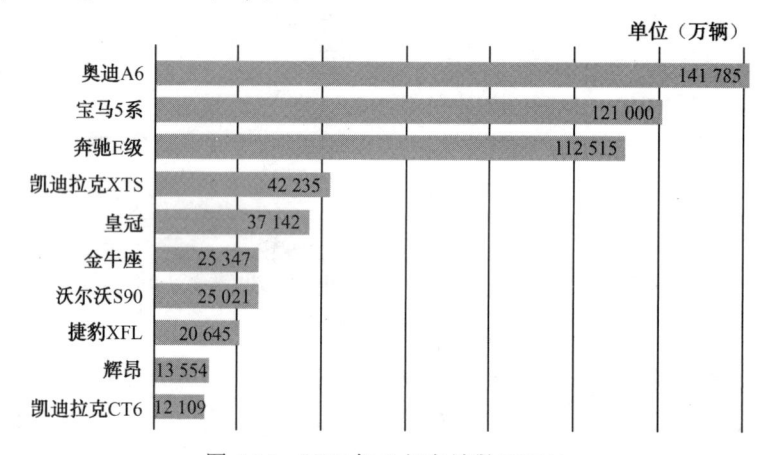

车型	销量（单位：万辆）
奥迪A6	141 785
宝马5系	121 000
奔驰E级	112 515
凯迪拉克XTS	42 235
皇冠	37 142
金牛座	25 347
沃尔沃S90	25 021
捷豹XFL	20 645
辉昂	13 554
凯迪拉克CT6	12 109

图4-15　2017年C级车销量TOP10

虽然各个轿车细分市场销量有增有减，但整体上2017年轿车市场总销量较2016年减少了34万辆，为1188万辆。与此同时，SUV市场的总体销量却大幅增加了近80万辆，达到1030万辆，两个细分市场差距进一步缩小。

分析与思考

1. 汽车市场细分的必要条件有哪些？其依据是什么？
2. 汽车市场细分应按怎样的步骤进行？
3. 汽车企业应如何选择目标市场并确定营销策略？
4. 汽车市场定位的指标有哪些？

5．如何制定适当的汽车市场定位战略？应按怎样的步骤进行汽车市场定位？

6．在案例 4.1 中，奇瑞 QQ 的成功得益于企业怎样的市场定位策略？

课程实践

1．目标

掌握汽车市场细分、制定汽车市场定位战略的方法。

2．内容

将学生分成若干小组，各小组对某一地区的汽车市场进行细分。以此为基础，为某汽车企业选择一个最有优势的目标市场，并为此市场进行合理的市场定位。

3．要点及注意事项

可参照一些汽车企业市场细分、制定汽车市场定位战略的相关案例，汽车市场细分的标准选择要清晰、合理，可以一次细分，也可进行多次细分。汽车目标市场选择要符合企业发展目标，汽车市场定位要明确。

第5章 汽车用户购买行为分析

【学习目标与要求】
1. 了解用户购买行为的一般过程。
2. 熟悉个人用户购买行为的类型及影响因素。
3. 熟悉产业用户市场特征及购买行为影响因素。
4. 熟悉集团组织用户市场特征及购买行为影响因素。

5.1 汽车用户分类及购买行为过程

5.1.1 汽车产品的使用特点

汽车是一种有形商品,但其使用特点又明显不同于一般生产资料和消费资料等有形商品。这种使用上的特殊性体现在以下两个方面。

1. 汽车既是一种生产资料,又是一种消费资料

(1) 作为生产资料使用。如各类生产型企业和经营单位为生产经营而购买的各种车辆,进行原材料、配套件、在制品以及产品的运输等。由于这类部门和单位拥有的车辆构成其生产、经营或服务活动的一部分,因此使汽车成为一种生产资料。它所涉及的部门和单位很多,既有工业、农业、建筑等生产部门,也有贸易、金融、保险、商业等经营服务单位;另外还有单位和个人以汽车作为资本,通过汽车运营赢利,汽车是运输服务的物质载体,像这种作为经营资料使用的汽车,也可看作生产资料。这类用车主要有城镇交通中的公共汽车、出租车、长/中/短途公路客货运输用车,以及为旅游者提供服务的旅游用车等。

因此,可以说绝大部分载货汽车、专用汽车、特种汽车、自卸汽车和一部分客车及轿车均作为生产资料在使用。

(2) 作为消费资料使用。汽车用作消费资料的一种表现是,它属于一种集团消费资料。如用于满足各类企事业单位、各级/各类政权机关、非营利性组织团体等公务及事业活动需要轿车,以及用于解决职工上下班的通勤客车等,都属于集团消费资料。很大一部分轿车及客车、某些载货汽车均作为集团消费资料在使用。

汽车用作消费资料的另一种表现是,它作为生活耐用消费品进入到广大居民家庭的消费领域。此时,汽车(轿车、微型客车等)作为消费资料,主要用于私人代步,满足消费者个人出行的需要。

2. 汽车是一种最终商品

从产品的加工程度看,汽车本身属于成品。无论是作为生产资料使用的汽车,还是作为消费资料使用的汽车,都是最终可以直接使用的产品。在这个意义上,汽车与那些作为原料、中间产品、生产协作件等形态的生产资料存在差别。

5.1.2 汽车用户分类

汽车用户是指汽车产品的购买者或使用者。按不同的分类标准可以把汽车用户分成不同的类型，按用户规模可以分为个人用户和集团用户，按用户购买的目的和动机可以分为消费者用户和产业用户。

1．个人用户

个人用户又称消费者用户，是指将购买的汽车作为个人或家庭消费使用，解决私人交通的客户。从世界范围来看，此类消费者分布最为广泛，需求最为强劲，占据了每年世界汽车客户的绝大部分。目前，个人用户市场是我国汽车市场增长最快的一个细分市场，其重要性已经越来越引起各汽车厂商的关注。

2．集团用户

集团用户是指将汽车作为集团消费性物品使用，维持集团事业运转的集团客户，我国通常称为"机关团体、企事业单位"。这一市场是我国汽车市场比较重要的一个细分市场，其重要性不仅表现在具有一定的需求规模，还常常对全社会的汽车消费起着示范性作用。这类客户主要包括各类企业单位、事业单位、政府机构、司法机关、各种社团组织及军队等。

3．产业客户

产业客户又称为运输营运者，是指将汽车作为生产资料使用，满足生产、经营需要的组织和个人。这类客户主要包括具有自备运输机构的各类企业单位、将汽车作为必要设施装备的各种建设型单位、各种专业的汽车运输单位和个人等。目前，这一市场在我国汽车市场上也占有重要位置，特别是针对某些车型而言。

4．其他直接或间接客户

其他直接或间接客户是指除以上客户以外的各种汽车客户及其代表，主要包括以进一步生产为目的的各种再生产型购买者；以进一步转卖为目的的各种汽车中间商，他们都是间接客户。由这类购买者构成的市场，对于汽车零部件企业或以中间性产品（如汽车的二、三、四类底盘）为主的企业而言，是非常重要的。

5.1.3 用户购买行为的一般过程

用户购买行为是一种满足需求的行为，其购买过程是经由客观刺激引起的，在用户心理产生复杂的思维活动，形成和产生购买行为，最后达到需求的满足。因此，一个完整的购买行为过程，可以看成一个刺激、决策、购后感受的过程，这也是用户的一般购买行为过程。这一过程如图 5-1 所示。

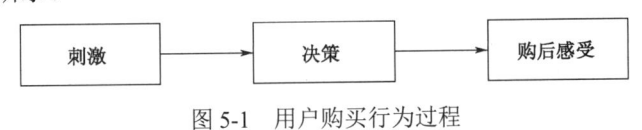

刺激 → 决策 → 购后感受

图 5-1 用户购买行为过程

1．刺激

用户的购买行为过程都是用户对客观现实刺激的反应，用户接受了客观事物的刺激，才能产生各种需求，形成决策，最后导致购买行为的发生。客观事物的信息刺激，既可能由用户的内部刺激引起，也可能由外界因素刺激产生。如企业要搞运输，就必须有一定数量的汽车。内部的刺激一般比较简单，而外界的刺激则要复杂得多，这是因为用户作为一个社会组成单位，其行为不仅受到自身因素的影响，而且还受到社会环境的制约，家庭及相关群体的消费时尚与风俗习惯等都会对用户的购买行为产生影响。另外，用户购买的对象——商品，也会从它的质量、款式、包装、商标及服务水平等方面对用户的购买行为产生影响。

2．决策

不论是内部刺激还是外部刺激，它们的作用仅仅是引起用户的购买欲望。用户是否实施购买行为，购买具体的对象是什么，在什么地方购买等，就需要用户进行决策。由于决策过程极其复杂，并且对于营销者来说又难以掌握，因此又称为"黑箱"。对于消费用户来说，决策实质上就是一种心理活动过程，具体过程可概括为产生需求、形成动机、收集信息、评价方案和形成决策。

3．购后感受

用户购买行为的目标是选购一定的商品或服务，使自己的需要得到满足。用户实施购买行为之后，购买行为过程并没有结束，还要在具体使用中去检验、评价，以判断需要满足的程度，形成购后感受。这对用户的重复购买行为或停止购买行为会产生重要影响。

5.2 汽车个人用户购买行为分析

用户的购买行为总会受各种因素的影响，并表现出一定的特征。用户购买行为分析就是对用户的购买需求、动机进行分析，并且分析这些需求和动机是如何影响用户购买行为的，在此基础上指出用户购买行为的模式，分析影响用户购买行为的因素，从而为汽车寻找营销机会提供帮助。

私人消费汽车市场由汽车的消费者个人构成。现代市场营销学对普通消费者市场研究的许多成果，在研究汽车的私人消费市场时可以参考借鉴。但由于汽车商品本身的使用特点、产品特点及价值特点与一般商品又有很大差别，因此一般性结论是不可简单套用于汽车消费者市场的，必须研究其特殊的市场特点和购买行为。

5.2.1 汽车个人消费市场的基本特征

1．需求具有伸缩性

一方面，汽车的个人消费需求具有较强的需求价格弹性，即价格的变动对汽车的个人需求影响很大；另一方面，这种需求的结构可变。当客观条件限制了这种需求的实现时，它可以被抑制，或被转化为其他需求，或最终被放弃；反之，当条件允许时，个人消费需求不仅会得以实现，甚至会发展成为流行性消费。

2．需求具有多样性

消费者由于在个人收入和文化观念上的差别，以及在年龄、职业、兴趣、爱好等方面的差异，会形成不同的消费需要，从而使个人购买者的需求表现出多层次性或多样性。就这种意义而言，汽车企业如果能够为消费者提供多种多样的汽车产品，满足消费者多样化的需求，无疑会为企业争取更多的营销机会。如20世纪90年代中期，当时很多人都认为我国的"家用轿车"应当是某种经济实用型的。但通过调查表明并非如此，人们对家用轿车的需求是多样化的，从高档轿车到微型轿车都有自己的消费者。

3．需求具有可诱导性

对于大多数个人购买者而言，由于对汽车缺乏足够的专业知识，往往会受到周围环境、消费风气、人际关系、宣传等因素的影响，对某种特定的车型产生较为强烈的需求。因此，企业应注意引导、调节和培养某些被细分后的个人购买市场，强化广告和促销手段的应用，提高企业的市场占有率。

4．需求具有替代性

个人购买者在面临多种选择时，往往会对能够满足需要的商品进行比较、鉴别，只有那些对个人购买者吸引力强、引起的需求强度高的汽车产品才会导致消费者的最终购买。也就是说，同时能够满足消费者需要的不同品牌之间具有竞争性，需求表现出相互替代的特性。

5．需求具有发展性

个人购买需求一般从简单到复杂、由低级向高级发展。在现代社会中，各类消费方式、消费观念、消费结构的变化总是与需求的发展性和时代性息息相关的。所以汽车产品个人购买需求的发展也会永无止境，如在不过分增加购买负担的前提下，消费者对汽车的安全、节能和环保等性能的要求总是越来越高。

6．需求具有集中性和广泛性

一方面，由于私人汽车消费与个人经济实力关系密切，在特定时期内，经济发达地区的消费者或收入相对较高的社会阶层，对汽车（或某种车型）的消费比较明显，需求表现出一定的集中性；另一方面，高收入者各地都有（尽管数量上的差异可能较大），而且随着经济发展会不断增多，所以需求又具有地理上的广泛性。

5.2.2　汽车个人用户购买行为的模式

研究个人用户购买行为是研究汽车个人用户市场的基础，其研究重点是个人用户购买行为方式。

所谓汽车个人用户购买行为就是个人用户为了满足自身的需求，在寻求购买、使用和评估汽车产品及相关服务时所表现的行为。尽管不同的个人用户有不同的行为方式，但任何一个个人用户都不是孤立的，而是隶属于一个群体的社会成员，有其共同的需求动机和意识，因此其购买行为必然有一定的规律。

一般来说，人的行为是基于心理活动而发生和发展的，所以汽车个人用户购买行为必然也要受个人的心理活动支配。心理学"刺激—反应"（S—R）学派的成果表明，人们行为的动机是一种内在的心理活动过程，是一种看不见、摸不着的"黑箱"。在心理活动与现实行为的关系中，外部的营销与其他刺激必须经过装有心理活动过程的"黑箱"才能引起反应，导致购买行为。

按照上述行为动机生成的机理观点，面对着庞大个人用户市场的汽车企业，实际上所面对的是许多的个人购买动机，如果汽车企业要引导客户的购买动机，满足他们的各种需求，就必须对个人用户营销刺激和其他刺激的反应、购买行为的模式有较全面的认识，购买者行为模式如图5-2所示。

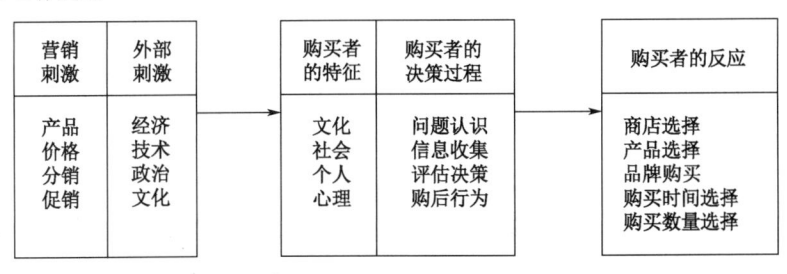

图5-2　购买者行为模式

在汽车个人用户购买行为模式中，刺激包括营销刺激和外部刺激。所谓营销刺激是指汽车企业营销活动的各种可控因素，即产品、价格、分销和促销；外部刺激则是指汽车企业营销活动的各种不可控因素，即经济、技术、政治、文化等。所有这些刺激通过汽车个人用户的"黑箱"产生反应，从而形成一系列可以观察到的购买者购买反应，即对汽车产品、品牌、经营者、时间、数量等方面的具体选择。

汽车个人用户的"黑箱"可分成两部分：一是购买者的特征，这种特征通常要受多种因素的影响，它会影响购买者对刺激的理解和反应；二是购买者的决策过程，它会影响购买者最后行为结构的状态。

这一购买者行为模式表明，消费者的购买心理虽然是复杂、难以捉摸的，但由于这种神秘莫测的心理作用可由其反应看出来，因此可以从影响购买者行为的某些带有普遍性的方面，探讨出一些最能解释将购买影响因素转变为购买过程的行为模式。

5.2.3 汽车个人购买行为的类型

汽车营销者不仅要研究汽车个人消费需求的特点，还要研究汽车个人消费者的购买行为模式。

研究汽车的个人购买行为时，一般需要从不同角度进行相应的分类，但较为普遍的分类方法是以购买态度为基本标准。因为购买态度是影响个人购买行为的主要因素。按照这种标准划分，汽车的个人购买行为可分为理智型、冲动型、习惯型、选价型和情感型等。

1．理智型

这是指消费者以理智为主做出购买决策的购买行为。具有这类行为特点的消费者，其购买思维方式比较冷静，在需求转化为现实之前，他们通常要做广泛的信息收集和比较，充分了解商品的相关知识，在不同的品牌之间进行充分调查、慎重挑选、反复权衡比较。也就是说，这类消费者的购买过程比较复杂，通常要经历信息收集、产品和品牌评估、慎重决策和购后评价，属于一个完整的购买过程。

现阶段，我国的汽车个人消费者的购买行为多属于理智型。因为他们多数是初次购买私人轿车的用户，购买汽车要花费较多的资金，且汽车结构复杂、专业性较强等。对于这类消费者，营销者应制定策略帮助消费者掌握产品知识，借助多种渠道宣传产品优点，简化购买过程。

2．冲动型

这是指消费者容易受别人诱导和影响而迅速做出购买决策的购买行为。冲动型的消费者，通常是情感较为外向、随意性较强的人。他们一般较为年轻（30多岁者居多），具有较强的资金实力。对于冲动型消费者来说，易受广告宣传、营销方式、产品特色、购买氛围、介绍服务等因素的影响和刺激，进而诱发出冲动型购买行为。这种需求的实现过程较短，消费者较少进行反复比较挑选。但是这类消费者常常在购买后会认为自己所买的产品具有某些缺陷或其他同类产品有更多的优点而产生失落感，怀疑自己购买决策的正确性。对于这类购买行为，营销者要提供较好的售后服务，通过各种途径经常向消费者提供有利于本企业和产品的信息，使他们相信自己的购买决定是正确的。

3．习惯型

这是指消费者个人对品牌偏好的定向购买行为。这类购买行为较少受广告宣传和时尚的影响，其需求的形成，多是由于长期使用某种特定品牌并对其产生了信赖感，从而按习惯重复购买。所以，这种购买行为实际上是一种"认牌型"。因此，作为企业，就应针对这一类型的消费者，努力提高产品质量，加强广告推销宣传，创名牌、保名牌，在消费者心中树立良好的产品形象，使其成为消费者偏爱、习惯购买的对象。

4．选价型

这是指消费者对商品价格变化较为敏感的购买行为。具有这类购买态度的个人，往往以价格作为决定购买决策的首要标准。选价型购买行为又有两种截然相反的表现形式：一种是选高价行为，即个人购买者更乐意选择购买高价优质商品，如豪华轿车的消费者多数是这种购买行为；另一种是选低价行为，即个人消费者更注重选择低价商品，多数为工薪阶层的汽车消费者以及二手车的消费者主要是这种购买行为。

5．情感型

这是指消费者容易受感情支配做出购买决策的行为。持有这类购买态度的消费者，其情感体验较为深刻，想象力特别丰富，审美感觉灵敏。在情感型购买的实现过程中，较为易于受促销宣传和情感的诱导，对商品的选型、色彩及知名度都极为敏感，他们多以商品是否符合个人的情感需要作为研究购买决策的标准。国外家庭以女性成员为使用者的汽车用户多属于这种购买行为。

总体上讲，我国现阶段的汽车个人消费者，其购买行为类型以理智型占主导，其余类型只是在西方经济发达国家才会经常见到，这也说明汽车营销者在开发国内、国外两个市场时，应采取不同的营销模式。

5.2.4 影响汽车个人购买行为的因素

汽车个人用户处于复杂的社会中，其购买行为主要取决于客户需求，而汽车消费需求受到诸多因素的影响。要透彻地把握消费者的购买行为，有效地开展市场营销活动，必须分析影响汽车产品个人购买行为的有关因素。

影响汽车产品个人购买行为的因素主要有文化因素、社会因素、个人因素和心理因素等，如图 5-3 所示。各类因素的影响机理是：文化因素影响社会因素，进而影响消费者个人及其心理活动的特征，从而形成消费者个人的购买行为。

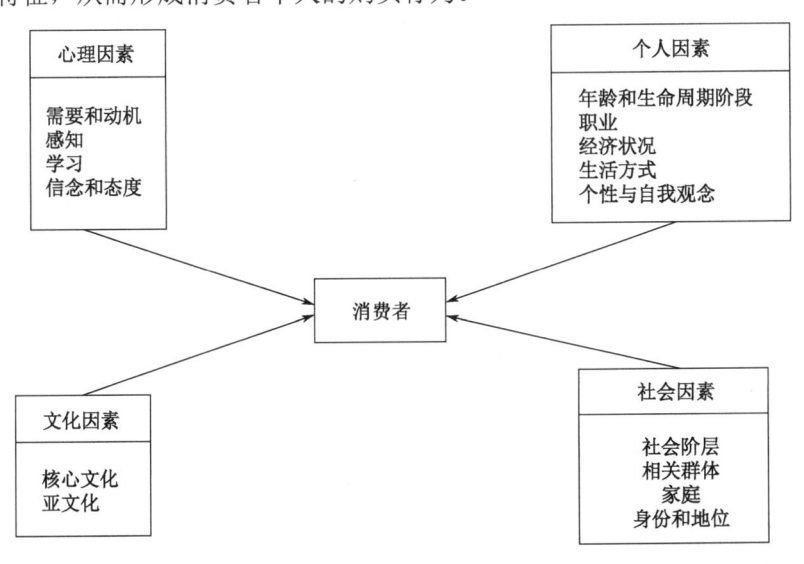

图 5-3 影响消费者购买行为的因素

1. 文化因素

文化是指人类从生活实践中建立起来的文学、艺术、教育、信仰、法律、宗教、科学等的总和。对于消费者行为而言，文化因素的影响力既广又深，文化是消费者欲望与行为的基本决定因素。文化因素包括核心文化和亚文化。无论是核心文化因素还是亚文化因素都是造成消费者购买行为差异的重要因素，从消费者心理角度分析，亚文化相对核心文化更为重要，亚文化更能影响和决定消费者的行为。

文化因素之所以影响购买行为，其原因有三：一是文化的存在可以指导消费者的学习和社会行为，从而为购买行为提供目标、方向和选择标准；二是文化的渗透性可以在新的区域中创造出新的需求；三是文化自身所具有的广泛性和普及性，使消费者个人的购买行为具有攀比性和模仿性。所以，营销人员在选择目标市场和制订营销方案时，必须了解各种不同的文化和亚文化群的特点，针对这些特点推出汽车新产品，增设新服务以吸引消费者。

（1）核心文化。核心文化是人类欲求与行为最基本的决定因素，文化本身又包括语言、法律、宗教、风俗习惯、音乐、艺术、工作方式及其他给社会带来独特情趣影响的人为现象；就其对消费者行为影响的角度而言，文化是后天学习得来的，是对某一特定社会成员消费行为直接产生影响的信念、价值观和习俗的总和。在现代文明中，汽车可能是司空见惯的商品，而在另一种文化下，如边远落后的地区，汽车对他们就毫无意义可言。

（2）亚文化。任何文化都包含着一些较小的群体，它们以特定的认同感和社会影响力将各成员联系在一起，使这一群体持有特定的价值观念、生活格调和行为方式。一个消费者对产品的兴趣，会受这种亚文化的影响，如他的民族、宗教、种族和地理背景。例如，美国通用汽车公司在南美波多黎各推销名为"诺巴"牌的汽车，虽然该车性能良好、价格优惠，但销路却不畅。经过调查发现，"诺巴"在西班牙语中却是"不走"的意思，这种"不走"的汽车当然唤不起消费者的购买热情，自然也就不畅销了。

2. 社会因素

社会因素大体上有四类，分别是社会阶层、相关群体、家庭、身份和地位。

（1）社会阶层。在市场营销学上，社会阶层是具有相对的同质性和持久性的社会群体，社会学家依据职业、收入、受教育程度、价值倾向及居住区域等对其按层次进行排列的一种社会分类。不同层次的购买者由于具有不同的经济实力、价值观念、生活习惯和心理状态，并最终产生不同的消费活动方式和购买方式。而同一阶层的成员都具有类似的行为、举止和价值观念。在这种意义上，企业的营销工作应当集中主要力量为某些特定的阶层（目标市场）服务，而不是同时去满足所有阶层的需要。换言之，企业要针对所服务阶层的特点，制定适当的营销组合策略。

（2）相关群体。相关群体是指能够影响消费者个人消费行为的个人或团体。一般可分为以下三类。

①紧密型群体，即与消费者个人关系密切、接触频繁、影响最大的群体，如家庭、邻里、同事等。

②松散型群体，即与消费者个人关系一般，接触不太密切，但仍有一定影响的群体，如个人所参加的学会和其他社会团体等。

③渴望群体，即消费者个人并不是这些群体的成员，却渴望成为其中的一员，仰慕该类群体某些成员的名望、地位，而去效仿他们的消费模式与购买行为。这类群体的成员主要是各种社会名流，如文艺/体育明星、政界要人、学术名流等。

相关群体对个人消费者购买行为的影响是潜移默化的。因为人类天生就具有趋同性和归属感，个人消费者往往要根据相关群体的标准来评价自我行为，力图使自己在消费、工作、娱乐等方面同一定的团体保持一致。在这种意义上，相关群体对汽车产品个人购买行为的影响主要表现在三个方面：一是为团体成员提供某一特定的生活方式和消费模式，促使群体内的成员根据特定的消费模式采取购买行为；二是运用团体力量影响个人消费者的购买态度，改变已有的产品观念；三是影响个人消费者对产品及品牌的选择。研究表明，汽车个人消费者的购买行为容易受到相关群体的影响。

（3）家庭。客户以个人或家庭为单位购买汽车时，家庭成员和其他有关人员在购买中往往起着不同作用并且相互影响。家庭对于个人消费者的影响极大，如个人消费者的价值观、审美情趣、个人爱好、消费习惯等，大多数是在家庭成员的影响与熏陶下形成的。在个人消费者购买决策的参与者中，家庭成员的影响是首位的。

家庭成员对购买决策的影响往往由家庭特点决定。家庭特点可根据家庭中谁有支配权、家庭成员的文化与社会阶层等方面的差别进行区分，家庭基本上可以分为四类：丈夫决策型、妻子决策型、协商决策型和自主决策型。私人汽车的购买，在买与不买的决策上，一般是协商决策型或丈夫决策型，但在款式或颜色的选择上，妻子的意见影响较大。从营销观点来看，了解家庭的购买行为类型，有利于营销者明确自己的促销对象。

（4）身份和地位。营销学中的角色地位是指个人消费者在不同场合所扮演的角色及所处的社会地位。周围的人都会对每个角色所从事的行动抱着某种期望，并对他的购买行为有所影响。地位是伴随着角色而来的，每一种身份又都附有一种地位，反映社会对他的一种尊重。汽车消费者在购买汽车时常常会利用汽车不同的品牌、颜色、价格等方式表明他们的社会身份和地位，因此角色和地位对个人造成某些限制和规范，其购买行为要考虑与其角色和地位相一致。

在这些因素中，消费者的家庭成员对购买行为显然影响是最强烈的。一般人在整个人生历程中所受的家庭影响，基本上来自父母。每个人都会由双亲直接教导和潜移默化获得许多心智倾向和知识，如宗教、政治、经济以及个人的抱负、爱憎、价值观等。甚至许多消费者在与父母不在一起相处的情况下，父母对其潜意识行为的影响仍然很深、很强烈。而在那些习惯于父母与子女不分居的国家，这种影响更具有决定性的意义。

3. 个人因素

通常，在文化、社会各方面因素大致相同的情况下，仍然存在着个人购买行为差异极大的现象，其中的主要原因就在于个人消费者之间还存在着年龄和生命周期、职业、经济状况、生活方式和个性与自我观念的差别。

（1）年龄和生命周期阶段。人们不仅会在不同的年龄阶段上有不同的需求和偏好，而且还会随着年龄的增长而不断改变其购买行为，这是年龄对于个人购买决策的直接影响。它还会间接影响社会的婚姻家庭状况，从而使家庭也具有了生命周期。西方学术界通常把家庭生命周期划分为9个阶段：

①单身期，指离开父母后独居的青年时期。
②新婚期，指新婚的年轻夫妻，无子女阶段。
③"满巢"Ⅰ期，指子女在6岁以下，处于学龄前儿童阶段。
④"满巢"Ⅱ期，指子女在6岁以上，处于已经入学的阶段。
⑤"满巢"Ⅲ期，指结婚已久，子女已长成，但仍需抚养的阶段。

⑥"空巢"Ⅰ期，指子女就业已成人，分居，夫妻仍有工作能力的阶段。

⑦"空巢"Ⅱ期，指已退休的老年夫妻，子女离家分居的阶段。

⑧鳏寡就业期，指独居老人，但尚有工作能力的阶段。

⑨鳏寡退休期，指独居老人，已处于退休的阶段。

一般来说，处于不同阶段的家庭，其需求特点是不同的，企业在进行营销时只有明确目标客户所处的生命周期阶段，才能制定适当的营销计划。对于汽车营销而言，面临的家庭阶段主要是处于"满巢"期的各类顾客。

（2）职业。职业状况对于人们的需求和兴趣有着重大影响。通常，企业的市场营销在制订营销计划时，必须分析消费者的职业，在产品细分许可的条件下，注意开发适合于特定职业消费需要的产品。

（3）经济状况。经济状况是指客户可支配收入（收入水平、稳定性和时间分布）、储蓄与资产（资产多寡、比例结构、流动性如何）、负债和借贷（信用、期限、付款条件等）的能力。经济状况是决定汽车消费者购买行为的首要因素，对购买行为有直接影响。它对于汽车企业营销的重要性就在于，有助于了解消费者的可支配收入变化情况、个人和家庭的购买能力，以及对消费和储蓄的态度等。汽车企业要不断注意经济发展趋势对消费者经济状况的影响，应针对不同的实际经济发展状况调整营销策略，如重新设计产品、调整价格、减少产量和存货等应变措施，以便继续吸引目标消费者。

（4）生活方式。生活方式是指人们在生活中表现出来的支配时间、金钱及精力的方式。近年来，生活方式对消费行为的影响力越来越大。不同的生活方式群体对产品和品牌有不同的消费需求，营销人员应设法从多种角度区分不同生活方式的群体。在汽车企业与消费者的买卖关系中，一方面消费者要按照自己的爱好选择汽车，以符合其生活方式；另一方面汽车企业也要尽可能提供合适的汽车产品，使其能够满足消费者生活方式的需要。

（5）个性与自我观念。个性是指个人的性格特征，即消费者的自我观念或自我形象。个性导致对自身所处环境相对一致和连续不断的反应，主要由个人的气质、性格、兴趣和经验构成。一个人的个性影响着其对汽车消费需求和市场营销因素的反应。事实上，汽车消费者越来越多地用不同风格的汽车产品展示自己的个性。对于汽车企业营销来说，了解个人消费者的这些个性特征，可以帮助企业树立正确的符合目标消费者个性特征的汽车品牌形象。

4. 心理因素

个人消费者购买决策通常还会受心理过程的影响，包括需要和动机、感知、学习、信念和态度，它们各自在购买过程中具有不同的作用。

（1）需要和动机。消费者为什么要购买某种产品，为什么对企业的营销刺激有着不同的反应，在很大程度上是与消费者的购买动机密切联系在一起的。购买动机研究就是探究购买行为的原因，即寻求对购买行为的解释，以便企业营销人员更深刻地把握消费者行为，在此基础上做出有效的营销决策。动机是影响个人购买行为的一个重要心理因素。

社会心理学认为，人类的行为受动机的支配，而动机则是由需要引起的。当个人的某种需要未得到满足，或受到外界刺激时，就会引发某种动机，再由动机而导致行为。在这种意义上，动机其实就是在一定程度上的需要。

购买动机虽源于需要，但商品的效用才是形成购买动机的根本条件。如果商品没有效用或效用不大，即使具备购买能力，消费者也不会对该商品产生强烈的购买动机。反之，如果效用很大，即使购买能力不足，消费者可能筹措资金也要购买。

商品的效用是指商品所具有的能够满足用户某种需要的功效。就汽车功效而言，不同车型、不同品种的汽车具有不同的功效。但同样的汽车，对不同的消费者和不同用途来说，其功效也是不同的。例如，对于运输经营者来说，汽车的功效在于能够获取经济效益，这种经济效益是指在汽车使用期内，扣除成本和税费之后的纯收益，收益越大则功效越大，因此低档轿车的功效可能就比中/高档轿车大；而对于三资企业的商务活动而言，轿车的功效不仅在于作为代步工具，且应体现企业形象，因此中/高档轿车的功效就比低档轿车大。这表明，同样的轿车品种对于不同的消费者具有不同的功效。

（2）感知。感知是指人们通过自己的身体感觉器官对外界刺激物所做的反应，这是影响个人购买行为的另一个重要心理因素。一个被动机驱使的人随时准备着行动，但具体如何行动则取决于他对情境的感觉。两个处于同样情境的人，由于对情境的感觉不同，其行为可能大不相同。消费心理学认为，消费者的感知过程是一个有选择的心理过程，它有以下三种方式。

①选择性注意。在现实生活中，最能引起人们注意的情况有三种：一是与当前需要有关的；二是预期出现的；三是变化幅度大于一般的、较为特殊的刺激物。就此而言，引起个人消费者的注意，应当是营销者促销的重要工作。如许多汽车企业都特别重视汽车展览，均把展台布置得别出心裁、美轮美奂。其目的是突出企业形象和品牌形象，力求给广大潜在消费者以独特的刺激和深刻的印象。

②选择性曲解。通常，人们有一种把外界输入的刺激与原有思维模式相比较的倾向，从而造成先入为主的观念，这种按照个人意愿曲解信息的倾向就是选择性曲解。从这一角度来理解，营销者应当特别重视企业信誉和产品名牌的创立。如某一名牌汽车在消费者心中早就确立了无争的信誉，当另一新品牌汽车即使实际品质已优于前者，消费者却总认为原来的名牌汽车更好。这就是绝大多数企业均在努力以诚信与服务创建自己产品品牌的缘故。

③选择性记忆。人们对所接收的信息不可能全部记住，不会公正地全部予以重视，而是会倾向性地保留那些符合自己信念和态度的信息。在购买行为上则表现为只记住自己所喜爱的品牌，往往会牢记自己喜爱品牌的优势，从而忽视了其他竞争品牌的长处。对于汽车新产品来说，第一印象至关重要，因此各汽车企业都慎重地选择时间、地点、场合，花大量的资金投入进行促销活动。

（3）学习。人们的行为有些是与生俱来的，但大多数行为，包括购买行为，是通过学习得来的。学习是指由于经验而引起的个人行为的变化，也表现为语言和思想的转变。

学习过程是在驱策力、刺激物、提示物、反应和强化等因素相互影响和作用下完成的。驱策力是指引发的内在动力，当该驱策力被指引向某种刺激物时，就会变成动机。诱因即提示物，是指那些决定人们何时、何地、做何种反应的刺激物，它决定着人们的反应。反应是指对刺激物和提示物所做出的反射行为。如果反应是成功的，即某一反应能使人们获得满足，那么在以后相类似的情况下，以同样的学习方式人们将会不断地做出相同的反应。

消费者购买汽车这类昂贵的耐用品过程也是一个学习的过程。这个过程从收集有关车辆资料开始，了解品牌、分析判断、提出方案、实物对比、询问解疑直至最后采取行动。在这个过程中，消费者必然会加强与营销人员的联系，细致地观察各种车型，认真地倾听介绍。因此对于营销人员来说，可以将学习和强烈的驱动力联系起来，运用刺激性暗示及强化等手段形成消费者对推销品牌的强烈反应，既给消费者一个学习的机会，又促进了消费者对产品的需求。

（4）信念和态度。信念是指人们对事物所持的认识。个人消费者的信念可以建立在不同的基础上，见解不同，信念就不同。购买行为中的信念，有的是建立在对名牌产品的信任基础上，有的是建立在某种偏见或讹传的基础上。而不同的信念又可导致不同的购买态度，如名牌商品会使个人消费者争相选购，而新品牌则往往遭到消费者怀疑。一般地说，改变个人消费者的态度是较为困难的，因此在企业的营销过程中，企业应当力求使自己的产品适应个人消费者的现有态度。

在需要改变个人消费者的态度时，企业必须有强大的广告宣传手段和有力的促销方式。例如，日本本田汽车公司的摩托车在进军美国市场时，一开始就面临公众对摩托车持否定态度的不利信念。由于受影视剧的影响，美国人常把摩托车同流氓犯罪活动联系在一起，本田公司为了扩大市场，便设法改变美国公众的态度。该公司以"你可以在本田车上发现最温雅的人"为主题，大力开展促销活动。广告画面上的骑车人都是神父、教授、美女等，这才逐渐改变公众对摩托车的态度。在我国汽车界，也不乏产品品牌被砸导致企业蒙受巨大损失的例子。此外，我国的汽车消费者还具有一个明显的特征，即某个地区的消费者对每种车型一般只倾向于一个品牌，这也表明同一地区的消费者对某种产品具有相似的信念。

以上分析了影响个人购买行为的各种因素，营销者应对其进行全面的研究，才会掌握消费者的个人购买模式。

5.2.5 汽车个人购买决策的过程

消费者个人的购买过程，是相互关联的购买行为的动态系列，一般包括5个具体步骤，即确认需要——收集信息——评价选择——购买决策——购后感受。

1. 确认需要

消费者的购买过程是从需要开始的。需要的产生有时很简单，有时却较为复杂。一般地说，人的需要是由两种刺激引起的：一种是来自身心的内在刺激，这是引起需要的驱使力；另一种是来自外部环境的刺激，这是引起需要的触发诱因。在这两种刺激的影响下，当消费者意识到一种需要，并准备通过购买某种商品去满足它时就形成了购买动机。因此，营销人员要注意通过对上述两个方面的分析，了解那些在消费者中已经存在或可能产生的、与本企业产品实际或潜在、有关联的驱使力及其强度，分析与这些驱使力有关的各种触发诱因的状况，进而适当地安排市场营销对策，以便引起对本企业产品的现实需要，诱发购买动机。

市场营销人员应注意识别引起消费者需要和兴趣的环境，并注意了解哪些因素与本公司销售的汽车有关联。消费者对某种汽车的需求强度会随着时间的推移而变动，并且被一些诱因所触发。销售公司要善于安排诱因，促使消费者对本公司经营的汽车产生强烈的需求，并立即采取购买行动。

2. 收集信息

消费者形成了购买某种商品的动机后，就要从事与购买有关的活动了。在不熟悉这种商品的种类、特性、品牌、价格、出售地点等情况时，消费者总是在收集一定的信息资料并对其进行分析判断后才会做出购买决定，实施购买行动。这时，消费者增强了对有关信息资料的关注。消费者收集信息资料的积极性，主要与需要的强度有关；收集信息资料的数量和内容，主要与所遇到或所要解决问题的类型和性质有关，并因购买行为类型的不同而有很大的差别。

为了有效地向目标市场传递信息，影响消费者的购买行为，企业要了解消费者获得信息的主要来源，以及不同来源的信息对消费者的影响程度。

3. 评价选择

在这一阶段中，消费者将根据所掌握的信息对选择集合中的几种品牌的商品进行评价和比较，从中选择和确定其所偏好的品牌商品形成购买意向。对于企业来说，这里的主要问题是消费者如何评价选择集合中的各个品牌的商品，以及消费者如何选择本企业生产经营的商品。

4. 购买决策

消费者经过对选择集合中各品牌产品的评价比较后就会形成购买意向，在正常情况下便会购买其最喜欢的某个品牌的产品。但是，在购买意向与决定购买这两者之间往往会由于某些因素的影响和干扰而使消费者不一定实现或马上实现其购买意向。这些影响因素有以下几点。

（1）其他人的态度。如周围关系密切的人坚决反对购买这种产品、在购买现场听到对这种产品的不利议论等，这些都可能使消费者重新考虑、放弃或改变原先的购买意向。

（2）意外事件。包括消费者个人、家庭、企业、市场及其他外部环境等方面突然出现的一些有关的新情况，如家庭中出现了其他方面的紧迫开支、产品生产企业出现了重大的质量问题、市场上出现了新产品、经济形势出现了较大的变化等。如2008年的全球金融危机造成我国股市大跌，使很多已交付定金准备购车的消费者资产大幅缩水，从而取消购车计划。

（3）预期风险的大小。在对欲购商品预期风险较大的情况下，消费者可能采取一些防范或减少风险的习惯性做法，如暂不实现购买意向、改变购买意向等。

因此，企业完全依据消费者对品牌的偏好和购买意向判断其购买决定与实际购买不是十分可靠的。对于决定实施购买意向的消费者来说，在实施购买某一品牌产品的行动之前，一般还要做出一系列相关的购买决策，包括何时买、在何处买、如何买等。需要注意的是，企业对决定实施购买自己品牌产品的消费者，应尽可能提供良好的销售服务，以避免消费者在这一阶段的流失。

5. 购后感受

消费者购买和使用了汽车产品后，必然会产生某种程度的满意或不满意。消费者购买后的满意程度，是消费者的预期与产品的实际觉察性能的函数。产品的实际觉察性能若符合预期，消费者就会基本满意。若超过预期，消费者就会感到十分满意，若达不到预期，消费者就会感到失望和不满。

消费者是否满意会直接影响其购买后的行为。如果感到满意，以后就可能重复购买，并向他人称赞和推荐这种产品，而这种称赞和建议往往比企业为促进产品销售而进行的广告宣传更有效；如果感到不满意，以后就不会再购买这种产品，而且会采取公开或私下的行动来发泄不满，这势必会抵消企业为赢得顾客而开展的许多宣传工作。

消费者购买后的感受和行为与企业关系极大。企业的营销部门必须注意采取各种有效措施千方百计地增加消费者购买后的满意感，如切实保证产品质量，同消费者保持各种可能的联系，经常征求消费者的意见，加强售后服务工作等。此外，企业在产品宣传中如实地反映产品的性能或适当留有余地，也有助于增加消费者购买后的满足感。

上述购买过程是一种典型而完整的过程，但并不意味着所有的消费者都必须经历每个阶段。如有的消费者对汽车性能情况很了解，其购车过程经过的阶段就少；有的消费者对汽车性能情况一无所知，其经过的阶段自然就更多。上面的购买决策过程表明，购买过程实际上在实施实际购买行为之前就已经开始了，并且要延伸到购买之后的很长一段时间才会结束。基于此，企业营销人员必须研究个人消费者的整个购买过程，而不能只是单纯注意购买环节本身。

5.3 汽车产业用户购买行为分析

产业用户也称再生产者，即购买和使用商品或服务是为了进一步生产其他商品或劳务的生产企业和其他社会单位。汽车产品的产业用户主要是指购买和使用汽车产品为企业生产和社会服务的社会经济组织和其他汽车新产品生产企业，如汽车改装厂、汽车运输公司、旅游公司、公交公司、建筑公司、个体运输户、中间商用户和政府用户等。

产业用户购买汽车的种类几乎涉及所有的汽车品种，其中以重型车、中型车和轿车为主要品种，重型车、中型车的基本用户就是产业用户。因此，研究产业用户的购买行为对汽车生产企业和中间商有着非常重要的意义。

5.3.1 汽车产业市场的特点

汽车产业市场与消费者市场有明显的差别，它具有以下特点。

1. 客户数量少，销量大，在地理分布上十分集中

产业市场的购买者一般不是个人，而是购买汽车产品的企业，所以相对于消费者来说，数量较少，但是需求量往往相对较大，尤其是汽车运输公司、出租车公司等一些企业。在我国产业用户主要集中在经济发达地区及各大/中型城市。产业市场的地域相对集中，有助于降低销售成本。

2. 大多属于衍生需求，缺乏弹性

产业市场对汽车产品的需求最终是由消费者的需求衍生出来的。如汽车运输企业购买汽车，往往是因为运输市场发展的需要。当购买者运输的需求增加时，会导致汽车购买量的增加，反之汽车的购买量就会减少。因为这一市场的需求大多属于衍生需求，所以对汽车产品的需求不会因汽车产品的涨价而不购买，也不会因汽车产品的降价而大量购进。尤其是在短期内这种需求的弹性就更小了。

3. 供、购双方关系密切

产业购买者人数较少，但数量相对较大，对供应商来说更具有权威性和重要性，所以在产业市场中供、购双方关系比较密切，购买方总是希望供应方按照自己的要求提供产品，而供应方则更会想方设法去接近并搞好与购买方的关系。

4. 购买人员专业化

把汽车作为工业品来购买，购买者往往会选择那些经过专业训练的采购人员去购买，他们对所要购买的汽车在性能、质量、规格以及技术细节上的要求都较为明了，除此之外，他们在专业方法的运用、谈判技巧方面都较老练。这就要求产业市场营销者必须对产品提供大量的技术资料和特殊服务。

5. 汽车产业市场的波动性较大

这一市场受国家政策、市场需求等因素的影响很大，而这些因素往往随时间的变化有着较大的波动性。

5.3.2 汽车产业用户的购买行为过程

产业用户购买汽车产品，是为了维持其生产经营活动的正常进行，其购买过程一般可分为五个阶段，如图5-4所示。

产生需求 → 确定需求对象的特点和数量 → 寻求并选择供应商 → 签订供应合同 → 检查履约情况

图 5-4　汽车产业用户的购买行为过程

1. 产生需求

产业用户购买汽车产品的种类取决于生产经营的需要，其需求的产生是生产经营活动需要的结果，如旅游公司要增开旅游线路就需增加旅游车辆。

2. 确定需求对象的特点和数量

产生需求后，采购者接着就要拟出一份需求意向说明书。说明所需汽车的特点，并根据生产经营规模的需要，决定需求数量。在这一阶段，采购者可能要与其他人员，如工程师、使用者、技术顾问等一起来做决定。他们将对汽车产品的可靠性、耐用性、价格和其他应有的属性，按其重要性，加以先后排队。如汽车运输公司要开辟一条新的运输线路，在购车前就必须先确定购买哪一种类型的汽车，该车应具有什么特点才能满足生产经营需要，以及要使这条线路正常运转需要多少辆车。

在这一阶段，有经验的营销者会站在购买者的角度协助采购者决定其需求，并提供有关不同产品特点所具有价值的信息。

3. 寻求并选择供应商

由于产业用户购买数量大，需求相对稳定，不可能随时购买，加之市场上同类产品生产厂家众多。因此一般情况下都要寻求并选择供应商，以保证产业用户的需求。

在寻求供应商时，采购者往往会通过翻阅贸易指南，或通过互联网搜索，或打电话给其他公司以获取汽车产品的信息。因此，供应商的任务就是要在重要的工商企业名录或网上产品目录中占有一席之地，并在市场上塑造一个良好的商业信誉。推销人员要注意各公司寻找供应商的过程，并想办法将其纳入采购者之列。

对于供应商的选择，购买者往往会对供应商的各方面属性，如公司的道德、诚信度、维修服务能力等因素，进行全面的考察和评估，并选择最优者为合作对象。对于汽车产品来说，购买者在评估时更加注重供应商的业绩方面的表现。

4. 签订供应合同

产业用户在确定了供应商之后，通常情况下，都要与之签订供应合同。这是因为产业用户对购买汽车产品质量规格、供应时间、供应量等都有明确的要求，加之需求量大，涉及价值高，产业用户需要用合同的形式将双方的关系固定下来，以保证企业的生产经营需要和防止对企业利益造成损害的事件发生。

5. 检查履约情况

产业用户在购买汽车产品之后，都会对产品及供应商服务水平进行评价，以决定是否继续使用该产品和继续从该供应商处采购。

对于购买汽车产品用于社会服务或作为生产工具的产业用户来说，其购买行为一般都需要经过上述五个阶段，而对于购买汽车产品进行再生产的产业用户来说，如汽车生产企业、改装企业等，并非每次购买过程都需经过这五个阶段，可能采取直接购买或修正再购买方式。所谓直接购买是指对购买前已经买过或使用过的汽车产品需要不断补充时的购买；而修正再购买是指购买目前正在使用的汽车，但对质量、规格、数量和其他条件有了新要求的购买。

5.3.3 影响汽车产业用户购买行为的因素

1. 外界环境因素

影响产业用户购买行为的外界环境因素主要是社会政治经济环境，如经济发展速度、国家的产业政策等。

2. 企业产品或企业市场的状况

产业用户购买汽车产品是为企业生产或为社会提供服务，如果产业用户的产品或服务市场需要旺盛，并且还会进一步发展，产业用户购买汽车产品的数量就会增加，否则，产业用户的需求就会减少。

3. 个人因素

产业用户的购买行为，虽然是一种团体购买行为，但具体实施和参与购买决策的仍是具体的个人。这些个人主要有：汽车使用者、汽车采购者、产业组织机构中具有最后购买决策的人员、产品的把关者、汽车采购的批准者等。这些人在购买决策过程中对汽车的购买起着关键性的作用，而其中最关键的人物是采购人员。这些人由于年龄、个性、受教育程度、收入、购买经验等方面的不同，表现出不同的购买特点，这就需要推销人员要从人的个性心理特征角度去分析、研究。

4. 企业组织因素

企业组织因素是企业采购目标、政策、程序、制度等对购买行为的影响。如果企业采购目标分散，采购程序简单，那么采购人员在购买活动中的主动性就大；反之，如果企业采购目标集中，采购决策权高度集中，采购程序复杂，那么采购人员在购买活动中的制约因素就多，主动性就差。

产业用户以其需求量大、购买行为稳定成为汽车工业企业争取的主要目标客户，特别对于以生产重型车和中型车的企业来说，争取到产业用户市场就等于企业争取到了大部分市场用户。因此，需要企业对产业用户着重予以研究，以提高营销效果。

5.4 汽车集团组织用户购买行为分析

汽车产品的购买者不仅是私人消费购买者，还有各种形式的组织或集团，这些组织或集团构成汽车的集团组织市场。由于汽车产品本身的使用特点，决定了汽车的集团组织市场是一个覆盖面很大的市场，在现阶段我国的汽车市场上甚至占据主导地位（至少是部分车型的主导市场）。因此，集团组织市场是我国汽车工业企业所面临市场的重要组成部分，这个市场的购买者是汽车企业的重要营销对象，企业应当充分了解他们的特点和购买行为。

5.4.1 汽车集团组织市场的基本特点

集团组织市场是相对私人消费市场而言的。前者的购买者是各类集团组织，也是老百姓经常说的"公家"；后者的购买者是广大消费者个人。

与个人购买市场相比较，由于在目的、方式、性质、规模等方面的不同，集团组织市场具有自己的特点。

1. 购买者数目相对较少

相对个人购买者而言，集团组织市场的购买者要少得多。虽然集团组织购买者在地理上也较为分散,但购买者的类型却比较集中。这样的特点使得企业可以采取人员推销的销售方式,但也并不意味着销售工作会变得轻松容易。相反,这需要更高的营销技巧和技术素质。

2. 购买数量一般较大

除了企事业集团消费型购买和私人专业运输户购买外,其他集团组织购买者一般都具有购买数量大的特点。对于某些汽车厂商来说,往往是几家大买主分担了厂家的绝大部分的销售量,有时一张订单的金额就可能高达数千万元甚至数亿元。

3. 供/求双方关系融洽、联系密切

集团组织购买者希望有稳定的货源渠道,而汽车厂商更需要稳定的销路,因此供/求双方常常需要保持较为密切的联系。有时购买者希望供应商能够按自己的要求提供产品,在技术规格、产品功能、结构性能、交货日期或服务项目等方面提出特殊要求,供应商应经常与购买者沟通,详细了解他们的需要并尽力满足。

4. 购买专业性强

集团组织购买者大多数对产品有特殊要求,且采购过程复杂,由受过专业训练的人员完成采购,他们通常十分了解所购产品的特征,甚至了解生产工艺,并且有很强的选购、比较与议价能力,很少有冲动型购买现象。因此,汽车厂商的营销者应多从产品功能、技术和服务的角度介绍本企业的优势,尽量提供详细的技术资料和特殊服务。

5. 有些组织购买者的地理位置较为集中

例如,再生产型购买者和设备投资型购买者在地理位置上就比较集中,这是社会生产布局或长期形成的生产格局决定的,这种地理布局通常难以在短期内发生根本性改变。

6. 影响购买决策的人员众多

同个人购买者的购买决策相比较,影响集团组织购买决策的人员更为众多,除专业的采购人员外,还要有其他相关的人员参与购买决策过程,他们共同构成采购的决策中心。在决策中心内,对购买决策发挥作用的成员如下。

(1)使用者。使用者是指具体使用所采购产品或服务的人员。使用者在购买决策中的作用一般是,在采购的最初阶段从使用角度提出建议,他们的意见对选择产品的功能、品种、规格等方面起着重要作用。

(2)采购者。采购者是指选择供应商、协商采购条款内容的直接实施购买行为的所有人员。采购者的作用是协助决定产品规格,其主要职能是选择供应商并与之进行具体条款的谈判。在重大复杂的采购行动中,高级职员往往也要充当采购者。

(3)影响者。影响者是指内部或外部的所有对购买决策具有直接和间接影响作用的人员。他们通常可以协助解决部分决策问题,提出不同方案的评估信息,最为重要的影响者多是汽车集团消费内部的技术人员。

(4)决策者。决策者是指集团内部有权决定采购数量和供应商的人员。在标准品的例行采购中,决策者往往就是采购者本人,而在复杂的采购业务中,决策者可能是组织的领导者。

(5)审批者。审批者是指那些有权批准决策者或采购者购买方案的所有人员,一般是重大购买行动的领导小组或最高机构。

(6)控制者。控制者是指那些有权控制汽车集团消费内/外相关采购行动信息的流动人员。他们均有权阻止供应商的推销人员同本组织内部的具体使用者、决策者发生直接的联系。

有鉴于此,汽车厂家应当派出训练有素、有专业知识和人际交往能力强的推销代表,与买方的采购人员或决策者打交道。市场营销人员必须经常关注下列问题:最主要的决策参与者是谁？他们所能影响的决策有哪些？其各自对采购决策的影响程度如何？各决策参与者的评估标准是什么？只有在弄清采购者上述决策状况，营销者才有可能采取具有针对性的促销和公关措施。

7．购买的行为方式比较特殊

特殊的购买行为方式主要体现为以下几点。

（1）直接购买。集团组织购买者往往直接向生产厂家采购所需的产品，而不通过中间商环节。

（2）互惠采购。互惠采购是指在供应商与采购者之间存在互购产品项目时，各自向对方提供优惠，实施互惠采购。

（3）租赁。租赁是指在不占有产品所有权的条件下，通过支付租金来取得某些产品使用权的采购方式。如某些特种汽车、专用汽车等产品的单价很高，用户又不是经常使用，租赁方式可以解决用户的资金困难。

8．需求具有派生性

派生需求又称为引申需求或衍生需求，集团组织购买者为了给自己的服务对象提供合适的产品或服务，可能导致其需要购买合适的汽车产品。这个特点要求汽车厂家的营销人员，不能只关注自己的产品销售，还必须重视研究集团组织购买者的用途。

9．短期的需求弹性较小

相对私人汽车消费者而言，集团组织购买者的需求价格弹性要小得多，特别是短期内需求受价格变动的影响不大。如汽车再生产者由于其制造工艺不可能在短时期内进行重大变革，不会因为汽车零部件或中间性产品的价格上涨而减少购买，也不会因为价格下跌而增加购买。有的组织购买者面临的选择机会不多，如地方政府或行业公会规定本地的组织用户只能选购本地产汽车，排挤外地产品；或者由于产品的特殊性，供应商数目有限等。这些原因都使得需求弹性减小。

10．需求的波动性较大

集团组织购买者对汽车的需求要比个人购买者的需求具有更大的波动性。根据现代社会生产的供应链管理原理，处于供应链下游企业的需求变化，会因为供应链上游的企业层层放大或缩小，最终导致供应链上游企业销售的剧烈波动。此外，可能受到整个经济形势的影响，组织市场的需求也会产生较大波动，如宏观经济形势不好，政府会削减财政开支，将直接减少政权机构和部分事业单位的汽车需求，同样企业和运输部门也会因为经营状况下降而减少或者推迟汽车购买，最终形成汽车的集团组织市场需求大幅下降。

5.4.2 汽车集团组织购买行为类型

集团组织购买行为模式不同于个人购买行为模式，其复杂程度要高得多。从购买活动的类型看，主要包括以下三种基本类型。

1．直接重购

直接重购是指采购部门根据过去的一贯性需要，按原有订货目录和供应关系所进行的重复购买。在这种类型的购买行为中，集团组织的采购人员做出购买决策的依据是过去的经验，是对供应商已往的满意程度。由于这种购买行为所涉及的供应商、购买对象、购买方式等均为往常惯例，因此无须做出太多新的采购决策，它属于一种简单的购买活动。

直接重购的优点是便于供应商保持产品和服务的质量，并在这一过程中努力简化购销手续、节省购买者时间、稳定供应关系。但对于新的供应商来说，这无疑加大了其进入组织市场的难度，因此其营销活动应注意先从零星的小额交易打开缺口，再逐渐扩大市场占有率。

2. 修正重购

修正重购是指用户为取得更好的采购工作效果而进行修正采购方案、改变产品规格、型号、价格等条件或改变新供应商的情形。这种购买类型的采购行为比直接重购复杂，它要涉及更多的购买决策人员和决策项目。

修正重购有助于刺激原供应商改进产品和服务质量，还给新供应商提供了竞争机会，从而有助于用户降低采购成本。

3. 新购

新购是指购买者对其所需的产品和服务进行的第一次购买行为。这是所有购买情形中最为复杂的一种，因为它通常要涉及多方面的采购决策。

新购时，购买者面对的采购金额和风险越大，采购决策的参与者就会越多，制定采购决策所需的信息就越多，决策所花费的时间也就越长。但对于所有的市场营销者来说，都是一个很好的机遇，可以充分利用组织购买者新购的机会，努力开辟组织市场。供应商可以派出自己的专业推销人员，接近对购买决策具有影响作用的重要人物，向他们提供各种相关的信息和帮助，促使用户减少顾虑和疑问。对于大型的新购业务机会，许多供应商都要派出自己的推销使团，大公司还往往设立专门机构来负责对新购用户的营销。

另外，对于企业的市场营销来说，辨识新购过程的不同阶段是非常重要的，它可以帮助营销者实现与购买者的沟通。一般情况下，任何新购都要经历认识、兴趣、评估、采购、使用等几个阶段。在不同阶段上，信息源对于购买者的决策影响各不相同。在认识阶段，大众媒体的效果较好；在兴趣阶段，推销人员的影响较大；在评估阶段，反映技术状况的信息更为重要；而在采购和使用阶段，服务的作用就相当大了。

5.4.3 影响汽车集团组织购买行为的主要因素

集团组织购买行为是一种理性行为。所以集团组织购买行为实际上要受到经济和个人双重因素的影响，但如果要具体分析，这里的主要影响因素还可以被进一步区分为以下几种类型。

1. 环境因素

集团组织购买行为不可避免地要受到各种环境因素的影响，如经济运行状况、政治环境、社会舆论监督、科技进步作用等。

2. 组织因素

组织因素是指购买者内部采购部门自身的目标、政策、程序、结构、制度等方面的设置状况。在现代市场经济中，组织因素的变化大体呈现出以下趋势。

（1）采购部门地位上升。在传统的组织结构中，采购部门在管理层次上一直居于不重要的位置，但随着市场经济的发展，无论何种机构对运行成本的控制都越来越重视了。这促使采购部门在组织中的地位得以提升，具体表现在采购部门级别提高，采购部门专业人员比例增加等。

（2）采购权力集中。在传统的集团组织中，采购权是下放和分散的。例如，在有多个事业部的企业里，采购活动是由企业下属的各事业部分别执行的，政府采购也是由政府各部门分别进行部门所需物品的采购。但目前的趋势是向着集中采购的方向发展，即设立独立的采购部门，专门负责集团组织所需的各种物资、物品或货物的采购，实现专业化采购。这种机制有利于提高采购的专业化水平，有利于对采购环节进行集中监督，有利于形成规模采购，增加对供应商的谈判力量，节约采购成本。

（3）合同长期化。组织购买者越来越注重同那些信誉较好的供应商保持长期的合作关系，同他们签订长期的购销合同。这种方式的优点是可以将组织的运行成本保持在一个较稳定的水平上，从而有助于其产品或服务的价格具有稳定性。

（4）加强采购绩效评估。相当多的组织正在试图通过制定奖励制度来激励那些成绩斐然的采购人员，以促使他们关心组织的总体利益，努力为组织争取较好的供货条件。

3. 人际因素

集团组织购买行为的人际因素是指集团组织内部各机构不同人员之间的关系，其主体是不同地位、不同职权、不同情趣、不同说服力的各类参与者之间的关系。对于营销者而言，应当充分了解客户组织的人际关系状况，确定每个人在购买决策中扮演的角色及其影响力的大小，利用这些因素促成交易。

4. 个人因素

这里所谓的个人因素，主要是指组织购买者中每一个参与购买活动的人员，各自在购买动机、个人经历、喜爱偏好等方面的因素。这些个人因素往往受到个人年龄、收入、受教育水平、职业、性格以及对风险态度等要素的影响。营销者了解个人因素，有利于对不同参与者采取不同的促销和公关措施。

5.4.4 汽车集团组织购买决策的过程

集团组织购买活动属于理性购买，是一个比较复杂的过程，采购活动包括使命各不相同的多个阶段。通常，市场营销学将这种采购决策过程划分为提出需要、确定需要、说明需要、物色供应商、征求供应建议书、选择供应商、签订合同、绩效评价8个阶段。对于新购业务类型来说，一般包括这8个采购阶段，属于完整的采购过程；而对于修正重购和直接重购两种业务类型而言，可能跳过某些阶段，所包括决策过程的阶段要少一些，尤其以直接重购包括的决策阶段最少，这两种决策过程都属于不完整的采购决策过程。

（1）提出需要。通常是企业为解决某一问题而提出新的采购需求。产生这一过程的原因可能是因为企业自身的需要，如企业规模扩大；可能是由于市场上技术的进步和新产品的出现；可能是企业决定推出某种新产品，扩大市场规模；可能是原来供求关系发生变化等。

（2）确定需要。企业在认识到需要以后，要确定所需购买的品种特征和数量。

（3）说明需要。企业的采购中心在确定需要后，会指派专家小组，对所需品种进行价值分析，进行详细的技术说明。同时，制定所需购买物品的具体技术和规格指标，如所需购买车辆的种类、价格范围、性能等。

（4）物色供应商。企业必须寻找所需品种的供应商。如果是初次采购，或所需品种复杂、价值高，该过程就会相对复杂些。

（5）征求供应建议书。企业会邀请其认为合格的供应商提交供应建议书。对于复杂的采购项目，采购人员应要求基本符合企业需求的供应商提供详细的书面建议，以供选择。

（6）选择供应商。在有了上述工作之后，采购者就能掌握比较丰富的信息，并且从中选定合适的供应商。通常，决策中心的成员将对供应建议书进行讨论，在产量、质量、价格、信誉、技术服务、及时交货能力等方面做出评价，并依据分析结果认定各个供应商的吸引力，最终决定供应商。

（7）签订合同。决定供应商以后，企业会根据所需产品的技术说明书、需要量、预期交货时间、退货条件、担保书等，与供应商签订最后的订单。另外，如果采购方有意与供应方建立长期供货关系，在这个过程中，还要添加签订长期供货合同的步骤。

（8）绩效评价。同消费品购买过程中有购后行为一样，汽车集团消费用户完成采购后，采购部门也会根据最终的使用情况对此次采购做出评价。为此，采购部门要听取各方使用者的意见。这些使用者一般分散在企业的各个部门。这种对供应商的绩效评价，可能促使集团消费用户继续与该供应商保持联系，也可能导致他们修正或停止采购。

总之，汽车产品的集团组织购买行为与个人购买行为很不相同，市场营销人员必须了解客户的需求、采购决策的特点等，然后在此基础上按客户的具体类型设计出合适的营销计划。

5.4.5　汽车集团组织的购买方式

集团组织在采购过程中，常常要选择合适的购买方式。常见的购买方式有以下两种。

1．公开招标选购

公开招标选购即集团组织的采购部门通过一定的传播媒体发布广告或发出信函，说明拟采购的商品、规格、数量和有关要求，邀请供应商投标。招标单位在规定的日期开标，选择报价较低和其他方面合乎要求的供应商作为中标单位。这种招标方式常用于政府采购、再生产者配套采购、重大工程项目建设单位装备采购等场合。

采用招标方式，集团组织会处于主动地位，供应商之间会产生激烈的竞争。供应商在投标时应注意以下问题。

①自己产品的品种、规格是合符合招标单位的要求。非标准化产品的规格不统一，往往成为投标的障碍。

②能否满足招标单位的特殊要求。许多集团组织在招标中经常提出一些特殊要求，如提供较长时间的维修服务、承担维修费用等。

③中标欲望的强弱。如果企业的市场机会很少，迫切要求赢得这笔生意，就要采取降价策略投标；如果企业还有更好的市场机会，只是来尝试一下，则可以适当提高投标价格。但无论如何，报价均要求在合理的范围内，恶意的低价竞争不一定能够中标，因为招标单位对价格一般进行过调查，有一个标底价。过分远离这个价格，招标单位可能会淘汰投标单位。

有时，招标单位对投标单位要进行资质审查。例如，汽车再生产者对零部件或中间性产品的配套采购，就要对各个拟投标的供应商进行资格审查，看其产品质量是否能够通过本企业质量部门或产品试验部门的质量认定，考察其是否具有必要的融资能力等。所以供应商在投标前应了解招标单位的决策过程，事先做好必要的准备工作。

2．议价合约选购

议价合约选购即集团组织的采购部门同时与若干供应商就某一采购项目的价格和有关交易条件展开谈判，最后与符合要求的供应商签订合同，达成交易。汽车产品的大宗订单、特殊需求订单一般均采取此种购买方式。

【案例 5.1】

阿雯选车的故事

阿雯是上海购车潮中的一位普通上班族，35 岁，月收入近万元。以下真实地记录了在 2004 年 4 月至 7 月间，她在购车决策过程中如何受到各种信息的影响。

阿雯上班的工作地点离家较远，加上交通拥挤，来回花在路上的时间要近三小时，看到周边的朋友与同事纷纷加入了购车者的队伍，她的购车动机也变得越来越强烈了。

只是这时候的阿雯除了坐车的体验、直觉上喜欢漂亮的白色、流畅的车型和几盏大而亮的灯外对车一无所知。

1. 初识爱车

阿雯是在上司的鼓动下去驾校学车的。在驾校学车时，未来将购买什么样的车成为几位学车者的共同话题。

"我拿到驾照，就去买一部 1.4 自排的 Polo。"一位 MBA 同学对 Polo 情有独钟。虽然阿雯也蛮喜欢这一款小车的外形，但她不会购买 Polo，因为阿雯有坐 Polo 的体验，那一次是 4 个女生（在读 MBA 同学）上完课，开 Polo 出去吃中午饭，回校时车从徐家汇汇金广场的地下车库开出，上坡时不得不关闭空调才能爬上高高的坡，想起爬个坡便要关上空调，这实实在在地阻碍了阿雯对 Polo 的热情，虽然有不少人认为 Polo 是女性的首选车型。

问问驾校的师傅吧。师傅总归是驾车方面的专家，"宝来，是不错的车。"问周边人的用车体会，包括朋友的朋友，都反馈过来这样的信息：在差不多的价位上，开一段时间，还是德国车不错，宝来好。阿雯的上司恰恰是宝来车主，阿雯尚无体验驾驶宝来的乐趣，但后排的拥挤却已先入为主了。想到自己的先生人高马大，宝来的后座不觉成了胸口的痛。如果有别的合适的车，宝来只会成为候选吧。

不久，一位与阿雯差不多年龄的女邻居，在小区门口新开的一家海南马自达专卖店里买了一辆福美来，便自然地向阿雯做了"详细介绍"。阿雯很快去了家门口的专卖店，她被展厅里的车所吸引，销售员热情有加，特别是有这么一句话深深地打动了她："福美来各个方面都很周全，反正在这个价位里别的车有的配置福美来都会有，而且只会更多。"此时的阿雯还不会在意动力、排量、油箱容量等抽象的数据，直觉上清清爽爽的配置，还有销售人员正对阿雯心怀的介绍，她乐颠颠地拿着一堆资料回去，福美来成了阿雯心中的首选。

2. 亲密接触

阿雯回家征求先生的意见。先生说："为什么放着那么多上海大众和通用公司的品牌不买，偏偏要买海南货？它在上海的维修和服务网点是否完善？"两个问题马上动摇了阿雯当初的方案。

阿雯不死心，便想问问周边驾车的同事对福美来的看法。"福美来还可以，但是日本车的车壳太薄。"宝来车主有多年的驾车经验，他的一番话对阿雯还是有说服力的。阿雯感到无所适从，于是，她开始关注汽车杂志，随着阅读的试车报告越来越多，阿雯明确了自己的目标，价位在 8 万元左右的车，包括上海通用的别克凯越与别克赛欧、上海大众的超越者、一汽大众的宝来、北京现代的伊兰特、广州本田的飞度 1.5、神龙汽车的爱丽舍、东风日产的尼桑阳光、海南马自达的福美来、天津丰田的威驰。阿雯还附上了各款车的排量、最大功率、最大扭矩、极速、市场参考价等一行行数据，甚至于 4S 店的配件价格。经过反复比较，阿雯开始锁定别克凯越和本田飞度。

阿雯开始进入别克凯越的车友论坛，并与在上海通用汽车集团工作的同学 B 联系。听了同学提供的信息，阿雯增强了对别克凯越的信心，也知道了近期已另有两位同学拿到了牌照。但不幸的是，随着对别克凯越论坛的熟悉，阿雯很快发现，费油是别克凯越的最大缺陷，想着几乎是广本飞度两倍的油耗量，阿雯的心思又活动了。还有广本飞度呢！精巧、独特、省油、新推出1.5VTEC发动机的强劲动力、活灵活现的试车报告，令阿雯忍不住想说就是它了。何况在论坛里发现广本飞度除因是日本车系而受到抨击外没有明显的缺陷。正巧这一阶段又推出了广本飞度的广告，阿雯精心地收集了有关广本飞度的每一个文字，甚至于致电广本飞度的上海4S店，追问其配件价格。维修人员极其耐心的回答使她对飞度的印象分又一次得到了增加。

到此时，阿雯对电视里各种煽情的汽车广告却没有多少印象。由于工作、读书和家务的关系，她实在没有多少时间坐在电视机前。而地铁里的各式广告，按道理是天天看得到，但受上/下班拥挤的人群影响，阿雯实在是没有心情去欣赏。

只是纸上得来终觉浅，周边各款车的直接用车体验对阿雯有着一言九鼎的说服力，阿雯开始致电各款车的车主了。

朋友C已购了别克凯越，问及行车感受，反馈别克凯越是款好车，值得购买。

同学D已购了别克赛欧，是阿雯曾经心仪的SRV，质朴而舒适的感觉。同学说空调很好，但空调开后感觉动力不足。

朋友E已购了广本飞度1.3，她说轻巧、省油，但好像车身太薄，不小心用钥匙一划便是一道印痕，有一次去装点东西感觉像"小人搬大东西"。

周边桑塔纳的车主、Polo的车主等，都成为阿雯的"采访"对象。

3. 花落谁家

阿雯的梦中有一辆车，漂亮的白色、流畅的车型、大而亮的灯，安静地停在阿雯的面前，等着阿雯坐进去。但究竟花落谁家呢？阿雯自己的心里知道，她已有了一个缩小了的备选品牌范围。但究竟要买哪一辆车？这个"谜底"不再遥远……

【案例5.2】

车奴是这样炼成的

小张最近买了一辆自动豪华型汽车。

他最初的计划只是想买一辆代步车，总价在五六万元左右的二手车。有同事说，五六万元应该可以买辆新车了。小张觉得有道理，于是便把买二手车的计划放弃了。

小张选定了"普桑"。可是一些朋友说了，"普桑"太平常了，也不像家庭用车，加上二三万元，可以买更好的车型。小张想想也对。于是他把购车资金从五六万元升至八九万元。

小张到汽车城挑车。导购员说，八九万元的车只能算是入门级，如果能再加一两万元，就可以买到更好的车。小张一思考也对，自己是工薪阶层，以后不可能换车，如果再加1万元可以买到更好的车，何乐而不为呢。于是，小张把购车资金提高到了10万元。导购员对他说，如果是自动恒温空调，驾驶的时候会感到更舒适；CD如果是六碟的，那就不需要经常换碟了；如果有天窗，当有阳光的时候，带家人去兜风，会更惬意……小张觉得都有道理。车子选定后，车价飙升到了12万元。

小张准备下单了。回来后，不少同事、朋友说，车价有点高了，如果买这车，不如再加点钱，买辆自动豪华型的。小张考虑了一下，觉得这个建议挺好。

于是，他把所有的银行存款都取了出来，用17万元买了一辆几乎集所有"优点"于一

· 115 ·

身的新车。

小张每天开着这辆车，却很忧虑。因为养车每月需要 1000 多元，家里没有了余钱，心里总是空落落的。前段时间，小张的母亲患了一场大病，他不得不向别人借了 5 万元。本以为有了车自己会很快乐，谁知自己却被这辆车"套"住了。

【案例5.3】
一次成功的交易

一天，我在展厅值班，进来两位男士，其中一个戴眼镜的背个包（双肩式），手里还领着个大兜子，便装；另一个也是便装，手里东西不多，就是挎着一个男包，两个人都是 40 岁左右的样子。我走上去接待，简单寒暄一下，这两位就直接向我咨询一款车（一款顶级豪华车），戴眼镜这位比较主动，问了很多问题，"这个车多少钱啊？都有什么配置和功能？多久能提到车？售后服务如何？保养一次多少钱？多久做一次？"我注意到他还拿着一个本子在记着什么，而且这个本子不是普通随便抄来的一个破本子，虽然比较旧了，不过看起来还算高档，包装精致，内页质量也不错，样式简洁，而且已经用掉多一半了。

根据以上观察，我得出以下几个结论。第一，从他背着包这点来看，应该是刚下飞机（火车、汽车……）就直接过来了，不然会先把东西放下再来，行动就方便多了。可见，他对这事很重视，也很急迫，也就是说，这是一个马上要办的，并且要办好的事，而且很有可能是来北京专门买车的。第二，从来人的数量和性别看，很有可能是公司客户。第三，从他问的问题判断，他们的采购流程已经处于中/后期阶段。第四，从他记录的习惯，很有可能是公司专门负责采购或者行政的人。最后一点，也是最直接的，就是他的神情、说话的语气，经验和感觉告诉我，这个人马上要买！

到这一步，我做了一个关键动作，那就是把两位客人请到洽谈室里，坐下详聊。这看似是一个很平常的行为，为什么说是关键呢？那先要分析一下目前的形式。第一，客人来到展厅，就轻易不要让他离开，离开之后再让他回来就难了。第二，增加客户的采购成本，这里的成本可以是时间、精力、承诺等。第三，目前客人可能已经有了具体的采购标准，但我还不了解，而且我要尽可能地修正这个标准向有利于我的方面发展。所以，我把两位客人请到洽谈室，端上茶，倒上水，再敬上烟，开始了细节上的交谈。

经过交谈，我得知他们是××公司的，要买车。戴眼镜那位叫朱总，是公司负责内部采购（非生产性采购）的总监，另一位是北京这边的一个司机。因为公司老总要过来参加一项大型活动的开幕式，就是给他用的车。同时，公司太大，虽然总部不在北京，但是北京分公司确实非常重要，因为有很多领导、客户会经常到北京开会，接待任务特别多，所以也需要购置一辆比较好的车，这才要买车。

两位客户的身份弄明白了，交谈也有重点了，具体的细节当然是跟朱总谈，但是司机也不能忽视，如果没安排好司机，让人家觉得被怠慢了，他反而可能会起到很强的破坏作用。比如，毕竟朱总对北京不是很熟，可能看车的行程上都要由司机来安排，如果他不想让我做成这笔生意，只要带这位朱总多绕几圈就行了，说点坏话，"这家公司口碑不怎么好，经常听说有客户投诉他们，一点信誉没有，服务态度还不好"等，我想朱总到时也不敢冒这个险，担这个责任了；反过来说，如果司机愿意帮我们，那就更容易了，他只要把朱总带去几个没实力的地方，再说几句我们的好话，那自然就倾向于我们了。所以，我在整个聊天过程中不断照顾到这个司机，很尊重他，也会经常征询他的意见，给人一种很贴心的感觉，临走的时候，我还偷偷地暗示，因为以后车都是他开，他来保养维护，就一直会是我们俩联系了，提车之后我会送他一些小礼物表示感谢什么的，当然这是后话了。

在交谈过程中，朱总那边的情况逐渐明晰了。第一，××公司很大，管理很规范，采购有完整和成熟的流程，虽然烦琐和耗时，但一定要遵守。比如，我们要给他提供很多文件，要先报价，还有服务条款等，这些都要形成书面材料。这些材料拿回去后，先要北京分公司的王总认可（毕竟以后他们是使用部门），要符合他们的采购标准和预算，然后还要财务部审核通过，时间确实比较长。第二，他们的采购标准也知道了。这次买车的最主要原因是接待公司老总参加大型活动的开幕式，所以品牌一定要非常高端，车型就是顶级豪华车，纯粹商务用车，对车的动力、安全性、舒适性等都有非常高的要求（其实这个肯定没问题，因为要买这个档次的车，价格也比较透明，在他们预算范围内就没问题了）。在供应商的实力方面，他们要求供应商必须是有实力而且在行业内比较知名的公司才行，一个是要符合他们公司的形象，另一个也是对质量的保证。在售后服务方面，因为汽车使用的时间比较长，而且是顶级豪华车，技术含量比较高，尤其还是公司用户，就不会像个人那么灵活，所以后期的保养维护一定要能保证，必须给他们提供高品质的售后服务，而且要有一些增值服务。第三，他们还有一个强制性的要求，那就是车一定要在 7 月 31 日前办好一切手续，否则一切免谈。因为开幕式是 8 月 8 日，公司老总会提前一两天来，等办好车牌还要留出几天熟悉车辆的时间，所以至少要在 7 月 31 日前全部办妥，这时只剩下一周的时间了。

根据这些信息，我就有了一套与他们沟通的策略。第一，由于是公司采购，并且有一套严格的流程，而且朱总是个思维严密、做事很有条理的人，我在向他介绍我们公司的情况和车型的时候，也要采用非常有逻辑的方式。为了投其所好，我也拿出纸笔来，给他在纸上列明我们的优势，能给他带来什么，最后形成的就是一个有针对性介绍了。第二，他提出的采购标准，我们基本都能满足，重点就是让他觉得我们公司是最合适的就可以了。像这种对价格不太敏感的客户，价格问题尽可能地放在最后讨论，先把其他的情况说清楚了。一般来讲，这么大的公司不会倾向购买价格最便宜的产品，所以我也不用在价格上和他纠缠过多，一个是我没有这个降价的权利，再一个价格问题不好谈，谈不拢了可能其他的优势就都给抹杀了。至于售后服务，因为××公司就是一个以非常好的售后服务著称的公司，所以他们一定非常重视这方面，我就在怎么提高优质的服务上做详细的介绍。在这方面，我们还是有一定优势的。但服务不是看得见摸得着的，说起来比较虚，往往是一种承诺，那么客户就会怀疑到时候能不能兑现。所以在介绍服务时，要着重说明我们的服务标准和流程这些可以量化、具体的东西。

除了上面说的，还要用其他的方法对客户施加影响力，如我给他看了近期的几份销售合同，都是这个车型的，除让他知道这个车的价格情况外，还有一个意思是这车卖得不错，口碑很好，其他大公司也用这款车。再展示一下自己公司的实力，如获得过什么什么荣誉，在北京有多少家分店，有几个售后服务站等。总之，一切要围绕对方的利益，除满足其要求外，最好能有额外的惊喜，让他能够圆满地完成一个任务，继续增强他在组织中的权威性和影响力。

整个交谈大概用了 2 个小时的时间，我觉得很成功，因为首先对客户的情况已经非常了解了，同时他们对我们的情况也很了解了，不仅能够满足他们的要求，而且留下了良好的第一印象。他们在我这里花了很多精力和时间成本，要放弃我们也是有代价的，人也有通性，既然这里比较满意，再去看其他家的时候总是带有挑剔的眼光，这也是我之前说的客户第一次来为什么非常重要的原因。

最后客户承诺回去和北京的王总商量后,再带他过来看一下。为给后续跟进做铺垫,我会把今天的商议内容做成一份书面文件,同时把合同准备好给他们送过去,这样他们决定起来也比较容易,只要在合同上盖个章就可以了。两天之后,朱总和王总一起过来了,经过对一些细节的确认,都没什么问题了,就带着我回他们公司取支票了。

后来从司机那儿得知,他们第一次走后,又去了几家店,有其他品牌的,也有同品牌的,但基本都是草草地看过就走了。一个是因为对我们第一印象良好,再看别的店就没有开始的那种感觉了,但采购流程如此,不能不看。再有一个原因就是时间紧迫,不能耽搁,到时候公司老总来北京没有车用可不是开玩笑的事,所以他们很快就做出了决定。

分析与思考

1. 用户购买行为一般包括哪三个过程?
2. 简述个人用户市场的基本特征。
3. 个人购买行为类型有哪几种?各有何特点?
4. 简述个人购买行为的影响因素。
5. 在个人购买决策过程中的 5 个阶段,企业和营销人员应采取怎样的方法?
6. 试运用消费者决策过程的 5 个阶段模型分析案例 5.1 中阿雯购车行为的类型和所经历的相关阶段。
7. 结合案例 5.3,分析集团组织用户购买行为的特点及影响因素。

课程实践

1. 目标

能够运用所学知识对不同类型客户的购买行为进行分析并进行适当的引导。

2. 内容

去汽车"4S"店或汽车超市观察客户的购车行为,对不同类型的客户购买行为进行总结分析,写出总结报告。

3. 要点及注意事项

一定要到汽车销售企业进行实地的体验,观察要认真细致并做好记录。将分析结论与理论上的行为模式特点进行对比,看看是否符合。

第 6 章 汽车市场调查与预测

【学习目标与要求】
1. 熟悉汽车市场调查的主要内容与步骤。
2. 熟悉汽车市场调查的基本方法。
3. 了解汽车市场调查的基本技术。
4. 熟悉汽车市场预测的主要内容与步骤。

在竞争环境中如何获取与汽车市场相关的信息是进行汽车营销最有利的前提条件。如何采用科学有效的方法，把汽车消费者、社会公众、汽车企业等信息系统地收集、整理和分析，从而掌握市场变化的趋势和机会，是企业制定有效的营销策略和规划发展战略的关键。

6.1 汽车市场调查

汽车市场调查是指运用科学的方法，对汽车用户及其购买力、购买对象、购买习惯、未来购买动向和同行业的情况等方面的资料有目的、有计划、系统地收集、整理和分析，从而获取有效信息，作为汽车市场预测和营销决策的依据。具体地说，就是以商品的购买人（个人或团体）和市场营销的组合各要素为对象，运用科学的方法收集、记录、整理和分析所有情报信息资料，从而掌握市场的现状及其发展趋势的一种经营活动。

6.1.1 汽车市场调查的作用

随着经济的日益发展，汽车市场机制日趋完善，各汽车企业的产品大量生产，在产品、服务等方面的差异日渐缩小，为增强企业在竞争中的优势，对汽车市场的调查显得尤为重要。市场调查是汽车企业营销活动的出发点，是整个市场营销领域中的重要元素，汽车市场调查的作用大致有以下几个方面。

1. 为汽车企业决策提供依据，有利于汽车企业制定科学的营销规划

市场调查为企业的经营决策者提供了信息平台，通过市场调查，分析市场、了解市场，企业决策者才能根据市场需求及其变化、市场规模和竞争格局、消费者意见与购买行为、营销环境的基本特征科学地制定和调整企业的营销规划，做出有利于企业可持续发展的合理决策。

2. 有利于汽车企业开拓市场，开发新产品

通过市场调查，企业可发现消费者尚未满足的需求，测量市场上现有产品及营销策略满足消费需求的程度，从而不断开拓新的市场。营销环境的变化，往往会影响和改变消费者的购买动机和购买行为，给企业带来新的机会和挑战，企业可据此确定和调整发展方向，开发新产品。

3. 有利于汽车企业在竞争中占据有利地位

汽车市场的竞争愈加激烈，情况也在不断变化。市场上的各种变化因素有些是可控的，如产品、价格、分销、广告等，企业对这些因素可进行一定程度的调节；有些因素是不可控的，如国内/外的环境因素，是企业依靠自身的力量无法控制和驾驭的。因此，汽车企业必须及时了解各种信息，调整可控因素以适应不可控因素的变化情况，才能够在激烈的市场竞争中赢得商机，使本企业在竞争中占据有利地位。

4．有利于汽车企业经营管理水平的提高

信息化时代，科学技术发展迅猛，新发明、新创造、新技术层出不穷。通过市场调查所得到的情况和资料，有助于企业及时了解世界各国的经济动态和有关科技信息，为本企业的管理部门和有关决策人员提供科技情报的支持。

5．有利于企业销售人员的成长

销售人员必须了解市场环境，掌握市场动态，才能够更好地运用销售技巧，开发潜在客户。

目前，在我国的汽车营销实践中，市场调查正逐步受到决策者的重视，但它仍是一个薄弱环节，尚需加强市场调查，并且要提高市场调查的准确度。

6.1.2 汽车市场调查的主要内容

市场调查涉及营销活动过程的各个方面，按照不同的分类方法可以把汽车市场营销调查分为很多种类。常见的有社会环境调查、市场需求调查、产品调查、市场营销活动调查、竞争对手调查等。

1．社会环境调查

社会环境调查包括政治环境调查、经济环境调查、文化环境调查、气候地理环境调查等。其中政治环境调查包括对政府的经济政策、政治体制、政策的连续性和稳定性等方面的调查；经济环境调查包括对经济发展水平、经济特征、贸易政策和法规等方面的调查；文化环境调查包括对地域文化、民俗、生活习惯等方面的调查；气候地理环境调查包括对气候、地貌、资源、生态等方面的调查。

2．市场需求调查

市场需求调查包括需求量调查、消费结构调查、消费者调查等方面。其中需求量调查包括货币收入、人口数量等内容；消费结构调查包括人口构成、家庭规模和构成、收入增长状况、汽车产品供应状况及价格变化等内容；消费者调查包括人群特征、认知、行为方式、信息来源等内容。

3．产品调查

产品调查包括产品生产能力调查、产品实体调查、产品生命周期调查、产品价格调查等方面。其中产品生产能力调查包括原材料及零部件供应、生产线、技术水平、人力资源、资金等内容；产品实体调查包括对产品本身的性能质量、规格、品种等内容；产品生命周期调查包括导入期、增长期（成长期）、成熟期、衰退期的内容；产品价格调查包括对产品原料成本、加工成本、运输成本、上市价格等内容。

4．市场营销活动调查

市场营销活动调查包括分销渠道调查、促销调查、销售服务调查等。其中分销渠道调查包括中间商（批发商、零售商、代理商等）的选择和利用情况的调查、仓库地址调查、运输工具的安排和利用调查、交货期和销售费用的调查；促销调查包括广告调查、人员推销调查、各种营业推广调查及厂商形象调查；销售服务调查包括消费者需要的服务内容和形式、消费者的品牌偏好、消费者对本企业产品的满意度、竞争对手服务内容、形式和质量等的调查。

5．竞争对手调查

竞争对手调查主要是对竞争对手的营销组合、其产品的市场占有率和企业实力等进行调查，以了解竞争对手的情况。具体包括以下内容：有没有直接或间接的竞争对手，如有是哪些；竞争对手所在地和业务范围；竞争对手的资金状况、生产规模；竞争对手汽车产品的类型、价格、质量、服务水平；竞争对手在消费者和客户中的声誉和形象；竞争对手的技术水平和新产品开发经营情况；竞争对手的销售渠道和促销方式；竞争对手的整体广告宣传手段和广告策略；现有竞争的程度（市场占有率、市场覆盖面等）；潜在竞争对手的状况。

6.1.3　汽车市场调查的步骤

汽车市场调查一般可分为调查准备阶段、调查实施阶段和分析总结阶段，其主要内容如下。

1．调查准备阶段

这是调查工作的前期准备阶段，这一阶段非常重要，准备工作充分与否直接关系到整个调查工作的成败。这一阶段主要包括以下工作。

（1）初步情况分析。汽车市场调查工作的第一步工作就是分析初步情况，明确调查目标，确定指导思想，限定调查的问题范围。汽车企业市场营销调查的范围很广，每次调查不可能面面俱到，只能就本企业经营活动的部分内容展开调查。

（2）成立调查工作小组。为使调查工作的顺利进行要有组织、有计划才行，所以成立专门的调查小组是很必要的。如果调查活动涉及的内容较多、部门较多、工作量大，还需要成立调查领导小组。调查小组的职能是具体完成调查工作，其成员包括企业的市场营销、规划、技术研究、经营管理、财务等方面的人员，而调查领导小组的成员一般包括相应部门的负责人。

（3）确定调查目标，拟订调查计划。企业一般是为解决生产经营中某些方面的问题而进行市场调查的，以得到正确、实用的调查结果，如新产品开发问题、企业产品的市场占有率下降原因等。在多数情况下，目标并不是很具体的，只表现为企业的一个大致的意图，因此市场调查部门的首要任务是确定调查的主题，即找出问题的关键所在，把握住问题的范围，使整个调查过程围绕明确的调查目标而展开。否则，便会使调查工作带有盲目性，造成人、财、物的浪费。

拟订调查计划就是确定调查方案，其工作内容较多，包括确定调查项目、确定信息来源、选择调查方式、估算费用、填制调查项目建议书和安排调查进度、编写调查计划等。

①确定调查项目。确定调查项目即根据已确定的调查题目设置具体的调查项目。与调查目标有关的因素有很多，但从人力、时间及必要性考虑，不可能也不必要把这些因素都设置为调查项目。调查项目越多，需要的人力、经费就越多，时间就越长，因此要对诸多因素的重要程度进行比较，以决定取舍；在不影响调查结果的大前提下，还应综合考虑费用的多少、统计能力的强弱等因素。

②确定信息来源。确定信息资料来源指确定获取文字资料的渠道与获取实地调查资料的市场调查方式。获取文字资料的途径有很多，如通过企业的各种报表、原始凭证，以及图书馆、统计部门、情报机构等公共机构。

③选择调查方式。调查方式的确定，包括确定调查地点、调查对象。应根据调查项目选择具体的调查范围。调查对象的确定要以能客观、全面地反映消费者的看法和意见为宗旨。

④估算费用。企业用于市场调查的费用支出是有限的。调查目标不同、调查方法及调查

项目多少不一，所需费用不相同，而调查规模、方式对费用更是有着直接影响。如何使用有限的费用，获得准确的调查结果，是市场调查部门应认真对待的问题。这就需要调查部门对调查所需的各项费用做出估算。调查单位应将检索费、资料费、文件费、交通费、统计费、交际费等的估算情况写成一份详细的调查费用估算单，供企业审阅。

⑤填制调查项目建议书。调查单位应将所确定的调查项目、资料来源、调查内容、调查方式、费用估算等以调查项目建议书的方式提交给企业。

⑥安排调查进度。合理安排调查进度是调查工作能按质、按期完成的有力保证。调查进度的安排要服从于调查项目，将各个调查项目具体化、明确化。每一进度中所要完成的工作内容，所需人力、经费、时间限定等都应在进度表中表现出来。

⑦编写调查计划。在进行正式调查之前，应把前几个步骤的内容编写成调查计划，以指导整个调查的进行。

⑧编写调查表格或调查问卷。调查表格是调查的形式和工具。调查表的好坏，直接关系到调研目标是否能够达到。编写调查表的水平也反映了调查小组的工作水平和调查结果的水平。因此编写调查表非常重要。为此，调查者在编写表格时应符合以下要求：

第一，尽量减轻被调查者的负担。应避免那些与调查者关系不大或是可隐含得到答案的问题，省略让调查者需要反复计算的问题。

第二，问题要具体，用语要准确，让被调查者选择的主要答案尽量完备。

第三，调查题目没有诱导性。

第四，调查的问题被调查者有能力回答或是愿意回答。

第五，问题应简单明了，问题间具有一定的逻辑顺序。

第六，要有基本的填写说明及其他事项，如调查的背景、目的等，以让调查者理解和支持调查活动。

2．调查实施阶段

这个阶段包括收集、整理和分析信息资料等工作。

调查中的数据收集阶段是花费时间最多且又最容易失误的阶段。因此，调查人员在计划实施过程中，要尽量按计划去进行，使获取的数据尽可能反映事实。这就要求调查人员应具备一定的素质，在整个信息搜集过程中能排除干扰，获得理想的信息资料。

由于从问卷和其他调查工具获取的原始资料是杂乱无章的，所以无法直接使用。市场调查人员首先应对资料进行校核，剔除不必要的、不可靠的资料，以保证资料的可靠性和准确性。校核后的资料要按内容进行分类和编码，编制每一类别的统计表。在此基础上，市场调查人员应协同营销人员利用计算机等现代数据处理方法和分析系统，按照调查目标的要求，进行统计分析，并将分析结果提供给有关方面作为参考，发现有助于营销管理决策的信息。一般使用的统计方法有多维分析法、回归分析法和相关分析法等。整理资料是一项烦琐而艰辛的工作，因此调查者必须有耐心、细致的工作作风。

3．分析总结阶段

这个阶段的工作包括编写调查报告、总结调查活动等。

（1）编写调查报告。市场营销调查报告的提出和报告的内容、质量，决定了它对企业领导据此决策行事的有效程度。写得拙劣的报告会把出色的调查活动弄得黯然失色。市场营销调查报告按内容可分为专题报告和一般性报告。前者是供专门人员做深入研究用的，后者是供企业的行政领导或公众参考的。这两种报告的撰写方式有较大差别。

①专题报告。专题报告又称技术报告，在撰写时应该注意尽可能详细，凡在原始资料中所发现的事实都要列入，以便其他专门人员参考；要以客观的立场列举事实，当调查结果对本企业不利时也应如实奉告。专题调查报告所应包含的项目大致如下。

第一项，封面。封面写明调查题目、承办部门及参与者和日期。

第二项，序言。序言应简要说明调查结论和建议事项，这也许是企业决策层所阅读报告的唯一部分，因为他们太忙并对复杂的细节不感兴趣。

第三项，正文。正文包括调查目的、方法、步骤、样本分布情况、调查表内容、统计方法及数据、误差估计、在技术上无法克服的问题、调查结果、结论和建议等。

第四项，附录。附录应尽可能多地列入有关论证和说明正文的资料，包括调查表副本、统计资料原稿、访问者约会的记录、参考资料目录等。

②一般性报告。一般性报告又称通俗报告，因阅读者众多，文化水平参差不齐，故应力求条理清晰，并避免过多引用术语。为了提高阅读者的兴趣，报告要注重吸引力。有时也可从本企业的利益出发，特别强调调查结果中对本企业有利的事实以收取宣传广告的效果。

报告内容所包括的项目要求或小标题可采用新闻标题的方法，以引人注目。关于调查方法、分析整理过程、资料目录等，只做出简要说明便可，而对调查结果的结论和建议事项可适当详细一些。在具体写作时应注意以下几个问题。

第一，要以大量的资料为依托。在撰写报告之前，需要做大量的实地调查工作，以取得第一手资料和感性认识；需要收集大量的相关资料，以使视野更为广阔，考虑的因素更为全面。可以这样说，这一步工作做得好与差，直接影响市场调查报告的质量、企业领导层的决策、企业产品的销售。

第二，要对材料予以取舍、分析、加工。在市场调查报告的撰写中，如果调查者把不能反映市场趋向的材料当成能反映市场趋向的材料，把非关键的、不起决定作用的因素当成关键、能起决定作用的因素，那么这篇调查报告就犯了一个倾向性的错误，就会对企业的资金投向、产品投向产生误导。

第三，从内容到语言都要具有高度确定性。在市场调查报告的撰写中，从内容到语言都丝毫不能出现模棱两可的现象，而需要具有高度的确定性，所使用的每一个词汇都应当是确定的。每段内容也应有确定、毫不含糊的意义，决不能让人费解。在报告中，尽可能用数量化的形式表达，让数字说话。这样的市场调查报告才具有强烈的说服力和较高的可信度。

第四，市场调查报告的形式要求。市场调查报告的标题要简洁、醒目、明确，让人一看便知其内容是什么。在前言或说明部分需点明报告的调查区域或领域、调查的时间（不能与写作时间相混淆）、所收材料的起/止日期、所使用的调查方法，以及材料即数据的处理方法。在正文部分，最好以条文的方式排版，中间可穿插纵向或横向的比较。反映趋势的部分，应以数量化材料为主，穿插典型案例描述。结论与建议必须由调查的内容或本调查报告的内容中引出，而不应是附加或作者的主观臆测。当然，对于以实用为目的的企业来说，如果该调查报告仅供企业内部使用，那么在不影响质量的情况下，就不必那么拘泥于形式了。

第五，市场调查报告写作的基本模式。写明调查的时间、地点、对象、区域、范围和数量，以及调查所采用的方法。对调查报告的主要内容做提要。对调查所获信息与资料做有层次、清晰的阐述。利用图表、统计数据和方案，对具有倾向性的问题进行深入剖析。根据以上所揭示的规律与倾向，对市场前景做出预测。

（2）总结调查活动

调查活动结束后，工作小组应对调查活动工作进行总结，交流有关经验、总结有关教训，以便为今后做好调查工作服务。

6.1.4 汽车市场调查的基本方法

市场调查的目的是调查和收集与调研项目相关的市场资料。汽车市场调查获得资料质量的好坏直接关系到项目数据整理分析及汽车市场预测的最终结果，因此，根据调研的目的和要求，选择最优的汽车调查方法是调查项目实施的重要前期步骤。

1. 市场调查资料收集的概念

市场调查资料收集是根据市场调查的任务和要求，运用科学的方法，有计划、有组织地从市场收集资料的工作过程。而市场调查则是根据调查的目的和要求，选择最优的方法，通过逐项调查，收集能够反映市场经济、社会现象以及与之相关联的市场资料的过程。

2. 市场调查资料的种类

基于不同的标准，可以将市场调查资料分成多种类型。

（1）按照市场资料和信息来源的不同，可以将市场调查资料分为内部资料（信息）和外部资料（信息）。

（2）按照获取资料过程的不同，可以将市场调查资料分为一手资料（原始资料）和二手资料（次级资料）。

（3）按照市场调查资料负载形式的不同，可以将市场调查资料分为文献性资料、物质性资料和思维性资料。

（4）按照市场调查资料涉及范围的不同，可以将市场调查资料分为宏观市场调查资料和微观市场调查资料。

（5）按照市场调查资料时间的不同，可以将市场调查资料分为动态市场资料和静态市场资料。

3. 汽车市场调查方法的选择

营销调研的主要方式是询问调查，包括直接询问和间接询问。直接询问即直接向被调查者提出问题；间接询问则是迂回地向被调查者询问。有时，通过间接询问，更能了解到被调查者不愿说明的真实原因。

询问法是收集原始资料最主要的方法，具体形式可分为面谈、电话询问、邮寄问卷等多种形式。各种形式各有优缺点，调查者可根据具体情况选择使用。一般来说，面谈灵活性强，资料可信度和回收率高，调研的效果较好。但其费用高、速度慢等缺点也很明显。

除询问法外，汽车企业对有的营销调研也可采取市场实验的调研方式。例如，通过对汽车新产品的试销收集市场信息，观察市场反应与企业营销组合要素之间的因果关系等。这类调研对改进和制定更科学的营销策略，效果十分明显。

汽车调查者除应注意选择效果好的调查形式外，还应根据调研目标的不同，选择科学的调查方法。调查者应结合具体调查特点选择使用一种或几种调查方法。按照获取资料的方式可分为直接调查法和间接调查法两种形式。

（1）直接调查法包括观察法、实验法、访问法和问卷法，是获得一手资料的主要途径。

①观察法。观察法是社会调查和市场调查研究的最基本的方法。它是由调查人员根据调查研究的对象，利用眼睛、耳朵等感官以直接观察的方式对其进行考察并收集资料。例如，

市场调查人员到汽车展览中心去观察消费者忠实的汽车品牌、喜欢的车身线条等情况。

②实验法。由调查人员跟进调查的要求，用实验的方式，将调查对象控制在特定的环境条件下，对其进行观察以获得相应的信息。控制对象可以是产品的价格、品质、服务等，在可控制的条件下观察市场现象，揭示在自然条件下不易发生的市场规律，这种方法主要用于市场销售实验和消费者使用实验。

③访问法。可以分为结构式访问、无结构式访问和集体访问。

结构式访问是对设计好、有一定结构的问卷的访问。调查人员要按照事先设计好的调查表或访问提纲进行访问，要以相同的提问方式和记录方式进行访问。提问的语气和态度也要尽可能地保持一致。

无结构式访问是没有统一问卷的，由调查人员与被访问者进行自由交谈的访问。它可以根据调查内容进行广泛的交流。如对商品的价格进行交谈、了解被调查者对价格的看法等。

集体访问是通过集体座谈的方式听取被访问者的想法，收集信息资料，可以分为专家集体访问和消费者集体访问。

④问卷法。问卷法是通过设计调查问卷，让被调查者填写调查表的方式获得所调查对象的信息。在调查中将调查的资料设计成问卷后，让接受调查对象将自己的意见或答案填入问卷中。在进行的一般实地调查中，以问卷法应用最广；同时问卷法在网络市场调查中运用的也较为普遍。

在实际的调查工作中，也可以将各种调查方法结合起来，根据不同的调查目的和对象，采取不同的调查方法。

（2）间接调查法主要是文案调查法，是获得二手资料的重要途径。

文案调查法是指通过收集各种历史和现实的资料，从中获取与调查有关的信息，并进行分析整理的调查方法，也称间接调查法、资料分析法或室内研究法。文案调查法在市场调查中具有很重要的地位和作用。虽然文案调查法所收集的资料具有一定的局限性，但二手资料依然是市场调查与预测资料的重要来源。在实际工作中，文案调查法主要应用在以下四个方面：进行市场探测性研究；配合其他调查方法展开更全面和科学的研究；进行经常性的市场研究；为调查方案提供数据支持和帮助。

6.1.5 汽车市场调查的基本技术

掌握科学的调查方法对获得优质的调查资料十分重要，但使用必要的调查技术对实际的市场调查同样重要，并对最终的市场调查结果有着重要的影响。较为常用和重要的市场调查技术有抽样调查技术、问卷设计技术和态度测量技术，其中抽样调查技术是重要和基本的调查技术。

1. 抽样调查技术

抽样调查主要适用于以下几种情况。

（1）在不能采用普查方式而又需要了解和掌握市场的全面情况时，往往采用抽样调查法。

（2）若调查范围大，总体单位数目过多，全面调查成本太高，就可以采用抽样调查法。

（3）可以作为普查的事后核对和补充调查。

（4）一些时效性要求较高的市场调查也可以使用抽样调查。

2. 问卷设计技术

问卷又称调查表或询问表，是以问题的形式系统地记载调查内容的一种印件。问卷可以是表格式、卡片式或簿记式。问卷是调查员为了从被调查者那里收集资料和数据，根据调查目的设计出来的问题表，是收集来自被调查者信息的一览表。问卷是市场调查与预测中应用较为广泛的重要调查工具之一。

3．态度测量技术

态度是一个抽象的概念，很难用常规的方法定量地测算出来。态度测量是指根据预先确定的规则和方法，用一些数字或符号来代表某个事物的特征或属性。

态度测量的作用在于确定所测对象特定属性的类别或水平。它不仅能对事物的属性进行定量的说明（确定特定属性的水平），同时，它也能对事物的属性进行定性的说明（确定特定属性的类别）。给事物特性分配的数字或序号提供了对态度进行统计分析的可能性，数字或序号有助于测量规则与结果的传达。

态度量表是一种测量态度的工具。态度量表所得数据既可以用来预测消费者对新产品营销的行为反应，也可以用来分析市场分类和产品定位情况。

6.2 汽车市场预测

汽车市场预测是在汽车营销市场调查的基础上，运用科学的方法，推测未来一定时期内汽车市场供求变化和影响市场营销的因素，从而为汽车营销决策提供科学依据。市场预测是企业进行经营决策的重要前提条件，是企业制订经营计划的重要依据，同时可使企业更好地适应市场的变化，提高企业的竞争能力。

6.2.1 汽车市场预测的分类

市场预测可以按不同的标准进行分类。

1．预测的时间跨度

（1）当前预测，是根据市场上需求变化的现实情况，以旬、周为时间单位，预计一个季度内的需求量（销售量）。

（2）短期预测，主要是根据历史资料和市场变化，以月为时间单位测算出年度的市场需求量。

（3）中期预测，是指 3~5 年的预测，一般是对经济、技术、政治、社会等影响市场长期发展的因素，经过深入调查分析后，所做出的未来市场发展趋势的预测，为编制 3~5 年计划提供科学依据。

（4）长期预测，一般是指 5 年以上的预测，是为制定经济发展的长期规划预测市场发展趋势，为综合平衡、统筹安排长期的产供销比例提供依据。

2．预测的空间范围

市场预测可分为国内预测和国际市场预测。

3．经济活动的空间范围

市场预测可分为宏观的市场预测和微观的市场预测。

4．预测的性质

市场预测可分为定性预测和定量预测。

定性预测，是由预测人员凭借知识、经验和判断能力对市场的未来变化趋势做出性质和程度的预测。

定量预测，是以过去积累的统计资料为基础，运用数学方法进行分析计算后，对市场的未来变化趋势做出数学测算。

6.2.2 汽车市场预测的主要内容

1. 市场需求预测

市场需求预测是根据有关资料对汽车产品未来需求变化进行细致的分析研究，掌握需求的内在规律，对其发展趋势做出比较正确的估计和判断。市场需求预测根据人口的变化、人们物质文化生活水平提高的程度、社会购买力的增减，以及人们爱好习惯、消费结构的变化等因素，分析市场对产品的需求，既包括对产品数量的需求，同时也包括对产品质量、造型、规格、价格等方面的要求，主要有以下几种。

（1）产/销趋势的中长期预测。这是指把重点放在企业的长期经营方向上，侧重于根据科学技术的发展，深入研究影响产/销的技术因素，并结合市场竞争、资源条件等的变化，制订企业的产品发展计划。

（2）产/销趋势的短期预测。产品趋势的短期预测要求以本企业产品的原材料来源、成本、价格等为依据，与同行业同类产品比较，做出近期内市场需求对本企业产/销影响的预报，以指导本企业做出相应的对策。

（3）单品种专题预测。这主要是指对本企业新产品投入市场后的销售状况和产品在价格、质量、造型、装潢等方面的反应进行研究和分析，提出改进和扩大新产品产/销的建议。

由于有关因素会直接或间接地影响需求变化，所以对引起需求变化的一些因素也应进行预测，如国民购买力、企业及事业单位购买力、社会发展、产品销路及经济发展等。

2. 市场占有率预测

市场占有率是指在一定的市场范围内，企业某种产品中的销售量或销售额与该市场上同类产品的总销量或销售额之间的比率。市场需求预测主要是市场在一定时期内对某种产品品种需求量的发展变化趋势的预测，市场占有率预测则是对某种产品的某厂牌需求量或最好销量的预测。对于市场需求预测而言，主要考虑的是市场环境发展变化对需求量的影响，而市场占有率预测着重考虑的是产品本身的特性和销售努力对销售量的影响。

3. 生产情况的预测

在了解市场需求和市场占有率的同时，必须深入了解自己和竞争对手的生产情况，了解市场上所有汽车产品的生产能力和布局，资源、能源等条件的情况，以及汽车产品的数量、质量和性能等，并且预测其发展变化趋势。

6.2.3 汽车市场预测的步骤

市场预测一般经过确定预测目标、收集预测资料、选择预测方法、进行预测、写出预测结果报告、分析误差等步骤。

1. 确定预测目标

汽车市场需求在预测之前，首先要根据计划和决策的需要，明确预测想要达到的目的，即通过预测要解决什么问题，达到什么目的。这时还应规定预测的期限和进程，划定预测的范围，然后根据目标，编写预测提纲。

2. 收集预测资料

汽车市场数据资料是进行汽车市场预测的重要依据。收集预测资料是指围绕预测目标，收集信息资料。预测所需资料包括：与预测对象有关的各种因素的历史统计数据资料和反映市场动态的现实资料。其中,市场调查资料是一个重要的信息来源。

3. 选择预测方法

预测方法的正确与否,对于预测的准确性有很大的影响,预测方法的选择和数学模型的建立与预测对象及目标的性质有关,与收集到的数据资料也有关。因此,市场预测应根据预测目标和占有的资料,选择适当的预测方法。预测的方法与模型有很多,各有其预测对象、范围和条件,应根据预测问题的性质、占有资料的多少、预测成本的大小,选择一种或几种方法。

4. 进行预测

采用定性预测时,预测人员依据相关资料和影响因素对问题进行分析和预测;采用定量预测时,将收集到的数据资料输入预测模型,进行运算并求出结果,对预测结果的置信区间进行估计。

5. 写出预测结果报告

要及时将预测结果写成预测结果报告。报告中,表述预测结果应简单、明确,对结果应做解释性说明和充分论证,包括对预测目标、预测方法、资料来源、预测过程的说明,以及预测检验过程和计算过程。

6. 分析误差

预测是对未来事件的预计,很难与实际情况完全吻合,因此要对预测结果进行判断、评价,要进行误差分析,找出误差原因及判断误差大小,修改调整预测模型得出的预测数量结果,或考虑其他更适合的预测方法,以得到较准确的预测值。

6.2.4 汽车市场预测的方法

市场预测方法有很多,按预测的方式不同,可分为定性预测方法和定量预测方法两大类,下面分别做简单介绍。

1. 定性预测方法

定性预测分析也称为判断分析法。它是凭借人们的主观经验、知识和综合分析能力,通过对有关资料的分析推断,对未来市场发展趋势做出估计和测算。

(1) 集体意见法。这种方法是集中企业的管理人员、业务人员等,凭他们的经验和判断共同讨论市场发展趋势,进而做出预测的方法。具体做法是:预测组织者首先向企业管理人员、业务人员等有关人员提出预测项目和期限,并尽可能地向他们提供相关资料。有关人员应根据自己的经验、知识进行分析、判断,提出各自的预测方案。这种方法的优点是简单易行,成本也较低,但其最大缺点是受到预测人员的知识和经验的限制。

(2) 德尔菲法。德尔菲法也称专家小组法,是20世纪40年代由美国的兰德公司首创和使用的,20世纪50年代以后在西方发达国家广泛盛行。这种方法是按照规定的程序,采用背对背反复征询的方式,征询专家小组成员的意见,经过几轮的征询与反馈,使各种不同意见渐趋一致,经汇总数据进行统计和整理分析得出一个比较统一的预测结果以供决策者参考。德尔菲法是市场预测的一个重要的定性预测方法,应用十分广泛。德尔菲法具有一些显著的特点:

①匿名性。在整个过程中,专家们互不见面,均是通过预测工作的组织者传递预测意见表格来实现专家们之间的交流与沟通,从而使专家能够独立完成预测工作,不受外界环境的影响。

②多次反馈性。采用德尔菲法进行预测时,问卷一般要经过3~5次往返修改,从而有利于每个专家发表自己的意见,保证了预测结果的准确性。

③便于统计分析。由于德尔菲法采用调查问卷或调查表的形式进行预测，其答案结果规范统一，便于进行数据统计和整理分析。

④应用性强。德尔菲法通过专家间的多次交流和沟通，集合了众多专家学者有价值的意见和观点，是目前最具有权威性和科学性的定性预测方法，被广泛地应用在各种预测工作中。

在征询专家们的意见时，最好采用调查表的方式，调查表由专家们填写。表格应简单清楚，先简单介绍预测目的，然后提出各种预测问题。问题不宜过多，一般应限制在20个以内。请专家在限定时间内寄回表格。预测主持者将各种不同意见进行综合整理，汇总成表，再分送给各位专家，请他们对各种意见进行比较，修正或发表自己的意见。一般经过这样4～5轮的反复征询，各位专家的意见就较为趋向统一了。

这种方法的特点是专家间互不见面，因此避免了屈服于权威或屈服于多数人意见的缺点，各预测成员可以独立完成。但这种方法的时效性较差，不易控制。

（3）类推法。这种方法是应用相似性原理，把预测目标同其他类似事物加以对比分析，推断其未来发展趋势的一种定性预测方法。它一般适用于开拓市场，预测潜在购买力和需求量以及预测增长期的商品销售等情况，而且适合于较长期的预测。

（4）转导法。转导法也称经济指标法。它是根据政府公布或调查所得的经济预测指标，转导推算出预测结果的市场预测方法。这种方法是以某种经济指标为基础进行预测的，不需要复杂的数学计算，因此是一种简便易行的方法。

2．定量预测方法

定量预测方法也叫统计预测法。它根据掌握大量数据资料，运用统计方法和数学模型近似地揭示预测对象的数量变化程度及结构关系，并据此对预测目标做出量的测算。应该指出，在使用定量预测方法进行预测时，要与定性预测方法结合起来，才能取得良好的效果。

（1）时间序列法。时间序列法是从分析某些经济变量随时间演变规律着手，将历史资料按时间顺序加以排列，构成一组统计的时间序列，再向外延伸，预测市场未来发展趋势。它是利用过去资料找出一定的发展规律，将未来的趋势与过去相类似的变化进行预测。

（2）因果预测法。因果预测法就是演绎推论法。它利用经济现象之间的内在联系和相互关系来推算未来变化，根据历史资料的变化趋势配合直线或曲线，用来代表相关现象之间的一般数量关系的分析预测方法。它用数学模型来表达预测因素与其他因素之间的关系，是一种比较复杂的预测技术，理论性较强，预测结果比较可靠。由于需要从资料中找出某种因果关系，所以需要的历史资料较多。

（3）市场细分预测法。市场细分预测法是对产品使用对象按其具有同类性进行划分类别，确定出若干细分市场，然后对各个细分市场根据主要影响因素，建立需求预测模型。

对我国轿车市场预测可按下述结构进行细分预测，如表6-1所示。

表6-1　我国轿车市场预测表

市　场　划　分	主要影响因素	需求预测模型
县级以上企事业单位	单位配车比	单位数×配车比
县级以下企事业单位	单位配车比	单位数×配车比
乡镇企业	经济发展速度	需求量=f（乡镇企业产值）
出租旅游业	城市规模及旅游业发展	$\sum$（各类城市人口数）×（各类城市每人配车比）
家庭私人	人均国民收入	需求弹性分析

【案例 6.1】
市场调查在丰田汽车进入美国汽车市场中的作用

"车到山前必有路,有路就有丰田车",这句为我们所熟知的广告词代表着丰田公司的辉煌业绩,丰田公司的成功之路一向被世人视为经典案例,尤其是丰田汽车打入美国市场的过程。

1958年,丰田公司首次进入美国市场。8月,第一辆标有"日本制造"的轿车出口美国,同年10月,丰田汽车销售公司美国分公司在美国成立。当时丰田公司出口到美国的是一款名为光环的轿车。"光环"意味着胜利和辉煌。但市场却给丰田公司泼了一瓢冷水。光环轿车在美国激烈的市场竞争中一败涂地,导致丰田公司出师不利,首战即告负。光环轿车的惨败,有产品本身的问题,也是日美消费习惯的差异所致。首先,光环轿车的质量不过关,在日本国内公众中就有脆弱、不耐用的印象。到了美国,与欧洲及美国国产车一比,光环轿车更是黯然失色:车内装饰粗糙,驾驶者和乘坐者都感觉不舒服;车灯太暗,不符合标准;发动机的轰鸣噪声让人无法忍受;块状的外形极为难看。同时,光环轿车车内空间不大,对个头中等的日本人来说,这个问题不大,但比日本人身材魁梧许多的美国人就觉得难以忍受了。加上该车的定价为2300美元,与其竞争对手大众甲壳虫车1600美元相比,显然不具有竞争力。结果,当时只有5位代理商愿意经销其产品,第一个销售年度只售出了288辆。1960年,问题接踵而来,美国汽车中心底特律推出了新型小汽车Faleom、Valiant、Corvair与甲壳虫车竞争,同时停止进口汽车。丰田公司因而被迫紧缩生产。面对困境,丰田公司不得不重新考虑怎样才能成功地打进美国市场。于是,丰田公司制定了一系列的营销战略,这当中关键的一步就是进行大规模的市场调查工作,以把握美国的市场机会。

调查工作主要分以下几个方面进行。首先,丰田公司对美国的代理商及顾客需要什么,以及他们无法得到什么等问题进行彻底的研究。除了日本政府提供信息外,丰田公司还利用商社、外国人及本公司职员来收集信息。通过多种渠道的收集,得到了美国市场的一些新的需求信息。经过调查,他们发现美国人把汽车作为地位或性别象征的传统观念正逐渐减弱,汽车作为一种交通工具,人们越来越重视其实用性、舒适性、经济性和便利性。如长途驾驶时要求舒适和较大的腿部活动空间、易于操作、行车平稳;较低的购置费用、耗油少、耐用且方便等符合大众利益的要求以及提供停靠方便、转弯灵活的小车型以适应日趋拥挤的交通状况。其次,丰田公司还研究了竞争对手的不足和缺陷,制定了"攻占角落"的营销策略。例如,丰田公司在市场调查中发现,美国底特律的汽车制造商们骄傲自大、因循守旧、墨守成规,甚至面对竞争者的挑战、政府的警告、消费者拒绝购买和库存量的直线上升也熟视无睹,继续大批量生产大型豪华车。完全被忽视的顾客群和小型车的空白市场给丰田轿车的进入提供了可乘之机。最后,丰田公司还详细研究了外国汽车制造商在美国的业务活动,向对手学习,从而制定出更好的销售和服务战略。丰田公司委托一家美国的调查公司去访问大众汽车的拥有者,以了解顾客对大众车的满意和不满之处。调查表明,大众甲壳虫车的成功归于它所建立的提供优良服务的机构。由于向购车者提供可以信赖的维修服务,大众公司消除了顾客对买外国车花费大,而且一旦需要时却经常买不到零配件的忧虑。同时,大众甲壳虫车的定价也具有相当大的吸引力,这些因素都是大众甲壳虫车在美国获得成功的关键。

市场调查只是解决了"生产什么和为谁生产"的问题,要真正让顾客把车买回家还得下一番功夫。当时,丰田公司遇到的问题有三个:如何建立自己的销售网络;如何消除美国人心目中"日本货就是质量差的劣等货"的旧印象;如何与德国的小型车抗衡。面对挑战,丰田公司以"人有我优"作为回应。即质量优、价格优、服务优。

根据市场调查结果,丰田公司的工程师开发了一种新产品——皇冠汽车。它是一种小型的、驾驶和维修更经济实惠的美国式汽车。这种"美国化"的汽车被称为"底特律"式车。其漂亮的外形和符合美国人口味的装饰完全不同于过去的试验型轿车。丰田公司几乎没有放过任何细节:为手臂较长的人设置了靠手、按照美国汽车的式样对座位进行了改变、安排了较大的伸脚空间。与此同时,产品的质量、可靠性和维修等也得到了同样的关注。新产品真正做到了体贴入微,与过去的试验型轿车形成了鲜明的对照。

在定价方面,为吸引大量新的购买者并使经验曲线迅速下降,丰田公司将产品的售价定得比竞争对手低得多,其指导原则是使经验曲线迅速下降。这项战略促进了产品销售并降低了产品成本,从而可以进一步降低价格,并使价格战略产生了"滚雪球"效应:丰田皇冠汽车的定价低于2000美元,之后又推出的丰田卡罗拉汽车定价则低于1800美元。这种与维修费用低廉相联系的进攻性价格战略,为丰田公司赢得了一个既讲究质量,又经济实惠的形象。经过不懈努力,到1980年,丰田汽车在美国的销售量已达到58 000辆,是1975年销售量的两倍,占据了美国进口汽车总额的25%。

丰田公司在占领美国中档汽车市场后并不满足,20世纪80年代后期又准备争夺美国的高档豪华汽车市场。这一次,有了前车之鉴的丰田公司把市场调查工作做得很充分。丰田公司派出专家小组前往美国,体会美国人的生活习惯,并运用调查问卷、座谈会等方式深入调查消费者对轿车的每一细节的要求。经过5年多的呕心沥血,推出了凌志Lexus。凌志Lexus一改过去日本汽车经济实用的中/低档形象,定位为豪华轿车。它线条流畅、造型完美、装饰豪华、乘坐舒适而且平稳性极佳。从凌志Lexus要求同一辆车上的所有皮革都必须来自同一张牛皮的做法可以看出,它将物美做到了极致。凌志Lexus还首创了转向盘可升降,不管是高个的驾驶员还是矮个的驾驶员都可以选择最舒服的转向盘高度进行驾驶;手机铃声一响就自动调低音响的音量,连伸手调低音量的举手之劳都免了;凌志Lexus沙发的每根弹簧的弹性、高度都十分切合美国人的身材。就品质而言,凌志Lexus与它的对手奔驰、宝马车相比是有过之而无不及的。公开上市两年,其业绩就赶上了在高档车市场已经营数年的宝马车。一项调查显示全美前500强企业的财务总监的首选用车都是凌志Lexus,比尔·盖茨的座驾也是凌志Lexus。

丰田公司成功的关键就在于通过市场调查不断地密切注意消费者口味的变化,并据此对产品加以改进。丰田公司极为认真地对待"了解顾客"这句口号。丰田公司创始人丰田喜一郎倡导"顾客第一,销售第二,生产第三"的经营哲学,其核心思想就是有顾客才有销售者,有销售者才有生产者。因此,必须以顾客需求为核心。丰田公司一直严格地按照市场学的基本观念去做:了解消费者的需求,并知道如何满足它。丰田公司占领市场的战略就是以不断完善其产品来满足消费者要求为目标的,公司广泛地征求顾客意见,并据此不断改进产品。从汽车的经济性、安全性到本身的外形和车速,丰田公司都在不断地探索改进,使其产品的性能、外形、特色和质量不断提高。

丰田汽车的美国之路说明,市场调查工作在一个汽车企业跨国经营时的重要性。其实,不仅是跨国经营,任何汽车企业在进入一个新的市场时,市场调查工作都是关键的一个环节,只有做好市场调查,才能在新市场中找到自己的发展方向。

【案例6.2】
市场调查报告撰写的具体要求及示例

市场调查报告的结构一般是由标题、目录、摘要、正文、论述部分、结论和建议、附录等部分组成,报告的结构不是固定不变的。不同的调查项目、调查者、调查公司以及用户,会有不同的结构和风格。因此,市场调查报告的写作形式应视情况而定。

1. 标题

标题必须准确揭示报告的主题思想,做到题文相符。标题要简单明了、高度概括、具有较强的吸引力。写标题的形式一般有以下三种。

(1) 直叙式标题。

直叙式标题是指反映调查方向或只透出调查地点、调查项目的标题。如《北京市汽车消费需求的调查》,这种标题的特点是简明、客观。

(2) 表明观点式标题。

表明观点式标题是指直接阐明作者的观点、看法,或者对事物做出判断、评价的标题。如《中国汽车消费者的个性化需求强烈》,这种标题既表明了作者的态度,又揭示了主题,具有很强的吸引力。

(3) 提出问题式标题。

提出问题式标题是指以设问、反问等形式,突出问题的焦点和尖锐性,吸引读者阅读、思考。如《××汽车为什么滞销?》《××汽车在沿海城市的市场扩张为什么失败?》等。

2. 正文

正文是市场调查分析报告的主要部分。正文部分必须正确阐明全部有关论据,包括问题的提出、引起的结论、论证的全部过程、分析研究问题的方法等。

(1) 开头部分。

开头部分的撰写一般有以下几种形式。

①开门见山,揭示主题。文章开始就先交代调查的目的或动机,揭示主题。例如,"我公司受××的委托,对消费者进行一项有关汽车市场需求状况的调查,预测未来消费者对汽车的需求量和需求的类型,使××能根据市场需求及时调整其产量和类型,确定今后的发展方向。"

②结论先行,逐步论证。先将调查的结论写出来,然后逐步论证。许多大型的调查报告均采用这种形式。特点是观点明确,使人一目了然。例如,"我们通过对××在北京的消费情况和购买意向的调查认为,它在北京不具有市场竞争力,原因主要从以下几个方面阐述"。

③交代情况,逐步分析。先交代背景情况、调查数据,然后逐步分析,得出结论。"本次关于××的消费情况的调查主要集中在北京、上海、重庆、天津,调查对象集中于中青年……"

④提出问题,引入正题。用这种方式提出人们所关注的问题,引导读者进入正题。

(2) 论述部分。

由于论述部分一般涉及内容很多,文字较长,有时也可以用概括性或提示性的小标题,突出文章的中心思想。论述部分的结构安排是否恰当,直接影响分析报告的质量。论述部分主要分为基本情况部分和分析部分。

①基本情况部分,主要有三种方法:第一,先对调查数据资料及背景资料做客观的说明,然后再阐述对情况的看法、观点或分析;第二,提出问题,进一步分析问题,然后找出解决

问题的办法；第三，先肯定事物的一面，由此引申出分析部分，循序渐进地得出结论。

②分析部分是调查报告的主要组成部分。在这个阶段，要对资料进行质和量的分析，通过分析了解情况，说明问题和解决问题。

分析部分有三类情况：第一类原因分析，对出现问题的基本成因进行分析，如对××汽车滞销原因分析。第二类利弊分析，对事物在市场活动中所处的地位、起到的作用进行利弊分析等。第三类预测分析，对事物的发展趋势和规律进行分析，如对××地区汽车需求意向的调查，通过居民家庭人口情况、收入情况及居民对自驾旅游的认识等，对该地区汽车需求意向进行预测。

（3）结论和建议。

结论和建议应当采用简明扼要的语言。好的结语可使读者明确题旨，加深认识，启发读者思考和联想。结语一般包括以下几个方面：

①概括全文。经过层层剖析后，综合说明调查报告的主要观点，深化文章的主题。

②形成结论。在对真实资料进行深入细致的科学分析基础上，得出报告的结论。

③提出看法和建议。通过分析形成对事物的看法，并在此基础上，提出建议和可行性方案。

④展望未来。通过调查分析展望未来前景。

示例：××地区汽车市场调查报告

1. 引言

随着社会的发展和人们生活水平的提高，人们的消费需求和消费观念也在不断变化。作为高档消费品的汽车更是受到年轻人的青睐。此次调查以××公司为研究对象，深入了解消费行为的状况，为××公司的发展提供建议。

2. 调查内容

（1）目前××地区汽车市场的构成情况，××汽车的市场占有率。

（2）××地区汽车消费群体的消费倾向和认知情况。

（3）汽车消费者的潜在消费意识。

（4）汽车广告的投放情况。

3. 调查方法

本次调查中用××进行数据分析，用××进行统计。共发放问卷××份，回收××份，有效率为××%。

4. 数据统计

（1）此次调查中大部分人年龄在21～50岁之间，占样本总体的××%，××%的人具备购车实力。

（2）××汽车的品牌形象在消费者中占有较大比例，占调查总数的××%，其中一些国外品牌的汽车主要集中在高消费水平的人群中。

（3）在购车付款方式中，有××%的人选择一次性付款，有××%的选择了贷款。

（4）在购车用途方面，有××%的人选择上/下班用车，××%的人选择喜爱。在喜爱的这部分人中，××%的人都选择了汽车价格在30万元以上。

5. 总结

汽车在我国目前还存在很大的消费潜力，特别是在进入21世纪后，我国经济持续增长，人们的收入逐年递增，使拥有一辆汽车在更多的人群中变成了现实。但主要的消费水平还在20万元以内，一些国产的中/小型汽车更加受欢迎。

6. 附录：调查问卷（略）

分析与思考

1. 市场营销调查的主要内容有哪些？
2. 市场调查的步骤如何？方法有哪些？
3. 汽车市场调查的基本技术有哪些，分别有什么特点？
4. 汽车市场预测的主要内容有哪些？
5. 在案例6.1中，面对困境丰田汽车进入美国市场都进行了哪些方面的市场调查？

课程实践

1. 目标

掌握汽车市场调查的内容、方法和步骤。

2. 内容

将学生分成若干小组，各小组以某款国产汽车为调查对象，自拟题目，对其上市后市场情况进行调查，将调查得到的资料进行分析整理，得出结论并形成报告。

3. 要点及注意事项

建议采用访问调查法、问卷调查法、文献调查法等多种方法结合的形式进行，调查问卷的设计要符合要求。一定要深入到实地进行调查，了解实际情况。要及时处理相关材料和数据并注意比较、鉴别，尽量使用图表展示数据，要有结论和建议。

第7章 汽车产品营销策略

【学习目标与要求】
1. 了解汽车产品整体概念。
2. 了解汽车产品组合策略。
3. 了解汽车品牌的意义与特征。
4. 了解汽车商标的特殊作用。
5. 掌握汽车产品寿命周期各阶段的营销策略。

产品策略是企业市场营销组合的重要组成部分，是企业市场营销的出发点，也是其他相关策略的基础，在市场营销组合中处于关键地位。

汽车企业的汽车市场营销活动以满足汽车市场需求为目的，而汽车市场需求的满足只能通过提供某种品牌的汽车产品或相应的汽车服务来实现。因此，汽车产品是汽车企业市场营销组合中的一个重要因素。汽车产品策略直接影响和决定着其他汽车市场营销的策略，对汽车市场营销的成败关系重大，所以汽车产品策略是汽车市场营销组合策略的基础。在现代汽车市场经济条件下，每个汽车企业都应致力于汽车产品组合结构的优化、汽车产品和汽车服务质量的提高，以更好地满足汽车市场需求，取得更好的经济效益。

7.1 汽车产品组合策略

产品是市场营销活动的轴心，是消费者需求的基本内容，是买卖双方联系的中介。研究产品策略，首先要按照消费者需求，研究营销产品整体概念、产品因素及其相互关系，以便为消费者提供适销对路的产品，为市场营销组合的其他策略提供有利的物质条件。现代汽车企业为了满足需要、扩大销路、分散风险、增加利润，往往经营多种汽车产品。但并非经营的汽车产品无条件地越多越好。汽车企业应当根据市场需要和自身能力，确定经营的汽车产品，实施有效的汽车产品组合策略。

7.1.1 汽车产品整体概念

传统理论认为，产品是用来交换的劳动产品，是使用价值和价值的统一体。从市场营销角度研究产品时，产品具有更广泛、更具体、更丰富的内容。它不只包含一个呈现在市场上的有形物体，更重要的是包含使消费者需要得到一定程度满足的有形、无形物质的总和。

人们对汽车产品的理解，通常仅限于汽车的实物产品，这过于狭隘。汽车市场营销学中汽车产品是指向汽车市场提供的能满足汽车消费者某种欲望和需要的任何事物，包括汽车实物、汽车服务、汽车保证、汽车品牌等各种形式。简而言之，人们需要的汽车产品=需要的汽车实物+需要的汽车服务，而汽车企业提供的汽车产品=汽车企业生产的汽车实物+汽车企业提供的汽车服务。汽车产品整体概念，通常由以下5个层次组成。

1. 汽车核心产品层

产品的核心是产品提供给消费者的实际效用和利益，是消费者对产品最主要的需要、最基本的要求，因而也是营销产品整体概念中最重要的部分，是产品所以能够交换的基础。

汽车核心产品层又称汽车实质产品层，是指向汽车消费者提供的基本效用或利益。汽车消费者购买某种品牌汽车产品并不是为了占有或获得汽车产品的本身，而是为了满足以车代步、交通运输和精神需要。

2. 汽车形式产品层

产品的形式是指产品在市场上出现时的物质形态，包括产品的造型、质量、商标、包装特色等。它是产品核心的表现形式，是产品核心的物质承担者。当它与产品的核心内容协调一致时，会给消费者以更多的满足。在激烈竞争的市场上，消费者主要是通过产品的形式进行比较做出购买决策的。因此，企业应当精心设计制造完美、雅致的产品外观，恰当地体现产品的效用和利益，并以此提高产品的竞争力。

汽车形式产品层又称汽车基础产品层，是指汽车核心产品借以实现的基本形式，即向市场提供的实体或劳务的外观。汽车产品的外观指汽车产品出现于市场时具有可触摸的实体和可识别的面貌，并不仅仅指其具有的外形。汽车市场营销学将汽车形式产品归类为四个标志：质量水平、外观特色、汽车造型、汽车品牌。由于汽车产品的基本效用必须通过某些具体的形式才能实现，因而汽车市场营销人员应该从汽车消费者购买汽车产品时所追求的实际利益出发去寻求其实现形式，进行汽车产品设计。

3. 汽车期望产品层

产品的附加利益是指产品经营者为了更好地发挥产品的使用价值，提供给消费者的一系列附加价值和附加服务。汽车期望产品层是指汽车消费者在购买该汽车产品时期望能得到的东西。如汽车消费者期望得到舒适的车厢、导航设施、安全保障设备等。在产品的技术复杂程度越来越高的现代社会，附加价值已经成为整体产品重要不可缺少的组成部分，提供附加价值也成了产品竞销成功的关键。

4. 汽车延伸产品层

汽车延伸产品层又称汽车附加产品层，是指汽车消费者购买汽车形式产品和汽车期望产品时所能得到的附加服务和利益，即储运、装饰、维修、保养等。如美国的汽车业通常提供四种担保：基本担保、动力装置担保、腐蚀担保和排放物担保。但为了满足不同的服务需求，1987年1月福特公司推出了4种延伸服务计划（ESP），集中向零售商和汽车消费者提供汽车延伸服务。汽车延伸产品的观念来源于对汽车消费者需要的深入认识。

5. 汽车潜在产品层

汽车潜在产品层指包括现有汽车产品的所有延伸和演进部分在内，最终可能发展成为未来汽车产品的潜在状态的汽车产品。汽车潜在产品指汽车产品的可能发展前景，如普通汽车可以发展为水/陆两用的汽车等。汽车延伸产品主要是今天的汽车产品，而汽车潜在产品则代表着今天的汽车产品可能的演变。

综上所述，汽车产品整体概念，不仅为汽车产品实体本身，而且包括了各种服务，特别是消费需要的满足。可以说，汽车产品整体要领是能够满足消费者预期效益的物质和非物质的综合体。

汽车产品整体概念是对汽车产品认识的一个革命性新观点。这个概念的确立，对于促进企业改善经营管理、扩大服务范围、最大限度地满足消费需求、增加汽车产品销量，具有深远的意义。在买方市场条件下,企业要想满足消费者需求,增加汽车产品的销量,就必须提供包含 5 个层次的汽车产品整体。同时,提供的汽车产品的具体内容还必须适合不同购买者的不同需求特点。特别是现代汽车产品,大多结构复杂、价格较高,用户希望得到更多的服务和保证,给用户提供整体汽车产品,便成了企业迎合消费需求、树立良好形象、争夺销路、占领市场的关键。

7.1.2 汽车产品组合概念

汽车产品组合就是一个汽车企业生产和经营的全部汽车产品的结构,也就是汽车企业所有汽车产品线和汽车产品项目的有机组成方式。它一般由若干汽车产品线(汽车产品系列)组成。

汽车产品线是一组有类似特性、密切相关的产品。这种相关是指能满足同种需要、必须配套使用、生产条件相似、分销渠道相同、价格同属一个范围等。汽车产品线是指密切相关的一组汽车产品,这些汽车产品能满足类似的需要,销售给同类汽车消费群,而且经由同样的渠道销售出去,销售价格在一定幅度内变动。汽车产品线又由若干汽车产品品种组成。汽车产品品种指汽车企业生产和销售汽车产品目录上的具体汽车品名和汽车型号。

通常从汽车产品组合的广度、汽车产品组合的深度、汽车产品组合的长度、汽车产品组合的相关度四个方面对汽车产品组合进行衡量。汽车产品组合的广度是指汽车企业生产经营的汽车产品线的个数。汽车产品组合的深度是指每一汽车产品线所包含的汽车产品项目。汽车产品组合的长度是指汽车产品组合中的汽车产品品种总数。汽车产品组合的相关度是指各条汽车产品线在生产条件、最终用途、细分渠道、维修服务或其他方面相互关联的程度。

7.1.3 汽车产品组合策略

汽车产品组合策略就是根据企业的经营目标,对汽车产品组合的广度、深度和相关度做出决策,并适时进行必要的调整,确定一个最佳的汽车产品组合。在通常情况下,企业拓展汽车产品组合的广度、深度和相关度,都可能产生良好的效果,但是这种拓展常受多种因素的影响而不能如愿以偿。如由于企业自身力量的薄弱而不能拓展汽车产品组合的广度;由于竞争对手的强大,增加汽车产品组合的广度不如加大汽车产品组合的深度等。因此,企业应当根据自己的营销目标、营销范围、营销能力(人、财、物)和市场环境的变化,来安排汽车产品组合的广度、深度和相关度,确定汽车产品组合策略。

1. 汽车产品线扩大策略

汽车产品线扩大策略,就是指企业在目前的经营范围内,增加新的汽车产品项目,搞多品种经营。汽车产品线扩大的原因通常是企业为了满足多种需求、增加销售数额、获取更多利润、利用过剩的生产和经营能力、使汽车产品线完整化、阻止竞争者利用汽车产品项目空缺进入市场。

扩大汽车产品线的方式有以下几种。

(1)扩大汽车产品组合的广度。产品组合的广度是指一个汽车企业在生产设备、技术力量所允许的范围内,既专业又综合地发展多品种。扩大汽车产品组合的广度可以充分利用企业的各项资源,使汽车企业在更大的市场领域中发挥作用,并且能分散汽车企业的投资风险。如上汽大众有限公司拥有的大众、斯柯达两大汽车品牌,覆盖 A0 级、A 级、B 级、C 级、SUV、MPV 等细分市场,拥有 Polo、桑塔纳、朗逸、朗行、朗境、帕萨特、途安、途观、辉昂、Teramont、斯柯达晶锐、昕锐、昕动、明锐、速派、野帝、科迪亚克 17 个产品项目。

（2）加深汽车产品组合的深度。产品组合的深度是指产品大类中每种产品有多少品种规格。加深汽车产品组合的深度，可以占领同类汽车产品更多的细分市场，迎合更广泛消费者的不同需要和偏好。如帕萨特之所以能够深得消费者青睐，除了大众的品牌历史悠久，也离不开它的车型设定。帕萨特拥有 1.4 升涡轮增压 150 马力 2016 款 280TSI 手动尊雅版和 2016 款 280TSI DSG 尊荣版、1.8 升涡轮增压 180 马力 2016 款 330TSI DSG 尊荣版和 2016 款 330TSI DSG 御尊版、2.0 升涡轮增压 220 马力 2016 款 380TSI DSG 御尊版和 2016 款 380TSI DSG 至尊版、3.0 升 250 马力 2016 款 3.0LV6 DSG 旗舰版等 7 种车型，可以满足多个消费人群的购买需求。

位于不同市场地位的企业加深汽车产品组合的深度，可以向下（低档）扩展，向上扩展（高档），也可以双向扩展。例如，2016 年 10 月上汽大众品牌首款 C 级高端轿车 PHIDEON（辉昂）正式上市，标志着上汽大众进军高端豪华车市场。PHIDEON（辉昂）以严谨的工艺、优雅的设计、豪华的用料及越级的配置为豪车市场注入了新鲜血液，也为那些沉着练达、注重生活品质的时代领衔者提供了新的选择，树立了德系行政级座驾的新标杆。

（3）加强汽车产品组合的相关度。一个汽车企业的汽车产品应尽可能地配套，如汽车和汽车内饰、汽车涂料等。加强产品组合的相容度，可提高汽车企业在其行业或某一地区的声誉。但扩大汽车产品组合往往会分散经销商及销售人员的精力，增加管理困难，有时会使边际成本加大，甚至由于新产品的质量性能等问题，而影响本企业原有产品的信誉。

为了保证汽车产品线扩大策略成功，必须注意以下几点。

① 增加的新汽车产品项目应与原汽车产品的项目有明显区别，否则，就会给顾客造成困惑，不利于争取更多的消费者。
②增加的新汽车产品项目，要能适应市场需求，决不可单纯为了填补"汽车产品空白点"。
③使用"反向定价法"，先确定消费者能接受的零售价格，然后再考虑能用多大的生产成本和进货成本。

2．汽车产品线简化策略

汽车产品线简化策略是指企业在目前的经营范围内，删减汽车产品线中某些产品项目，减少不必要的投资，重点支持一些发展获利较多的产品线和产品项目。企业删减某些汽车产品项目的原因：汽车产品项目进入了衰退期，市场寿命无法延长，或延长没有意义；缺乏足够的生产和经营能力，不得不放弃某些汽车产品项目。

删减汽车产品项目，简化汽车产品线，增加了企业的市场风险，企业应权衡利弊，审时度势，有序进行。①应逐个审查各个汽车产品项目的边际利润，剔除那些亏损或接近亏损者；②要考虑把力量集中到利润多的汽车产品项目上，而不可在保留项目中平均使用；③删减和保留的汽车产品项目，应随市场情况的变化而变化，必要时删减的可以恢复，保留的可以删减。

3．汽车产品线档次化策略

汽车产品的高、中、低档次是指汽车产品本身品质的优劣，以及使用价值和价格的高低。汽车产品档次化策略包括以下两种。

（1）高档汽车产品策略。高档汽车产品策略是指在某些汽车产品系列中，增加高档次汽车产品项目，并相对减少低档次汽车产品，使汽车产品系列向高档化、名优化发展。

企业所以要采用高档汽车产品策略，一是因为消费者购买力增长，高档高价汽车产品市场销售形势良好、利润率高；二是企业实力增强，能够生产和经营高档汽车产品了。实施高档汽车产品策略，可以在提高现有汽车产品的声望、推动高档高价汽车产品销售的同时，增加原有廉价汽车产品的销量。但它可能遇到高档汽车产品市场竞争者的顽强抵抗，要想使消费者相信企业推向市场的是高档汽车产品也是不容易的。

（2）低档汽车产品策略。低档汽车产品策略是指在某些汽车产品系列中，增加低档次汽车产品项目，并相对减少高档次汽车产品，使汽车产品系列趋向大众化。

企业采用低档汽车产品策略的原因，一是为了争取购买力水平不高的消费者，以满足更多的市场需要；二是企业的高档汽车产品遇到了激烈的竞争，需要在低档汽车产品市场取得较多的回旋余地。但实施低档汽车产品策略时，如果处置不当，则有可能损害原有汽车产品和企业的形象。

4．汽车产品细分化和异样化的策略

（1）汽车产品细分化策略。汽车产品细分化策略是指企业在市场细分化的基础上，专门生产和经营一种独特的汽车产品，以满足同种汽车产品未能满足的需求，占领同种汽车产品未能占领的市场。此举能够密切企业同消费者的关系，提高企业的声誉，树立企业的良好形象，是现代市场营销观念的体现。

（2）汽车产品异样化策略。汽车产品异样化策略是指企业对汽车产品不改变本质，只增加微小差异以吸引顾客购买，是增加销售数量的一种策略。为了满足消费者求新、求奇、追求时髦的需要，企业在保持汽车产品基本性能的同时，创新汽车产品的造型、色彩等，使汽车产品新颖雅致、与众不同，这样就可引起顾客的购买兴趣。它既可以体现企业不断满足人们日益增长的对汽车产品多样化和新奇、时尚要求的经营思想，又可以反映企业不安于现状的进取精神和创新精神。

7.2 汽车产品品牌与商标策略

品牌和商标是产品的组成部分，也是产品竞争的重要手段。同种产品销量差距很大，往往与品牌和商标的优劣有关系。

7.2.1 品牌的概念和作用

1．品牌的概念

品牌也称厂牌，是企业用名称、名词、图案或这些因素组合形成的符号，包括品牌名称和品牌标志。品牌名称是指品牌中可以用语言称呼的部分，如"劳斯莱斯""林肯""奔驰""宝马""丰田"等。品牌标志是品牌中可以被认出，但不能直接用语言称呼的部分。

2．品牌的作用

（1）有助于消费者认牌购货，并进行质量监督。这是由于品牌可以区别各个企业的同种产品，反映产品的质量和特色所致。消费者通过品牌，掌握产品的生产厂家和质量标准，就会增加安全感，必要时还可投诉索赔。

（2）有助于企业进行广告宣传，促进销售。这是由于品牌是产品的代表，品牌为广告宣传提供了明确、具体的对象。良好的品牌，更有利于广告宣传和产品销售。

（3）有助于创立名牌产品。企业要使自己的产品成名，成为拳头产品，除了提高产品质量，还必须有个品牌，并经常维护和不断提高这个品牌的声誉，使消费者产生偏爱。

7.2.2　汽车品牌的意义与特征

世界第一个汽车品牌是 1886 年诞生的奔驰汽车，在工业社会进程中，汽车的品牌历史悠久，而且品牌众多。如"奔驰""福特""凯迪拉克""雪佛兰""劳斯莱斯""大众""宝马""奥迪"等世界著名品牌，都给消费者留下了美好的品牌印象。

1. 汽车品牌的意义

（1）汽车品牌是汽车价值的象征。"劳斯莱斯"代表着高贵，"奔驰"是高质量的代名词，"沃尔沃"是安全的保证。

（2）汽车品牌是企业经营理念的象征，代表了企业品牌。汽车品牌已经向企业品牌过渡，如"奔驰"是德国奔驰公司追求质量、创新、服务的象征；"丰田"则代表日本丰田公司顾客第一、销售第二的经营理念。

（3）汽车品牌还是身份和地位的象征。在我国一辆汽车的意义有时超越了交通工具的范畴，成为驾车人或乘车人的身份标志，并由此形成了一套有着中国特色的关于"什么人开什么车"的观念。

因此，汽车生产厂已从制造汽车过渡到制造品牌、创造价值，经销商也从销售汽车向销售品牌、传递价值转变。

2. 汽车品牌的特征

（1）汽车品牌多以创始人名字命名。世界级汽车品牌的命名、个性、定位和公司的理念相结合，往往会带上创始人的烙印。如美国的"福特""克莱斯勒"、英国的"劳斯莱斯"、法国的"雪铁龙"和日本的"丰田"都是以创始人的名字直接命名的。这些汽车公司无不承袭了各自创始人的经营理念。1999 年"福特"T 型车被评为"世纪名车"，原因就来自于亨利·福特服务于大众，千方百计降低成本，让所有人拥有福特汽车的理念。"奔驰"保持着视质量为生命的传统经营理念。"丰田"则以其一贯的将顾客利益放在首位的经营理念享誉世界。

（2）汽车品牌和汽车标志的人格化。汽车标志具有品质、身份、地位和时代的象征意义。"奔驰"象征着上流社会的成功人士；"劳斯莱斯"象征着身份显赫的贵族；"福特"象征着踏实的中产阶级白领。这种人格化的品牌特征成为社会地位、身份、财富甚至职业的象征，成为了车主的第二身份特征。"劳斯莱斯"除了用两个"R"字母叠合成商标外，还在车头放了一个展翅欲飞的"雅典小女神"雕像，象征着"速度之神""狂喜之灵"。

（3）汽车公司往往都实行多品牌策略。如德国大众汽车公司拥有 VW、Audi、SKODA、SERT 等 9 个品牌。通用汽车公司拥有凯迪拉克、雪佛兰、别克、土星等 8 个品牌。

（4）汽车品牌都针对各自特定的细分市场。如"奔驰"的购买者为年龄偏大、事业有成、社会地位较高、收入丰厚的成功人士。"宝马"的购买者是年轻有为、富有朝气、不受传统约束的新一代人士。

7.2.3　汽车品牌策略

对企业来说，汽车品牌有利于汽车企业的产品增加市场占有率，优良品牌的汽车产品易于获得较好的市场信誉。汽车品牌有助于人们建立对汽车企业的印象，有助于企业的广告促销活动。因此，汽车品牌策略是汽车产品组合策略的组成部分。

1. 品牌设计策略

品牌和商标包括制造商品牌（全国性品牌）、中间商品牌（自有品牌）和服务标记三种。

目前我国汽车市场上只有制造商品牌，汽车产品从出厂到用户手中，其品牌均不发生变化。但汽车经销企业有的则有其服务标记，它的作用主要是用于将本企业同其他经销企业加以区别，树立其经营形象，如货源正宗、实力雄厚等。服务标记也是知识产权，不容假冒与侵犯。

品牌设计包括对品牌名称的设计和对品牌标记的设计，一般应当遵循这样一些原则和要求：简洁醒目、易记易读；构思巧妙、暗示属性；意蕴丰富、情意浓重；避免雷同、超越时空。品牌设计必须集科学性和艺术性于一体，创意既要新颖，给人以美感，还要符合民俗民情，尤其在产品出口时，必须要研究出口产品的品牌，否则就难以成功。如我国东风汽车公司出口品牌为"风神"（AEOLUS），不可将"东风"直译过去，因多数国家以"西风"为吉，在英国的东风是从欧洲北部吹来的寒风，相当于我国的西风、乃至北风。美国一家生产救护车的公司将其公司名缩写为"AIDS"，并印在其汽车上，生意一直不错，但自从艾滋病流行以后，该公司生意一落千丈，原因在于其缩写正好与艾滋病的缩写完全相同。

2. 品牌定位策略

不同地区、不同行业的消费者对品牌有不同的看法和评价。因此，建立品牌的关键是在消费者心中确定一个形象，即品牌定位。品牌定位有多种方式，有以消费者类型为主导的定位体系；有以市场形态及空隙度为主导的定位体系；有以技术在产品中的含量或质量表现为主导的定位体系；也有以不同价格来反映的定位体系。但品牌定位最基本的是建立在它所希望对目标客户具有吸引力的竞争优势上。

品牌定位营销一般有以下3个步骤。

第一步，确认潜在的竞争优势。竞争优势有两种基本类型，即成本优势和产品差别化。前者是在同样的条件下比竞争者的价格更低，后者是提供更具特色的、可满足客户的特定需要。

第二步，准确选择竞争优势。在价值链分析的基础上，放弃那些优势微小、成本太高的活动，而在具有较大优势方面进行扩展。

第三步，准确地向市场传播企业定位概念。选择竞争优势后，就要通过广告宣传将其传播开来。

3. 品牌延伸策略

当企业决定使用自己的品牌后，面临的抉择是，对本企业的各种产品是分别使用不同的品牌还是使用统一的品牌，如何利用已成功的品牌的声誉来推出改良产品或新产品等。这些都是品牌延伸策略必须考虑的问题。基本的品牌应用策略有以下3种。

（1）统一品牌策略。指企业将生产和经营的全部产品，统一使用一个品牌。当企业能维持产品线的所有产品的适当品质时，即可用此种策略。它的好处：推出新产品时可省去命名的麻烦，并可节省大量的广告宣传费用。如果该品牌已有良好的声誉，可以很容易地用它推出新产品。但是任何一种产品的失败都会使整个品牌受损失。因此，使用单一品牌的企业，必须对所有产品的质量严加控制。奔驰汽车很少采用副品牌，对于有重大技术革新的汽车也只是以不同系列来区分，而上海大众至今为止推出的产品使用的都是VW这个品牌。

（2）个别品牌策略。指企业的各种产品分别使用不同的品牌。这种策略的最大好处：可把个别产品的成败同企业的声誉分开，不至于因为个别产品的失败而有损整个企业的形象。但需要为每个品牌分别做广告宣传，费用开支较大。当高档产品的生产经营者发展低档产品线时，一般都采用这种策略。既可避免低档产品对高档产品声誉的影响，也便于为新产品寻求新的品牌。如德国大众就有VW、Audi、SKODA等多个品牌的轿车。

（3）企业名称与个别品牌并用的策略。在每个品牌名称之前，全部冠以企业的名称，以企业的名称表明产品的出处，以品牌的名称表明产品的特点。这种策略的好处是，既可利用企业名誉推出新产品，节省广告宣传费用，又可使品牌保持自己相对的独立性。世界上大型汽车企业无不使用这一策略，如通用汽车公司生产的各种轿车分别使用"凯迪拉克""雪佛兰""庞蒂克"等品牌，但在每个品牌前都另加"GM"字样，以表明是通用汽车公司的产品。

7.2.4 汽车商标策略

1. 商标的概念和作用

商标是代表产品质量的标记，是刻印在一种产品或产品包装上的图案、图案形文字或某种符号、象征。它是受法律保护的品牌或品牌的一部分。

商标和品牌的主要区别在于品牌既是产品的牌子，又是企业的牌子。而商标虽然也代表产品和企业，但它的主要功能是作为产品的标志，反映产品的品质。品牌必须图案化设计成商标，经工商行政管理部门注册后，才享有专用权益，受法律保护，这时品牌才转化为商标。商标有以下作用。

（1）保证产品的质量。我国商标法规定：注册商标要报送质量标准，凡不按注册产品质量要求生产产品、粗制滥造的，可由商标部门撤销其商标，并对其处以罚款。通过商标管理，可以起到保证产品质量的作用。消费者认牌购货和各种商标之间的竞争，也促使生产者重视商标信誉，关心产品质量，从而促使全社会产品质量不断提高。

（2）促进产品销售。商标作为一种代表产品质量和企业信誉的标记，有助于广告定位；有助于产品的市场宣传；有助于吸引消费者认牌购货。商标是促进产品销售的工具，从一定意义上说，商标是企业市场营销的生命线。

（3）维护产品特色。注册商标受法律保护，具有排他性、可保护产品特色、防止别人假冒。企业一旦拥有注册商标，便可以专注某种特色产品的生产和经营，并使这种特色不断深化和增强。

（4）推动产品成名。名牌产品不是由企业自封的，只能由顾客公认。商标的使用可以增强企业对产品质量的责任感，也可以增强企业树立名牌产品的荣誉感，促使企业兢兢业业、始终如一地保证产品具有商标所代表的质量水平和特色，争取消费者称誉，使产品成名。

2. 汽车商标的特殊作用

（1）传播汽车信息。研究表明，消费者总是以汽车商标词汇的发音和图像的意义来区分汽车的。由于消费者读出文字商标比用语言表达某种汽车要容易得多，所以世界上近30%的汽车商标是文字商标。同时消费者总是将这类文字商标看作汽车商品的"名字"，并加以传播。但是在汽车生产者看来，汽车商标是具有自己独特意义的符号语言，其内涵比汽车名字复杂得多。所以汽车企业常常通过各种传播媒介宣传其商标及其意义，力图让消费者在记住商标的同时能够联想到企业的"宣言""保证"。

（2）识别记忆汽车品牌。消费者比较容易记住相对简单的商标。所以商标本身的可识别性具有特别重要的意义，汽车商标所表现的各种客体在形象上都有广泛的知名度，影响着人们对标有该商标的汽车的兴趣和购买欲望。这就是为什么在世界汽车史上，有那么多汽车商标上都出现了诸如雄狮、雄鹰、皇冠、金盾、金星、飞马等众所周知的象征物的原因。从传播学的角度上讲，汽车商标在发挥帮助理解差别甚至创造差别的过程中，必须借助其他手段，如外部造型、颜色、气缸排量、动力性、安全性、舒适性及生产者等。但如果不借助于汽车商标，消费者简直难以认出甚至不可能分辨出最普通的汽车，甚至汽车专业人士中也没有人能够完全分辨出所有不同的汽车。

（3）刺激购买欲望。汽车企业或产品的商标能够通过一定的形象借喻，向消费者传达直接或间接的汽车商品信息以刺激购买。所以，著名汽车企业总是努力试图寻找出能够准确反映企业思想和汽车商品属性的词汇或图案形象，以使这些词汇或形象能在消费者的脑海中产生企业所希望的关于特定汽车的印象；同时尽可能使词汇或形象所代表的属性与消费者所期望的产品属性一致，防止产生歪曲理解而不利于产品销售，这对于不同语言之间的翻译也适用。研究表明，汽车商标对刺激购买欲望的影响，一般说来总是积极的。

（4）指明汽车门第。一般情况而言，汽车商标不一定要表明出处或产地，但是事实证明，目前世界上知名的汽车商标总是不可避免地要带有某个特定的文化背景，所以，消费者常常认为，汽车商标与其所代表的汽车生产于相同的文化背景。在许多情况下，知名人士、汽车企业创始人的名字或姓氏等也常用来做商标，如"林肯""福特""凯迪拉克""劳斯莱斯"等，这类商标也能指明商品的出处。

3．世界汽车商标的策略

（1）美国汽车商标的个性化策略。美国人在汽车名称中赋予他们所喜欢的专有名词或形容词，如金牛座、土星、野马，这说明在美国，人与汽车的关系带有明显的个性特征，商标变成了另一类型的汽车名称。有时为了适应广告需要，美国汽车商标的名称是很长的词组合，这种广告旨在让人相信，汽车会"喜欢"自己的驾驶者并"信赖"他（她）。美国汽车的名称同样有"使邻居震惊"的使命，因为美国有的消费者就要求这样，这些名称要么借助于标志缩写来实现，要么借助于一系列标志去实现，如 Prowler（漂游者）；要么伴随着数字组合；要么使用古老的名称。

在美国的汽车商标中有约 60%是英语词汇，对汽车企业而言，它们也愿意使用外来词汇，前提是这些词汇能够给消费者形成印象并创造汽车理想形象。例如，在中国"Transit"采用了"全顺"这样的半翻译名称，因为这在中国代表顺利。在美国汽车商标中，提供产品直接信息的比例是世界上最高的，这是美国汽车工业的又一特点，虽然有粉饰之嫌，但总的说它们能够以简单而适宜的形式向消费者提供必要的信息：汽车所有者要求的速度，如"野马""火箭"和汽车所有者要求的社会地位，如"凯迪拉克"；还有一些需要是属于美国年轻人的，如"海盗""眼镜蛇"等；另外，虽然有"福特"这样用公司创造者命名的名称商标，但在美国仍不符合大众的普遍心理，所以很少使用。

（2）德国汽车商标的现代化策略。德国人历来崇尚质量和精益求精，把汽车生产当作一门艺术来对待。所以，德国的一些汽车公司，如"梅塞德斯-奔驰""宝马"，并没有对汽车型号使用词汇，而仅是使用了数字的组合。因为在德国，普通消费者对数字名称或标志基本满意，他们认为这种标志比词汇意义的商标要好。从传播理论角度看，数字和字母方式的汽车商标，强调的是纯粹的技术质量，但是他们对还未购买汽车的潜在消费者没有什么说服方面的意义。德国传统的汽车商标有 24%提供了产品的直接信息；15%的汽车商标包含了某些汽车形象与普遍了解的事物形象，它们多数是军衔和公民爵位封号的名称；不包含任何产品信息的汽车商标占 61%以上，它们之中以企业创立者命名的居多，还有一些专有名词、地理名词等。近年来，德国汽车工业也开始出现了使用关于速度、安全、舒适等与现代观念相协调的文字商标，主要是为了适应品牌世界化的需要。

（3）法国汽车商标的民族化策略。汽车在法国传统上不仅是所有者个性意义的代表，还是强化民族自豪感和生产者国家尊严的象征。所以，法国汽车工业在20世纪80年代以前，总是试图在自己的产品市场营销中，通过广告、商标反映这种民族情感。但是在过去的10年里，也存在着拒绝浪漫色彩的文字商标倾向，法国的汽车商标系列有从浪漫词汇向以字母和数字组合构成这种较为技术性体系过渡的明显趋势。然而当法国汽车工业面对21世纪挑战的时候，其汽车商标有向文字商标转移的回潮，但不是返回到反映民族自豪感的老样式，而是返回到从心理上最大限度地对未来使用者的想象力起积极作用上来。有资料表明，在法国，对于普通的汽车，消费者喜欢用平淡无奇的字母、数字组合成商标，这种商标给消费者留下的想象空间小，不需要汽车所有者显示知识和身份；对于高档汽车，消费者倾向于选择用词汇和图像组合成商标，以显示民族自豪感和所有者的身份地位。

7.3 汽车产品寿命周期理论与策略

汽车产品在市场上的存在，一般都有一定的时限，客观上存在着寿命周期。汽车企业要正确制定和实施营销策略，要提高经济效益就必须研究汽车产品寿命周期理论。

7.3.1 汽车产品寿命周期的概念

汽车产品寿命周期是指从汽车产品试制成功投入市场开始到被市场淘汰为止，所经历的全部时间过程。它不同于汽车产品的使用寿命，其周期的长短受汽车消费者需求变化、汽车产品更新换代速度等多种市场因素所影响，是汽车产品的市场寿命。汽车产品的使用寿命是指汽车产品从投入使用到损坏报废所经历的时间，受汽车产品的自然属性和使用频率等因素所影响。汽车产品从进入市场到被淘汰出市场，便经历了一个寿命周期，一般来说分为4个阶段，即导入期、成长期、成熟期和衰退期，如图7-1所示。

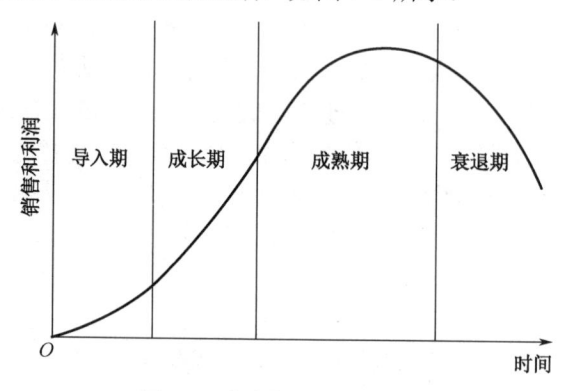

图7-1 汽车产品的寿命周期

汽车产品寿命周期的各个阶段在市场营销中所处的地位不同，具有不同的特点。

（1）导入期。是指汽车产品投入市场的初期阶段。在此阶段，汽车消费者对汽车新产品不够了解，所以销售量低、费用及成本高、利润低，有时甚至亏损。

（2）成长期。是指汽车产品经过试销，汽车消费者对汽车新产品有所了解，汽车产品销路打开，销售量迅速增长的阶段。

在此阶段，汽车产品已定型，开始大批量生产。分销途径已经疏通、成本降低、利润增长，同时，竞争者也开始加入。

（3）成熟期。是指汽车产品的市场销售量已达饱和状态的阶段。在这个阶段，销售量虽有增长，但增长速度减慢，开始呈下降趋势、竞争激烈、利润相对下降。

（4）衰退期。是指汽车产品已经陈旧老化被市场淘汰的阶段。在这个阶段，销售量下降很快，新产品已经出来，老产品被淘汰并逐渐退出市场。

各种档次、各种类型的汽车产品寿命周期不同，每种汽车产品经历寿命周期各阶段的时间也不尽相同。有些汽车产品经过短暂的市场导入期，很快就达到成长、成熟阶段；而有些汽车产品的导入期经历了许多年，才逐步为广大汽车消费者所接受；而大多数企业的汽车产品寿命周期在几年之间。同时，并不是所有的汽车产品都要经过 4 个阶段，有的汽车产品一进入市场，尚属导入期即被淘汰，成为"短命"产品；也有些处于成长期的汽车产品，由于营销失策而未老先衰；还有的汽车产品一进入市场就达到成长阶段等。如亨利·福特设计的 T 型车，从投入市场到停产一共经历了 20 年的时间，而福特公司 1957 年 9 月推出埃泽尔车，1959 年 11 月就被迫停产，其寿命周期只有短短两年时间。但无论如何，任何产品都将或迟或早地"衰老"。

7.3.2 汽车产品寿命周期的营销策略

不同汽车产品在产品寿命周期的不同阶段各具不同的特点，汽车企业营销策略也应有所不同。运用汽车产品寿命周期理论主要有 3 个目的：①使汽车产品尽快为汽车消费者所接受，缩短汽车产品的导入期；②尽可能保持和延长汽车产品的成长阶段；③尽可能使汽车产品以较慢的速度被淘汰。

1. 导入期的营销策略

这个阶段的主要特点是汽车产品刚上市，消费者对其不了解，汽车销售量缓慢增长，市场上同类汽车产品竞争少，广告宣传花费大。汽车企业生产该种产品的能力未全部形成，生产批量小，成本大，利润小甚至无利。这个阶段风险最大，所以应尽快让汽车消费者接受该种汽车产品。

在这个阶段，为了建立新汽车产品的知名度，企业需要大力促销，广泛宣传，引导和吸引潜在用户，争取打通分销渠道，并占领市场。营销策略要突出一个"准"字，即市场定位和营销组合要准确无误，符合企业和市场的客观实际。处于导入期的新汽车产品由于产量小、销售量小、成本高、生产技术还有待完善，加之必须支付高额促销费用，所以定价需要高些。

如果把价格与促销两个营销因素综合起来考虑，各设高/低两档，则对处于导入期新汽车产品的营销策略有以下 4 种。

（1）高价格高促销策略（快取脂策略）。这一策略以高价和大量的促销支出推出新汽车产品，先声夺人，抢占市场，以期尽快收回投资、赚取利润。这种策略的适用条件：汽车产品确有特点，有吸引力，但知名度还不高；市场潜力很大，并且目标用户有较强的支付能力。如某些国外汽车公司在推出富有特色的中/高级汽车时常采用这一策略。

（2）高价格低促销策略（慢取脂策略）。这一策略以高价和少量的促销支出推出新汽车产品，目的是以尽可能低的促销费用取得最大限度的收益，逐步捞回成本、赚取利润。这种策略的适用条件：市场规模有限；汽车产品已有一定的知名度；目标用户愿支付高价；潜在的竞争并不紧迫。

（3）快速渗透策略。以低价和大量的促销支出推出新汽车产品，以最快的市场渗透迅速占领市场，然后再随着销量和产量的扩大，使汽车产品成本降低，取得规模效益。这种策略的适用条件：市场规模很大，但用户对该汽车产品还不了解；多数购买者对价格十分敏感；

潜在竞争的威胁严重；单位成本有可能随生产规模扩大和生产经验的积累而大幅度下降。如日本、韩国的汽车公司在刚进入北美市场时，便采用了此种营销策略。

（4）缓慢渗透策略。以低价和少量促销支出推出新汽车产品。低价可扩大销售，少量促销支出可降低营销成本，增加利润。这种策略的适用条件：市场规模很大且消费者熟悉该汽车产品；市场对价格敏感。

以上4种营销策略企业应根据具体情况灵活运用。

2．成长期营销策略

新汽车产品上市后如果适合市场的需要，即进入成长期。成长期的特征：一是汽车产品产量、销量激增。汽车产品基本定型，大批量生产能力形成，产量迅速增加。同时，产品被消费者普遍了解和接受，购买量幅度上升，甚至大于供给；二是成本下降，利润高升。由于批量生产，使生产成本下降，分销渠道畅通，推销费用下降，同时销量大增，因而利润大幅度增长，给汽车企业创造了很好的盈利机会；三是竞争加剧。庞大的销量和丰厚的利润，迎来众多竞争者的相继进入市场，竞争渐趋激烈。

在此期间，营销策略的重点应放在一个"好"字上，即保持良好的汽车产品质量和服务质量，切忌因汽车产品销售形势好就急功近利，粗制滥造，片面追求产量和利润。企业为了促进市场的成长，应做好以下工作：第一，努力提高汽车产品质量，增加新的功能、特色；第二，积极开拓新的细分市场和增加新的分销渠道；第三，广告宣传的重点，应从建立汽车产品知名度转向促进用户购买；第四，在适当时间降低售价，吸引对价格敏感的用户，并抑制竞争。

上述市场扩张策略可以加强企业的竞争地位，但同时也会增加营销费用，使利润减少。因此，对于处在成长期的汽车产品，企业常常面临两难抉择：是提高市场占有率？还是增加当期利润量？如果企业希望取得市场主导地位，就必须放弃当期的最大利润，而期望下一阶段获得更大的收益。

3．成熟期营销策略

汽车产品进入成熟期的主要特征是"二大一长"，即生产量大、销售量大，但由于竞争激烈，销售增长率渐缓，市场趋于稳定，并持续较长时间。同时，随着竞争日益加剧，名牌逐渐形成。成熟期是汽车企业获得利润的黄金时期，这个阶段的营销策略，应突出一个"争"字，即争取稳定的市场份额，延长汽车产品的市场寿命。

企业对处于这个阶段的汽车产品不应满足于保持既得利益和地位，而要积极进取，进攻是最好的防御。成熟期可供选择的策略有3种。

（1）调整市场。寻找新的细分市场和营销机会，开拓新的目标市场。特别是要提高汽车产品的地区覆盖率，挖掘更多的用户。

（2）改进汽车产品。企业可通过改变汽车产品特性，吸引顾客，扩大销售。它又包括两种策略，一是提高汽车产品质量，主要是改善汽车产品性能。如提高汽车的动力性、经济性、操纵稳定性、舒适性、制动性和可靠性等，创名牌、保名牌。此种策略适合于企业的汽车产品质量有改善余地，而且多数买主期望提高质量的情况；二是增加汽车产品的功能，即提高汽车产品的使用功效。如提高汽车的观瞻性、舒适性、安全性和动力性等，都有利于增加汽车产品品种，扩大用户选择余地，使用户得到更多的效用。

（3）调整营销组合。企业可通过改变营销组合的一个或几个因素，来扩大汽车产品的销售。如开展多样化的促销活动、改变分销渠道、扩大附加利益和增加服务项目等。营销组合之所以必须不断调整,是因为很容易被竞争者效仿,以致使企业失去竞争优势。如上海汽车销售总公司为推进桑塔纳的销售,在1999年改变传统的分销渠道,设立地区分销中心,引进了特许经营的营销方式,以改进营销组合。

4．衰退期营销策略

衰退期产品的销量猛跌、价格下降、利润锐减、前途暗淡。已经形成的生产和经营能力,同市场销量急剧减少的矛盾十分突出。

汽车企业对处于衰退期的汽车产品,如仅仅采取维持策略,其代价常常是十分巨大的,不仅要损失大量利润,而且还有许多其他损失。例如,在经营管理上要花费很多精力和时间、影响企业的声誉并影响新汽车产品的开发、损害企业形象、削弱企业在未来市场上的竞争能力等。因此,对大多数企业来说,应该当机立断,弃旧图新,及时实现汽车产品的更新换代。在这个阶段,营销策略应突出一个"转"字,即有计划、有步骤地转产新汽车产品。

如何放弃衰退期产品是汽车企业最难做出的决策问题。首先,必须能正确判断产品是否已经进入衰退期。其次,选择淘汰产品的最佳方式。当决定放弃某种"超龄"汽车产品时,还要进一步做出以下决策：是彻底停产放弃？还是把该品牌出卖给其他企业？是快速舍弃？还是渐进式淘汰？

需注意的是,汽车企业的老产品停产后,应继续安排好其配件供应,以保证在用老产品的使用需要。否则,企业形象仍会受到损害。

7.3.3 车型升级换代的类型与作用

产品生命周期理论给汽车生产企业带来的启示是投放在市场中任何车型的生命都是有限的,唯一能延长该车型寿命的方法是及时根据环境变化对车型不断进行升级换代。换代车型已经成为成熟汽车品牌不断延续品牌效应的有力手段之一。

对于汽车生产企业来说,同一品牌的车型越多,车型之间的替代作用就越明显,每一款车型的生命周期就会大大缩短,况且研发新车型的投入远远比车型换代要高,因此,推出新车型不是良策,也不是长久之计。如果原有的产品和品牌拥有不错的市场关注度和口碑,那么升级换代是一款车型延续生命的最好方式,不仅可以牢牢抓住现有的客户,还能够吸引新消费者的眼球。当一款车型进入衰退期,其销量开始大幅下降时,正是推出换代车型的最佳时机。

1．轿车车型升级换代的类型

轿车车型的升级换代是由于热销的车型受到了一定的冲击后,生产厂家根据产品生命周期理论分析市场的变动状况,在继续保持和发扬原有品牌的影响力和口碑的基础上,对该车型的劣势进行改进,以此来恢复、维持和增强原有的竞争优势,达到延长该车型生命周期的目的。我国轿车车型升级换代有以下4种类型。

（1）对车型的外形和内饰进行革新。这主要是生产厂家根据同档次竞争对手的情况,对轿车外观的变动和舒适配置的增加,如通过对音响系统、车窗、天窗、座椅等这些不直接影响轿车关键性能的零部件升级来满足消费者的需求,特别是满足那些价格敏感度相对较低、注重生活质量的消费者需求,从而增加该车型在市场上的竞争优势。如第九代索纳塔在结构上进行了调整,较第八代索纳塔长/宽/高分别增加了35mm、30mm和10mm,轴距加长了10mm,A柱前段向前移动了23mm,在保证一定后备箱空间的情况下最大限度增加了车内空间,进一步提升了驾乘感受。中控台由原来的"Y"型改变为"T"型,功能键布局也更加层次分明。

(2) 对车型的核心零部件进行升级。这主要是汽车生产厂家根据消费者在使用过程或在购车时对同档次的车型比较，抱怨该车型的某种或几种核心零部件的不足，通过改进提高该车型的性能，增强该车型在市场上的核心竞争力。如发动机种类的更换、功率的调整、变速器由手动改为电动、制动系统的改进，等等。

(3) 对核心部件和非关键零部件进行同时升级。这主要是由于在市场上一大批有实力竞争者的存在，生产厂家对核心部件和非关键零件一步到位的全面整容和升级改进，以此提高车型的档次来增强竞争力。如第三代新福克斯配置 5 速手动和 6 速双离合两款变速箱、安全气囊由原来的 2~4 个增加到 4~6 个、全系配有 ESP/EBA/TCS 电子辅助安全系统，全面提升安全保护。

(4) 对车型品/名进行升级变换。这是最高程度的升级换代形式。汽车厂家不仅对该车型的核心零部件、外形和内饰进行改进，还对车型的名称和品牌都进行升级换代来提高该车型的综合竞争优势。如一汽大众把捷达升级为捷达王再升级为新捷达王、上海大众把桑塔纳 2000 升级为桑塔纳 3000 再升级为桑塔纳 Vista 志俊，直至升级为全新一代桑塔纳等就是属于这类情况。

2. 轿车车型升级换代的作用

相对于新车上市，产品升级换代有其独特作用。

(1) 产品升级换代是任何车型的必经之路。一款车型在开发投产时，属于先进行列。但随着技术的快速发展，该车很快就被其他生产厂家研发设计的新车型超赶。因此只有紧跟技术进步，利用最先进的技术不断地对此进行升级换代，才能避免落伍。而且开发出来的新车型，也只有在使用过程中，才能发现它的不足，才能谈得上改进和性能优化。世界上许多经典车型都是在不断改进中，一款车型出现第 5 代、第 6 代甚至更多代也是非常平常的事情。

(2) 提高车型的竞争能力。在市场上，车型的增多，使日益成熟的消费者越来越懂得汽车产品的性价比理念，在购车中把更多的目光聚焦在性价比较高的车型上。精明的生产厂家从单纯的降价或营销手段及主办优惠活动中发现，这并不能从根本上吸引消费者的眼球。于是，生产厂家根据市场的变化选择升级换代来提高车型的性价比，增强自己的竞争实力。

(3) 避免跌入无休止的降价泥沼。通过产品升级换代，汽车厂家可以保持价格不变，以此避免直接降价的尴尬，防止跌入无休止的竞价泥沼中。如 2004 款宝来增加了超过 7000 元的配置，但价格依然保持不变；桑塔纳 3000 从外形上做了全新的变革，整个车身更大气，配置更豪华，还提高了空调的制冷率，其价格与桑塔纳 2000 基本持平。

(4) 吸引老顾客的回头率。在国外，许多车主不是等到汽车快要报废了或是挣到了更多的钱才去购买第二辆车，而更多的是所开的车型不时尚了、不喜欢了，就去购买。在我国宏观经济持续高速增长，居民收入保持增长的大好形势下，自然会有不少富裕的家庭加入到购买第二辆车的行列中来。升级换代的车型不仅会吸引这些老顾客的光临，还会通过老顾客吸引老顾客交际圈内的人来购买，顾客忠诚度在此发挥的作用会越来越大。

(5) 制造新的营销卖点。通过对老车型全新的品牌包装、重新定位、推陈出新，车型的升级换代可以寻找到新的卖点，刺激消费者的购买欲望，扩大市场的占有率。如别克凯越宣扬"家庭+商务"、奇瑞 QQ 亮出 100%时尚制品时，一汽大众将捷达升级为捷达王后，在市场上创造出了可观的新增长点。

【案例 7.1】

强势品牌组合的成功之路
——大众汽车多品牌战略解析

在汽车造型趋同化和技术同质化的今天,品牌的强弱足以决定产品的成败。在汽车领域,成功品牌具有一种感召力,特定的光环将其塑造成个性鲜明、底蕴深厚的强势品牌。经过70多年发展,大众汽车集团囊括了不同国家、不同背景、不同个性的10个强势品牌,构建形成了多品牌价值体系,拥有从小型车、中/大型车、豪华轿车、SUV、MPV、轿跑乃至超级跑车在内的全部车型种类,覆盖平民品牌(大众、斯柯达、西亚特)、豪华品牌(奥迪)、顶级豪华品牌(本特利)、超级跑车品牌(布加迪、兰博基尼、保时捷)、卡车品牌(斯堪尼亚)及大众商用车的全品牌阵营,潜在市场巨大。同时,大众汽车集团在各品牌之间也已实现共享后台资源,在研发、零部件采购、平台共享及生产资源的配合上,发挥整合后的协同效应。

1. 多品牌战略的建立与控制

(1)多品牌战略目标。目前全球汽车市场正不断裂变出众多新的利基(Niche)市场,某种意义上可以说主流市场就是由为数众多的利基市场所组成,如图7-2所示。分析显示,1987年,消费者可感知9个不同车型种类的细分市场;1997年,这个数字增长到接近原先数量的3倍;2000年,这个数字突破到了30个。跑车、轿车、运动型多功能汽车SUV等正逐步被许多定位更精细的车型种类所取代,为消费者提供更多元化的选择。

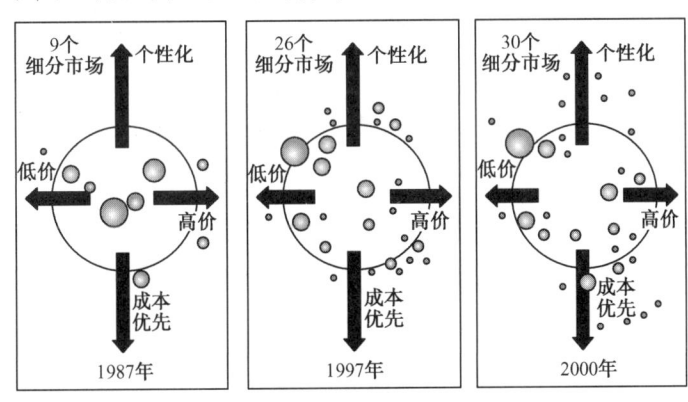

图 7-2 汽车细分市场的发展变化

大众汽车集团多品牌战略目标是根据品牌产品特点对其进行全球市场细分定位,尽可能提供满足每个消费者个人需求和生活方式的汽车,以达到对全球市场的全覆盖。与此同时,集团内不同品牌侧重满足不同的需求焦点,以最大程度避免集团内部车型的同质化竞争。如图7-3所示,从车型尺寸和车型类别划分了乘用车的细分市场,列举了大众汽车集团品牌在各个细分市场上的布局情况。本特利、保时捷、兰博基尼和布加迪覆盖了高端豪华轿车和跑车市场;在车型谱的另一端,西亚特Arosa和大众Lupo等车型也已成功进入紧凑型轿车市场,这个细分市场是目前欧洲乃至全球增长率最高的细分市场。未来,大众汽车将积极拓展并占据具有市场潜力的市场空白点。

(2)清晰而精确的品牌定位。品牌定位就是为品牌在同类产品或企业的品牌群中选择一个有利于其生存和发展的空间,或者说是品牌传达给消费者的独特利益点。品牌只有传达给消费者的独特利益点能够与目标消费者的内心和情感需要相互吻合,才会形成准确有力的品牌定位。

车型类别	掀背式两厢轿车	三厢轿车	旅行车	MPV	跑车	超级跑车	皮卡
豪华轿车							
高级轿车							
中/高级轿车							
中级轿车				SEAT			
紧凑型轿车	SEAT	SEAT					
小型轿车	SEAT	SEAT	SEAT				SEAT
微型轿车	SEAT						

图 7-3　大众汽车集团品牌在细分市场上的分布

大众汽车集团通过情感满足来构建品牌个性以进行清晰的品牌定位，并成为服务全球多品牌市场战略的基础。每个品牌都代表和象征着大众汽车集团整体形象的一个部分，它们都是根植于自身的历史渊源，以及集团内的品牌定位发展成为一个能充分包容的具有个性价值的品牌，如图 7-4 所示。

类　别	内　容
平民品牌	SEAT
豪华品牌	
顶级豪华品牌	
跑车品牌	BUGATTI
商用车品牌	Commercial vehicles

图 7-4　大众汽车集团品牌布局

①平民品牌。

大众（VW）：1938 年创立于德国沃尔夫斯堡。品牌理念：尽可能最大幅度覆盖不同汽车细分市场并为汽车制造设置新的标准，最终成为“汽车价值标杆”。

甲壳虫（Beetle）是大众品牌早期的成功产品，它代表的是德国汽车消费大众化的开始；其后，高尔夫（Golf）延续了甲壳虫的辉煌，并且在很长的一段时间里成为一个时代的代名词。现在的大众品牌更为多元化，涵盖了从微型轿车到高级轿车，从普通轿车到旅行车等多种车型。

斯柯达（Skoda）：1894 年创立于捷克，1991 年被大众汽车集团收购。品牌理念：为精明消费者打造创造性方案。斯柯达坚持生产高性价比和可靠的汽车，利用生产基地位于东欧的成本优势，在价格上与大众品牌同级别车型形成差异化定位。

西亚特（Seat）：1950年创立于西班牙巴塞罗那，1983年被大众汽车集团收购。品牌理念：享受生活中的汽车乐趣——重拾汽车带来的乐趣。西亚特以生产中、小型轿车为主，融合了西班牙的热情和德国的精准。西亚特通过Toledo、Bolero等车型传达了其运动品牌的市场定位。

②豪华品牌。

奥迪（Audi）：1910年创立于德国，1985年被大众汽车集团收购。品牌理念：利用超前的技术和夸张的设计来挑战传统。奥迪率先在驾驶系统中使用了全时四驱系统（Quattro），成为汽车工业历史中一个里程碑式的汽车技术，并为奥迪赢得了豪华汽车品牌的市场地位。

③顶级豪华品牌。

本特利（Bentley）：1919年创立于英国，1931年曾被劳斯莱斯公司收购，1998年被大众汽车集团收购。品牌理念：谁敢挑战，才会赢！奢华的内饰和精良的手工制造工艺确立了本特利顶级豪华汽车品牌的地位；侧重满足年轻新贵的需求，更突显其"皇家运动员"的品牌形象。

④跑车品牌。

兰博基尼（Lamborghini）：1962年创立于意大利，1998年被大众汽车集团收购。品牌理念：跑车中的最终力量。跑车特性在兰博基尼上得到了充分体现，其生产的V12发动机拥有极高的美誉度。代表车型Diablo GT是目前世界上速度最快的跑车产品系列。

布加迪（Bugatti）：1909年意大利人埃多尔·布加迪（Ettore Bugatti）在德国创立了布加迪品牌，1998年被大众汽车集团收购。品牌理念：汽车设计与工程完美结合的杰作。布加迪结合了美学和跑车特性，代表车型是EB218、Chiron和威龙（Veyron）。

保时捷（Porsche）：1948年创立于德国斯图加特，2009年7月被大众汽车集团收购，成为大众集团第10个品牌。品牌理念：日常使用的跑车。这体现了保时捷"亲民"的特点，这也是其独特定位的优势，同时它拥有丰富的跑车产品线。

⑤商用车品牌。

大众商用车（VW Commercial vehicles）：1956年，大众汽车集团在汉诺威成立了专门生产客/货两用运输车的生产基地，形成大众商用车品牌核心。它包括了大众汽车集团所有商用车的类型，从微型车、豪华巴士到客/货两用运输车、轻卡等。

斯堪尼亚（Scania）：1891年创立于瑞典，2008年3月被大众汽车集团收购，为全球商用车更大范围地整合奠定了基础，有利于提升其在全球商用车市场的地位。在长途运输方面，斯堪尼亚卡车有"公路之王"的美誉，同时也是欧洲卡车市场上利润率最高的品牌。

（3）多品牌战略的管理与控制。大众汽车集团多品牌战略的贯彻需要有一个不断完善的过程。品牌管理和控制工作是贯穿汽车企业整个生命周期的生命工程，品牌的成功确立标志着品牌管理有了一个良好的开端，品牌的维护和发展是品牌整个生命过程中的长期工作，也是最重要的环节之一。大众汽车集团多品牌管理的主要工作是品牌价格管理和品牌监控管理。

在品牌价格管理方面，大众汽车集团所有的品牌遵循价格——价值战略原则。这意味着即使是集团量产品牌也并不以可能提供的最低价格为主要目标，而是提供符合品牌特性配置的价格。一方面，为保证提供具有竞争力价格的产品，需要创建一个准确的价格"指标"，它是建立在相对应的竞争车型和品牌基础上的。另一方面，大众汽车集团的产品价格又是根据汽车全生命周期成本来制定和调整的，包括生产成本、维护保养成本、保险成本和转售价值等，能体现大众汽车产品高附加值的特点。

在品牌监控管理方面，大众汽车集团开发出有效的评估指标来监控和管理不同个性的品牌，它主要有 3 个功能：

信息——定期提供不同品牌市场布局的比较数据；

计划——通过定期的品牌监控，使品牌的战略和战术计划有效协同；

控制——实际值与目标值的比较是导向性品牌管理的基础。

这些评估指标提供了品牌在市场上的实际认知及表现较为准确的结论。每两年对所有品牌在主要市场上的形象及表现进行一次全面评估，结果将被反馈并作为品牌市场计划修改的依据，以帮助制定和驾驭品牌政策。

2. 多品牌战略与平台战略的协同

大众汽车集团成功实施多品牌战略的另一个优势便是发挥品牌战略与平台战略的协同作用。这样使各品牌在不断延伸产品领域的同时，又不至于各自为战，大众汽车集团在各品牌之间已实现共享后台资源，在研发、零部件采购、平台共享及生产资源的配合上，发挥了整合后的协同效应。

在不同车型之间实现零部件的通用化是降低成本从而取得竞争优势的关键。自 20 世纪 80 年代，大众汽车集团把商业战略的重点放在平台建设上，如今已经演变成体系战略或称之为建立模块战略。奥迪 A4 和大众帕萨特虽然有许多零部件是相同的，但是由于发动机的安装不同，因此二者仍有着明显的区别。奥迪 A4 的发动机是纵向安装的，平台称为 PL46（L 代表纵向安装）；帕萨特平台称为 PQ46（Q 代表横向安装）。

随着平台战略日趋成熟，大众汽车集团正在不断完善集团内主要车型平台的建设，将各品牌同级别车型尽可能共享平台资源，发挥规模优势。以高尔夫平台（PQ35 平台）为例，它是目前大众汽车集团最大的车型平台，涵盖集团内多个主要品牌，已有 7 款车型是基于 PQ35 平台生产，而新的 PQ35 平台将可以生产 14 款车型。在 PQ35 平台上生产的第一款车型是 2003 年年初下线的大众途安，随后奥迪 A3 和大众高尔夫也分别在 2003 年春天和秋天出厂，如表 7-1 所示。同年还推出了西亚特 Altea、Toledo 和斯柯达欧雅，而在 2004 年大众宝来和西亚特 Tango 也分别在墨西哥和欧洲进行生产。在 2006 年后有更多的派生车型，其中包括斯柯达的紧凑型 MPV 和斯柯达、奥迪及大众的 SUV。

表 7-1 大众汽车集团车型平台发展

	车型平台代号（年份）	PQ21（1974）	PQ22（1981）	PQ23（1994）	PQ24（2002）	
大众 2 系列	代表车型	奥迪 50	/	西亚特 Arosa	大众 Fox、斯柯达法比亚、西亚特 Ibiza、西亚特 Cordoba	
大众 3 系列	车型平台代号（年份）	PQ31/A1（1974）	PQ32/A2（1983）	PQ33/A3（1991）	PQ34/A4（1997）	PQ35/A5（2003）
	代表车型	捷达（1 代）	捷达（2 代）	Vento 捷达（3 代）、西亚特 Toledo	宝来、捷达（4 代）、斯柯达欧雅 Leon、Toledo（2 代）	捷达（5 代）、欧雅（2 代）、Leon（2 代）、Toledo（3 代）、开迪 Life、高尔夫 Plus、西亚特 Altea
大众 4 系列	车型平台代号（年份）	/	/	/	PL45（1996）	PQ46（2005）
	代表车型	/	/	/	奥迪 A6、斯柯达速派	帕萨特、夏朗

续表

大众6系列	车型平台代号	/	/	/	/	PL62
	代表车型	/	/	/	/	奥迪A8、本特利GT
大众7系列	车型平台代号	/	/	/	/	PL71
	代表车型	/	/	/	/	奥迪Q7

3. 品牌文化的提升

大众汽车集团正通过多种营运手段和延伸服务内涵的方式来发展和提升品牌文化。

（1）提供量身定制的汽车产品。大众汽车集团是第一个在互联网上提供"汽车配置选择"（Car Configu-rator）的汽车制造商，借助这个系统，消费者可以在屏幕上轻松组合符合自身要求的汽车配置。这个系统不同于车型比较系统，它可以对车型进行真实的配置选择。

（2）提供一系列衍生服务。当前，消费者对衍生服务的需求在一定程度上甚至已超过汽车产品本身。这包括个人金融和租赁服务、保险服务、远程信息处理服务和电话服务等。大众汽车集团结合品牌形象提供了与品牌诉求一致的服务，并将消费者满意度作为关键指标对经销商进行考核。

（3）以消费者为导向的产品开发。以消费者为导向可以从产品开发的初期阶段就开始执行。大众汽车集团正试图邀请消费者加入到实际车辆开发制造的过程中，使消费者从车型概念的提出就参与其中，并可亲身跟踪整个车型研发和制造的全过程。

（4）参观大众汽车主题公园。位于大众汽车沃尔夫斯堡总部的 Auto stadt 主题公园从2000年6月开始向公众开放，大众汽车集团的所有品牌和车型都在这里供游人参观。这是一个以汽车为主题的体验公园，有视觉影像和真实体验，也有对未来的幻想和历史的记忆。

4. 大众汽车集团多品牌战略的经验借鉴

全球汽车市场正进入变革的时期，市场的国界正变得模糊，甚至将逐渐消失；信息技术迅猛发展，信息透明度正在加速上升。全球化不仅意味着统一的全球市场，更要求接近并认识全球消费者的生活方式和态度。迅速增加的互联网用户加速了全球范围信息传播和网络对话，使得同步交换意见成为可能，使消费者逐步形成不同偏好的"群体"。快速增加的细分市场则成为全球汽车产业面临的另一大挑战，已有的细分市场经过发展进一步裂变为数个更精确定位的细分市场，而由于消费者总是容易被新的车型和品牌所吸引，汽车市场加速细分化不可避免的导致品牌忠诚度降低。

大众汽车集团经过多年的全球化经营，逐渐形成了多品牌战略体系。各品牌都有明确清晰的定位，品牌之间避免了同质化竞争，却又共同树立了大众汽车集团注重品质和技术领先的整体价值形象。国内汽车集团必须结合自身特点，借鉴大众汽车集团的成功之路，构建可持续发展的品牌战略。

首先，优化整合品牌资源。近年来国内汽车集团加快了对国内和国际企业兼并重组的步伐，在收购企业的同时也收购了品牌等无形资产。无论他们所收购的品牌是出于主动性的，还是被动性，与企业原有品牌之间往往存在一定的重合和竞争关系。国内一部分汽车企业存在"贪多求全""一劳永逸"的想法，认为收购了国外著名品牌便可立即提升自身品牌。但收购品牌易，管理和整合品牌资源难。因此，必须做好多品牌的定位和管理，完善和提升品牌内涵和文化，尽量避免同质化竞争。只有以企业自身特点出发，才能利用强势品牌拉升自有品牌。

其次，品牌的建设不可一蹴而就，而多品牌族群的建设更是长期工程。目前许多国内汽车集团都在建设自己的高端品牌族群，但这些品牌族群由于缺少文化积淀和支撑，往往缺乏独特性和差异性，难以获得消费者的认同。汽车企业推进可持续发展的多品牌战略，从品牌形象定位、品牌价格规划、品牌市场监控、品牌战略与平台战略的协同，以及品牌文化提升等方面出发，不断完善企业中/长期的品牌策略，最终使各品牌传达给消费者的独特利益点能够与目标消费者的内心需求和情感需要相吻合。

【案例7.2】

汽车品牌改名案例解析

"开奔驰坐宝马"，好的名字有利于品牌的发展和传播，本文通过分析对比，可以全面了解汽车行业近代的更名历史和现在的发展状况。

1. "巴依尔"改名"宝马"

1992年以前，BMW在中国并不叫宝马，而被译为"巴依尔"。这是因为BMW是Bayerische Motoren werke AG的简写，是巴依尔发动机有限公司的意思。1916年3月，工程师卡尔·拉普和马克斯·佛里茨在慕尼黑创建了巴依尔飞机公司。1917年，公司改名为巴依尔发动机有限公司。那时的宝马虽然在国外已经声名远扬，可中国人对这个汽车品牌却还十分陌生，因为"巴依尔"这是一个完全陌生且没有任何代表意义的汉字音义。后来，BMW汽车把"巴依尔"改成了"宝马"，立即受到了中国消费者的广泛关注，销售量也得到了大幅度的提升。"宝马"这个名字突出了与BMW车系高贵豪华的气质，又与中国传统称谓浑然一体，同时发音也与BMW相差不大。在中文结合汉语拼音的情况下，诞生了另一种说法BMW为"别摸我"的简写，象征此车尊贵无比，最好别摸。

"巴依尔"改名"宝马"，这可谓是汽车领域最为成功的改名了。

2. "无限"改名为"英菲尼迪"

2005年年底，在北美非常具有知名度的日产豪华车品牌无限（Infiniti）即将登陆中国，值得注意的是，由于"无限"中文名商标已被注册，Infiniti决定在中国的名称改用音译名，定为"英菲尼迪"。

"无限"改为"英菲尼迪"是属于被动改名，这牵涉到商标注册的问题，因为我国的商标政策是先注册先拥有。

3. "美洲虎"改名为"捷豹"

美洲虎（Jaguar）是英国轿车的一款名牌产品，商标为一只正在跳跃前扑的"美洲虎"雕塑，矫健勇猛，形神兼备，具有时代感与视觉冲击力，它既代表了公司的名称，又表现出向前奔驰的力量与速度，象征该车如美洲虎一样驰骋于世界各地。进入中国之后，改名为"捷豹"，此名既能完美诠释"美洲虎"完美寓意，又迎合了中国人喜欢吉利的心理，"捷豹"谐音为"捷报"，在生活和工作中谁不喜欢"捷报频来"啊！"捷豹"和兄弟品牌"路虎"的市场营销都非常迎合中国消费者的心理，使一个濒临破产的公司靠着中国市场又重新走向了辉煌。

4. "佳美"改名为"凯美瑞"

丰田汽车的B级别车就是丰田佳美，"佳美"这个品牌一直是全球的B车销量之王，连续数年获得进口车冠军称号。但是90年代拥有如此知名度的汽车名字却被放弃了，现在一律都叫凯美瑞，有点太洋气了吧。

5. "凌志"改名为"雷克萨斯"

2004年6月，丰田汽车将在中国市场使用多年的品牌名称"凌志"改为"雷克萨斯"。根据丰田官方的说法，"凌志"改成"雷克萨斯"不是商标抢注所致，那么这种举动肯定是最失败的改名。多年来，"凌志"这个丰田汽车的独立豪华品牌已在中国消费者中深入人心，突然改了个"雷克萨斯"，实在让人接受不了，因为这个名字实在是太西化了。改名后，凌志在中国的销量逐年减少，在豪华车市场上的排名从仅次于德国ABB（Audi、Benz、BMW）豪车的第二豪车阵线下滑到了第三，目前比不过路虎、捷豹，屈居第四，现在连沃尔沃都快超过它了。可谓是一个名字害了一个品牌的典型代表。

6. "长城SUV"改名为"哈弗"

哈弗新的Logo以"HAVAL"红底银色金属字组成，有have all（无所不能）的含义，红色给人热烈、奔放、激情，同时也代表着中国品牌，整体长方形造型，金属字体弧线突起有张力感，简单明了充分体现国际化，便于全球客户识别。虽然说改名是为发展全球市场，但是不得不说，改名以后"哈弗"在国内卖得更好了，也更迎合国人心理了。

7. "阿库拉"改名"讴歌"

讴歌（Acura）是日本本田汽车公司旗下的高端子品牌，于1986年在美国创立，其名称Acura源于拉丁语Accuracy（精确）。作为第一个日系豪华汽车品牌，本田为了打开中国市场，改名成了"讴歌"，读起来非常朗朗上口，很是增分不少，可是"讴歌"在国内依然不受待见，销量很差。

8. "霸道"改名"普拉多"

2003年11月，一则广告的画面上，霸道越野车威武地行驶在卢沟桥上，而两只石狮蹲坐路旁，一只挺身伸出右爪向"霸道"车做行礼状，另一只则低头作揖。配图的广告语写道："霸道，你不得不尊敬。"

这就是当年非常轰动的卢沟桥广告事件，当时人们认为石狮在我国有着极其重要的象征意义，代表权利和尊严，丰田广告用石狮向霸道车敬礼、作揖，极不严肃。更有人将石狮联想到卢沟桥的狮子，并认为"霸道，你不得不尊敬"的广告语太过霸气，有商业征服之嫌，损伤了中华民族的感情。最终，丰田迫于压力，不得不把"霸道"改为音译的"普拉多"。

以上企业在自己的品牌建设上都不遗余力，有些很成功，有些却没能起到预期的效果，品牌的名字就像是企业"门面"，好的品牌名字可利于品牌的传播及形成良好的口碑，所以在制定品牌名称时一定要综合考虑各种方面的影响因素，不然等产品形成了规模再去"改头换面"那就得不偿失了。

【案例7.3】

丰田汽车召回对日系车消费信心的影响

始于2009年丰田汽车的召回事件可谓是岁末年初汽车市场谈论最多的话题之一，这不免给丰田汽车这一世界最大车商的光环布上些许阴霾，但TNS汽车研究日前对中国内地500名车主和潜在车主的调查发现，中国消费者并没有"谈虎色变"，大多数车迷并未放弃丰田这一品牌。

研究发现，尽管此次召回在中国大陆范围有限，仍有大多数中国汽车消费者（74%）已察觉到丰田汽车目前的困境。近三分之二（62%）的被访者承认，他们对日系车商的信心因此受到影响，而64%的被访者认为当前的召回事件降低了丰田品牌在他们心目中的形象。然而此番召回对丰田车主的影响看起来却不是那么严重——同类品牌的车主中有将近1/4的人认为召回会严重影响他们对丰田品牌的认知度（27%）和信任度（25%），但丰田的车主中却仅有15%的人抱有同感。"丰田在中国，是紧居豪华汽车品牌之后，品牌承诺度最高的品牌之一"，总部位于上海的TNS汽车研究北亚总监包亦农（Klaus Paur）先生说，"这也是为什么作为某种程度上的受害者，丰田车主却能坚定不移地支持这个品牌的原因"。

当被问到此次召回事件对于丰田汽车的不利影响要延续多长时间时，丰田车主也比同类其他品牌的车主更为乐观。接近三成的丰田车主（29%）认为此次事件的影响只会维持3个月左右，大部分其他品牌的车主却不这样想。三分之一的同类品牌车主假设此番影响将长达两年或更久，但所有丰田车主都相信，目前的召回风波将在一年后销声匿迹。

此次问卷还显示，那些潜在购车者比现任车主更坚信此次召回事件仅仅是短期性影响，其比例分别为21%和9%。丰田汽车召回事件在中国的影响如图7-5所示。

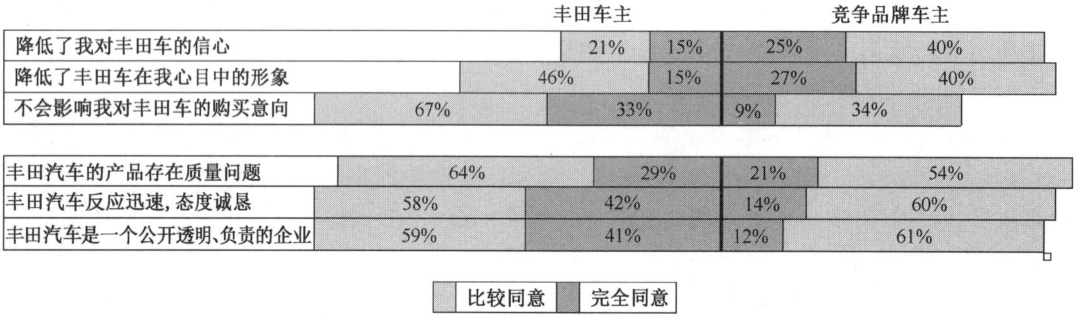

	丰田车主		竞争品牌车主	
降低了我对丰田车的信心	21%	15%	25%	40%
降低了丰田车在我心目中的形象	46%	15%	27%	40%
不会影响我对丰田车的购买意向	67%	33%	9%	34%
丰田汽车的产品存在质量问题	64%	29%	21%	54%
丰田汽车反应迅速，态度诚恳	58%	42%	14%	60%
丰田汽车是一个公开透明、负责的企业	59%	41%	12%	61%

比较同意　完全同意

图7-5　丰田汽车召回事件在中国的影响

针对此次召回背后掩藏着的产品质量问题，大多数汽车消费者（76%）认为大规模召回恰恰证明了丰田汽车在此次召回中反应迅速，态度诚恳，是一个负责的企业。包亦农总结道："这让我们认为，对最近所出现的问题，丰田汽车的做法是正确的。这是赢回消费者信心、并重新树立优质车企形象的正确方式，但前提是这一系列有害问题最终是否能够得到妥善解决。"

背景资料：丰田汽车召回事件回顾

2005年，丰田汽车在美国就有一次大规模召回，当时丰田汽车由于转向器问题，召回了90万辆问题车辆。

因质量缺陷，从2007年到2009年上半年，丰田汽车多次出现较大规模的召回事件，召回地包括日本、美国、中国等，召回数达到几百万辆。

2009年10月，丰田汽车在美国市场召回380万辆当地销售汽车，这是丰田汽车史上在美国召回汽车规模最大的一次，原因在于汽车内的可移动地板垫可能导致加速器卡住，从而引发事故。

2010年1月21日，因油门踏板存在质量问题，丰田汽车在美国召回了包括凯美瑞、卡罗拉等8款车型共计230万辆车；1月28日，丰田汽车再次宣布，因导致车辆自动加速的"脚垫门"事件，丰田汽车在北美追加召回109万辆汽车，共涉及5款车型。据了解，这些汽车的脚垫会卡住油门的踏板，导致汽车突然加速，引发危险。与此同时，丰田汽车宣布，召回在我国市场生产的7.5万辆RAV4车型。1月29日，丰田汽车宣布，在欧洲又召回了180万辆油门踏板存在隐患的车辆。至此，丰田汽车此次大规模全球召回汽车总数已经超过了800万辆，超过了2009年781万辆的丰田汽车全球总销量。

2010年2月下旬，丰田汽车因油管存在漏油风险而再陷"油管门"。丰田汽车于3月1日表示，公司将为在美国市场销售的共计约93.4万辆车免费更换一条输油软管。

丰田汽车丰田章男社长迫于美国国会强大的压力，出席美国国会的丰田汽车质量听证会。同年，丰田章男在我国举行媒体说明会，向中国消费者道歉。

【案例7.4】

信誉严重受损　大众汽车集团"排放门"事件始末

2015年9月18日，美国相关部门正式披露了大众汽车集团旗下柴油发动机涉嫌作弊的问题，作为德国重要的汽车巨头，大众汽车集团从这一天开始便笼罩在"排放门"的阴霾之下。在短短的一个月内，大众汽车集团面临高层的人事变动、蒸发的市值、巨额的罚款、百万计的待召回车辆、品牌信誉的缺失和德国制造口碑的受损等诸多问题。大众汽车集团将如何处理面临的问题，这艘汽车界的"超级航母"能否在暴风雨中继续远航，今天在此梳理一下大众汽车集团柴油门事件的始末与影响。

1. 大众汽车集团"排放门"事件回顾

（1）大众汽车集团排放门事件因何而起。

2015年9月18日，美国环境保护署与加州空气资源委员会发布公告，称大众汽车集团旗下部分产品在美国的排放测试中利用软件控制的方法进行造假，共有大约482 000辆柴油车受到影响。

涉嫌作弊的车辆搭载了大众汽车集团生产的2.0TDI柴油发动机，包括2009—2015款捷达、甲壳虫、高尔夫和奥迪A3，以及2014—2015款帕萨特均有在北美地区销售。美国政府勒令大众汽车集团召回这些受影响的汽车，并表示该公司利用欺骗设备规避排放标准，对公共健康构成威胁。

同日，美国环境保护局宣布，大众汽车集团承认蓄意造假，根据规定，违反《清洁空气法》最高单辆车的罚款金额为3.75万美元，如果照这样计算，大众汽车集团在美国涉及的48.2万辆汽车，就意味着罚款的金额最高可达180亿美元。这一巨额罚单不仅超过了2010年丰田"刹车门"事件的12亿美元罚款，甚至比2014年大众汽车集团在全球范围内的利润总额126.97亿欧元（约合143.30亿美元）还要多。

最早发现大众汽车集团排放问题的，其实是一位德国的青年科学家Peter Mock，在2014年5月，Peter Mock与他的同事在欧洲针对帕萨特、捷达和宝马X5进行道路排放测试时发现大众汽车集团的柴油动力车在行驶过程中会排放有害废气，他为了证明德国的汽车在美国比欧洲更"干净"（美国排放标准更严格），于是萌生了在美国做实验的想法。可在美国的实际测试中2012款捷达的氮氧化物超标15~35倍，2013款帕萨特超标5~20倍。

（2）大众汽车集团的正式回应。

在美国环境保护署将大众集团柴油发动机作弊事件公之于众的两天后，9月20日，时任大众汽车集团CEO马丁·文德恩正式发表声明，针对大众、奥迪柴油车型作弊事件作出回应。声明中提到，大众汽车集团不会容忍违反规则和法律的行为。消费者和公众的信任是大众汽车集团最重要的财富，大众汽车集团将会不惜一切代价重建公众对大众集团的信任，并将尽最大努力弥补此事造成的损失，"此次事件将成为我个人和大众汽车集团工作的重中之重。"

同时，大众汽车集团在同一时间也已经要求旗下美国经销商停止销售搭载2.0TDI发动机的车型，并进行内部调查。此时有大量的海外媒体猜测，刚刚拿到续约合同的时任大众汽车集团的CEO马丁·文德恩面临着巨大的压力,他很有可能就此事件引咎辞职,事情最终的发展就像媒体猜测的一样。

2. 大众汽车集团人事变动,"排放门"事件发酵

(1) 大众汽车集团内部人事调整,CEO辞职。

9月23日,在文德恩发布声明后的第三天,大众汽车集团官方正式宣布,时任CEO马丁·文德恩将正式辞去该集团CEO的职务。在声明中文德恩讲到,"大众汽车集团需要一个新的开始,我用辞职来为这个新的开端扫清障碍,过去数日所发生的事让我震惊不已,最重要的是,大众汽车集团会发生这样严重的问题让我茫然不知所措。"他还表示并未意识到自己分内所犯之错,但已经接受"柴油发动机违规导致的责任",因此要求公司监事会同意他辞去CEO的职务。

不过文德恩本次离职,大众汽车集团将支付其2890万欧元退休金(约合3200万美元),后续根据监事会的决定还将给予其数百万欧元的遣散费。

就在文德恩宣布辞职前夕,9月21日和9月22日,大众汽车集团的股价暴跌接近20%,令其市值较9月18日收盘蒸发约三分之一,约为250亿欧元。与此同时,欧洲与美国汽车制造商的股价纷纷下跌,因为投资者担心这些指控可能牵扯进其他汽车制造商。

在文德恩宣布辞职的同时,大众汽车集团旗下另外两名高级负责人也提出辞呈,分别是奥迪的研发总监Ulrich Hackenberg及保时捷的发动机负责人Wolfgang Hatz,这被解读为大众汽车集团用来减轻柴油车排放丑闻影响的举措。

9月25日,大众官方宣布了集团新一任CEO人选,在大众汽车集团举行的监事会选举中,保时捷CEO穆伦获得大多数股东的支持,将接替马丁·文德恩担任大众汽车集团CEO。同时大众集团还宣布了一系列的人员调整名单,包括斯柯达董事会主席范安德将出任整合后的北美地区(美国、墨西哥和加拿大市场)负责人,他同时担负彻查北美尾气排放作假丑闻的任务等。

大众汽车集团柴油排放事件的影响之大可谓是前所未有的,甚至连德国总理默克尔也表示关注,她要求这家被视为德国卓越工艺典范的汽车制造商要以"百分之百的透明度"查清这桩丑闻事件。大众汽车集团执行委员会在9月23日也宣布,大众汽车集团这次不仅将面临经济损失,也将会失去全球众多客户的信任,不过执行委员仍然会继续以澄清事件为理念,纠正错误,并果断采取必要措施。

穆伦上任大众汽车集团CEO所要面临的压力是非常大的,未来他将面对集团信任危机、刑事追责、巨额罚款、待召回车辆及国会听证等更多公关事件。

另外让穆伦更加郁闷的是,10月14日原定调任北美地区负责人的斯柯达董事会主席范安德拒绝接受新的任命,并且从大众汽车集团辞职。一名了解事态的消息人士透露,范安德出走是因为在大众汽车集团的北美战略及组织架构方面与公司管理层产生了意见分歧,这位曾经出任大众汽车集团中国总裁兼CEO的传奇人物终究离开了已经服役25年之久的大众汽车集团。

而马丁·文德恩的去留仍是大众集团监事会的所面临的问题,在他离开了大众汽车集团CEO的职位之后,集团内部仍有四个职位由他来担任,包括保时捷汽车控股公司CEO、奥迪汽车公司董事长、卡车品牌斯堪尼亚及新设立的卡客车公司的负责人。

直到10月20日保时捷汽车控股公司正式宣布,大众汽车集团前任CEO马丁·文德恩辞去在该公司的CEO职位,大众汽车集团新任董事长潘师将于11月1日正式接替文德恩,

出任保时捷汽车控股公司CEO。而其他三个职位尚没有调整，不过一些投资者和分析人士称，文德恩留任越久，大众汽车集团就越难以说服公众该公司能够走出本次危机。

（2）柴油门继续发酵，多家企业受牵连。

美国曝光大众汽车集团柴油排放作弊丑闻曝光之后，其影响迅速向全球蔓延。德国政府于9月21日要求大众汽车集团提供证据以证明在本土市场未操纵排放测试，欧盟委员会和美国相关机构也表示在就排放问题与该公司接洽；

9月22日，韩国和意大利也宣布将开始调查大众汽车。

9月23日，墨西哥、加拿大、法国开始调查本国大众汽车。

9月24日，日本、印度开始调查本国大众汽车排放问题，同日，中国外交部发言人洪磊就德国大众汽车集团汽车尾气造假丑闻答记者问时说："我们注意到有关报道，中国消费者的权益必须得到有效保障。"

9月25日，英国和法国则呼吁在整个欧盟范围内对大众汽车进行调查，挪威、澳大利亚开始针对大众汽车集团排放问题进行调查。

9月28日，德国检察机构已经启动针对大众汽车集团前CEO文德恩的调查。

9月30日，奥迪向英戈尔施塔特检方提出刑事报案，奥迪新闻发言人表示奥迪希望能够帮助检方调查。

10月14日，德国《星期日图片报》报道，大众汽车集团多名工程师已在内部调查中承认曾于2008年安装作弊软件。这家媒体没有披露这些工程师的身份，也未提及承认参与安装作弊软件工程师的人数。但报道说，这些工程师的证词尚不足以揪出"排放门"事件的背后主谋。

10月15日，意大利警方对兰博基尼公司总部展开刑事调查，因其母公司大众汽车集团涉嫌商业欺诈。

甚至连德国汽车零部件制造商，博世（Bosch）集团也没能躲过调查，有行业内人士披露博世公司向大众汽车集团供应了这批柴油排放控制装置。对此，德国汽车零部件供应商博世集团9月表示，该公司为大众汽车集团生产的部分柴油车型提供了共轨喷射系统，目前这些车型正处在美国当局针对大众汽车集团排放测试作弊丑闻进行调查的中心。

10月12日，英国《卫报》表示，德国大众汽车集团的"尾气排放门"引发行业多米诺骨牌效应。根据道路测试结果显示，奔驰、本田、马自达与三菱生产的柴油车辆存在排放超标问题。《卫报》报道援引执行此项实验的汽车数据公司（Emissions Analytics）总裁Nick Molden的话称："这个问题是一个横跨整个汽车行业的系统性问题。"

3. 大众汽车集团召回1100万辆，将带来何种影响

（1）大众汽车集团"排放门"事件涉及车辆和解决方案。

9月28日，大众汽车集团发表声明，正式公布了此次"排放门"事件在全球共涉及约1100万辆汽车，其中大众品牌涉及约500万辆，而大众汽车集团旗下其他品牌也有部分车型涉及，其中奥迪涉及210万辆、斯柯达涉及120万辆、西雅特涉及70万辆、大众轻型商用车涉及180万辆。这些车型均搭载了大众汽车集团制造的EA189型柴油发动机。

10月12日大众汽车（中国）销售有限公司确认在中国市场共有1950辆装备EA189柴油发动机（2.0TDI）的进口大众汽车，包括1946辆进口途观及4辆进口帕萨特（B6）。上述车型将针对EA189柴油发动机进行更新软件来解决。

面对如此巨大的涉及车辆，刚刚走马上任的大众汽车集团CEO穆伦在接受外媒采访时

说:"如果一切按计划进行,我们能从2016年1月开始召回。所有汽车应该在2016年年底前修理完毕。"据德国媒体测算,仅召回这些涉及车辆的成本费用就可能超过60亿欧元。

(2) 大众汽车集团"排放门"事件将会带来哪些影响。

本次大众汽车集团柴油门的曝光,是对大众汽车集团本身的一次巨大挑战,其中金钱与信誉的双失,是对其最大的影响,这将对大众汽车集团未来的发展产生巨大的改变。

作为一家国际汽车集团,大众汽车集团旗下共拥有12家子品牌,在2014年大众汽车集团就投资了115亿欧元用于研发费用,而在"排放门"事件之后,巨大数额罚款和召回所产生的费用,使得大众汽车集团很难再次投入如此多的费用用于研发。面对财政紧缩,大众汽车集团各部门都需要勒紧裤腰带,部分研发项目包括新车计划将会因为资金不足导致搁置甚至是流产。从目前的消息来看,大众汽车集团旗下的新一代布加迪跑车项目、大众汽车集团全新中大型车项目(或命名辉道)将继续,而新一代辉腾项目目前或已经延后。除此之外,宾利、兰博基尼、保时捷、奥迪未来的新车计划将很有可能受到一定影响。

除了金钱方面,大众汽车集团多年积攒的诚信与信誉受到了很大冲击,这是大众汽车集团很难在短时间内能够弥补的。10月12日标准普尔公司(Standard & Poors)下调了大众汽车信用评级,由原来的A级下调为A-级,这将使得投资者对于大众汽车集团存在更多的不确定性,其股票很可能在一段时间内继续保持较低水平,而面对一个庞大的公司,资金链的不足导致什么样的后果,将是不可估量的。

此外,在欧美的价值观当中,信誉可以说是非常重要的一项,而诚信问题往往关乎企业在合作与发展等多个领域。在未来的合作当中,大众汽车集团作为一家有过污点的企业,在海外市场再次寻求合作将是非常困难的。而消费者对于这家曾经主打清洁柴油的汽车公司,也很有可能报以质疑的态度,从而影响到大众汽车集团的最终销量。

针对大众汽车集团柴油门事件,我们电话采访了几位业内资深人士,了解他们是如何看待这件事对大众汽车集团将会带来哪些影响,此外,大众汽车集团和多家企业柴油发动机排放超标,会不会对未来能源产业格局有所影响呢?

贾新光(汽车行业资深独立撰稿人):本次事件对于大众汽车集团最大的影响莫过于信誉问题,虽然数额巨大的罚款和面临召回的1100万辆涉及车辆也是一笔巨大的费用,但这远不及信誉所带来的严重后果。此外,这件事很有可能会对未来汽车能源的发展方向产生影响,要想彻底解决柴油的排放问题并非一朝一夕的事情,目前所能解决的方法,势必会带来成本的增加,加之大众汽车集团的信誉问题,以及中美等市场对柴油车的需求较少,未来柴油汽车很难再次成为消费者的首选。

何仑(《国际商报》汽车版主编):信誉是本次大众汽车集团丑闻事件之后面临的最大问题,甚至这也在一定程度上影响到了德国制造的声誉,2014年大众汽车集团是全球投资研发费用最高的车企,尤其在柴油发动机上拥有一定建树,而大众汽车集团本身却出现了排放问题,这是说过不去的。对于未来新车能源发展,我认为柴油车不会就此结束,尤其在欧洲等柴油为主的消费者市场,虽然欧洲的柴油车价格并不便宜,而目前的解决方法将进一步增加使用成本,消费者和厂家都将进一步权衡成本。除此之外,柴油排放出现问题,将对发动机的制造与研发也将产生一定的影响,其中对混动、插电式混动、电动等新能源的研发起到推动作用,未来可能会有更多的厂家投入到新能源产品的开发中。

可以看出,两位业内资深人士均提到"信誉缺失"是本次大众汽车集团"排放门"事件对这家汽车行业巨头公司最大的影响,并在未来的一段时间内,信任危机将伴随着大众汽车集团，影响可能会更加深远。

4. 全文总结

在 2015 年上半年的销量盘点中，大众汽车集团以 504 万辆的成绩超越丰田汽车的 502.2 万辆成为今年上半年全球销量最大的汽车集团。就在全集团对 2015 年销量夺冠抱有很大信心的时候，一桩柴油排放作弊事件，彻底打破了大众汽车集团对未来的憧憬。作为德国最大的跨国企业，德国《日报》报道警告说，"大众汽车集团要是垮了，德国也就垮了。而德国要是垮了，欧洲也就垮了。"

如今诸多问题缠身的大众汽车集团，单单靠人员调整、服从调查及召回涉及车辆等并不能解决目前存在的问题。信誉的缺失是对于一家全球知名汽车制造集团来说重大的损失，如何弥补信誉缺失造成的损失才是重中之重。此外，大众汽车集团"排放门"事件的风波还没有停息，未来大众汽车集团能否像新一任 CEO 穆伦先生所言在两至三年内"再度熠熠生辉"，让我们拭目以待。

分析与思考

1. 何谓汽车产品整体概念？举例说明建立汽车产品整体概念的意义何在？
2. 什么是汽车产品寿命周期？汽车产品寿命周期各阶段的特征和对策有哪些？
3. 举例说明品牌、商标概念及其策略。
4. 分析案例 7.1 中大众汽车多品牌战略成功的经验。

课程实践

1. 目标

掌握汽车新产品组合与品牌策略。

2. 内容

将学生分成若干小组，各小组分别收集资料并进行市场调查，分析某汽车公司的产品组合（包括产品线、产品项目、产品广度、深度与产品组合的相关度），并分析其品牌的构成与品牌策略。

3. 要点及注意事项

密切关注新车型的发布以保证收集到的资料完整、齐全，要及时处理相关材料和数据并注意比较、鉴别。

第8章 汽车价格营销策略

【学习目标与要求】
1. 掌握汽车价格的构成及影响因素。
2. 了解汽车定价的目标、程序和方法。
3. 掌握新产品定价策略、产品组合定价策略。
4. 掌握产品寿命周期定价策略、差别定价策略、地区定价策略、心理定价策略、折扣与折让策略。
5. 掌握汽车产品价格调整策略。

汽车价格是汽车营销组合的重要因素，它影响汽车市场的需求，决定生产企业的利润，并与消费者的利益密切相关。汽车定价策略是汽车市场竞争的重要手段。在进行汽车市场的营销中，首先应正确运用定价策略，在兼顾自身利益和消费者利益的基础上，定出合理的产品价格。

8.1 汽车价格的构成与影响因素

8.1.1 汽车价格的构成

汽车价格的构成是指组成汽车价格的各个要素及其在汽车价格中的组成情况。汽车价值决定汽车价格，汽车价格是汽车价值的货币表现。但在现实汽车市场营销中，由于受汽车市场供应因素的影响，汽车价格表现得异常活跃，价格时常同价值的运动表现不一致，有时价格高于价值，有时价格低于价值。在价格形态上的汽车价值转化为汽车价格构成有四个要素：生产成本、流通费用、国家税金和企业利润。

1. 生产成本

汽车生产成本是指在生产一定数量汽车产品时所消耗的物资资料和劳动报酬的货币形态，是在汽车价值构成中的物化劳动价值和劳动者新创造的用以补偿劳动力价值的转化形态。它是汽车价值的重要组成部分，也是制定汽车价格的重要依据。

2. 流通费用

汽车流通费用是指汽车产品从汽车生产领域通过流通领域进入消费领域所耗用的物化劳动和活劳动的货币表现，它包括汽车生产企业为了推销产品而发生的销售费用和在汽车流通领域发生的商业流通费用，而后者则占了该费用的大部分。汽车流通费用是汽车价格的重要构成因素，它是发生在汽车从汽车生产企业向最终消费者移动过程各个环节之中的，并与汽车移动的时间、距离相关，因此它是正确制定同种汽车差价的基础。

3. 国家税金

国家税金是生产者为社会创造和占有价值的表现形式，它是汽车价格的构成因素。国家通过法令规定汽车的税率，并进行征收。税率的高低直接影响汽车的价格，因而税率是国家调控汽车生产经营活动的重要经济手段。

4．企业利润

汽车企业利润是汽车生产者和汽车经销者为社会创造和占有价值的表现形态，是汽车价格的构成因素，是企业扩大再生产的重要资金来源。

从汽车市场营销角度来看，汽车价格的具体构成为：

汽车生产成本+汽车生产企业的利税=汽车出厂价格

汽车出厂价格+汽车批发流通费用+汽车批发企业的利税=汽车批发价格

汽车批发价格+汽车直销费用+汽车直销企业的利税=汽车直销价格

8.1.2 汽车价格的影响因素

企业的生存在于利润，产品定价过低便不能获得较多的利润，甚至无法收回成本。而定价过高，则消费者可能拒绝购买。因此要想达到企业的利润目标，必须在这高、低之间找出最佳的产品定价。影响汽车及其配件定价的决定因素，除其自身价值外还受许多其他因素的影响。其中包括定价目标、汽车及其配件的成本、汽车市场的供求关系、市场竞争情况、政策环境和社会心理等。

1．汽车产品的成本

产品的成本是定价的基础，是价格的最低限度，产品的价格高于成本，企业才能获得利润。汽车的成本中，包括新产品研发成本、工厂建设和维护成本、采购成本、管理成本、制造成本、营销成本、物流成本等。这些是价格构成中一项最基本、最主要的因素。产品价格必须能够补偿产品的全部实际支出，还要补偿企业为产品承担风险所付出的代价。

产品成本可分为两大类：一是固定成本。固定成本是指在一定限度内不随产量和销售量的增减而变化，具有相对不变性质的各项成本费用。如汽车生产设备的投资、折旧、房地租及行政办公费等；二是变动成本。变动成本是指随着产量或销售量的增减而变化的各项费用。如原材料消耗、储运费用、计件工资等；还有一种成本叫做"半固定成本"，它是产品产/销量增加到一定数值后，如继续扩大产/销量则需要追加的固定资本。以上各种成本之和即为总成本。汽车企业只有降低成本才能在具有较强竞争力的价格下取得更大利润。

汽车成本是一个复杂的价值系统，它涉及规划、设计、工艺、制造、质量、采购、销售、财务、劳务等汽车制造的全过程和企业经营的各方面。因此应该把降低成本看成是企业经营的一个战略行为，而不应仅仅看作是经营战术行为。下面阐述在汽车成本系统中若干重要因素对汽车成本形成的影响。

（1）原材料对成本的影响。汽车生产所用原材料与成本之间成正比关系。原材料价格高，则汽车产品的成本高。反之，成本就会下降。对汽车产业影响较大的原材料主要是钢材、橡胶及塑料，其中以钢材为最多。钢材是汽车制造所需的主要原材料，且消耗量大，约占汽车重量的70%。根据汽车制造各个部分的用钢经验数据测算，生产一辆轿车需要耗费的钢材总量约为1.16吨，而SUV和MPV的钢材单耗约为1.55吨。如果考虑汽车零部件加工过程中的损耗等因素，实际用料会超过这个数量。由此可见，原材料价格在市场中的波动，特别是处于高位的钢材价格，将使汽车企业承受很大的成本压力。

（2）生产规模对成本的影响。世界汽车业是规模经济十分突出的产业，也是技术密集型产业。市场的新进入者如果形成不了一定的生产规模，则必然其成本较高，这是对汽车企业发展具有关键影响的一个因素。同样因为其没有规模，也决定了它不能负担高额的技术开发费用。所以世界汽车业存在着规模壁垒、技术壁垒，特别是价格壁垒。随着中国汽车市场化程度的进一步加深和价格的进一步降低,这些壁垒将会越来越明显地体现出来。这三个壁垒尤以规模壁垒为基础,没有相当大的生产规模以降低成本,提高价格竞争力,汽车企业将难以生存。

生产规模对成本的影响,可从绝对成本额、单位产/销量分摊的各种成本两方面分析。从绝对成本额看,各类成本与产/销量的变化关系:在一定产/销量范围内,固定成本保持不变;半固定成本随产/销量的增加而呈阶梯上升;可变成本随产/销量的增加而线性增加。从单位产/销量分摊的各种成本看,各类成本与产/销量的变化关系:固定成本随产/销量的增加按倒函数规律不断趋于下降;半固定成本与固定成本有相同的规律,并呈阶梯状;可变成本保持不变。

由此可以看出:随着企业生产经营规模的扩大,单位产品所分摊的总成本(或固定性成本)不断降低,这就是规模效应(规模经济)。由于汽车工业是典型的可以大规模生产的产业,因而汽车工业的规模效应十分明显。从上述规律还可以看出,当产/销量增加到一定数值后,单位产品成本的下降趋势明显减弱,曲线开始变得平缓,这说明规模效应减弱。此时,相应的产/销量规模即为经济规模。如果在此基础上继续扩大规模,则企业的成本不但不会降低,反而有可能增加。

有资料对汽车生产线长期平均费用进行分析,就一种车型的生产批量与成本的关系而言,当年产量由1千辆增加到5万辆时,单位成本将下降40%;当年产量由5万辆增加到10万辆时,单位成本将下降15%;当年产量由10万辆增加到20万辆时,单位成本将下降10%;当年产量由20万辆增加到40万辆时,单位成本将下降5%;当年产量超过40万辆时,成本下降的幅度急剧减少;在达到年产100万辆的水平后,再加大批量,成本不再下降,反而上升。这说明此种车型的产/销量在100万辆左右时,为经济规模。不同的汽车产品的品种和不同的生产技术条件,其经济规模也是不一致的。一般来说,市场容量大的汽车产品及生产技术条件高时相应的经济规模也大。当企业的生产规模已经达到设计规模时,此时规模效应最高。如果企业希望继续提高产/销量,则必须增加投资(如技术改造),扩大生产规模。这种半固定成本的投入,只有在更大的规模上,才会为企业带来更大的经济收益。企业必须对市场潜力予以研究,当在更大的规模上能够获取更多的利润时,才可决定追加投资,扩大生产规模,否则上述追加投资便得不偿失。这种随着规模的扩大,企业收益更高的现象叫做规模效益。上述设计规模和追加投资后生产规模大小的确定不是主观随意的,而必须经过市场调研,充分考虑市场容量、资金、技术进步等有关因素,应科学地加以确定。

(3)品种对成本的影响。对于汽车产品的品种构型方案,应考虑其材料、制造、物流和间接费用方面的标准成本,还应预见到管理的系统成本。品种越多,其间接费用、材料处置、质量及保证的成本就越大。因此,单一品种的大量生产,对获得较低的汽车成本来说是非常理想的。但是为了能够在市场上具有较强的竞争力,汽车生产企业必须能够生产较多的品种。世界著名的汽车公司所生产的汽车品种都是繁多的。在一个产品系列中,由于一个品种的相关产品可以利用一个生产体系的设施,以及通用化或系列化的零件,相对两个不同系列的品种,其成本是低的。但一个系列的产品,如果品种过多,其间的相关性必然减少,需要的零件种类增加,而每一种零件的数量又较少,投资就会增加,形成不了较大规模,管理上也十分复杂,成本就要上升。据波士顿顾问公司的分析发现,品种多样性产生了单个产品中5%~20%的总成本,而这一成本的1/3~1/2不是用于满足顾客需求的。以减少品种来更有效地参与竞争,提供为数有限的设计精良、款式诱人的产品,这些产品在功能上清晰地成系列发展,并具有相应的价格点,提高零部件的通用性,精简流程,可大大提高劳动生产率。

应该说任何一种车型只有在品种数目适当时，才能使产品成本降低。

为了在品种与成本之间搞好平衡，企业应该应用成组技术，把成组技术与现代管理方法和手段结合起来，对不同车型和品种的零部件作为基础，生产尽可能多的竞争能力较强的车型。国际上具有竞争力的汽车公司，都是采用了若干车身、发动机、变速器、制动系统等装配出成百上千个品种。

（4）产品质量对成本的影响。汽车产品的节能性、环保性、维修、机件事故等"质量成本"投入的多少，直接影响着消费者对某一品牌车的购买欲望。而汽车使用中"质量成本"的大小又取决于产品质量。汽车作为高速行驶的交通工具，其技术质量关系到驾驶员及其他人的安全，因此企业必须通过各种方法和措施，保证和提高产品质量。质量费用就是为保证和提高产品质量而支出的一切费用，以及因未达到质量标准而产生的一切费用损失之和。它主要包括外部故障成本，即无偿修理费用、退货和折价费用、用户损失赔偿费用；质量鉴定成本，即产品试验、质量检查费用；内部故障成本，即废品损失、修理费用；预防成本，即质量、工艺、管理保证和培训费用。这些费用涉及企业经营的各个方面，如设计、采购、制造、销售、服务等。降低质量费用是企业内部质量管理的一个重大课题，也是降低产品成本的一个方面。

2. 营销策略的选择

汽车产品在进入市场前，企业会对营销组合策略进行选择，良好的营销策略将直接影响到汽车产品的价格体系。首先，产品的特点将直接影响到企业价格策略的选择。企业产品的特点包括产品的性质、需求价格弹性、生命周期状况、市场上的相关产品及品牌的知名度等。其次，分销渠道对价格策略也会产生影响。分销策略的长短、宽窄，以及分销的方式和中间商的构成，都是定价应该考虑的重要因素。最后，促销也是影响价格的一个重要因素。如果企业的促销费用高，这时的汽车产品成本也就会相应地上升，价格自然也就较高，相反企业的产品价格就可以有很大的回旋余地。

3. 市场的供求关系

（1）供求关系。供求关系是指在一定时间内市场上的商品供给量与商品实际需求量的关系。一方面市场决定价格，供不应求时，商品的价格上升，而供大于求时，价格下降。另一方面价格对市场又有一定的刺激或抑制作用，价格越高，需求越低，反之需求就高。

（2）需求的价格弹性。需求的价格弹性是指产品的市场需求量随着价格变化而变化的程度，即价格变动对需求量变动的影响程度。需求的价格弹性是按下列公式计算的：

需求价格弹性系数（E）=需求量变动的百分比/价格变动的百分比

分析需求价格弹性时，通常看$|E|$的情况。$|E|>1$时，富有弹性；$|E|<1$时，缺乏弹性；$|E|=1$时，不变弹性。假如产品提高价格2%，需求量降低10%，这样的需求价格弹性$|E|=5$，因其绝对值>1，表明这种需求是富有弹性的。如果价格提高2%，需求量下降2%，那么$|E|=1$，可称为不变弹性。在这种情况下，不管价格怎样变化，销售者的总收入都一样。如果价格提高2%，需求量下降1%，则$|E|=0.5<1$，这种需求则缺乏弹性。需求弹性越小，销售者提高价格所获的收益就越多。

影响需求弹性的因素很多，就汽车产品而言主要有以下两个方面：一方面是产品的数量和竞争力的强弱。凡替代品或竞争产品少且竞争力不强的产品，需求弹性就小；反之，需求弹性就大。另一方面是产品的质量和币值的影响。凡用户认为价格变动是产品质量变化或币值升降的必然结果时，需求弹性就小；反之，需求弹性就大。

汽车（主要指小汽车）是需求价格弹性较高的商品。据统计，美国汽车的需求价格弹性为1.14。其中，轿车比商用车的需求弹性大，私人购买比集团购买的需求弹性大。如果产品的需求是富有弹性的，销售者应考虑降低其价格，因为较低的价格可能带来更多的总收入。只要生产和销售更多产品的额外费用不超过额外的收入，这种做法就是合理的。

4. 竞争者的产品与价格

价格不但取决于市场需求和产品成本，还取决于市场的供给情况，即竞争者的情况。定价的高低，则要受竞争者同类产品价格的制约。在同类型的汽车产品中，质量近似时，用户总是选择价格较低的产品。因此，对竞争者的产品价格要调查研究，深入了解，做到知己知彼，才能使定价适当，在竞争中取胜。在分析价格因素的同时，还要注意非价格竞争的因素，因为在汽车产品的质量、价格近似时，用户更倾向于选择认知程度高的某一产品，而用户对产品的认知程度要靠产品的质量、特色及宣传等。如在我国被称为"黑马"的奇瑞轿车，其外观是中档次的车型，面对竞争者的产品与价格，该企业除了加大宣传，让消费者了解其产品的同时，把售价定在了中/低档次价位，因而颇受消费者的欢迎，上市初期就赢得了较大的市场份额。

5. 汽车产品的生命周期

企业的市场营销是一个整体过程，一种产品的市场营销也是一个不断变化的过程，由于在市场营销过程中和产品生命周期的不同阶段上，企业产销、市场需求、竞争状况、外部环境、企业能力、企业目标等方面都存在着重大的差异，因此，企业定价时要从市场营销过程、产品生命周期阶段的角度来加以分析和考虑。

虽然汽车产品的生命周期对于定价有显著影响，但生命周期的各个阶段对定价的影响又有很大不同。如在产品生命周期中投入期的汽车产品常采用高价策略，而对于产品生命周期中衰退期的汽车产品常采用低价策略。另外，在产品生命周期的各个阶段之间又都会出现一个拐点，当拐点开始突变时，这时产品销售量、大众普及率、消费者购买愿望等都将不同，价格也就成了制约购买的瓶颈。因此，拐点前后的企业定价策略会出现剧烈差别，企业能否正确认识到这个拐点，以及能否及时调整定价战略，会导致完全不同的竞争结果。

除了上述因素，汽车产品定价时，首先，还要考虑社会经济状况的影响，如通货膨胀、经济繁荣与衰退及利率等经济因素。因为这些因素既会影响产品的成本，也会影响消费者对产品价格和价值的看法，而消费者的心理状况又直接关系着市场需求今后的走向。其次，国家相关的政策法规也是影响汽车产品价格的一个重要因素。如消费税征税办法、地方政府对道路和车型的限行、进口配额与进口关税的变化等，都会对汽车的价格造成一定的影响。因此，汽车定价企业必须综合考虑各方面影响价格的因素，进一步改善我国家用汽车市场的供求关系、提高供给能力、保障供给质量、创造和刺激对家用汽车的需求，从而促进我国汽车工业的健康稳步发展。

8.2 汽车定价的程序与方法

8.2.1 汽车定价的目标

所谓定价目标，就是每个商品的价格实现以后应达到的目的，它和企业战略目标是一致的，并为经营战略目标服务，其总的要求是追求利润的最大化。新产品定价是否适当往往决定着产品能否为市场接受、为消费者接受。因此，企业定价要遵循市场规律制定定价策略，而定价策略又是以定价目标为转移的，不同的定价目标决定了不同的价格策略。企业定价目标大致有以下四个方面。

1. 以追求利润为定价目标

赢利是企业的基本目标，价格的高低变化又直接影响着企业的赢利水平，因此，不少企业都把实现目标利润作为重要的定价目标，由于企业在不同产品上所确定的目标利润不同，因此，以追求利润为目的的定价目标也有不同的表现。

（1）最大利润目标。实现最大利润是企业的最高愿望。最大利润是指企业在一定时期内可能并准备实现的最大利润额，这就要求企业全部产品线的各种产品的价格总体最优，而不是单位商品的最高价格。因此，企业经常有意把少数几种商品的价格定得很低，以招揽顾客，借以带动其他商品的销售，从而在整体上获取最大的利润。

（2）预期收益目标。任何企业对其投入的资金，都希望获得预期水平的报酬，而预期的报酬水平通常是通过投资收益率（资金利润率）来表示的。所以，企业经常规定自己的资金利润率目标，为此，企业定价要求在产品成本基础上加上适当的预期收益。竞争实力强大的企业常用这种定价方法。

（3）适当利润目标。在剧烈的市场竞争中，企业为保全自己、减少经营风险、或因为经营力量不足等多种原因，把取得适当利润作为定价目标，这样既能够保证一定的销路，又能使企业得到适当的投资回报。

2. 以增加销量为定价目标

市场销售总量的多少，直接反映出企业的经营状况和企业产品在市场上的竞争力，直接关系到企业的生存和发展。企业要提高市场销售，首先要打入和占领市场，然后是极力扩大市场阵地，最后是巩固已有的市场份额。这就需要适当的价格策略加以配合。因此，增加销售量，扩大市场占有率就成为企业普遍采纳的定价目标。

大量销售一方面可以形成强大声势，提高市场知名度，并方便顾客购买。另一方面可有效地降低生产和经营成本。因此，争取最大的销售量，也就争取到了最大的销售收入。一般来说销售收入增大，在成本与费用得到控制并有所降低的情况下，就有可能实现高额利润，增加销售量就意味着市场占有率的提高，收益的逐渐增加。

以此为定价目标，企业在进入市场定价时一般都采用低价策略，而在调整价格时，一般都采用降价措施。如北京现代御翔正式上市时，最先推出包括2.4L自动舒适型、自动豪华型及顶级版，定价分别为19.98万元、21.88万元、23.98万元。显然，这一价格已经创下2.3L～2.5L主流车型价格新低的底限。北京现代汽车采用低价渗透方式进入目标市场，目的是努力扩大销售量。

3. 以扩大或保持市场占有率为目标

市场占有率，又称市场份额，是指企业的销售额占整个行业销售额的百分比，或者是指某企业的某产品在某市场上的销量占同类产品在该市场销售总量的比重。市场占有率是企业经营状况和企业产品竞争力的直接反映。作为定价目标，市场占有率与利润的相关性很强，从长期来看，较高的市场占有率必然带来高利润。

在运用市场占有率目标时，存在着保持和扩大两个互相递进的层次。保持市场占有率的定价目标的特征是根据竞争对手的价格水平不断调整价格，以保证足够的竞争优势，防止竞争对手占有自己的市场份额。扩大市场占有率的定价目标是从竞争对手那里夺取市场份额，以达到扩大企业销售市场乃至控制整个市场的目的。

在实践中，市场占有率目标被国内/外许多企业所采用，其方法是以较长时间的低价策略保持和扩大市场占有率，增强企业竞争力，最终获得最优利润。但是，这一目标的顺利实现至少应具备三个条件：首先，企业有雄厚的经济实力，可以承受一段时间的亏损，或者企业本身的生产成本本来就低于竞争对手。其次，企业对其竞争对手情况有充分了解，有从其手中夺取市场份额的绝对把握。否则，企业不仅不能达到目的，反而很有可能会受到损失。最后，在企业的宏观营销环境中，政府未对市场占有率做出政策和法律的限制。如美国制定有《反垄断法》，对单个企业的市场占有率进行限制，以防止少数企业垄断市场。在这种情况下，盲目追求高市场占有率，往往会受到政府的干预。

4．以应付竞争为定价目标

相当多的企业对于竞争者的价格十分敏感，有意识地通过商品的恰当定价去应付竞争或避免竞争的冲击，是企业定价的重要目标之一。如企业竞相降价以争夺市场，或将价格定得适当高于对方，以求树立声望等。

所谓用价格去防止竞争，就是以对市场价格有决定影响的竞争者的价格为基础，去制定本企业的商品价格，或与其保持一致，或稍有变化，并不企图与之竞争，而是希望在竞争不太激烈的条件下，求得企业的生存和发展。采用这种定价目标的企业，必须经常广泛地收集资料，及时、准确地把握竞争对手的定价情况，并在将企业经营商品与竞争者类似的商品进行审慎地比较以后，定出本企业经营商品的价格。不过，具体到某一个企业，价格如何制定，要根据实际情况区别对待。一般来说，在成本、费用或市场需求发生变化时，只要竞争者维持原价，采用这种定价策略的企业也应维持原价；当竞争者改变价格时，也应随之调整，避免竞争带来的冲击。对于谋求扩大市场占有率的企业，其定价应采取低于竞争者的薄利多销的策略；对于具有特殊条件、财力雄厚，或商品质量优良的企业，可采取高于竞争者的定价策略。

8.2.2 汽车定价的程序

价格决策是企业营销的一项最复杂、最困难的决策，汽车企业要想确定合理的价格，制定出有效的价格策略，必须遵循一套科学、切实有效的定价程序。

定价程序大体如下。

第一步，研究目标市场，确定定价目标。定价前需要对目标市场进行以下研究：目标市场的需求状况；与汽车产品定价有关的内/外部环境；汽车产品在目标市场中的定位情况。

第二步，估计汽车产品的销售潜量。汽车产品销售潜量的估算，关系到新汽车产品市场开发和老汽车产品市场拓展的能力。估算方法：首先决定汽车产品预期的各种可能的销售价格，这种预期价格应既能为用户接受，又能为企业带来满意利润。预期销售价格的确定，除应认真征求用户的意见外，还应重视经验丰富的中间商的反映。初步预期价格确定后，应通过小批量试销了解用户对这一价格的反映。然后估计不同价格的供给量与销售量。要对不同价格的供需量进行认真分析，计算各种售价的均衡点，确定汽车产品的需求曲线。此外，还要分析、确定汽车产品的需求弹性、供给弹性。企业可以通过市场调查、统计分析等手段达到上述目的，但要注意分清供给、需求的变动是否是由价格变动引起的。

第三步，分析汽车产品成本，预测成本变化趋势。

第四步，分析竞争对手。既要分析现实的竞争对手，又要分析潜在的竞争对手；既将竞争对手的汽车产品价格与本企业汽车产品的价格相比，又要将竞争对手的汽车产品质量、性能、服务水准与信誉与本企业进行对比。

第五步，预测市场占有率。在估计了不同价格下的供需量及分析了竞争对手之后，企业就可以初步预期到在不同价格水平下，企业的汽车产品在市场上所能占到的市场份额。

第六步，选择定价方法。企业在明确了自己的定价目标，并分析和研究了汽车产品的供求状况、汽车产品成本及竞争对手具体情况的基础上，就可以根据自己掌握的这些信息，选择定价方法。

第七步，考虑与其他营销组合因素的配合。营销组合包括汽车产品策略、分销策略、促销策略。要考虑到汽车产品线、汽车产品品种、品牌商标等综合产品因素；要考虑到不同的分销渠道、不同的中间商的具体情况、具体要求；考虑促销费用对价格的影响，并尽可能地考虑到在具体的营销活动中可能出现的资金要求。

第八步，确定汽车产品价格。适当调整汽车产品价格，在不同时期、不同的细分市场上，运用灵活的价格策略和技巧，对基础价格进行适当调整，并及时反馈与价格有关的市场信息，同时对企业的价格体系进行控制。

8.2.3 汽车定价的方法

汽车定价方法是指汽车企业为了在目标市场上实现定价目标，而给汽车产品制定一个基本价格或浮动范围的方法。影响汽车价格的因素很多，在实际操作中，往往侧重于影响因素中的一个或几个因素来选定汽车定价方法。由此产生了三种方法：汽车成本导向定价法、汽车需求导向定价法和汽车竞争导向定价法。

1. 汽车成本导向定价法

企业定价时以汽车产品成本作为主要因素和依据。这类定价方法具体形式很多，这里介绍常见的三种方法。

（1）成本加成定价法。这种方法是按汽车产品单位成本加上一定比例的毛利订出销售价。其计算公式为：

$$单位产品价格 = 单位产品总成本 \times (1 + 预期利润率)$$

其中，预期利润率也称加成率。

这种定价方法的优点：第一，计算成本总比估计需求更有把握，企业根据成本定价简便易行。第二，如果同行业的企业都采用这种定价方法，各家的成本和加成比例接近，订出的价格相差不多，可能缓和同行业间的价格竞争。第三，根据成本加成，对于买卖双方更加公平合理，卖方不因买方需求殷切而提价，只是"将本求利"。但其不足是只从卖方角度考虑，而忽视市场需求弹性。因此，定价不符合消费者的心理需求，不利于促进销售，难以获得较高利润。

（2）目标利润定价法。这是根据企业所要实现的目标利润来定价的一种方法。其基本公式为：

$$单位产品价格 = \frac{固定成本 + 变动成本 + 目标利润}{预计销量}$$

这种方法的优点：有利于加强企业管理的计划性，可较好实现投资回收计划。但要测算好销售价与期望销售量之间的关系，尽量避免确定了价格而销售量达不到预期目标。

（3）变动成本定价法，也称边际贡献定价法。即在定价时只计算变动成本，而不计算固定成本，在变动成本的基础上加上预期的边际贡献。边际贡献是指销售收入减去变动成本后的值。如边际贡献不足以补偿固定成本，则出现亏损。

$$单位产品价格 = \frac{变动成本总额 + 预期边际贡献}{预期的商品销量}$$

采用变动成本定价法一般价格要低于总成本加成法，所以容易迅速扩大市场。这种定价方法，在汽车产品必须降价出售时特别重要，因为只要售价不低于变动成本，生产就可以维持。如果售价低于变动成本，销售越多亏得也越多。

2. 汽车需求导向定价法

需求导向定价法是根据消费者对汽车产品的需求强度来确定汽车产品价格的方法。需求强度大时取高价，需求强度小时取低价。其中常用的方法有以下两种。

（1）感受价值定价法。企业根据消费者对汽车产品的感觉而不是根据成本来制定价格的定价方法。企业运用各种营销手段（优美的环境、优质的服务等）影响消费者的感受，使之形成对企业有利的价值观念，然后再根据汽车产品在消费者心目中的价值来定价。

感受价值定价法关键在于企业要正确估计消费者所承受的价值，否则定价过高或过低都会给企业造成损失。企业在定价前要认真做好营销调研工作，将自己的汽车产品与竞争对手的汽车产品仔细比较，正确把握消费者的感受价值，并据此做出定价。

（2）反向定价法。这种方法是企业根据顾客对汽车产品价值的认识理解和需求程度，即顾客肯出多少钱来定价，并以此倒推出汽车产品在各环节的销售价格。采用反向定价法，首先应充分掌握社会购买力水平，对汽车产品的市场需求情况等做出综合评估，得出市场可销价格；然后，扣除相应环节的差价，得出相应环节的销售价。其计算公式如下。

$$各环节市场可销价格 = 消费者愿意接受的价格 \times (1 - 扣除差价率)$$

3. 汽车竞争导向定价法

企业定价以竞争对手的价格为依据，来制定价格的方法。其中常用的方法有以下三种。

（1）随行就市定价法。这是以同行业的平均价格水平或"市场主导者"（在相关汽车产品市场上占有率最高的企业）的价格为标准来确定本企业价格的方法。这种定价法以竞争对手的价格为依据。

当一家企业汽车产品的质量、服务等综合因素与同行业中大多数企业相比较没有较大差异时，即可按照同行业的平均价格水平为依据来确定该企业价格。这样，就可使该企业价格与大多数同行企业的汽车产品价格保持一致，在和谐的气氛中获得平均报酬。

当某企业汽车产品的质量、销售条件等因素与同类企业的相同因素相比较有较大差异时，其定价比照其他企业的价格，或高些，或低些，进行调整。调整以不引起竞争者较强反应为宜。其计算公式如下。

$$本企业价格 = 用以比较的价格标准 \times (1 \pm 差异率)$$

这种定价主要适用于汽车产品质量、销售条件和服务等差别较大的汽车产品，采用这种定价既可避免价格竞争，又易被市场接受，获得合理收益。

（2）投标定价法。这种方法一般是由买方公开招标，卖方竞争投标，密封递价。买方按物美价廉原则择优选取，到期当众开标，中标者与买方签约成交。

选择和确定投标价格：一是要分析投标条件及企业的主客观条件及其能否适应招标项目的要求。二是估算直接成本，拟订报价方案。三是分析竞争对手的特点和可能报价，估计中标概率。四是计算每个方案的期望利润，并据此选择投标价格。期望利润与报价成正比，而与中标概率成反比。其计算公式如下。

$$期望利润=(报价-估计成本)\times中标概率$$

（3）拍卖定价法。这种方法是由卖方预先发表公告，展出拍卖物品，买方预先看货，在规定时间公开拍卖，由买方公开竞价。汽车的拍卖定价法一般多用于二手车的贸易中。

8.3 汽车定价策略

价格竞争是一种十分重要的营销手段，在市场营销活动中，制造商为了实现自己的经营战略和目标，经常根据不同的产品、市场需求和竞争情况，采取各种灵活多变的定价策略，使价格与市场营销组合中的其他因素更好地结合，促进和扩大销售，提高企业的整体效益。

定价策略是企业争夺市场的重要武器，它主要有新产品定价策略、产品组合定价策略、产品寿命周期定价策略、差别定价策略、地区定价策略、心理定价策略，以及折扣与折让定价策略。

8.3.1 新产品定价策略

新产品定价的合理与否，关系到新产品能否打开销路占领市场。从经济学的角度来说，产品价格是由供需关系的双向作用力达到均衡时形成的，但对于汽车企业来说，却总是希望通过合适的价格策略来进行市场开拓，打击竞争对手，同时尽可能多地使企业利润最大化。因此，企业在考虑影响汽车产品定价的各种因素的基础上，通常会对新产品实施以下几种价格策略。

1. 高价策略

高价策略，也称撇脂定价策略，是指企业以较高的成本利润率为汽车定价。当新产品刚刚上市，类似产品还没有出现之前，以求通过"厚利稳销"来实现利润最大化，很多汽车新产品的上市通常采取这一定价策略。

这种策略也是一种较特殊的促销手段，利用人的求名、求美、求新心理，一般运用于价格弹性小的产品，或消费者对价格较迟钝的产品，如具有新款式和新功能的中档汽车，以及高档豪华汽车。例如，奥迪A8加长型3.0在中国上市时卖118万元人民币，同级别的奔驰S350售价120万元、宝马730L1售价110万元，但这些车在国外高层定价也就10万美元左右。

高价策略的优点有以下两点，一是新车上市之初，消费者对其尚无理性的认识，此时的购买动机多属于求新求奇。利用这一心理，企业通过制定较高价格，以提高产品身份，创造高价、优质的品牌形象。二是上市初的高价，使企业在汽车产品进入成熟期时可以拥有较大的调价余地，以保持企业的竞争力。

这种策略的缺点有以下两点，一是过高的价格不利于市场开拓，会在一定程度上抑制销量，导致大量竞争者涌入，仿制品、替代品大量出现，迫使企业降价。二是价格过分高于价值，易造成消费者的反对和抵制，引发大量批评和一系列的公关问题。因此，一般具备下列条件才考虑采取这种策略：新产品技术新、开发难度大、周期长，竞争者在短期内不易打入该产品市场；新产品有较大的市场需求，有足够的消费者能够接受这种高价并愿意购买；高价格可使汽车新产品一投入市场就树立性能好、质量优的高档品牌形象。

2. 低价策略

低价策略，也称渗透策略，是指汽车产品一投入市场就以低于预期的价格销售，以求通过"薄利多销"来争取获得最高的销售量和最大的市场占有率，排斥竞争者加入。

低价策略的优点是通过规模效应可以获得较多的利润，迅速占领市场，而"低价薄利"能有效排斥竞争者，阻止潜在竞争者介入。但由于新产品一开始就实行低价，投资回收期长，见效慢。倘若因成本变化等原因需提高价格时，又会影响销路。另外，由于低价也会损害汽车企业形象，不利于企业长期经营发展。因此，这种策略风险较大。

低价策略的应用主要体现在企业会以低端市场作为目标市场，因为低端市场对价格最敏感、品牌忠诚度比较低、消费者最关心产品的核心功能而对附加功能不太重视，也就是说，企业要充分利用消费者求"物美价廉"的心理。在以下几种情况下可考虑采用：竞争者容易进入该产品市场，利用低价可以排斥竞争者，占领市场；企业资金雄厚，大批投产后单位成本会有较大幅度下降；市场上该种产品供求基本平衡，目标市场对价格较敏感。

采用低价策略的企业利润率会低于行业的平均水平。因此，低价策略的成功取决于以下两点：第一，企业能否在销量上打破保本点；第二，企业的技术实力能否很快推出利润较高的产品。从产品的寿命周期来看，属于产品投入期和衰退期的汽车，常常会用低价策略，前者的目的是为了迅速占领市场，后者是为了加快更新换代。在国内经济型汽车市场上，广州本田的飞度上市时，本田飞度 1.3L 五速手动挡的全国统一销售价格为 9.98 万元、1.3L 无级变速自动挡销售价格为 10.98 万元，本田飞度的这种低价入市，对于其他竞争对手来讲是极其致命的。本田飞度之所以能采用一步到位的低价策略，原因是本田飞度起步时国产化就已经超过 80%。而国产化比例是决定国内汽车成本的主要因素之一。

3. 中价策略

中价策略，也称稳定价格策略、满意价格策略、"君子"定价策略。这是一种消费者易于接受，而生产者又较满意的价格策略。汽车价格应接近于产品对大部分潜在消费者带来的价值，这些可能是汽车对消费者带来的工作的便利性、时间的节省、地位的体现、虚荣心的满足及节约成本等，可以通过消费者调查得出这些价值代表的平均价格。

满意价格策略的优点在于能避免高价策略带来的风险，又能防止采取低价策略给制造商带来的麻烦，但可能会使企业失去获得高利的机会，定价后价格的应变能力也比较弱。这主要是因为随着生产技术的不断成熟，生产规模的不断扩大，在生产规模达到经济规模效益之前，单位产品成本随着时间的推移不断降低，价格也在不断变化。因此，中价水平不易保持长期稳定。同时对于新产品，特别是全新产品，市场上首次出现，价格无相关参照物可比较，实行起来困难较多，缺乏可操作性。

8.3.2 产品组合定价策略

对大型汽车企业来说，其产品并不只有一个品种，而是某些产品的组合，这就需要企业制定一系列的产品价格，使产品组合取得整体的最大利润。这种情况的定价工作一般比较复杂，因为不同的产品，其需求量、成本和竞争程度等情况是不相同的。另外，各种产品之间还存在需求和成本的相互联系，而且会带来不同程度的竞争。常用的产品组合定价策略有以下几种。

1. 产品线定价策略

对于制造商来说，企业通常开发的汽车产品不是单一产品，而是以产品线的形式存在，完整的产品线有可能扩大该产品的市场占有率。当企业生产的系列产品存在需求和成本的关联性时，为了充分发挥这种内在关联性的积极效应，企业可采用产品线定价策略，以提高整条产品线的盈利。

产品线定价策略是针对消费者比较价格的心理，将同类商品的价格有意识地分档拉开，形成价格系列，以便于消费者迅速找到自己所要求的商品档次。运用这一价格策略，能形成本企业的价格差异和价格等级，使企业各类产品定位鲜明而且能服务于各种消费能力层次的用户，并能使用户确信本企业是按质论"档"定价，给市场一个"公平合理"的定价印象。如汽车制造商通常在生产其产品时，会事先按照高、中、低三种质量水平层次对其经营的汽车定位，这样就会出现几种不同价格的水平，这样做的目的就是确立认知质量的差别来使价格差别合理化。

企业在采用产品线定价策略时，首先必须对产品线内推出的各个产品之间的特色、消费者对不同特色的评估，以及竞争对手同类产品的价格等方面的因素进行全面考虑；其次应以某一产品项目为基点定出基准价；然后，围绕这一基准价定出整个产品线的价格，使产品项目之间存在的差异能通过价格差鲜明地体现出来。

2．附带产品定价策略

汽车附带产品通常可分为两大类，一类是非必须附带产品，即和主要产品密切相关的产品，这种产品可以使用在主要产品上，也可以不使用，如汽车产品上安装的电子开窗控制器、扫雾器、防爆隔离膜和感光器等。对于这些产品的定价，汽车制造商就必须考虑把哪些附带产品计入汽车价格中，哪些另行计价。如有的汽车制造商只对其简便型汽车做广告，以吸引人们来汽车展示厅参观，而将展示厅的大部分空间用于有利于显示高贵品格、特征齐全的汽车产品，在强烈的环境感染下，用户常常会忽视这些选择品的性价比。另外一类是必须附带产品，是指必须与主要产品一同使用的产品，是汽车产品必须使用的。如汽车上的各种零配件等，对于这部分产品的定价，通常采用的是高价策略。

3．统一品牌定价策略

所谓统一品牌定价是指企业对于各类汽车产品使用同一品牌，但其销售过程却采用不同的价格。统一品牌策略对于汽车企业来说，有利于企业利用品牌取得社会声誉，扩大企业的影响，同时还可以节约品牌及商标设计和广告促销的费用，甚至也有利于企业进入国际市场。由于汽车企业在同一品牌中会有更多的汽车类型，如丰田的皇冠、卡罗拉、威驰、陆地巡洋舰、普锐斯等，虽然这些车型拥有同一品牌，但由于这些类型汽车的设计、用途等各有不同，其价格不同也就在情理之中了。

8.3.3 产品寿命周期定价策略

如前所述，汽车产品从进入市场到被淘汰出市场，一般经历导入期、成长期、成熟期和衰退期这样一个寿命周期。产品寿命周期模式为正视现在、预测未来，为尽量利用好每个阶段做好准备，这种认识、预测和准备包含着企业的长期战略规划。有效定价是使规划获得成功的一个最基本的手段。

1．导入期定价策略

在汽车产品刚进入市场时，由于消费者刚接触到新产品时的价格敏感性与他们长期的价格敏感性之间是没有联系的。大多数购买者对汽车新产品的价格敏感性都相对较低，因为他们倾向于把价格作为质量的指示灯，而且此时没有可作对比的其他品牌，消费者缺乏确定产品价值和公平价格的参照物,这样就可以理解为什么大多数潜在购买者不会被低价格的产品所吸引,而更多是注意高价格的新产品。因此,在新产品市场导入期,消费者对产品缺乏了解,企业的主要目标是如何培养潜在消费者。

2．成长期定价策略

在成长期的产品,这时的产品概念已在市场上形成,定价问题就开始发生变化。重复购买者可以根据自己以前的经验来判断产品价值,同时,随着信息开始传播,首次购买产品的消费者可以参考其他市场消费者的意见。在产品的成长期,由于其他竞争对手的进入,市场中的竞争程度加大,消费者的注意力不再单纯停留在产品效用上,开始精打细算地比较不同品牌的成本和特性,因此,企业要维护其产品的地位,通常可采用成本领先策略和产品差异化定价策略。

成本领先策略,也叫低成本策略,这种策略的应用一方面可以提高企业的市场占有率,另一方面也可以给以后的竞争者进入市场制造障碍,同样,产品差异化定价策略的应用一方面可以使企业避开激烈的价格战,另一方面由于产品有独特的价值和属性,此时定价的策略可以使企业由于产品的差异化而得到应有的回报。

3．成熟期定价策略

成熟期不同于成长期,成熟期是产品寿命周期中最长的阶段。成长期的利润主要来自向扩张市场的销售,而在成熟期这一利润来源基本衰竭,虽然这一阶段受环境影响,决策的伸缩余地变小,但有效定价仍是必不可少的。因此,在成熟期,企业在控制成本的基础上,可以改进对价格敏感性的量度;成长期市场很不稳定,不断有新消费者和新的竞争者进入市场,一个对消费者价格敏感性的量度很快就会变得过时。在成熟期,需求主要来自重复购买者,竞争趋于稳定,可以更加准确地量度微小的价格变动对利润的影响。企业会发现对价格略加调整就可以大幅度增加利润。

4．衰退期定价策略

当产品的需求急剧下降表明市场进入了衰退期。这种下降趋势可能具有地区性,也可能是整个行业性的,可能是暂时的,也可能是永久的,这种趋势对价格的影响取决于行业消除过剩生产能力的难易程度。由于此时的企业生产成本加大,价格对市场需求不能有效地改变,也就是说需求受价格影响很小或根本不受影响。这时对于企业来说,可以收缩产品线,通过定价加大企业现金的回收,减少企业的损失。

8.3.4 差别定价策略

差别定价策略是指同一产品根据交易对象、交易时间、地点等方面的不同,定出两种或两种以上不同的产品价格,从而满足消费者的不同需求,来扩大企业的经营效益。

实行差别定价法必须具备以下三个条件:首先,企业对价格要有一定的控制能力。也就是说在完全竞争的市场条件下,由于受到其他竞争对手的价格影响较大,因此不能采用差别定价;其次,同一产品有两个或两个以上被分割的细分市场。但在各细分市场中,经销商或消费者不能存在市场投机行为;最后,各细分市场产品的价格弹性不同。各细分市场之间需求弹性的不同,企业可通过价格的调整来获取利润。如果细分市场之间需求弹性没有差异性,则对市场进行细分就没有实际的意义。当然,企业采用差别定价策略的前提是不能违反国家的政策法规。

企业一旦决定实施差别定价,那么选择适当的差别定价策略就非常关键,而且更重要的是要使用各种方法造成产品的差别化。目前市场上差别定价策略存在着四种形式。

1．顾客差别定价策略

顾客差别定价策略也叫做"价格歧视"定价策略，是指企业按不同的价格把同一种有形的汽车产品或无形的汽车服务卖给不同的顾客群体。之所以实行差别定价策略，是因为每一个消费者都有不同的需求价格弹性，只要商家能够在市场上将他们有效地分割开来，实行差别价格就可以"捕获"更多的顾客，把能够支付高价的顾客与只能支付低价的顾客拥为己有，获取最大可能的利润。如某汽车经销商按照价目表价格把某款汽车卖给顾客甲，同时又把这款汽车以较低的价格卖给顾客乙。

2．产品形式差别定价策略

产品形式差别定价策略，是指企业对不同型号或不同外观形式的汽车产品分别制定不同的价格。在汽车行业中，有些汽车具有相同的使用价值，但有的可能是柴油机车，有的可能是汽油机车，有的则可能是采用液化气作为燃料，这些产品在产品类型上各不相同，因此价格也不会相同。

3．产品部位差别定价策略

产品部位差别定价策略，是指企业对于所处不同位置的汽车产品或服务分别制定不同的价格，有时即使这些产品或服务的成本费用没有任何差异。如江铃控股陆风汽车品牌的乘用车系列，包括陆风X6、陆风X6舒适版、陆风X9和陆风新饰界四大系列近20个品种，企业的定价会按照每一款产品在产品线中所处的不同位置而定。

4．产品销售时间差别定价策略

产品销售时间差别定价策略，是指企业根据汽车产品在销售过程中的不同季节、不同时期甚至是不同的钟点而分别制定不同的价格。汽车市场和很多商品一样，存在着销售淡季与销售旺季。以春节为例，在节日之前，消费者的需求旺盛，这样经销商对汽车产品会进行加价销售，到了节后车市将进入几个月的季节性淡季，优惠价格将对车辆的销售产生重要的刺激作用。

8.3.5 地区定价策略

企业的汽车产品不仅要卖给本地的消费者，而且还要卖给国内其他地区的消费者，甚至是出口到国外，这样把产品从产地运往消费者所在地，就会相应地增加企业的生产成本。因此，所谓地区性定价策略，就是企业依据地区的差异性，对同一款汽车产品的购买者分别制定不同地区价格。这种策略的存在形式主要包括以下几种。

1．原产地定价策略

原产地定价策略，是指消费者按照厂价购买某种产品，生产企业只负责将这种产品运到产地某种运输工具上交货，然后由消费者承担从产地到目的地的一切风险和费用。采用这种定价方法存在两方面的问题，一方面对于离原产地近的消费者来说具有合理性，这主要是因为消费者可以根据自身实际情况，而决定购买离他们近、运费低的企业汽车产品，这样企业可以赢得这部分市场份额；另一方面对于企业来说，由于部分离原产地较远的消费者，可能会因为不愿意承担这部分运费，而导致企业失去地理位置较远的市场份额。

2．统一交货定价策略

统一交货定价策略和原产地定价正好相反。它是指企业采用全国统一价格对产品定价，这样无论消费者离产地远还是近，不管去哪家经销商购买，产品的价格都是一样的。也就是说，在全国市场上的消费者都能以相同价格购买到同一产品。采用这种定价策略有利于企业的价格管理，有利于企业全国范围内的广告促销，有利于企业拓展外地目标市场的份额，但这种策略容易失去距离较近的部分市场。

3. 分区定价策略

分区定价策略，是指企业根据地理情况将全国市场划分为若干个市场销售区域，各区之间的价格不一，但在区内实行统一定价。一般来说，价格区与企业的距离越远，价格就越高。反之，价格就越低。

企业采用分区定价应注意两个问题，第一，在同一价格区内，有些消费者距离企业较近，有些消费者距离企业较远，前者就不合算。第二，处在两个相邻价格区附近的消费者，他们相距不远，但是要按高低不同的价格购买同一种产品，相邻区域的价格差异有可能导致经销商发生串销行为，不利于企业对区域价格的控制。

4. 基点定价策略

基点定价策略，是指企业选定某些地区的经销点作为基点，在这些基点实行统一的价格，消费者购买汽车产品时，则需要另外加上从基点到消费者所在地运费的价格。基点定价的产品价格结构缺乏弹性，竞争者不易进入，有利于避免价格竞争。消费者可在任何基点购买，企业也可将产品推向较远的市场，有利于市场扩展。

5. 运费免收定价策略

运费免收定价策略，是指企业免收或承担部分产品到消费者所在地过程中的运费。这种策略的运用，主要是企业为了快速拓展某个市场，增加产品的销量。实行免收运费定价策略，对于企业来说，从局部利益考虑，可能是一个损失，但从理论上讲，如果产品销量增加，其平均成本降低，就能够在一定程度上弥补运费开支。采取运费免收定价，同时也有利于企业在新的目标市场实现快速渗透。

8.3.6 心理定价策略

心理定价策略是汽车经销商常用的一种定价方法，是指汽车制造商针对消费者心理活动而采用的定价策略。主要包括以下几种。

1. 声望定价策略

声望定价策略，是指企业利用消费者仰慕名牌商品或名店的声望所产生的某种心理来制定商品的价格，故意把价格定成整数或高价。声望定价策略可以满足某些汽车消费者的特殊欲望，如地位、身份、财富、名望和自我形象等，还可以通过高价格显示汽车的名贵优质。声望定价策略一般适用于具有较高知名度、有较大市场影响、深受市场欢迎、著名品牌的汽车。例如，劳斯莱斯汽车因为拥有英国皇室专用车辆这个卖点，因此该车的价格高达四五百万元人民币，并且消费者以拥有该品牌的车为高贵身份的象征。

2. 尾数定价策略

尾数定价策略又称非整数定价策略，是与整数定价策略正好相反的一种定价策略，指汽车企业利用汽车消费者求廉的心理，在汽车定价时，有意定一个与整数有一定差额的价格，不取整数而带尾数。这是一种具有强烈刺激作用的心理定价策略。根据产品心理学研究，消费者的感觉往往是单数比双数少，奇数定价似乎比较便宜；零数比整数准确（把价格定成整数，消费者会产生为什么恰好是整数的疑问，怀疑定价不准确）；低一位比高一位好，如 0.98 元比 1 元差 2 分钱，但感觉上似乎便宜得多。

这样带尾数的汽车价格在直观上给汽车消费者一种便宜的感觉。同时往往还会给消费者一种汽车企业经过了认真的成本核算才定价，对消费者负责的感觉，可以提高消费者对该定价的信任度，从而激起消费者的购买欲望，促进汽车销售量的增加。尾数定价策略一般适用于汽车档次较低的经济型汽车，价格高低会对需求产生较大影响。

3. 整数定价策略

整数定价策略也叫恰好价格策略，与尾数定价策略相反，利用消费者"一分钱一分货"的心理，采用整数定价。经销商把价格提高一个阶梯，给消费者以高等级、高品位的感觉。整数定价策略适用于汽车档次较高、需求的价格弹性比较小、价格高低不会对需求产生较大影响的汽车产品。由于目前选购高档汽车的消费者都属于高收入阶层，自然会接受较高的整数价格。如美国的一位汽车制造商曾公开宣称，要为世界上最富有的人制造一种大型高级豪华汽车，这种车有6个轮子，长度相当于两辆卡迪拉克高级汽车，车内有酒吧间和洗澡间，价格定为100万美元。为什么一定是100万美元的整数价呢？这是因为，高档豪华的超级商品的购买者，一般都有显示其身份、地位、富有、大度的心理欲求，100万美元的豪华汽车，正迎合了购买者的这种心理。使消费者感到上了一个商品档次，另外整数比较整齐，也给人干脆的感觉。

整数定价策略的好处，第一，可以满足购买者炫耀富有、显示地位、崇尚名牌、购买精品的虚荣心；第二，省却了找零钱的麻烦，方便企业和消费者的价格结算；第三，对于花色品种繁多、价格总体水平较高的商品，利用产品的高价效应，可以在消费者心目中树立高档、高价、优质的产品形象。

4．招徕定价策略

招徕定价策略，是指经销商利用部分消费者求廉的心理，特意将部分汽车产品或服务的价格定得较低，造成汽车产品都在降价的虚假氛围以吸引消费者，从而实现心理定价策略的目的。

如在二手车交易市场中，一些经销商为了能吸引客户，甚至打出了"100元即能过户"的广告来招徕客户，而实际上目前我国汽车市场微型汽车的过户费用是200元起，1.0排量的汽车是300元起，两者的过户费用最高均为600元。然后随着排量的增大，过户费用也随着增加，3.0排量的汽车最高的过户费用为4000元，最低为500元，相应地相同排量的客车与货车的过户费用低于汽车，最低的微型货车和农用车的过户费用也需100元。

5．习惯性定价策略

有些经济型汽车在消费者心目中已经形成了一个习惯价格，价格稍有变动就会引起消费者不满，提价时消费者容易产生抵触心理，降价会被认为降低了质量。因此，对于这类汽车产品，宁可在产品的外观、配置等方面进行调整，也不要轻易采取调价的策略。

6．幸运数字定价策略

这种定价策略是利用不同民族、不同地区数字的文化蕴涵、联想意义，根据汽车消费者对某些数字的偏好来定价。如在广东"8"的谐音是"发"，认为"8"字可以带来"发"财、"发"达，有兴旺发达之意；"888"被理解为"发发发"；"168"理解为"一路发"。认为"6"字可以使事事如意、"六六"大顺等。而采用以相应的幸运数字作为定价的依据，这样就容易使汽车购买者对该汽车产品产生一种心理上的良好感觉，认为它可以为自己带来好运，从而诱使消费者购买汽车。这种定价策略常常被用于节日促销，幸运数字与节日的美好气氛相结合，更容易促进汽车的销售。企业可按照消费者希望吉祥如意，希望脱贫致富的心理来制定价格。

8.3.7 折扣与折让定价策略

折扣与折让策略，是指企业在一定的市场范围内，在正式价格的基础上，给予消费者一定的折扣和折让。在汽车市场营销中，汽车企业为了竞争和实现经营战略的需要，经常对汽车价格采取折扣和折让的优惠政策，直接或间接地降低汽车价格以争取消费者，扩大汽车销量。折扣与折让策略通常有以下六种形式。

1．数量折扣

数量折扣是根据每一次或一定时间内的产品交易数量或金额的大小，分别给予买方不同价格待遇的定价策略。它是以交易活动中最小批量的价格作为基本价格，凡超过批量起点的交易，卖方会给予买方一定的价格折扣，批量越大，折扣越大，成交价格也越低。目前市场上出现的汽车团购现象就是一种典型的数量折扣方式。我国很多汽车企业采取了这种策略，如企事业单位或团体购车 10 辆以上的给予 3%的折扣。

数量折扣可分为累计折扣和非累计折扣。累计折扣就是规定在一定时间内，购买总数达到一定数额时，按总量给予一定的折扣。采用这种策略利于鼓励消费者集中向一个企业多次进货，从而使其成为企业长期或固定客户。非累计折扣规定消费者一次购买达到一定数量或购买多种产品达到一定金额的为一批量，并据此给予一定价格折扣。采用这种策略能刺激消费者大量购买，增加盈利，同时减少交易次数与时间、节约人力、物力等开支。

2．现金折扣

现金折扣是对按约定日期或提前以现金付款的购买者，根据其所购产品原价给予一定价格折扣的策略，其目的是鼓励买主尽早付款以利于资金周转、减少财务风险。折扣率的大小直接与客户或经销商的支付情况挂钩。如典型付款期限折扣按下式表述："2/10，N/30"。表示付款期限为 30 天，如客户在 10 天内付款，给予 2%的折扣。超过 10 天付款，不给折扣。超过 30 天付款，通常要加收较高的利息。

3．功能折扣

功能折扣又称为贸易折扣或业务折扣，是根据中间商在市场营销中所负担的不同功能而给予不同的价格折扣，以促使他们执行各自的营销功能（推销、贮存、服务等），有利于生产商与中间商建立融洽的关系。如汽车生产商某型汽车报价："100 000 元，折扣 40%及 10%"，表示卖给零售商折扣 40%，即 60 000 元；卖给批发商则再折扣 10%，即[100 000×（1-40%）×（1-10%）]=54 000（元），以鼓励批发商努力销售该企业的汽车产品。

功能折扣的比例，主要考虑中间商在分销渠道中的地位、对生产企业产品销售的重要性、购买批量、完成的促销功能、承担的风险、服务水平、履行的商业责任，以及产品在分销中所经历的层次和在市场上的最终售价等，功能折扣的结果是形成购销差价。

4．季节折扣

季节折扣也叫季节差价，是指为了鼓励消费者淡季购买和刺激客户合理贮备货源，对过季购买者给予一定的价格优惠。汽车产品的生产是连续的，而其消费却具有明显的季节性。为了调节供需矛盾，制造商便采用季节折扣的方式，对在淡季购买汽车产品的消费者给予一定的优惠，这样有利于扩大淡季销售，有利于企业保持均衡生产，有利于减少库存、节约仓储保管费用，有利于加速资金的周转、减轻企业资金负担。

5．价格折让

价格折让是汽车制造商根据企业价目表给予减价的一种让利形式，通常没有固定的减价比例，有时也没有具体明确的减价金额，而根据实际情况来确定。如汽车的以旧换新就是一种折让，一辆小汽车标价 36 000 元，消费者以旧车折价 4500 元，购买这辆车只需付价款 31 500 元。如果经销商配合汽车厂家进行了促销活动，则汽车生产厂家会给予经销商一定的价格优惠，这种折扣就是促销折让。

6．回扣和津贴

回扣是间接折扣的一种形式，它是指购买者在按价格目录将货款全部付给销售者以后，销售者再按一定比例将货款的一部分返还给购买者。津贴是企业为特殊目的，对特殊顾客以特定形式所给予的价格补贴或其他补贴。例如，当经销商为企业产品提供了包括刊登地方性广告等在内的各种促销活动时，汽车制造商给予经销商一定数额的资助或补贴。

8.4 汽车产品价格调整策略

市场上经常会出现一些背景相对比较复杂的价格战。有些企业单纯地为了扩大销售额而引起价格战；有些企业出于战略目的，不计成本地抢占市场；有些企业是为了清理滞销的库存，被迫发起价格战。无论价格战是出自什么目的，企业是不是要发动价格战、如何应对其他企业发起的价格战，则要综合考虑三方面的因素：企业在市场上的地位、行业特点及企业自身的能力。在此基础上做出价格战的决策，而积极的价格战策略主要有以下几种。

8.4.1 主动提价策略

价格是作为经营行为中最为敏感的环节，牵一发而动全身，一次提价行为必然牵涉到方方面面。通常消费者会对企业的降价保持正常心理态度，但不降反升则属于反常规的做法。因此，企业要提价成功应注意以下四个方面。

1．完善的企业提价基础

成功提价不仅可以提高企业的利润，增强企业的综合实力，同时也在很大程度上可以提升企业产品品牌的美誉度。企业提价基础主要包括：第一，企业的产品具有相当的市场基础。企业产品的提价必然在很大程度上导致产品销售量的下降，因此这时的企业提价策略不应是追求一个短期的增量，而应该是一个稳健的发展过程，如果没有深厚的基础，反而会使企业自身一蹶不振。第二，企业的品牌具有相当的认可度。消费者对企业品牌的认可度往往反映了一个企业的综合实力，这就好比是不同人做同一样事，消费者总是情愿相信自己熟悉、印象好、有能力的一方。第三，拥有高忠诚度的消费者。高忠诚度体现在消费者实实在在地从产品中得到利益，并且发展为一种信任和依赖，这样的消费者只要仍然觉得物有所值，就容易理解并接受企业的提价。

2．寻找合适的提价理由

也就是说企业凭什么提价才能让消费者信服。企业涨价的理由有很多，如生产成本加重。从我国目前的汽车市场影响产品因素分析，主要由内部环境与外部环境因素导致汽车产品价格的浮动。内部因素中的生产成本、经营成本等成本费用方面的摊高导致了产品的涨价，而外部则是由于原材料、运输、税额及竞争对手的变动导致企业产品价格下调或上浮。从这些角度来说，这是给消费者一个涨价的有效理由。

3．寻找合适的提价时间

企业提价往往会减少企业产品的销售量，也就说在提价成功之前，销售量会有一个下降的时间，找到合适的提价时间，其目的就是尽可能地减少由于提价而引起销售量下降的负面影响。如在汽车销售的旺季，由于销售量大，就不应该采用提价策略。反之，在汽车销售的淡季，由于销售量小，企业对汽车产品提价，就不会对企业的销售产生很大的冲击。

4．强而有力的后勤保障

企业的后勤保障通常包括企业自身的人力、物力，企业的员工工作效率、企业和经销商的凝聚力等，这些后勤保障因素制约着企业提价目标的顺利完成。例如，作为一个营销工程，提价工作的实施应该动员所有的营销人员，在横向及纵向及时详尽地做好工作布置。应由高层领导负责设立专门的领导小组，一段时间内专门应对和处理与提价有关的工作项目。所以工作人员从方案正式实施开始都应进入紧急备战状态，市场一线随时都有可能爆发意料之外的紧急事件，任何没有及时处理或处理不圆满的工作细节都有可能落下市场病根。

8.4.2 主动降价策略

所谓主动性降价策略，是指汽车厂商基于对市场良好的判断，为了争夺产品的市场份额，在原来价格的基础上采用下调的形式达到其营销目的的一种价格策略。汽车降价其实是企业二次和再次定价的过程，但是降价的影响比较大，它可能打破目前的价格格局，打破与竞争对手的价格和谐，最重要的可能会打乱消费者的期望。

目前，随着人们经济生活水平的提高，乘用车的比重越来越大。由于汽车市场产能过大，一些产量增幅较大的企业将有库存压力，要想保持好的销售业绩，只能在销售渠道上下功夫，而价格战是唯一有利的武器。像一些有降价空间的车型，可能会一改过去隐性降价的策略开始明码降价。在这样的环境中，汽车企业能不能很好地利用价格策略赢得市场，在于降价之前能否注意以下几个方面的问题。

1．确立降价的原因

在国外，降价曾经是汽车普及的推动力。美国汽车的普及要归功于福特的 T 型车，日本汽车的普及要归功于丰田在战后的不断降价。而在中国汽车市场发展过程中，伴随着众多降价行为，频繁地降价已使企业、消费者见怪不怪。降价是种常态，也是一种市场竞争行为，看似简单的降价行为，却隐含着企业复杂的降价原因。因为在它身上，不仅受着国家政策的限制，还受着社会责任、行业责任的限制，受着历史包袱的限制，受着合资合作中中外双方的关系磨合限制，受着一些根深蒂固的思想限制。在这些组合之力下，简单的降价行为变得不再单纯。

一般来说，企业降价的原因有很多，不外乎在于企业自身内部情况的需要，以及企业外部环境发生变化。当然，企业的最终目的还是想通过制定降价策略来适应经济形势，照顾客户关系。企业降价的原因主要有以下几个方面。

（1）企业自身需要。汽车企业降价带有很强的主观目标性，这个策略的实施是和企业自身资源、市场状况紧紧结合在一起的，因此，企业自身需要在整个降价策略中是极为关键的，它直接影响着降价策略和降价效果。特别是对汽车行业来说，投资回收周期较长，往往汽车企业降价的目的又是和企业战略结合在一起的。2003 年新雅阁下线时一次降了 4 万元，新雅阁的降价是和其生产规模的提高、配套体系的建立、新产品的推出、战略目的相结合的。广州本田的降价让很多厂家始料未及，不但跟进的速度慢，而且降幅远远不如新雅阁，广州本田也因此赢得了市场份额，从而确定了稳固的市场领先地位，同时为持续发展奠定了基础。

从汽车企业的降价行为出发，企业自身需要的因素主要包括几点。第一，企业产能的提高而引起的降价。企业的产能提高，①能进一步降低生产成本。汽车行业规模效益特别明显，汽车生产规模的提高，能够有效分担高额的产品研发成本；②能改变供求关系，打破短期的供求平衡。汽车企业降价，在提高销量的同时也能够保证市场上产品有序的供应。③降低采购成本，实现边际效益。第二，生产效率、管理效率、营销效率的提高。新技术、完善的管理、科学的决策无疑会有效降低企业成本，是企业持续发展的基础。第三，产品清仓引起的降价。汽车产品在其寿命周期发展过程中，会由于市场其他各方面因素的存在，如新产品的加入、消费者习惯的改变等，从而导致汽车企业的产能过剩，引起市场上的供过于求，这时企业对汽车产品降价，其战略目标就不言而喻。

（2）迫于竞争对手的压力。我国汽车产业刚刚开始打破行政性垄断，完全的市场竞争还需要较长时间才能形成，价格竞争是各大厂商扩大市场占有率特别是提高品牌影响力很关键的一张牌。因此，从竞争角度考虑，企业降价的原因主要有以下几点：第一，如果竞争对手对同一级别或者较为类似的产品降价施行降价策略，企业迫于竞争压力进行跟进。第二，如果竞争对手在老产品的基础上对产品进行了改进或推出了新的汽车产品，则企业为了保持现有的市场占有率，也会对现有产品实施降价策略。第三，如果竞争对手因企业自身经营问题对产品进行降价处理，则这时企业也同样有可能为了保持一种平等的竞争势态而应战，通过降价保持企业产品价格竞争力，同时也是保证企业的综合竞争力。

（3）市场需求不足。降价一定程度上是满足消费者低价格的需求和促进更多的需求。汽车消费需求的变化及影响消费需求因素的变化，都会对汽车厂家的价格策略产生一定的影响。从需求方面考虑，导致汽车厂家采取降价的原因有如下几点：第一，从宏观角度来说，汽车市场供求关系失衡。特别是由于种种原因，相当一部分的消费者受一定因素的影响短期内持币待购，从而造成了一定时间内的供求关系失去平衡，导致一部分汽车厂家进行降价刺激消费。第二，从企业供求关系来讲，企业多个产品或某个产品供给大于消费者需求，造成库存。汽车厂家会通过多个产品或某一个产品降价来刺激消费增长。第三，从产品寿命周期来看，进入衰退期的产品，由于消费者失去了消费兴趣，需求弹性变大、产品逐渐被市场淘汰，为了吸引对价格比较敏感的购买者和低收入需求者，维持一定的销量，降价可能是唯一的选择。第四，从汽车消费环境来看，油价上升、汽车消费信贷受到抑制等因素的影响，导致消费者在一段时间内观望，在此种情况下，部分厂家极可能采取降价来促使消费者加速购买。

2．把握降价的主动权

古语云："先发制人，后发制于人"。降价的主动性是指降价行为是由谁起主导作用，率先发动价格战与被动地应付价格战之间存在很大的差异性。当行业处于一个价格敏感的时期，先发动价格战的企业会获得巨大收益，而应战者的收益会少得多。

先动者可以在其他竞争对手没有进行有效反应或者跟进之前获得高于行业平均水平的收益率。这是因为当竞争对手迫于竞争需要而进行反击时，需要长短不一的时间去研究市场上是什么样的竞争态势、是否需要进行反击、采用什么方式反击及如何组织资源去实施反击等，于是，先动者就有机会获得消费者的忠诚，从而为后来的跟进者制造感情障碍。通常这种先动的优势在开发新产品或者新的服务方面表现得更为明显。另外，率先降价可以节约大量的广告费用，每当一个企业率先降价的时候，媒体都会有大量的报道，这种报道的影响力是巨大的。但跟进者的速度越快，就越能削弱先动者的优势，跟进者模仿、学习和创新能力越强，先动者能够保持的优势时间就越短。

3. 控制降价的幅度

所谓降价幅度是指降价前的产品价格与降价后的产品价格差的大小。差越大表示幅度越高，差越小则表示幅度越低。价格战中的降价与例行的价格调整不一样，例行的价格调整幅度有高有低。但价格战中的调价幅度越高，对市场产生的作用越大。反之，调价幅度越小，对市场产生的影响也就越小。因此，价格战中的降价幅度很少有低于10%的，如果低于这种幅度，则价格战的影响力就会大打折扣。

在企业的经营中，由于多种原因，企业经常会面临价格战，价格的变动非常剧烈。因为剧烈，所以才具杀伤力，才会引起社会和消费者的关心，才能在短期内形成销售热潮。之所以企业要控制降价幅度，是因为降价幅度直接关系到降价策略能否成功。通常消费者会相信，在一个较大幅度的降价之后，不会再次大幅降价，所以，企业的大幅降价，会引发消费者的购买热情，而多次的小幅降价却无法达成这个效果。因为，会有很多的消费者猜想，后面还是不是有更大的降价行动？唯恐买早了吃亏，所以小幅降价反而会引发汽车购买者的观望。

4. 寻找合适的降价时机

降价时机的选择，决定着汽车产品的市场表现。企业在降价策略实施过程中，首先要知道什么是企业的降价时机，因为这个时机选择和竞争厂家是否有可能跟进、是否有实力跟进，以及竞争车型跟进的时间长短和车型多少有关，它直接影响着企业自己的降价效果。因此，汽车企业在选择降价时机时应注意以下几点。

（1）在产品销售量增长时降价。在产品品质一定或者相当的情况下，汽车价格低、降价幅度大则销量高或者上升，反之汽车销量低或者下降。同样道理，厂家在一种产品销量增长时主动降价，在同样的市场环境下产品的销量一定增长。不仅如此，由于出乎竞争对手的意料，还能在争夺市场时占据主动。而当产品销量下滑时，厂家被动降价，产品的销量则不一定增长。例如，2004年随着国产汽车相对于进口汽车的竞争优势逐渐增大，国内汽车市场的销售价格在不断地下降。9月份北京现代旗下全线产品平均降价10%，其中伊兰特为11.28万元至11.58万元。12万元以下的最低售价冲破了消费者的心理底线，降价行动为北京现代进入汽车厂商中的第一阵营立下了汗马功劳。

（2）在竞争对手与其经销商签订大批销量合同时降价。经销商与厂家签订完合同后，会形成大幅压货的情况，这时的汽车厂家一般是很难降价跟进的。因为按照厂家和经销商的汽车销售政策和合同，如果厂家在把汽车卖给经销商之后再调低汽车的市场指导价，厂家要赔偿旧价格与新价格的差额；如果合同另有约定，汽车厂家还需要另外向经销商支付违约金。如果汽车厂家在此时降价就意味着厂家在约定的付款时段内不仅利润将大幅减少，同时还要向下游的经销商付款，这将会让其财务不堪重负，难以承受。

（3）在竞争产品成长时降价。一般来说，考虑在这个时机降价，是因为可以通过降价遏制新的竞争车型成长。由于在成长期的车型，消费者对该车还处于一个认知过程，并没有完全接受并形成品牌忠诚度，这时降价策略的实施可以在一定程度上改变这种认知过程。如果等到新车型成长起来、消费者认可之后再去降价拼抢，这时就很难遏制新车型的增长势头了。例如，在2004年的国内车市降价狂潮中，东风雪铁龙6月降低了爱丽舍系列车型的销售价格，降价幅度高达1.2万元，以此期望能够抑制上海通用凯越和北京现代伊兰特的上升态势，但效果不够理想。如果爱丽舍是在2003年第四季度降价，而不是在2004年6月降价，则该车型将非常具有竞争力，上海通用凯越和北京现代伊兰特可能就不会成长得这么快。

另外，在企业选择降价时机时，还有一个相当重要的问题是如何把握降价周期。如果降价周期太短，容易打击消费者的信心，反而造成新一轮的持币待购；降价周期太长，产品销量有可能受到更大的抑制，等于是把市场拱手让给了竞争对手，而且容易错失降价的最好时机。也就是说，企业在降价过程中一定要正确把握降价的周期。

总之，汽车产品会由于多种原因而引起价格调整，但无论是提价还是降价，对于企业本身来说，其实就是一个再次定价的过程。但是它的影响力比较深远，不但可能影响到企业自身整个产品的战略部署，也极可能影响到整个汽车市场的价格格局，打破与竞争对手形成的价格和谐与默契，更重要的是极可能会打乱消费者的期望。所以，在企业采取价格调整策略之前，明确价格调整的真实原因、制定切实可行的调价策略，是目前我国汽车市场的一项重要任务。

【案例8.1】
雅阁汽车：一步到位的价格策略

广州本田汽车有限公司（以下简称广州本田）建厂初期引进本田雅阁最新2.0升级系列轿车，生产目标为年产5万辆以上，起步阶段为年产3万辆。生产车型为雅阁2.3VTi—L豪华型轿车、2.3VTi—L普通型轿车和2.0EXi环保型轿车。1999年3月26日，第一辆广州本田雅阁轿车下线，同年11月通过国家对广州本田雅阁轿车40%国产化的严格验收。2000年2月28日，广州轿车项目通过年产3万辆的项目竣工验收。2004年年初，广州本田已经达到了年产汽车24万辆的产能规模。

对于中国市场来说，广州本田雅阁汽车的价格策略也显得高人一筹，在产品长期供不应求的情况下施放"价格炸弹"反映了厂家的长远眼光。

2002年被人们称作是中国汽车年。在这一年里，中国汽车实现了一个历史性的飞跃——6465亿元的销售收入和431亿元的利润总额（同比增长分别达到30.8%和60.94%），使汽车产业首次超过电子产业成为拉动我国工业增长的第一动力。国家计委基础产业司于2003年1月公布的数字表明，2002年全国汽车产/销量超过300万辆，其中轿车产量为109万辆，销量为112.6万辆。中国汽车业的暴利早已成了汽车行业内公开的秘密，尤其是中/高档车，其利润率高得惊人。根据德国一家行业内权威统计机构公布的数字，2002年中国主流整车制造商的效益好得惊人，平均利润超过22%，部分公司甚至达到了30%。

2002年1月1日起，轿车关税大幅度降低，排量在3.0升以下的轿车整车进口关税从70%降低到43.8%，排量在3.0升以上的轿车整车进口关税从80%降到50.7%。关税下调后，进口车的价格由于种种原因并没有下降到预想的价格区间。对此广州本田总经理似乎早有预测，他说："进口车关税从70%降低到43.8%，最终降至25%，这是一个过程。虽然也有部分人因考虑到进口车将要变得便宜而暂时推迟购车计划，但由于政府实际上决定了进口车的数量，短时间内进口车并不会增加许多。"广州本田宣布了一个令所有人都感到吃惊的决定：2002年广州本田的所有产品价格将不会下调。

1998年广州本田成立时，就确定了将第六代雅阁引进中国生产。1999年3月26日，雅阁（第六代新雅阁）在广州本田下线，当年就销售了1万辆。雅阁推出的当年，市场炒车成风，最高时加价达6万元以上，成为当年最畅销的中/高档车。继2000年成为全国第一家年产销中/高档轿车超过3万辆的企业后，2001年广州本田的产销量超过5万辆，比计划提前了4年。2002年，广州本田产/销量为59 000辆，销售收入137.32亿元人民币，利税50亿元。2002年3月1日，第10万辆广州本田雅阁下线，标志着广州本田完全跻身国内中/高档汽车名牌企业行列。

雅阁刚上市时国产化率是40%，经过几年经营国产化率上升到60%，2003年北美版新雅阁（第七代雅阁）上市时提升到了70%，降低了进口成本。建厂时广州本田的生产规模是3万辆，2001年达到了5万辆生产规模，到了2002年，提升为11万辆，规模带来了平均成本的降低，同年完成12万辆产能改造。

2003年，北美版新雅阁的上市终结了中国中档轿车市场相安无事、高价销售的默契，它的定价几乎给当年所有国产新车的定价建立了新标准，使我国车市的价格也呈现出整体下挫的趋势。随之而来的是持续至今的价格不断向下碾压与市场持续井喷。

广州本田借推出换代车型之机，采取全面升级车辆配置，同时大幅压低价格的做法。2003年1月，广州本田新雅阁下线，在下线仪式上广州本田公布新雅阁的定价，并且宣布2003年广州本田不降价。其全新公布的价格体系让整个汽车界为之震动：排量为2.4升的新雅阁轿车售价仅为25.98万元（含运费），而在此之前，供不应求的排量为2.3升的老款雅阁轿车的售价也要29.8万元，还不包含运费。这意味着广州本田实际上把新雅阁的价格压低了4万多元，而且新雅阁的发动机、变速箱和车身等都经过全新设计，整车的操作性、舒适性、安全性等方面都有所提高。广州本田总经理的解释："一方面，广州本田致力于提高国产化率以降低成本，有可能考虑将这部分利润返还给消费者。另一方面，这也是中国汽车业与国际接轨的必然要求。"业内人士认为，这正是广州本田在新的竞争形势下调整盈利模式的结果。

雅阁2.3原来售价29.8万元仍供不应求，03款新雅阁价格下调4万元，而排量、功率、扭力、科技含量均有增加，性价比提升应在5万元左右。广州本田新雅阁的售价与旧款相比相差比较大，旧雅阁2.3VTi-E（豪华型）售价30.30万元，相差近4万元，算上新雅阁的内饰、发动机和底盘等新技术升级的价值，差价估计在6万元。旧雅阁2.0的售价为26.25万元，比新雅阁也高两三千元。广州本田此次新雅阁的低价格是在旧雅阁依然十分畅销的前提下做出的。尽管事先业内已经预期广州本田新雅阁定价将大幅降低，但新雅阁的定价还是引起了"地震"。

03款雅阁一步到位的定价影响了整个中/高档轿车市场的价位，广州本田的这种定价策略一直贯穿到之后下线的飞度车型营销之中，广州本田车型的价格体系也因此成为整个国内汽车行业价格体系的标杆，促使国产中/高档轿车价格向"价值"回归。

【案例8.2】
现代伊兰特：降价，找准时机

北京现代的伊兰特选择在2004年9月初降价，时机的选择不早不晚。如果在8月份降价，有可能引发其他厂商降价跟进，不仅自己降价的效果难以体现，而且加快了价格这个"魔鬼螺旋"的转速，于己于人于整个行业都不利；如果是在9月中旬或者下旬降价，则自己降价的效果要差好几成，因为一位"准消费者"从知道降价消息到真正去买车，一般会有3～10天的时间，选择在9月初降价能促使更多的人在当月去买车。

那么，为什么北京现代汽车有限公司（以下简称北京现代）在9月初降价，而其他厂商没有降价跟进呢？或者说，北京现代选择在9月初降价，凭什么保证其他厂商不会或者无法降价跟进呢？

北京现代这么有把握，是基于对国内汽车市场的理解和深入把握。按照往年的惯例和经验，国内汽车厂商照例会把每年的九、十月视为"金九银十"，指望在这两个月多卖车，于是会集中在 8 月向经销商大幅度压货。一般说来，在每年 8 月底、最晚在 9 月初，汽车厂家就会把高于月均销量 50%~80% 的车压到经销商手中，或者购车合同已经签订。

在经销商大幅压货的情况下，汽车厂家一般是很难降价跟进的。因为按照厂家和经销商的汽车销售政策和合同，如果厂家在把车卖给经销商之后再调低汽车的市场指导价，厂家要赔偿旧价格与新价格的差额；如果合同另有约定，汽车厂家还需要另外向经销商支付违约金。如果厂家在此时降价就意味着，汽车厂家在约定的付款时段内不仅要向上游的供应商付款，同时还要向下游的经销商付款。当时的情况是，上海通用、南/北大众分别在 2004 年六、七月刚刚降过价，他们不是不想跟进，而是跟进不了、赔不起了。降价时机不能只选择自己的市场份额足够高了才降价，同时更要考虑遏制新的竞争车型成长。如爱丽舍。

与降价时机相关的一个重要的问题是：降价周期如何把握？如果降价周期太短，容易打击消费者的信心，反而造成新一轮的持币待购；如果降价周期太长，产品销量有可能受到更大的抑制，等于是把市场拱手让给了竞争对手，而且容易错失降价的最好时机。这些都是厂商在以后继续运用价格策略时要深入研究的。所以，降价，并不是很多人认为的那样——是很简单的一种营销策略。

【案例 8.3】

一言不合就降价二十多万，BBA（奔驰、宝马、奥迪）掀起豪车市场 2017 年价格战

"一季度汽车市场的特点，一是价格战打得非常猛，二是除豪华车外，所有轿车的细分市场基本是负增长。"日前，上汽通用总经理王永清用一句话总结了今年初车市的主要特点。猛烈的价格战正是由唯一正增长的豪车市场发端的。"不差钱"的豪车品牌迫于市场份额的竞争压力纷纷降价，从上而下的传导直接造成了 3 月份整个车市的价格曲线一路下滑。

来自市场终端的信息显示，2017 年 3 月，早于往年启动的猛烈价格战导致经销商 3 月压力增大，豪车降价幅度尤其明显，普遍达到两位数的百分比，除了传统的三大德系豪车较量，以凯迪拉克为首的二线豪车也走上了借助降价拉升销量的"捷径"。

价格战之下，作为全球风向标的中国豪车市场依然涨势凶猛，迎合中国消费升级的需求和细分市场趋势，一、二线豪华品牌继续享受着来自 SUV 领域的红利。

不过，价格战的可持续性及品牌力的提升空间都成为豪车市场愈加显性的变数。

无论是德系三强，还是增长迅猛的二线豪车品牌，在以如此激烈方式开头的 2017 年豪车红海中，面临的都将是一场持续恶战。

1. 价格战正酣

2016 年的豪车价格战在 2017 年继续燃烧。从旗舰车型到入门车型，豪车价格战已经在全领域点燃。其中，三大德系豪车的旗舰车型掀起了价格战的新高度，奔驰 S 级车型的价格优惠在 3 月达到最高 25 万元的幅度，快速跟进的奥迪和宝马竞争车型优惠幅度也超过 10 万元。同时，入门级豪车的价格在比拼中下探至中高端车型定价区间。

包括宝马、奥迪、凯迪拉克、捷豹路虎等在内的豪华品牌，都在以下调价格的方式保持竞争优势。

来自网站的一份 2017 年 3 月的豪车降价排行榜上，降价幅度超过 20% 的车型达到 4 款，分别为凯迪拉克、路虎、宝马和沃尔沃旗下车型。

品牌竞争的压力直观反映在价格战中。相比之下，销量一路飙升的奔驰降价车型有限，而宝马和奥迪的主力车型则全面上榜，总计近 10 款主力车型都出现 5%~21% 的不同程度降价。

20万元至52万元成为价格战最激烈的区域,而价格超过70万的宝马5系和奥迪A6L车型也都有10万元上下的降幅。

但有市场分析指出,与2月相比,BBA部分车型的优惠幅度已有所减小,尤其是经销商与厂家尚处在利益谈判中的奥迪,销量持续下滑的压力迫使经销商的降价策略难以为继,主力车型奥迪A6的优惠幅度从18万元回落至9万元。

除了第一阵营的比拼,二线豪车的价格战也打得颇欢,增速高居豪车品牌榜首的凯迪拉克成为价格战中最"勇猛"的引领者。路虎、沃尔沃、英菲尼迪也纷纷迎战。

除了在价格上持续惨烈的竞争,SUV也成为豪车市场持续升温的红海。上海车展上,在豪车品牌公布的新车计划中,SUV都成为重要的战略车型。市场分析认为,目前的SUV市场仍是买方市场,新车推出的竞速战仍将上演,也将成为影响豪车市场份额争夺的重要因素。

价格战打的猛,但销量增势同样很猛,这成为2017年中国豪车市场开年的主要特征。

奔驰发展势头最为迅猛,第一季度在中国的销量达到14.49万辆,同比增长37.3%,以2119辆的微弱优势超越宝马,首次在华获得季度销量冠军;宝马第一季度累计销售14.28万辆,同比增长12.4%,维持稳定优势。奥迪则在动荡中连续3个月屈居销量榜第三,在迟迟不公布3月销量引发的各种猜测中,奥迪第一季度最终只卖出了10.8万辆,同比大幅下滑22.4%。

2. 变数增加

从ABB(奥迪、宝马、奔驰)到BBA(奔驰、宝马、奥迪),豪车市场第一阵营的排序在2016年经历了颠覆,2017年新的格局得以维持,但并不稳定。

BBA在4月就迎来肉搏战的苗头,奔驰虽然仍保持良好势头,前4个月在中国累计销量达19.20万辆(含smart),同比增长36.8%,继续稳坐头把交易。但与宝马的差距已经缩小到只有400辆。而奥迪在经历前3个月的"春寒"后,4月出现回暖,销量达到4.6万辆,但同比去年同期的4.96万辆仍有一定幅度下滑。前4个月实现累计销售16.3万辆,较2016年相比下降15.9%。其中奥迪A3、奥迪A4L以及奥迪Q3都有两位数增幅。但由于奥迪经销商与厂家的谈判再次出现波折,奥迪接下来的市场前景也因此再度充满不确定性。

值得一提的是,随着2018年碳积分政策启动节点的临近,新能源汽车的布局开始成为今年豪车品牌的战略重心,这也将成为决定未来几年竞争格局的重要变化因素。

与BBA相比,二线豪车的不稳定因素更为明显,奥迪下滑带来的份额机遇、消费升级带来的新增需求、SUV热销开拓的新细分市场,都为二线豪车打开了前所未有的上升通道。

凯迪拉克成为冲刺速度最快的品牌。2017年第一季度,凯迪拉克继续领先第二豪华品牌的阵营,第一季度在中国累计销量为39 414辆,同比激增90.5%。以旗下XT5为代表的SUV车型是凯迪拉克卖的最好的产品,在3月一共卖出了5102台车,超过了凯迪拉克总销量的40%。但凯迪拉克的增长模式也引发争议,以牺牲利润的大幅度降价来获取销量的提升,是凯迪拉克的主要营销手段。据悉,CT6的最高优惠甚至超过12万元。这种模式能持续多久成为凯迪拉克最大的隐患。

而包括捷豹路虎、沃尔沃、英菲尼迪在内的其他二线豪车,则面临着价格战之外的其他挑战。其中,捷豹路虎3月份销量达到12 261辆,同比增长21%,屈居凯迪拉克之后,但如何将销量主力的接力棒传给国产的奇瑞捷豹路虎车型,成为决定其持续增长能力的一大瓶颈。

多份汽车市场分析显示，2017年的豪车市场虽然增势凶猛，包括主力品牌奥迪在内的变数，以及对价格战的倚重，使其可持续增长能力缺乏，尤其是二线豪车，在BBA的控制下，如何增加品牌溢价能力仍是长远课题。

分析与思考

1. 简述汽车价格的构成及影响因素有哪些？
2. 企业营销定价的具体目标有哪些？它们之间能否协调？
3. 汽车定价的程序是怎样的？
4. 汽车企业可以选择的定价方法有几种？各有什么特点？
5. 高价策略、中价策略、低价策略各适用于什么情况？
6. 汽车企业产品组合定价策略有几种？各有什么特点？
7. 在产品寿命周期内不同的阶段，应采用怎样的定价策略？
8. 汽车企业定价时应关注消费者哪些特殊的心理现象？
9. 汽车企业如何运用折扣与折让策略？
10. 在进行汽车产品价格调整时，汽车企业需要注意什么？

课程实践

1. 目标
掌握汽车企业产品定价策略和价格调整策略。

2. 内容
（1）将学生分成若干小组，各小组分别收集资料并进行市场调查，分析某汽车公司产品的定价特点与策略。

（2）将学生分成若干小组，各小组分别收集当前汽车市场上主流车型的降价信息，分析其对潜在客户的影响及促销效果。

3. 要点及注意事项
密切关注新车型的定价以保证收集到的资料完整、齐全，要及时处理相关材料和数据并注意比较、鉴别。

第9章 汽车分销渠道策略

【学习目标与要求】
1. 掌握汽车分销渠道的功能与参数。
2. 掌握汽车分销渠道的五种不同模式。
3. 了解汽车分销渠道中间商的类型和功能。
4. 了解我国汽车分销渠道存在的问题。
5. 掌握汽车分销渠道的管理方法。

汽车分销渠道是汽车产品实现其价值过程的一个重要环节,它包括科学地确定汽车分销路线、合理规划汽车分销网络、认真选择汽车中间商、高效组织汽车储运等。汽车分销渠道策略是汽车企业营销管理的重要组成部分,是汽车市场营销组合中的一个关键因素,它的宗旨是加快汽车产品的流通和销售资金的周转,提高汽车企业和中间商的经济效益。

9.1 汽车分销渠道概述

9.1.1 汽车分销渠道的含义

汽车分销渠道是汽车产品从汽车生产企业向最终消费者直接或间接转移汽车所有权所经过的途径,是联系汽车生产者和消费者的纽带。汽车分销渠道的环节主要包括起点的汽车生产企业、中间商和终点的汽车消费者。它主要包含以下几层含义:

1. 汽车分销渠道是汽车流通的全过程

汽车分销渠道的起点是汽车生产企业,终点是汽车消费者(用户),它所包含的是从汽车生产企业到消费者之间完整的汽车流通过程,而不是某一阶段。

2. 推动汽车流通进程的是中间商

汽车产品从生产企业向最终消费者转移的过程中,会发生多次交易,而每次交易都是买卖行为。该过程可表示为:汽车生产企业→中间商(总经销商→分销商→经销商)→消费者。由中间商(各层次经销商)组织汽车批发、销售、运输、储存等活动,一个环节接着一个环节,把汽车源源不断地从生产者向消费者转移。这不仅是价值形态变换的经济过程,而且反映了汽车实体的移动路线。

3. 构成汽车分销渠道的前提是汽车所有权的转移

在汽车销售渠道中,汽车生产者向消费者转移汽车产品,应以汽车所有权的转移为前提。汽车流通过程首先反映的是汽车作为商品价值形态变换的经济过程,只有导致汽车所有权更迭的买卖过程,才能构成汽车分销渠道。

4. 汽车分销渠道是汽车市场信息流传递的过程

通过中间商,汽车生产企业可以了解到消费者的需求状况,收集竞争对手的营销资料,发布企业新产品的信息。

9.1.2 汽车分销渠道的功能

汽车工业是国民经济的支柱产业,汽车分销渠道连接着汽车生产与消费,它实现了产品从生产者向消费者的转移,调节着生产和消费之间在产品数量、结构、时间、空间上的矛盾,是整个汽车工业再生产过程中的一个重要环节。同时,它对拉动内需、增加税收、积累资金、扩大就业也有着不可忽略的作用。对汽车生产企业来说,分销渠道一般具有以下功能。

1. 售卖功能

这是分销渠道最基本的职能,产品只有被售出才能完成向商品的转化。汽车厂商与其经销商的接洽,经销商与用户的接洽,以及他们之间所进行的沟通、谈判、签订销售合同等业务,都是在履行分销渠道的售卖职能。

2. 投放与物流功能

由于各地区的市场和竞争状况是不断变化的,分销渠道必须要解决好何时将何种商品、以何种数量投放到何种市场上去,以实现分销渠道整体的效益最佳。投放政策一经确立,分销渠道必须保质、保量地将指定商品在指定时间送达指定的地点。

3. 促销功能

促销功能是进行关于所销售产品的说服性沟通。几乎所有的促销方式都离不开分销渠道的参与,而人员推销和各种营业推广活动,则基本是通过分销渠道完成的。

4. 服务功能

现代社会要求销售者必须对消费者负责。同时,服务质量也直接关系到企业在市场竞争中的命运。因而分销渠道必须为用户提供满意的服务,并体现企业形象。汽车产品因其结构特点、使用特点和维修维护特点,要求分销渠道必须对用户提供良好的服务并会要求越来越高。

5. 市场研究和信息反馈功能

由于市场是一个时间和空间的函数,分销渠道应密切监视市场动态,研究市场走势,尤其是短期市场变化,收集相关信息并及时反馈给生产厂家,以便厂家的生产能够更好地与市场需求协调一致。

6. 资金结算与融通功能

为了加速资金周转,减少资金占用及相应的经济损失,生产厂家、中间商、用户之间必须及时进行资金清算,尽快回笼货款。此外,生产厂家与中间商之间、中间商与用户之间,还需要相互提供必要的资金融通和信用,共同解决可能的困难。

7. 风险分担功能

汽车市场有畅有滞,中间商与生产厂家应是一个命运共同体,畅销时要共谋发展,滞销时也要共担风险。只有如此,中间商与生产者才能共同得到长期发展。

8. 管理功能

大部分整车厂家的分销渠道是一个复杂的系统,需要能够进行良好的自我管理。

需说明的是,分销渠道的以上功能,并不意味着所有的中间商都必须具备,中间商的具体功能可以只是其中的一部分,这与中间商的类型和作用有关。通常对从事汽车(轿车)整车分销业务的中间商,基本的功能要求主要集中在整车销售、配件供应、维修服务、信息反馈等方面(四位一体)。当然,随着汽车市场的发展,汽车中间商的功能也会变化,如履行车辆置换、旧车回收、二手车交易、汽车租赁等业务职能。

另外，对汽车消费者来说，汽车分销渠道为汽车消费者提供了便利，它节省了汽车流通费用，降低了汽车流通过程中的销售成本，从而减轻了汽车消费者的负担，最终为消费者提供了更大的价值。

9.1.3 汽车分销渠道的参数

汽车分销渠道主要包含以下几个参数。

1．分销渠道的层级

汽车分销渠道的层级是指汽车产品在从生产企业转移到消费者过程中对汽车拥有所有权或销售权机构的层级数量。零层渠道也叫直接市场营销渠道，指汽车从生产企业流向消费者的过程中，不经过任何中间商，直接将汽车产品提供给消费者的销售渠道；一层渠道是含有一个中间商的销售渠道，二层渠道是含有两个中间商的销售渠道，并依此类推。

2．分销渠道的长度

汽车销售渠道的长度指汽车从生产企业流向最终消费者的过程中，所经过的中间层级或环节数。中间层级或环节越多，则渠道的长度越长，渠道的长度取决中间商的数量。如直接市场营销渠道的渠道长度为0，一层渠道的长度为1。

3．分销渠道的宽度

汽车销售渠道的宽度指组成销售渠道的每个层级或环节中，相同类型的中间商数量，同类型的中间商越多，渠道就越宽。

4．分销渠道的多重性

汽车分销渠道的多重性指汽车企业根据目标市场的具体情况，使用多种分销渠道销售汽车。即汽车企业通过一条以上的渠道，使统一汽车产品进入两个以上的目标市场。例如，轿车可以通过某一渠道卖给政府部门、企事业单位作为公务用车，也可以通过另一渠道卖给出租公司、汽车租赁公司作为出租用车或租赁用车。

9.1.4 汽车分销渠道的模式

在庞大的汽车流通领域，汽车分销渠道的模式多种多样，不同的汽车企业，从自身的特点出发，采取各不相同的汽车分销渠道模式，主要可分成以下五种，如图9-1所示。

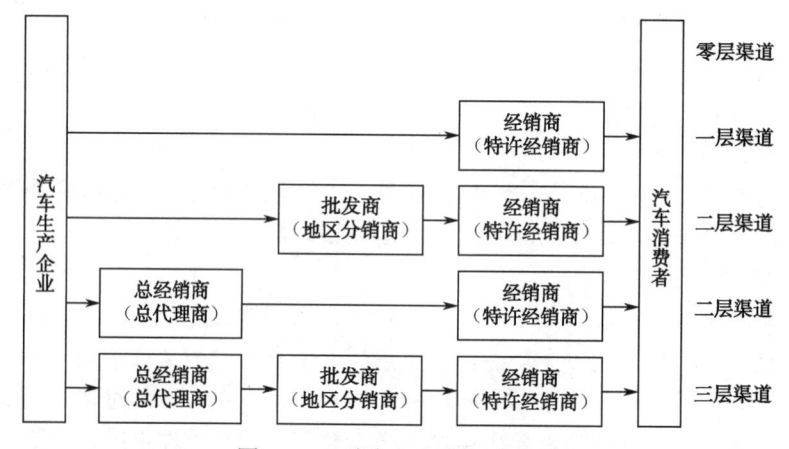

图9-1 五种汽车分销渠道模式

1. 由汽车生产企业直销型（零层渠道模式）

汽车生产企业不通过任何中间环节，直接将汽车销售给消费者。这是最简单、最直接、最短的销售渠道。其特点是产销直接见面，环节少，有利于降低流通费用，及时了解市场行情，迅速开发与投放满足消费者需求的汽车产品。但这种销售模式需要生产企业自设销售机构，因而不利于专业化分工；难以广泛分销，不利于企业拓展市场。但是，随着电子商务的发展、普及和完善，相信这种模式会被汽车企业作为重要的销售渠道之一。

2. 由汽车生产企业转经销商直销型（一层渠道模式）

汽车生产企业先将汽车卖给经销商，再由经销商直接销售给消费者。这是经过一道中间环节的渠道模式。其特点是，中间环节少、渠道短，有利于生产企业充分利用经销商的力量，扩大汽车销路，提高经济效益。我国许多专用汽车生产企业、重型车生产企业都采用这种分销方式。

3. 由汽车生产企业经批发商转经销商直销型（二层渠道模式）

汽车生产企业先把汽车批发销售给批发商（或地区分销商），再由其转卖给经销商，最后由经销商将汽车直接销售给消费者。这是经过两道中间环节的渠道模式，也是销售渠道中的传统模式。其特点是中间环节较多，渠道较长，一方面，有利于生产企业大批量生产，节省销售费用；另一方面，也有利于经销商节约进货时间和费用。

4. 由汽车生产企业经总经销转经销商直销型（二层渠道模式）

汽车生产企业先委托并把汽车提供给总经销商（或总代理商），由其销售给经销商，最后由经销商将汽车直接销售给消费者。这也是经过两道中间环节的渠道模式。其特点是中间环节较多，但由于总经销商（或总代理商）不需承担经营风险，易调动其积极性，有利于开拓市场，打开销路。这种分销渠道在我国大、中型汽车生产企业的市场营销中较常见。

5. 由汽车生产企业经总经销商与批发商后转经销商直销型（三层渠道模式）

汽车生产企业先委托并把汽车提供给总经销商（或总代理商），由其向批发商（或地区分销商）销售汽车，批发商（或地区分销商）再转卖给经销商，最后由经销商将汽车直接销售给消费者。这是经过三道中间环节的渠道模式，其特点是总经销商（或总代理商）为生产企业销售汽车，有利于了解市场环境、打开销路、降低费用、增加效益。缺点是中间环节多，流通时间长。

国内主要轿车品牌营销模式如表 9-1 所示。

表 9-1 国内主要轿车品牌营销模式一览表

厂家名称（简称）	品牌（车型）名称	网点称谓	营销模式	功能组合
上汽通用	别克	授权销售服务中心	品牌专营	四位一体[①]
广州本田	雅阁	特约销售服务店	品牌专营	四位一体
风神公司	风神	专营店	品牌专营	四位一体
一汽轿车	红旗	分销中心（自营）	品牌专营	销售中心 维修中心
一汽大众	捷达	特约销售代理	特许代理	销售中心 维修中心
	奥迪 A6	销售服务中心	品牌专营	四位一体

续表

厂家名称（简称）	品牌（车型）名称	网点称谓	营销模式	功能组合
上汽大众	朗逸	特许专卖店	品牌专营	四位一体
	帕萨特			
神龙公司	富康	经销商（分等级）	品牌专营	三位一体②

注：①四位一体指整车销售（Sale）、配件供应（Spare part）、售后服务（Service）、信息反馈（Survey）四项业务功能，简称4S品牌专营。

②三位一体指整车销售、配件供应、信息反馈三项业务功能，简称3S品牌专营。

9.1.5 我国汽车分销渠道存在的问题

1. 汽车分销渠道未充分开发

汽车分销渠道的销售能力指其所具备的能有效销售汽车产品的能力，包括整体销售能力、区域销售能力和单点销售能力。目前，国内汽车企业的销售渠道还没有真正发挥出应有的销售能力，同一品牌的经销商销售能力相差很大，规模大的经销商一年能够销售数千辆汽车，而规模小的经销商则销售水平参差不齐，甚至拉低了整个渠道的销售能力。

2. 汽车分销渠道忠诚度低

目前，无论国内还是国外汽车厂家的销售渠道体系一般都是以本企业为中心，强调对渠道的控制。以前的汽车市场中，汽车厂家靠给予经销商高额利润来维持其忠诚度。目前随着国外汽车品牌发力，汽车市场竞争日趋激烈，经销商的利润率不断降低，导致经销商对汽车厂家的忠诚度也逐渐降低。

3. 汽车分销渠道服务能力不足

目前，我国的汽车分销渠道以品牌4S店为主，在经销商的盈利中，整车销售、配件供应、维修服务之比为2∶1∶4，因此，售后服务是经销商的主要利润来源。但是，国内汽车企业普遍存在重销售轻服务的现象，销售渠道的服务能力不足，效率低下，这主要表现在以下几个方面：第一，备件供应不及时、供货率不足甚至缺货；第二，一些高档车的进口配件普遍缺货，且供应不及时；第三，对于专营店无法解决的技术难题，目前一些厂家的技术支持尚不能满足其需求；第四，厂家缺少服务营销广告的投入。

4. 汽车分销渠道管控体系不完善

由于缺乏必要的控制和管理，特别是分销渠道商务政策不完善，返利制度不合理以及激励体系低效，分销渠道网络管理常常失效，致使商家竞相降价，影响整体品牌和价格政策的统一执行，进而导致经销商微利甚至亏损，结果造成销售渠道忠诚度下降。

5. 汽车分销渠道布局失衡

国内汽车厂家长期以来对大城市高度重视，而对中/小城市不够重视，从而导致分销渠道布局的失衡。对大城市的过度重视导致各汽车厂商的竞争在某些市场趋于白热化，盈利能力逐渐下降，而对中/小城市的忽视使汽车厂商丢失了大量市场。

6. 汽车分销渠道协同效应还没有形成

汽车分销渠道的协同效应指厂家、经销商和消费者之间的互相合作。目前，国内的汽车厂家与经销商为各自不同的利益争执不休，营销方案和政策执行困难，导致厂家和最终消费者之间的距离越来越远，对客户的把握能力逐渐下降，最终导致整个销售服务价值链的价值下降。

7. 汽车分销渠道中间层级过多

汽车分销渠道中间层次过多会导致产品终端价格过高，且上游制造商不能及时得到市场销售信息的反馈。虽然多层渠道可以将一部分销售风险转移到分销商身上，但同时也会降低渠道的效率，延长产品到达消费者手中的时间，导致厂家对终端消费者信息掌控不力，对销售量和服务质量难以监控，并且增加了销售成本，最终可能威胁渠道自身的形象。

9.2 汽车分销渠道中的中间商

9.2.1 中间商的类型与特征

中间商是指介于生产者与用户之间，参与商品交易业务，促使交易实现的具有法人资格的经济组织和个人。汽车分销渠道中的中间商即介于汽车生产企业与消费者之间，参与汽车流通、交易业务，促使汽车买卖行为发生和实现的经济组织和个人。就汽车整车分销而言，按照中间商在汽车流通、交易业务过程中所起的作用，可分为总经销商（或总代理商）、批发商（或地区分销商）和经销商（或特许经销商）。

1. 总经销商（或总代理商）

总经销商指受汽车生产企业的委托，从事汽车总经销业务，并拥有汽车所有权的中间商。其特征是：拥有产品的所有权和经营权，独立自主地开展产品购销活动，独立核算、自负盈亏；一般都有一定的营业场所和各种经营设施；有独立购买产品的流动资金；承担产品的经营风险。而总代理商是受汽车生产企业的委托，从事汽车总代理销售业务，但不拥有汽车所有权的中间商。其特征是：本身不发生独立的购销行为，对产品不具所有权，不承担市场风险，具有广泛的社会关系，信息灵通等。

2. 批发商（或地区分销商）

批发商处于汽车流通的中间阶段，是实现汽车批量转移、使经销商达到销售目的的中间商。它一头连着生产企业或总经销商（总代理商），一头连着经销商，并不直接服务于最终消费者。通过批发商转销汽车的交易行为，汽车生产企业或总经销商（总代理商）能够迅速、大量地转售汽车，减少汽车库存，加速资金周转。地区分销商处于某地区汽车流通的中间阶段，它帮助生产企业或总经销商（总代理商）在某地区促销汽车，并提供该地区的汽车市场信息，承担该地区汽车的转销业务。

3. 经销商（或特许经销商）

经销商在汽车流通领域处于最后阶段，是直接将汽车销售给最终消费者的中间商。它是联系汽车生产企业、总经销商、批发商与消费者之间的桥梁，在汽车分销渠道中具有突出的作用。特许经销商（受许人）是从特许人（总经销商）处获得授权在某一特定区域内直接将特定品牌汽车销售给最终消费者的中间商，按照特许经营合同，受许人可以享用特许人的商誉和品牌，获得其支持和帮助，参与统一运行，分享规模效益，是一种主流的汽车分销渠道模式。

9.2.2 中间商的功能

在汽车分销渠道中，中间商的基本功能有两个：第一是调节汽车生产企业与最终消费者之间在汽车供需数量上的差异。这种差异指汽车生产企业所生产的汽车数量与最终消费者所需要的汽车数量之间的差别。第二是调整汽车生产企业和最终消费者之间在汽车品种、规格和等级方面的差异。

中间商的具体功能体现在以下几个方面：

1．中间商在汽车生产企业与最终消费者之间建立了沟通渠道

由于供需双方在地域、时间、信息沟通、价值评估及汽车所有权等方面存在着差异及不同的认识，使供需双方自行完成汽车交易存在一定的困难。而中间商的存在，可以消除上述差异与分歧，在生产企业与最终消费者间建立起沟通的桥梁，使汽车顺利地从生产领域转移到消费领域。

2．中间商代替汽车生产企业完成市场营销职能

中间商可以代替汽车生产企业进行市场调查、宣传产品、安排汽车储运、开展汽车销售以及售后服务工作。同时，中间商还能为生产企业提供商业信贷、催收债款，帮助汽车生产企业在消费者中树立信誉、拓宽市场，为汽车生产企业节省资源。

3．中间商的服务增加了汽车的价值

由中间商进行汽车运输和仓储，提供汽车销售的全程服务，从而增加了汽车的价值。通用汽车公司与其中间商的关系示意图如图9-2所示。

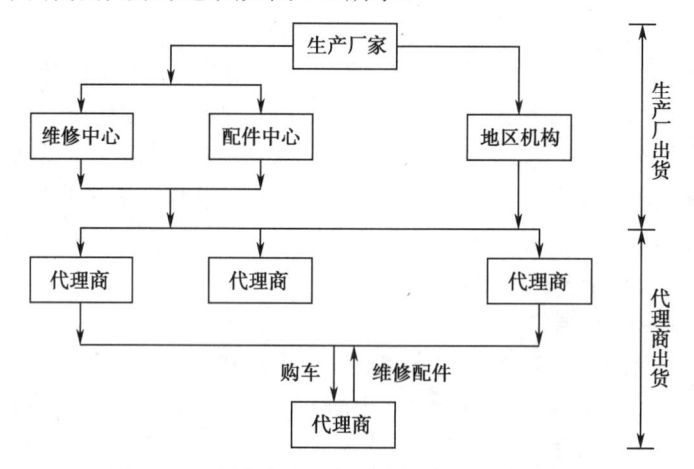

图9-2 通用汽车公司与其中间商的关系示意图

4．中间商是汽车生产企业的信息来源

中间商比汽车生产企业更了解汽车市场情况，可以及时地把信息反馈给汽车生产企业，使其能够根据汽车市场的情况组织生产，避免盲目生产。

5．中间商有利于汽车企业进入新市场

汽车企业在自行开发新市场时，往往由于缺乏经验和不了解新市场的情况，导致开发工作进展缓慢。而中间商一方面市场营销经验丰富，另一方面更贴近汽车市场，了解新市场行情，如果汽车企业依靠其开发新市场，可以减少风险。

6．中间商有利于汽车企业销售新产品

当汽车生产企业依靠中间商向市场推出新产品时，既可以节省新产品营销工作的费用，又可以利用中间商与消费者的联系，使新产品能够顺利销售，为企业占领市场赢得时间，使新产品的成功率大大提高。

9.2.3 批发商（或地区分销商）

批发商是处于汽车流通的中间阶段，实现汽车的批量转移，使经销商达到销售目的的中间商。它一头连着生产企业或总经销商（总代理商），一头连着经销商，并不直接服务于最终消费者。通过批发商转销汽车的交易行为，汽车生产企业或总经销商（总代理商）能够迅速、大量地转售出汽车，减少汽车库存，加速资金周转。地区分销商处于某地区汽车流通的中间阶段，它帮助生产企业或总经销商（总代理商）在某地区促销汽车，提供该地区汽车市场信息，承担该地区汽车的转销业务。

1. 汽车批发商的类型

按其实现汽车批量转销的特征，可分为独立批发商、委托代理商和地区分销商。

（1）独立批发商。指自己独立、批量购进汽车，再将其批发出售的商业企业，对其经营的汽车拥有所有权，以获取批发利润为目的。汽车独立批发商按其业务职能和服务内容又可分为多品牌汽车批发商和单一品牌汽车批发商两种类型。多品牌汽车批发商是指批发转销多个汽车生产企业的多种品牌汽车，批发转销的范围较广、品种较多、转销量较大，但因其批发转销的汽车品牌较杂，无法获得诸多汽车生产企业的全力支持，也没有能力为经销商提供某品牌汽车转销中的专业化服务。单一品牌汽车批发商是指只批发转销某个汽车生产企业的单一品牌的汽车，批发转销的范围较窄、品种单一、转销量有限，但因其批发转销的汽车品牌单一，能够获得此品牌汽车生产企业的直接支持和帮助，因而具备此品牌汽车转销的专业能力，能为经销商提供此品牌转销中的专业化服务。

（2）委托代理商。委托代理商区别于独立批发商的主要特点是，对于其经营的汽车没有所有权，只是替委托人（汽车生产企业或汽车总经销商）组织推销汽车，以取得佣金为目的，促进买卖的实现。委托代理商按其代理职能和代理内容又可分为总代理商和分代理商、生产企业的代理商和总经销商的代理商、多品牌汽车代理商和单一品牌汽车代理商。

（3）地区分销商。指在某一地区为生产企业（或总经销商）批发转销汽车的机构，是由汽车生产企业（或总经销商）为减少层层批发和跨地区销售等问题而设立的。它使汽车从生产企业（或总经销商）到某地区内的经销商只经过其一层批发转销环节，经销商将全部直接面对其所辖区域内的消费者进行直销。

2. 汽车批发商的定位

汽车销售渠道由汽车生产企业、总经销商、批发商、经销商、运输商和消费者组成。在这条销售渠道中，批发商处于传统的推动式销售和以市场为导向的拉动式销售之间的过渡位置。在消费者、经销商和总经销商之间，批发商更大程度上是由消费需求拉动着经销商的销售活动和批发商转销业务的开展，又是由汽车生产企业（总经销商）年度目标和销售任务的要求推动着批发商批发业务的进行。因此，批发商最主要的功能是在目前买方市场条件下，通过发展营销网络，改进转销方式，提高转销能力，来协调供需矛盾、平衡销售计划和市场需求。同时，批发商应有效地协调管理总经销商与经销商、消费者之间连续的物流、信息流和资金流，建立总经销商和经销商、消费者之间紧密的合作伙伴关系，提高市场竞争能力。

3. 汽车批发商的特点

（1）批发商的销售对象，是除最终消费者以外的任何购买者。其销售对象主要包括：把产品用于再销售的次级批发和零售商；把产品作为工业生产资料投入生产的企业和个人；把产品作为农业生产资料投入生产的单位和个人；把产品用于服务性经营的产品用户；把产品用于社会性公共消费的事业机关和政府机关等。批发商的联系面较广，市场信息灵通，在产品流通中作为生产企业之间，生产企业、商业企业、社会机关之间、批发商与零售商之间的"中介人"，发挥着"桥梁"和"纽带"的作用。

（2）批发商每次交易销售量较大，销售额较高。由于批发商在流通过程中所处的地位，既采购又供应，组织产品流转，因而决定了每次交易活动都是多品种、多规格、大批量进行的，销售额较高，购销活动的频率低、批次少。

（3）批发商地区分布一般集中在全国性经济中心和地方性经济中心。这是由批发商在产品流通中的地位和销售对象所决定的。批发商从事批发贸易，一方面要向各生产企业采购产品进行分类、分等、分割大批量，形成其供应对象所需的各种货色；另一方面要把采购来的产品供应给生产企业、各种用户、其他批发企业、广大零售商。因此，一般大批发商都集中在全国性的大城市，即人口、工业生产、商业、金融业、仓库及交通运输业等集中的全国性经济中心，中/小批发商则集中在地方性的中/小城市，即地方性经济中心。如我国批发商业的布局情况：一级批发站设置于全国性工业生产集中的大城市（上海、天津等）；二级批发站设置于各省内工业生产集中的中等城市和交通转运中心；三级批发站则设置于县城和中小城市。当然也有些独立批发商分散在乡镇和农村市场。

4．汽车批发商的功能

由于汽车批发商在汽车销售渠道和销售网络系统中处于十分重要的地位，因此它应具有以下几个方面的功能。

（1）销售管理功能。批发商应通过销售管理，使经销商在自己的领域内规范销售，减少经销商之间的内耗，合理处理渠道冲突（水平渠道冲突及垂直渠道冲突），稳定销售价格，集中精力去开拓市场和开展服务营销。它主要进行供需矛盾的协调、销售计划的制订和执行、销售模式的转换以及对经销商销售网络的重组。

（2）售后支持功能。批发商应对经销商提供维修技术、产品知识及零部件供应的支持，提高经销商的职业化水平，并充当总经销商与经销商的协调桥梁。它主要对经销商进行技术支持以及对零部件的集散进行管理。

（3）市场营销功能。批发商应通过行之有效的市场营销活动，建立和发展经销商销售网络系统，促使经销商销售体系正规化。同时，明确加强汽车的产品定位，在工作开展过程中，有效扶植并利用已建立的市场共同体开展各项工作。它主要进行市场调研、开展营销和促销以及建立公司标识体系（CI）等活动。

（4）储运分流功能。批发商应更及时、更准确地把汽车送至经销商，减少甚至免除经销商在"拿车"上投入的精力和财力。它主要进行质量把关、二次配送以及中转库的管理。

（5）资金结算与管理功能

批发商应免除经销商为购车频繁奔波于销售地与总经销商之间而浪费的时间和精力，让经销商更集中于销售及服务。它主要进行经销商购车结算、资金管理和业绩评估。

（6）经销商培训功能。批发商应通过对经销商的培训，改变经销商的传统经营理念，并提高经销商业务素质。其对经销商的控制通过培训加以落实。它主要进行熟悉所管辖地区的现状、制订培训计划以及开展多方面培训。

（7）经销商评估功能。批发商应通过对经销商全面的业务评估（业务水平、营销技巧及最终成绩），综合参考顾客满意度的评价结果，发现各经销商的长处与短处，并通过奖惩制度，达到实现经销商业务目标的效果。它主要进行硬件与非硬件指标体系的评估、用户满意度的考核。

（8）信息系统功能。批发商为扭转对物流、消费者及经销商缺乏客观监控的局面，建立信息系统网络。如此可大幅度缩短汽车储运时间，并尽可能减少脱库现象；合理降低经销商的库存量；拥有完善的汽车产品客户信息，供营销决策及考核经销商时使用；及时准确地获得经销商经营状况的主要指标，供评估使用。它主要进行系统安装、操作人员培训和信息系统的扩展。

9.2.4 经销商（或特许经销商）

汽车市场营销是向最终消费者直接销售汽车和提供服务的一系列活动。从事这种汽车市场营销活动的机构和个人称为汽车经销商。

经销商在汽车流通领域中处于最后阶段，是直接将汽车销售给最终消费者的中间商。其基本任务是直接为最终消费者服务，使汽车直接、顺利并最终到达消费者手中。它是联系汽车生产企业、总经销商、批发商与消费者之间的桥梁，在汽车销售渠道中具有突出的作用。特许经销商（受许人）是从特许人（总经销商）处获权在某一特定区域内直接将特定品牌汽车销售给最终消费者的中间商，按照特许经营合同，受许人可以享用特许人的商誉和品牌、获得其支持和帮助、参与统一运行、分享规模效益，是一种新型的汽车销售渠道模式。

在汽车销售渠道中，经销商的形式多种多样，通常按其经营特征可以分为特许经销商和普通经销商两大类。

1．汽车特许经销商的条件

汽车特许经销商是指由汽车总经销商（或汽车生产企业）作为特许授予人（特许人），按照汽车特许经营合同要求以及约束条件授予经营销售某种特定品牌汽车的汽车经销商（作为特许被授予人，简称受许人）。

对于汽车经销商来说，只有具备以下条件才可成为汽车特许经销商。

（1）独立的企业法人，能自负盈亏地进行汽车营销活动；

（2）有一定的汽车营销经验和良好的汽车营销业绩；

（3）能拿出足够的资金来开设统一标识的特许经营店面，具备汽车市场营销所需的周转资金；

（4）达到特许人所要求的特许经销商硬、软件标准。

普通经销商符合以上条件就可以通过履行特许经销商申请和受许人审核等手续，并经双方签署汽车特许经营合同（或协议），就可正式成为某品牌汽车的特许经销商。

2．汽车特许经销商的优势

普通汽车经销商一旦成为某品牌汽车的特许经销商，将会使其在今后的汽车市场营销活动中具有以下几方面的优势。

（1）可以享受特许人的汽车品牌及该品牌所带来的商誉，使其在汽车市场营销活动过程中拥有良好的企业形象，给消费者以亲切感和信任感。

（2）可以借助特许人的商号、技术和服务等，提高竞争实力，避免了单枪匹马进入激烈的市场所面临的高风险。

（3）可以加入特许经营的统一运营体系，即统一的企业识别系统、统一的服务设施、统一的服务标准，使其分享由采购分销规模化、广告宣传规模化、技术发展规模化等所带来的规模效益。

(4) 可以从特许人处得到业务指导、人员培训、信息、资金等方面的支持和服务。

3. 汽车特许经销商的权利

作为汽车特许经销商,可享有以下相应的权利。

(1) 特许经营权。有权使用特许人统一制作的标记、商标、司标和标牌;有权在特许经营系统的统一招牌下经营,从而享受由著名品牌带来的利益;有权获得特许人的经营秘诀,以加入统一运作(统一进货,以享受大量进货的折扣;统一促销;统一的市场营销策略等);有权依照特许人的统一运作系统分享利益;有权按特许人的规定取得优惠政策,对特许人经销的新产品享有优先权。

(2) 地区专营权。有权要求特许人给予在一定特许区域内的专营权,以避免在同一地区内各加盟店相互竞争。

(3) 取得特许人帮助的权利。有权得到特许人的经营指导援助、技术指导援助及其他相关服务。如参加特许人的各种定期培训;使用特许人的各种信息资料和市场运作情报;在经营中遇到问题时,随时和特许人的专职指导员联系;资金缺乏时,可以采取连带担保等方式,取得贷款;其他援助。

4. 汽车特许经销商的义务

作为汽车特许经销商,还应承担以下应尽的义务。

(1) 必须维护特许人的商标形象。在使用特许人的经营制度、秘诀以及与其相关的标记、商标、司标和标牌时,应当积极维护特许人的品牌声誉和商标形象,不得有降低特许人商标形象和损害统一经营制度的行为。

(2) 在参加特许经营系统统一运营时,只能销售特许人的合同产品;只能将合同产品销售给直接消费者,不得批发;必须按特许人要求的价格出售;必须从特许人处取得货源;不得跨越特许区域销售;不得自行转让特许经营权。

(3) 应当履行与特许经营业务相关的事项:随时和特许人保持联系,接受特许人的指导和监督;按特许人的要求,购入特许人的商品;积极配合特许人的统一促销工作;负责店面装潢的保持和定期维修。

(4) 应当承担相关的费用:如加盟金、年金、加盟店包装费等。

目前,世界著名的汽车企业都建立了自己的特许经销商网络。通过品牌专营店和特许经营店的建设,不仅大大推动了公司汽车的销量,而且能够及时地为消费者提供各种服务,提高了渠道管理的水平,塑造了良好的公司形象。

9.3 汽车分销渠道的设计、组织与管理

9.3.1 汽车分销渠道的设计

分销渠道设计要围绕销售目标进行,要有利于企业的产品不断提高市场占有率、地区覆盖率和各地用户满足率,要有利于企业抵御市场风险。在此基础上形成能够充分履行渠道功能,长期稳固而又能适应市场变化的渠道,将不断为企业开辟稳定的用户群或区域市场。

1. 汽车分销渠道设计的影响因素

(1) 企业特性。因为汽车企业在规模、声誉、产品特点、经济实力等方面不尽相同,即

企业特性不一样，这对中间商有着不同的凝聚力和吸引力，因此企业在设计销售渠道时，应该结合企业特性选择中间商的类型和数量，来决策企业分销渠道模式。

（2）产品特性。汽车产品由于重量、价值、运输、储运费用、技术服务专业性等原因，对中间商的设施条件、技术服务能力和管理水平要求不同。

（3）市场特性。市场因素主要考虑目标市场的大小以及目标顾客的集中程度，如果目标市场范围大，渠道则较长，反之，渠道则短些。如果顾客分散，宜采用长而宽的渠道，反之宜用短而窄的渠道。

（4）生产特性。汽车生产在时间或地理上比较集中，但是使用分散，其分销渠道一般应有中间环节，不宜采用直接环节。

（5）营销目标特性。各企业的目标市场决定了其分销渠道的具体特点。

（6）环境特性。各地方的政策特性，是欢迎还是排斥企业在当地设立分销商，是否还有其他重要的环境因素需要考虑，这些都是企业必须认真研究的。如政策有关立法及政策规定的专卖制度、反垄断法、进出口规定、税法、税收政策、价格策略等，都会影响企业对分销渠道的选择。

2. 分销渠道设计的内容

有力的市场加上有力的渠道，才能使企业获利。所有有效的渠道设计，应该以确定企业所要达到的目标市场为起点，研究产品达到市场的最佳途径。销售渠道设计的内容包括确定渠道的长度（中间商层级）、渠道的宽度（同层级中间商数目）和规定渠道成员彼此之间的权利、责任和义务。

（1）确定渠道的长度。企业分销渠道设计首先要决定应该采取哪种模式的分销渠道，即采取直销还是通过中间商分销。如果决定采用中间商分销，则还需要进一步决定选择哪个层级的中间商，以及何种类型和规模的中间商。

（2）确定渠道的宽度。确定渠道宽度即确定同一层级中间商的数目。通常包括广泛分销策略、选择性分销策略和独家分销策略。

（3）明确渠道成员的权利和义务。这包括对不同类型的中间商给予不同的价格和利差、规定交货和结算条件，以及规定彼此的义务。

9.3.2 汽车分销渠道的组织

1. 分销渠道的组织方式

分销渠道的组织是对分销渠道方案的落实。采取不同的组织方式，将会建立性质不同的中间商，并决定了企业与中间商今后的关系。分销渠道的组织方式有三种。

（1）企业在目标市场设立自己的销售网点（子公司、分公司或销售点）。这种网点是企业的直接渠道成员，企业对其的可控性最高。但如果企业同时还有中间商形式，企业设立这种自销网点，常常会招致所有经销商的攻击、抵制，影响经销商的积极性。所以，除非企业全部采用自销方案（直接渠道），否则这种性质的网点不宜多设。

（2）企业与各地的中间商共同组建分销机构（合资公司、股份公司或合作公司）。这是按现代企业制度建立的具有独立法人资格、自主经营、自负盈亏的流通企业。企业对这种公司的控制权依其股份的多少而异。通常情况下，企业采取以知识产权、经营特权、销售返利等形式出资，也有的企业以投资或现金形式出资。

（3）企业在社会中间商中招募经销商、特约经销商或销售代理商。企业与这种中间商没有资产关系，只是业务合作关系。相对以上两种方式，企业对此类中间商的控制力要小一些。但此类中间商是大部分企业产品分销的主要形式，它是企业依据一定程序选建的。

2. 中间商的选建程序

企业经销商、特约经销商或销售代理商的发展，必须依据一定程序，做到科学选建。以某品牌轿车经销商选建程序为例，包括以下几个步骤。

（1）有意加盟的中间商，向所在地区的汽车厂家设立的营销管理机构（分销中心、大区、子公司等区域管理机构），提交正式的书面申请，并附有关资质材料，包括营业执照及法人代码、经营资格证明、资信证明、近期的财务结算书、当地市场基本数据或市场调查书、营业场所标定图及公司内/外图纸或照片等。

（2）区域管理机构初步考察、评估。

（3）企业营销总部审查。主要审查其资质、销售能力以及是否符合企业的分销渠道布局规划。通过后，通知申请人按相应的经销商等级的建设规范，进行硬件和形象建设。

（4）复审。申请人按建设规范施工完毕后，申请复审。复审通过，则审批、签约、纳入企业销售网点管理序列。

9.3.3 汽车分销渠道的管理

分销渠道的管理主要包括对各类中间商的培训、激励、考核、调整和协调等内容。

1. 培训与激励

企业需要仔细地制订渠道成员的培训计划，并认真执行，特别是产品的技术含量较高的企业尤其如此。培训的对象包括中间商负责人、中/高级管理人员，属于高级层次的培训；中间商的各种业务的骨干人员，属于业务层次的培训。高级培训的培训内容，包括战略培训、企业对中间商管理规范的培训等。业务培训的内容包括会计与财务业务、销售和服务管理业务、信息管理业务、配件业务、新型拓展业务及产品关键技术等。

培训有利于提高中间商的经营能力，也是给予中间商激励的一种方式。除此以外，企业还应同中间商加强沟通，消除彼此之间的矛盾，减少相互抱怨。由于中间商是独立的，在处理同生产商、顾客的关系时，往往首先会偏向于自己和顾客一方，认为自己是顾客的采购代表，讨价还价；其次才考虑生产商的期望。因此，欲使中间商的分销工作达到最佳状态，生产商应该用看待最终用户的方式来看待中间商，应对其进行持续不断的激励。激励的方式有很多，且在不断创新。

2. 考核与调整

对中间商的工作绩效要定期考核，如对销售定额完成情况、平均存货水平、送货时间、对残次品的处理情况、促销和培训计划的合作情况、货款返回状况、对顾客提供的服务水平和顾客的满意度、经营设施的投资水平及改进情况、执行生产企业营销政策的情况等，都是经常性考核的项目内容。这些考核一般以年度为周期进行，考核的结果将是企业对中间商进行计酬奖励、惩处，乃至调整或取消某些渠道成员的依据。

当然，除中间商工作不力需要调整、淘汰外，还有一些原因也会引起渠道调整。如市场环境的变化、消费者购买方式的变化、市场扩大或缩小、出现新的分销方式等。另外，现有渠道结构通常不可能总是在既定的成本下带来最高效的服务，随着渠道成本的变化，有必要向理想的渠道进行结构性升级。生产企业调整分销渠道主要有三种方式：增减某一渠道成员、增减某一分销渠道、调整改进整个渠道。

3．协调与管理

在产品流通过程中，对于间接分销渠道，存在多种类型的流通环节（中间商），这些环节之间相互依赖，经营活动必须相互配合，紧密协作。由于渠道成员各自都是独立的经济实体，发挥着不同的作用，存在着各自的经济利益，所以在产品流通各阶段，就必然会出现矛盾、冲突，这些矛盾解决得好与坏，影响着产品流通顺畅与否。

（1）渠道冲突的类型。

①垂直渠道冲突。即同一条渠道中不同层次之间的冲突。如生产商与代理商之间、批发商与零售商之间，可能就购销服务、价格和促销策略等方面发生矛盾和冲突。

②水平渠道冲突。即某渠道内同一层次成员之间的冲突。如特许经销商之间的区域市场冲突、零售商之间对同一商品的价格战等。

③多渠道冲突。即企业建立了两条或两条以上的渠道向同一市场分销产品而产生的冲突，其本质是几种分销渠道在同一个市场内争夺同一种客户群而引起的利益冲突。

（2）渠道冲突的原因。

①渠道成员之间的目标不同，如生产商希望以低价政策获得市场的高速成长，而零售商则希望获取短期高利润。

②没有明确的授权，如销售区域的划分、权限和责任界线不明确等。

③各自的预期不同，如对经济形势的看法，生产厂商看好，希望经销商经营高档产品，但经销商看法相反。

④中间商对生产商过分依赖，如经销商的经营状况往往取决于生产厂商的产品设计和定价政策，由此会产生一系列冲突。

（3）渠道冲突的管理措施。渠道冲突有些是结构性的，需要通过调整渠道的方法解决；有些则是功能性的，可以通过管理手段加以控制。主要管理措施有以下几种。

①渠道成员间加强合作。渠道成员间应确立和强化共同目标，如市场份额、高品质、用户满意度等目标，特别是在受到外界竞争威胁时，渠道成员会更深体会到实现这些共同目标的重要性；渠道成员之间应努力理解对方，多从对方的角度考虑问题；一方成员还须努力赢得另一方成员的支持，包括邀请对方参加咨询会议、董事会及根据对方意见合理修订本方政策等，以减少冲突。

②发挥民间组织的作用。加强渠道成员之间的业务沟通。如通过行业协会，互相交换意见，促进各方做好工作。

③通过政府有关部门解决。当冲突经常发生，或冲突激烈时，有关各方可以采取谈判、调解和仲裁办法，根据政府机构相关程序解决冲突，以保证继续合作，避免冲突升级。

9.4 汽车分销渠道的发展

9.4.1 汽车分销渠道的类型

1．汽车交易市场

汽车交易市场是指各种不同的汽车产品和众多的经销商集中在同一场所，以店面的方式开展经营，由多个代理经销商分销形成集中的多样化交易场所。从经营模式即市场的管理者是否同时是经营者可以分为：以管理服务为主、以自营为主（目前这种模式占有形市场的

80%~90%)、管理经营并重三种模式。如北京亚运村汽车市场、成都西部汽车交易市场、烟台汽车交易市场等。

从全国范围来看，目前国内汽车交易市场有400~500家，其中形成一定规模的有100余家。在车市井喷的2001—2003年就出现了摊位数下降、营业面积扩大和营业额上升的趋势，然而值得注意的是，在一些大/中城市普遍有3~4家交易市场、交易市场需求饱和以及厂家大力推行品牌专卖等其他模式时，沈阳、上海、西安、深圳等城市仍在大力新建各种大型汽车交易市场。回顾前几年的销售情况和结合交易市场本身的特点、国/内外的经验，可以发现交易市场有它自身的局限性。特别是伴随着厂家对树立自身品牌的重视、相关政策的落实和其他渠道功能的完善，它将面临着市场空间缩小、向二手车市场转型或者退出一线市场甚至衰败的可能。

2. 品牌专卖店

品牌专卖模式是一种以汽车制造商的营销部门为中心，以区域管理中心为依托，以特许或特约经销商为基点，集整车销售、配件供应、售后服务、信息反馈与处理为一体，受控于制造商的渠道模式，主要以"三位一体"(3S)和"四位一体"(4S)为表现形式。

4S专卖店的产生可以说是市场竞争到一定程度的必然结果。伴随汽车市场细分的加剧和商品同质化的进一步提升，各种有效、多样化的服务将成为保持和提供企业市场份额的有效武器，而如何从潜在客户特别是现有客户中获得最准确的定位和其他反馈信息，如何保持顾客的满意度和忠诚度将是一个非常重要的问题，而此时4S专卖店多功能的优势就体现出来了。它的出现可以满足用户的各种需求，但是投入过于庞大，回收期较长，如在中等发达城市4S店的固定投资在1000万~1500万元之间，可能要耗费8~10年的时间才能收回投资。同时，由于管理跟不上，有些4S店被称作"一流的设备，三流的服务"。

另外，主要应用于轿车市场销售的4S专卖店模式正被越来越多的商家应用于客车、卡车市场。如2003年郑州宇通全国首家客车4S店在上海落成标志着专卖模式已经进入客车市场。而接下来北汽福田轻卡品牌时代汽车、东风、解放、重汽、江淮轻卡等也都陆续建立了自己的品牌4S店。

一个值得注意的现象是，在欧洲一些经济非常发达的国家，由于汽车业已经进入了一个非常成熟的阶段，专卖店巨大的投入再加上密集的销售网点、激烈的市场竞争，使得专卖店的销售利润急剧减少，一些地方已经出现专卖店合并甚至破产的情况。欧盟也积极采取一系列旨在降低成本、促进消费（包括允许多品牌专卖、汽车交易可以不提供维修和售后服务等）的措施。

3. 连锁经营店

连锁经营模式是指由一家大型商店控制的，许多家经营相同或者相似业务的分店共同形成的商业销售网。根据所有权、经营权的不同可以分为正规连锁（所有权统一）、自愿连锁（所有权独立）和特许连锁（授权经营）三种形式。

连锁经营模式出现在19世纪末到20世纪初的美国，到1930年，连锁店的销售额已经占全美销售总额的30%。20世纪50年代末、60年代初以来，欧洲、日本也逐渐出现了连锁商店并得到迅猛发展，到20世纪70年代后达到全面发展，逐步演化为一种主要的商业零售企业组织形式。而我国汽车连锁经营模式是从1997年亚飞汽车组建汽车连锁店开始的，直至在全国200多个城市建立了400家连锁分店。

连锁经营模式的主要优势在于有利于形成规模经济，降低汽车及零部件进货和销售成本、方便消费、维修以及保证质量的稳定等，但是在如今的实际运作中，连锁经营店与制造商的特约经销商操作如出一辙，只是名义上多了一个统一采购，并且由此在利润的分配上多了一个总部。另外，伴随着其他渠道（如专卖店）的升级，连锁经营模式在销售环境和服务质量上的优势也越来越不明显。

4．代理模式

在代理模式中，总代理一般与制造商属于一个集团公司，分别履行生产和销售两大职能。在总代理渠道中可以分为多级代理，其中一级代理商是指具有市场开拓能力和资金实力的经制造商特约定点销售的商家。二级代理商是指自己与制造商没有直接的进货渠道而依靠一级代理商进货的商家。他们之间一般以产权或者合作为纽带，可以把商品迅速推向市场，缺点是制造商压力过大，部分代理商缺乏销售动力。

5．汽车超市

汽车超市主要是指那些特许经营模式之外多品牌经营的汽车零售市场。如北京经开国际汽车会展中心、东方基业汽车城等。和日常生活中常见的超市一样，汽车超市的特色就是以品牌齐全取胜，可以看到许许多多来自各种品牌的汽车。然而由于汽车行业本身的特点，制造商仍占主导地位，虽然汽车超市在价格上不比一般的专卖店高，但是利润相对就减少了。

9.4.2 我国汽车分销渠道的发展策略

我国汽车产业在经过几十年的保护和发展后，建立了一整套比较完善的分销渠道体系。然而，在加入 WTO 以后，政策给中国汽车产业所带来的销售优势已经由于市场开放、外资介入而逐渐消失。如何把握汽车行业分销渠道的变化趋势，建立有竞争优势的销售渠道将为我国汽车企业生存和发展的关键所在。

1．汽车分销渠道由"金字塔"式转向扁平化

传统的汽车分销渠道网络呈"金字塔"式，具有较强大的辐射能力，曾经为汽车厂商的产品占领市场发挥了巨大的作用。但是，随着市场竞争的加剧，传统分销渠道的弊病已暴露无遗。这主要表现在：厂商对分销渠道的辐射和控制能力逐渐削弱。销售政策不能得到有效执行，渠道成员间的恶意竞争（杀价和窜货）现象频现，对厂商的发展产生极大的危害；多层结构导致企业效率降低和成本剧增，进而导致销售费用逐级叠加，车价攀升，成本最终都将转嫁到用户身上，另外，臃肿的分销渠道也不利于厂商争取产品的价格竞争优势；多层结构使信息不能准确、及时地反馈给汽车生产企业，这样不但会使生产企业失去商机，还会造成多重资源浪费。

随着信息化的发展和竞争的需要，许多厂商正将分销渠道改造为扁平化结构，以缩短厂家与用户之间的距离，降低分销成本，让利于用户，同时，也有利于控制价格。如广州本田、一汽大众、上汽通用等公司直接建立汽车品牌专营店，以"前店后厂"的方式直接面向最终用户。扁平化的分销渠道网络变为一级批发模式，缩短了与最终消费者的距离，增强了企业对市场的了解，提高了产品价格的竞争能力，对企业长远发展意义重大。

2．汽车厂商与经销商由交易型关系向战略伙伴关系转变

在传统的分销渠道关系中，汽车厂商和经销商之间是交易型关系，每一个渠道成员都是一个独立的经营实体，为了追求个体最大化，甚至不惜牺牲渠道和汽车厂商的整体利益。而在战略伙伴关系中，汽车厂商与经销商一体化经营，共同致力于提高分销网络的运行效率、降低费用、管控市场，实现汽车厂商对分销渠道的集团控制，使分散的经销商形成一个整合体系，最终实现双赢乃至多赢。

3. 汽车分销渠道运作方式由以总代理商为中心向终端建设为中心转变

在传统的汽车分销渠道构建中，汽车厂商多站在销售通路的顶端，以自身为出发点选择一级代理商、次级代理商，逐渐控制管理，推行大户政策，对终端几乎没有控制能力，使渠道的功能大打折扣。随着竞争的加剧，这种运作方式的弊端日益明显：一是汽车厂商的促销政策无法得到有效执行，经销商行为与汽车厂商战略目标相背离；二是终端的有形展示无法达到厂商的宣传效果，影响汽车厂商形象和终端销售力的提高；三是汽车厂商与经销商的利益冲突不断，经销商为了追求自身利益窜货、降价倾销现象屡禁不绝。

针对以上弊端，有些汽车厂商提出了"逆向渠道"的概念，即根据消费需求、消费行为和汽车产品特性选择销售终端，充分考虑终端的特性和利益，弱化代理商，加强经销商，将运作重心转向终端市场。

4. 汽车分销渠道由单一渠道向多元渠道转变

对于某一产品的某一区域市场而言，传统汽车厂商只通过一个渠道进入。而如今，由于我国汽车市场的广度和地域深度逐渐增加，以及潜在渠道的增加，使汽车厂商在进行通路整合时，往往根据自身条件及各个汽车市场的不同情况，针对不同的汽车产品，灵活地采用与之相适应的汽车分销渠道模式。通过增加渠道方式及发展多元化渠道组合，可以弥补单一渠道形式的不足，提高市场覆盖率，降低渠道成本，更好地满足顾客的需求。

2017年7月1日，实施长达12年的《汽车品牌销售管理办法》被废止，新颁布的《汽车销售管理办法》（以下简称办法）进入正式实施阶段。根据新《办法》，销售汽车不再局限于汽车品牌商授权直营4S店销售产品，这打破了以品牌授权为核心的4S传统销售模式，大型汽车超市、汽车大卖场、汽车电商以及汽车新零售平台等将会成为新的汽车销售渠道，从而开启汽车流通和后市场多元化竞争的新时代，增多了汽车的销售渠道和形式。

【案例9.1】

良好的销售渠道带来了宝马汽车营销的成功

同那些驰名世界的老牌汽车公司相比，宝马公司在产品制造上坚持创新和个性多样化的方针，同时宝马公司拥有的庞大分销网络和公司对中间商的良好管理，使宝马车在日新月异的汽车市场竞争中，总是别具一格，引导产品新潮流。

宝马公司十分重视营销渠道的建设和管理。公司的决策者们特别清醒地认识到，无论宝马车的质量多么优良、性能多么先进、造型多么优美，没有高效、得力的销售渠道，产品就不会打入国际市场，就不可能在强手如林的竞争中站稳脚跟。因此，宝马公司从来都不惜花巨资在其认定的目标市场建立销售网点或代理机构，发展销售人员，并对销售商进行培训。

宝马公司遴选中间商的标准首先是了解其背景、资金和信用情况。其次是中间商的经营水平和业务能力，具体包括以下几方面。

1. 中间商的市场经验和市场反馈能力

宝马公司要求其中间商必须具有很好的推销能力，认为只有通晓市场销售业务，具有丰富的市场经验，才可能扩大公司的销售量。同时，中间商的市场信息收集能力，对于宝马公司改进产品的设计和生产至关重要。例如，宝马公司根据中间商的信息反馈，特别制作和安装了保护汽车后座乘客的安全系统，受到了消费者的欢迎。

2. 中间商提供服务的能力

宝马公司需要通过中间商向用户提供售前/后服务,如汽车的性能、成本、保险、维修甚至车用移动电话等特殊装备的细节问题,中间商都必须能够进行内容广泛而深入细致的咨询和服务。为此,宝马公司在美洲、亚洲等地都有培训点,对中间商为用户的咨询和全面服务进行培训。

3. 中间商的经营设施和规模

中间商所处的地点是否适中,是否拥有现代化的运输工具和储存设施,有无样品陈列设施等,均是宝马公司在遴选中间商时要考虑的重要因素。

宝马公司在对营销渠道的管理上也极具特色。公司设有专门负责中间商管理的机构,经常进行监督管理,定期评估中间商的业绩好坏,包括推销方面的努力程度、市场信息的收集和反馈能力、对用户售前/后服务的态度和效果等。

宝马公司还经常走访用户或问卷调查,以了解用户对销售商的评价。在宝马公司进行的大规模问卷调查中,参加调查的商人和用户对公司的销售商的评价普遍很好。尽管宝马公司在与中间商签订的合同中已有奖励条款,但公司对于受到用户赞扬的销售商仍会给予重奖。对于受到用户不满和批评的销售商,经过核查属实后,宝马公司会坚决解除合同,另选销售商。

宝马公司在世界各地有 16 个大型销售网络和无数的销售商,其 90%的新产品是通过这些网络和中间商推向市场的。有人估算过,全世界每天平均有数以万计的人就宝马车买卖同其销售网络的成员进行联系、洽谈。宝马公司通过这些销售渠道同客户建立起密切的联系,并随时掌握市场消费心理和需求变化。

宝马公司生产汽车的历史仅有 80 多年,但它的汽车同雍容华贵、硕大威武的奔驰、劳斯莱斯、凯迪拉克一样驰名世界,成为现代汽车家族中的佼佼者;而它的销售网络和广大销售商本着"用户第一"的宗旨所提供的优质服务,更是得到用户的交口称赞,连宝马公司的竞争对手对此也是钦佩不已。

【案例9.2】

长安汽车再清退10%经销商 "分级考核"加速渠道变革

2013 年的前 5 个月,长安汽车旗下有 10%左右的经销商被"劝退"。这一比例较去年有所降低。据悉,2012 年长安汽车清理了旗下数百家不合格的网点,个别区域被劝退的比例达到 25%。在各大汽车集团加速渠道扩容时,长安汽车却在"清退"旗下的部分经销商。在"劝退"不合格经销商的同时,长安汽车新产品密集投放,在逸动、CS35、悦翔 V3 等车型上市后,轿车部分 2012 年基本实现盈亏平衡。进入 2013 年,长安轿车实现首次盈利。

1. 首推经销商"分级考核"

2013 年 6 月"渠道分级认证"制度在长安汽车旗下的经销商中全面推行。根据该认证制度,长安汽车将旗下经销商分为 A、B、C、D 四个等级,其中 D 级经销商将被责令限期整改,如果整改后仍达不到要求,将被长安汽车"劝退"。据悉,该认证制度将按照百分制为经销商打分,80 分以上为 A 级经销商,将对该部分经销商在车型配备和推广力度上进行倾斜;60 分以下为 D 级经销商,占比 15%,这 15%左右的经销商将被责令整改。

在考核指标中,最重要的一项的是经销商的"零售销量",即终端销售情况。通过终端销售情况的考核,可以从企业管理层面最大程度避免压库情况发生。其他考核指标还包括销量任务完成情况、消费者满意度和综合运营质量。

长安汽车从2012年开始对旗下经销商进行考评和实地调研。在山东、河南以及西部地区，长安汽车销量以及经销商运营情况相对较好，而在江浙、华南等地区，经销商运营状况并不尽如人意，被削减数量相对较多。当下长安汽车正在推行"两双战略"，即使企业和经销商都盈利的"双赢战略"和让经销商和消费者都满意的"双满战略"。在这两个战略中，经销商对于企业和消费者而言至关重要。因此，长安汽车对经销商进行了大刀阔斧的改革。据悉，2012年长安汽车清理了数百家不合格的网点，劝退的比例为15%~16%，个别区域达到了25%。

2. 长安汽车渠道变革的背后

长安汽车将旗下经销商分为八个大区，从2012年开始整改，目前经销商数量为500余家。未来2~3年，长安汽车在"劝退"经销商的同时，会加速引进新的经销商合作伙伴。2016年，长安汽车经销商数量达到1000家左右。

在"劝退"的同时，长安汽车还对经销商进行了较此前更为严苛的培训与管理，以持续优化经销商团队。据统计，2013年1—5月长安乘用车销售21.85万辆，同比增长111.43%。在产品方面，长安汽车先后推出的奔奔MINI、悦翔、逸动都已成为销售主力，长安汽车首款售价突破20万元的B级车睿骋上市之后反响良好。

"今年是长安汽车做轿车的第七年，和其他兄弟企业不同，长安汽车前几年一直处于沉寂期，没有新车型。从2012年下半年开始，长安汽车终于进入产品爆发期。"长安副总裁龚兵告诉记者，而在产品力大幅提升的情况下，渠道竞争力被提升至更重要的位置。龚兵告诉记者，单店盈利能力非常重要，"相比100家店，每家卖10辆车，长安汽车更希望有10家经销商，单店销量达到100辆"。

龚兵也表示，传统4S店的渠道模式不可持续，"起码像我们这种自主车企所面对的市场里，那种规模大、形象完美的4S店只是一种模式，但不应该成为主导汽车行业发展最主要的模式。未来，迷你店、城市展厅以及新的方式上将有更多尝试，全国连锁的以售后服务和维修为主的模式也会变为今后一个非常普遍的形式，并将对传统4S店的渠道模式构成冲击。"

【案例9.3】

领克空间杭州亮相　三种渠道模式大打组合拳

自2016年10月，领克公司在德国柏林发布全球品牌以来，一直享有极高的关注度。与此同时，领克公司以传统经销模式为基础，用互联网思维打造线上+线下融合的创新渠道模式，也成为业界讨论和研究的热点。

2017年10月25日，位于杭州龙湖天街的领克空间正式开业。领克空间+领克中心+领克商城三种渠道模式逐渐形成合力，更清晰地展现在我们面前。

1. 通过生活方式的传递输出品牌文化

位于大型商圈的领克空间作为领克品牌主要的渠道模式之一，集展示、销售功能于一体。看上去像一家潮牌店的颠覆性设计风格，和体验为核心的创新服务体系，正是领克"个性、开放、互联"品牌理念的具象表现。此外，领克空间与购物中心进行功能性结合，可以提供给客户最大的便利性，比如，用看一场电影的时间给车做个保养。领克空间为购物中心在衣食住行的"行"方面提供了很好的解决方案，成为新的商业业态补充。

如今80、90后的互联网一代正成为购车的主要群体。他们不再满足于传统的购车方式：

前往遥远的郊区 4S 店看车、在复杂的车型和配置中纠结矛盾、与销售人员反复砍价等。领克空间的推出，正体现出领克对于传统渠道模式痛点的思考和改变。

区别于传统汽车经销商店的刻板印象，领克空间基于现代都市生活，打造场景化、沉浸式的感官体验。像运动品牌陈列运动鞋一样，领克每一种颜色、配置的车型都以车模形式陈列在空间中央的展示墙上。车模中装有芯片，顾客将感兴趣的车模取下，放在一侧探索吧台感应区上，屏幕会自动显示车型配置、价格信息及库存情况。这种所见即所得的"黑科技"让购物体验变得更加自由轻松。

2. 三管齐下打好组合拳

除领克空间外，领克公司线上+线下的渠道模式还包括领克商城与领克中心，线上领克商城和线下领克中心、领克空间各有侧重、全面协同，可以说是对传统渠道模式的一种颠覆和创新。

据了解，领克中心不仅具有传统汽车销售店展示、销售、售后服务等全部功能，还将为消费者提供便捷的在线销售和店内体验服务。与领克空间相比，领克中心的售后服务能力更加完善，两者将根据所在城市结构，进行合理、优化布局，形成定位互补。此外，领克还将在线上推出领克商城，其透明的订单系统，让消费者可以看到车辆制造、下线、运输的全过程。

领克汽车销售公司常务副总经理易寒曾对外界表示，通过研究客户需求及痛点，希望将"领克中心""领克空间"形成双渠道互补。比如"领克中心"建在城市边缘，将"领克空间"建在城市中心形成互补。商业广场有极大的人流、有好的销售线索收集能力，但对大规模售后的支撑能力有限，几公里外的"领克中心"将有更好、更完善的售后维修能力，这种渠道模式将比传统单一的 4S 店模式更有盈利能力，也符合领克客户群体的生活习惯和特征。在这种渠道互补模式下，领克也会结合更多消费者接触点进行改进。

可以说，领克公司的创新渠道模式是基于对互联网时代都市年轻族群的需求洞察，也代表了互联网时代汽车渠道模式的发展方向。同时，领克公司线下两种渠道模式的布局模式，一定程度上也顺应了国家《汽车销售管理办法》出台后的新形势。新版《汽车销售管理办法》提出：经销商不得在标价之外加价销售或收取额外费用；买车不再局限于 4S 店，在商场、超市、各种网络平台也都会有相应的正规合法的车源销售。

领克公司在渠道模式上的创新，已经获得了经销商和投资人的广泛认可。据了解，截至目前领克公司收到超过 1000 家经销商的加盟合作申请，其中具备主流合资品牌经营资质的经销商占比超过七成，来自吉利渠道优秀投资人的申请约三成。到 2017 年年底，领克空间和领克中心将达到百家，覆盖主要消费市场。

2017 年 11 月底，领克品牌首款产品领克 01 SUV 车型正式在中国上市。领克 01 将通过"耀、型、劲、纯"四种设计风格分别代表都市中四类年轻人群的性格及主张。此外将搭载 2.0T+6AT 和 2.0T+7DCT 两种动力总成，VEP4 2.0T 发动机源于沃尔沃 Drive—E 系列，与沃尔沃 S90 T4 发动机同款。领克公司三种创新渠道模式形成合力，共同为这款备受瞩目的新车提供助力。

分析与思考

1. 什么叫产品分销渠道？它有哪些具体表现形式？

2．分销渠道的功能与类型有哪些？
3．简述汽车产品中间商的类型与特征。
4．简述分销渠道设计的内容。

课程实践

1．目标
掌握汽车企业分销渠道策略及管理方法。

2．内容
将学生分成若干小组，调查某汽车公司在当地的分销渠道，并用所学过的理论知识分析其分销渠道的模式，写出调查报告。

3．要点及注意事项
收集到的资料应完整、齐全，要及时处理相关材料和数据，并注意比较、鉴别。

第10章　汽车促销策略

【学习目标与要求】
1．掌握汽车促销策略的四种方式。
2．掌握人员推销的方法、策略与技巧。
3．掌握广告决策方式。
4．掌握销售促进的工具、制定及评价。
5．掌握公共关系的工具、制定及评价。

现代汽车市场营销要求汽车企业与现有及潜在的消费者沟通，激发消费者的购买欲望，实现汽车产品销售，这需要通过汽车企业制定并执行有效的汽车促销策略来完成。因此，汽车促销策略已成为汽车企业整个营销策略中最为重要的一环。

10.1　汽车促销概述

10.1.1　汽车促销的原则及作用

汽车促销就是促进汽车销售的简称，指汽车企业对汽车消费者所进行的信息沟通活动，通过向消费者传递汽车企业和汽车产品的有关信息，使消费者全面了解汽车生产企业和销售企业，了解感兴趣的汽车产品，产生购买的欲望。

1．汽车促销的原则

（1）汽车促销策略要具有目的性。制定汽车促销策略的主要目的就是促进销售与提升品牌形象。

（2）汽车促销目标要具有针对性。所有的汽车促销行为都必须针对目标市场。要通过把握目标消费者的消费形态、消费习惯、消费心理及消费需求来开展促销活动。

（3）汽车促销形式要具有创新性。由于汽车市场竞争日趋激烈，因此对汽车促销创新性的要求越来越高。

（4）汽车促销内容要具有系统性。汽车促销是一个科学的系统，每个促销阶段都需要达成一个目的，并整合起来形成一个系统来发挥作用。

2．汽车促销的作用

（1）主动沟通。企业应主动与汽车消费者沟通，加强消费者对促销活动的理解，加强品牌本身与消费者的互动，促进品牌信息传递的准确性及广泛性。

（2）品牌推广。成功的促销活动能够直接促进汽车品牌推广，建立起消费者对品牌的忠诚依赖关系，并在此基础上直接促进销售。

（3）促进销售。汽车促销的原始目的就是促进汽车销售。

（4）提升企业竞争力。一个好的汽车促销策略，不仅可以提升汽车销售业绩，促进汽车品牌传播，还能提升汽车品牌的竞争。

（5）整合资源。成功的促销一定是一次资源整合的过程，在这一过程中，既利用了各种社会资源，又使投入最小化，进而达到最佳的促销目的。

（6）促进品牌传播。成功的汽车促销活动，除了促进汽车销售之外，同时也是一次成功的汽车品牌传播过程，这一过程甚至能通过新闻、广播等传播形式，把汽车促销活动的效果无限放大。

（7）建立品牌忠诚。科学、系统的汽车促销活动，可以使消费者建立起对汽车品牌的忠诚。

（8）长期互动。成功的汽车促销活动一定能够与汽车消费者进行长期互动。如各种汽车俱乐部、会员优惠等，都是比较好的长期互动的汽车促销形式。

（9）营造氛围。成功的汽车促销活动，不但可以提升汽车销售，同时也会使汽车品牌形成强势氛围，进而更大范围地提升汽车品牌的知名度，促进销售。

10.1.2 汽车促销的方式

汽车促销的方式主要有两类，即人员促销和非人员促销，人员促销指企业派出汽车销售人员进行汽车销售活动；非人员促销包含广告、销售促进、公告关系等多种方式。各种汽车促销方式的主要特点如下：

1．人员促销

人员促销是经销商与消费者的直接沟通，即销售人员面对面地向消费者传达汽车信息。这种推销方式灵活，针对性强，容易促成即时成交。而且，通过人与人之间的沟通，可以培养经销商与消费者之间的感情，以建立个人友谊及长期的合作关系，亦可迅速反馈消费者的意见和要求。

2．广告

汽车广告是一种高度大众化的汽车信息传播方式，其传播面广，形式多样，渗透力强，可多次重复传递同一汽车信息，便于消费者记忆。

3．销售促进

销售促进也称营业推广，是一种沟通性极好的促销方式。通过提供汽车信息，诱导消费者接近汽车产品；通过提供优惠，对消费者产生招徕效应；通过提供奖励，对消费者产生激励作用。

4．公共关系

公告关系具有较高的可信度，其传达力较强，吸引力较大，容易使消费者接受，可提高企业的知名度，树立汽车企业良好的社会形象。

10.1.3 汽车促销组合应考虑的因素

所谓汽车促销组合就是把人员促销、广告、销售促进和公共关系等多种不同的汽车促销方式有目的、有计划地结合起来，并加以综合运用，以达到特定的促销目标。这种组合既可以包括全部上述四种方式，也可以包括其中的两种或三种。由于各种汽车促销方式分别具有不同的特点、使用范围和效果，因此要结合起来综合运用，才能更好地突出汽车的特点，加强汽车企业在市场中的竞争力。

在制定汽车促销组合时应考虑下述因素：

1．汽车促销目标

要确定最佳的汽车促销组合，首先需考虑汽车促销目标。如果汽车促销目标是为了提高汽车产品的知名度，那么汽车促销组合的重点就应放在广告和销售促进上，并辅以公共关系宣传；如果汽车促销目标是为了让消费了解汽车产品的性能和使用方法，那么汽车促销组合就应采用适量的广告、大量的人员促销和某些销售促进方案。

2. 汽车"推动式"销售与"拉动式"销售

在汽车销售渠道中，采用"推动式""拉动式"销售，对汽车促销组合有较大的影响。"推动式"销售是一种传统式的销售方式，指汽车企业将汽车产品推销给总经销商或批发商；而"拉动式"销售则是以市场为导向的销售方式，指汽车企业（或中间商）针对最终消费者，利用广告、公共关系等促销方式，激发消费需求，经过反复强烈的刺激，把汽车产品拉进汽车销售渠道。

3. 汽车市场性质

不同的汽车市场，由于规模、类型、潜在消费者数量不同，应该采用不同的促销组合策略。规模大、地域广的汽车市场，应以投放广告为主，辅以公共关系宣传。汽车消费者众多、却又零星分散的汽车市场，应以广告为主，辅以销售促进、公共关系宣传；汽车消费者少、购买量大的汽车市场，应以人员促销为主，辅以销售促进、广告和公共关系宣传。潜在汽车消费者数量多的汽车市场，应采用广告促销，有利于开发需求；反之，则应采用人员促销，有利于深入接触汽车消费者，促成交易。

5. 汽车产品生命周期

汽车产品生命周期的阶段不同，促销目标也不同，因此要相应地选择、匹配不同的促销组合策略，如图 10-1 所示。在导入期，多数消费者对新产品不了解，促销目标是使消费者认识汽车产品，因此应主要采用广告宣传来介绍汽车产品，选派促销人员深入特定消费群体详细介绍汽车产品，并采取展销等方法刺激消费者购买。在成长期，促销目标是吸引消费者购买，培养其汽车品牌偏好，继续提高汽车市场占有率，仍然要以广告为主，但广告内容应突出宣传汽车品牌和汽车特色，同时也不要忽略人员促销和销售促进，以强化产品的市场优势，提高市场占有率。在成熟期，促销目标是战胜竞争对手，巩固现有市场地位，需综合运用促销组合各要素，以提示性广告和公共关系为主，并辅以人员促销和销售促进，以提高汽车企业和汽车产品的声誉，巩固并不断拓展市场。在衰退期，应把促销规模降到最低限度，尽量节省促销费用，保证维持一定的利润水平，可采用各种销售促进方式来优惠销售汽车存货，尽快处理库存。

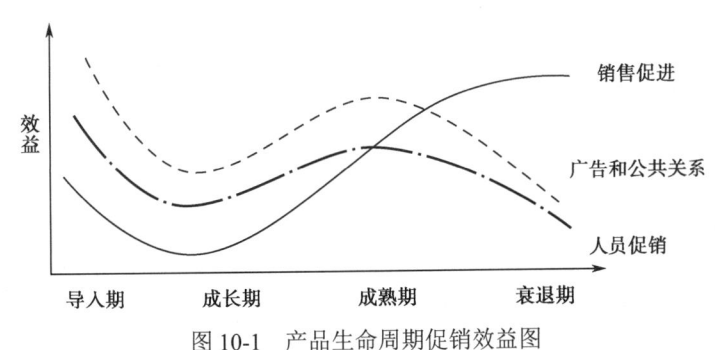

图 10-1 产品生命周期促销效益图

10.2 汽车人员促销策略

10.2.1 汽车人员促销的特点及过程

1. 汽车人员促销的特点

汽车人员促销指汽车企业的推销人员利用各种技巧和方法，帮助或劝说消费者购买该品牌汽车产品的促销活动。由于汽车具有技术含量高、价值较大等特点，人员促销在汽车销售中占有很重要的地位。与广告宣传和销售促进相比，人员促销有五个明显的特征：

（1）人员促销是两个或更多的人，在一种生动、直接的相互影响的关系中进行的，是一种面对面的接触。

（2）人员促销要求建立各种关系，从销售关系直至个人友谊。

（3）人员促销要求促销人员具备较高的综合素质，并在对消费者进行销售访问时做出积极的反应。

（4）人员促销承担着长期的义务，改变人员促销的预算规模比较困难。

（5）人员促销不仅可以将企业的信息及时、准确、全面地传递给消费者，还能将消费者的意见及时反馈给企业，通过这种双向的信息交流，为企业改进经营管理和营销活动提供依据。

2．汽车人员促销的过程

汽车人员促销过程如图10-2所示。

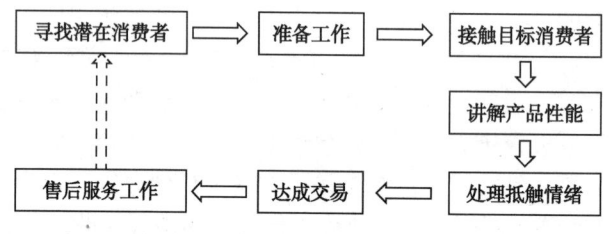

图 10-2 汽车人员促销的过程

10.2.2 汽车人员促销的任务

在现代汽车营销活动中，单纯依靠汽车产品本身已难以在竞争中取胜，越来越多的汽车企业采取了"营销服务"的总体战略。通过完善的售前、售中和售后服务，最大限度地提高提供给消费者的价值，从而提高汽车产品的竞争力，扩大市场份额。所以人员促销的关键任务就是向消费者提供优质服务，从而加深消费者对企业的了解和对产品的信赖，树立起良好的企业形象。日本的汽车公司在这方面做出了榜样，日本人常风趣地说"要想摆脱曾经卖给你一辆汽车的推销员的唯一办法，就是离开这个国家"。

1．售前服务

售前服务即企业与潜在用户的沟通。企业的促销人员要有计划地、主动地收集消费需求信息，及时将企业及汽车产品的情况传递给潜在用户（如企业的宗旨、规模、行业地位，产品的性能、规格、销售方式及售后服务的内容等），并了解其反应，更好地满足用户的要求，达到引导消费，坚定潜在用户购买信息和决心的目的。

2．售中服务

售中服务即企业与现实消费者的沟通。企业的促销人员要将自己产品的优势及其能给消费者带来的特殊利益传达给消费者，协助消费者使用本品牌的汽车。如散发汽车宣传资料、介绍汽车的有关技术指标、讲解新车的性能特点等，这些工作一般都由推销人员完成。

3．售后服务

售后服务即企业与产品用户的沟通。及时征询用户的意见，提供优质的维修服务，了解用户的反馈信息，改进服务方式，建立持久的合作关系，树立良好的服务形象。有人说：第一辆汽车是靠推销人员卖出去的，第二辆、第三辆则是靠售后服务卖出去的，可见售后服务对汽车销售的影响。法国的雷诺和雪铁龙公司通过 24 小时全天候接受和受理用户的售后服务，培养了自己忠实的顾客群体。

综上所述，可以将汽车人员促销的主要任务归纳为以下几项：

（1）寻找消费者。寻找新的潜在消费者，培养主要的消费者。

（2）设定目标。在工作和寻找消费者之间合理分配有限的时间。

（3）信息传播。熟练地将汽车产品和服务的信息传递出去。

（4）推销产品。与消费者进行售前沟通，向消费者介绍汽车产品，提供汽车报价，回答消费者的疑问并达成交易。

（5）提供服务。提供售中、售后服务。如提供咨询意见、给予技术帮助、进行维护培训等。

（6）收集信息。进行市场调查和调研工作，建立消费者信息档案，整理反馈意见。

（7）分配产品。对消费者的信誉进行评价，在汽车产品供不应求时进行合理分配。

10.2.3 汽车人员促销的方法、策略和技巧

1. 汽车人员促销的方法

人员推销的方法较多，主要有直接推销法、应用推销法、关系推销法、连锁推销法、优惠推销法、互惠推销法等。

（1）直接推销法。直接推销法是企业营销人员直接对不确定的销售对象所进行的一种推销方法，这种推销方法比较简单，多为新营销人员所使用；一些老营销人员到新市场去推销产品，有时也使用之。使用这种推销方法又可采用两种形式：一是营销人员选择某一地区，挨家挨户进行访问推销。日本丰田汽车公司的营销员，每到一个新地方，多采用这种方法进行汽车推销。二是营销人员对完全不熟悉的对象进行询问式或叫喊式的随意推销。

（2）应用推销法。应用推销法是企业营销人员采用现场表演、现场试用、现场操作等手法向人们推销产品的一种方法。这种销售方法虽较古老，但能收到"百闻不如一见"的效果。如有的推销员在商店、学校推销电子琴时，除了介绍该琴的特点外，还当众演奏一支支悦耳动听的乐曲，唤起了人们的购买欲望。有的还当场向顾客介绍电池怎样放、开关怎样用、音量怎样调、节拍怎样找、故障怎样排除，以及怎样进行简易的维修等。只要推销人员正确使用了应用推销法，每次推销均能取得良好的效果。

（3）关系推销法。关系推销法是企业营销人员利用各种人际关系，通过曲线手法向人们推销产品的一种方法。每一个人都有一定的人际关系，推销人员在工作中也可通过人际介绍，收到"不看僧面看佛面"的效果，从而获得较多的推销对象。

（4）连锁推销法。连锁推销法是利用营销人员建立起来的用基本客户介绍新用户的推销方法，也称滚雪球式推销。营销人员在使用这种方法时，应注意两个问题：一个是与基本客户要建立起十分信赖的关系。为此，平时营销人员除要同这些客户保持经常的业务往来外，还要进行适当的感情投资；二是请基本客户连锁介绍新客户时，要相机行事，不能操之过急，更不能强人所难。

（5）优惠推销法。优惠推销法是企业营销人员在向用户推销产品时，采用适当的优惠手法，促使产品成交的推销方法。例如，可根据用户购买数量的多少，采用一定的折扣优惠；可根据用户的爱好，采用一定的馈赠优惠；可根据国内/外用户的民族习惯，采用一定的节日

优惠,等等。优惠推销法是利用消费者的实惠心理、求廉心理、喜庆心理,以取得消费者欢心的有效的推销方法。

(6)互惠推销法。互惠推销法是一个企业的营销人员与另一企业的营销人员彼此交换客户的推销方法。例如,照相机厂的营销人员与胶卷厂的营销人员,经过协商,在销售本厂产品的同时,可代为推销对方的产品。在使用这种方法时,双方应慎重提供客户名单,若一方提供的客户对其介绍的产品不满意,则会影响其与原客户的关系,甚至会失去原客户。

2.汽车人员促销的策略

营销人员使用上述方法推销产品时,还要讲究如下策略。

(1)试探式策略。又称"刺激——反应"策略。它是在企业营销人员不了解顾客需求的情况下,常用的一种"投石问路"的推销策略。一般做法是:营销人员事先准备好几套促销的对话,然后根据用户的反应,决定是否采用第二套或第三套对话,直至探知用户的真实需求,进而用说服、宣传等手法,促成用户的购买行为。

(2)针对式策略。又称"配方——成交"策略。它是在事先已基本了解用户某些需求的情况下所采取的一种有目的的推销策略。一般做法是:营销人员在向顾客推销产品之前,就要根据顾客的需求情况,预先考虑好说话的主要内容。一旦与顾客接触,顾客就会饶有兴趣地与其攀谈,较快地达成交易。在使用这种策略时,如谈话内容不符合顾客的兴趣,营销人员应立即转移话题,采用试探式策略,不要将错就错。

(3)诱导式策略。又称"诱发——满意"策略。它是在顾客有某种需求,但暂无购买欲望的情况下所采取的一种推销策略。一般做法是:先由营销人员与用户交谈,看对方对哪些产品感兴趣,然后因势利导,介绍企业产品特点,诱使用户与自己达成交易。这种推销方式具有创造性,要求营销人员具有较高的推销技能。

3.汽车人员促销的技巧

推销员在了解了上述推销方法、策略之后,还必须掌握一些推销技巧。

(1)建立和谐的洽谈气氛的技巧。推销员与客户洽谈,首先应给客户一个良好的印象,懂礼貌、有修养、稳重而不呆板、活泼而不轻浮、谦逊而不自卑、直率而不鲁莽、敏捷而不冒失。

(2)开谈的技巧。在开始洽谈阶段,推销人员应巧妙地把谈话转入正题,做到自然、轻松。

(3)排除推销障碍的技巧。推销员如果不能有效地排除和克服所遇到的障碍,将会功亏一篑。因此,要掌握下列排除障碍的技巧。

①排除客户异议障碍。如果发现客户欲言又止,推销员应自己少说话,直截了当地请客户充分发表意见,以自由问答的方式真诚地同客户交换意见和看法。对于客户一时难以纠正的偏见和成见,可以将话题转换。

②排除价格障碍。应充分介绍和展示产品特点,使客户感到"一分钱一分货"。

③排除客户习惯势力障碍。实事求是地介绍客户不太熟悉的产品,并将其与他们已经习惯的产品相比较,让客户乐于接受。还可以通过相关群体的影响,使客户接受新的观念。

(4)与客户会面的技巧。一是要选好见面的时间,以免吃"闭门羹";二是可采用请熟人引荐、名片开道、同有关人员交朋友等策略,赢得客户的欢迎。

(5)抓住成交机会的技巧。推销员应善于体察客户的情绪,在给客户留下好感和信任时,应抓住机会发动进攻,争取签约成交。

一个好的推销员，除了掌握上述方法与技巧外，其推销业绩还与推销员的良好个性有关。如口齿要伶俐，要有"三寸不烂之舌"；脑子要灵活，反应要快，善于察言观色，善解人意；性格要温和，不急不躁，善于与人相处，富有耐心。尤其在我们这个礼仪之邦里从事推销活动，推销员一定要做到不管市场是热是冷，都要常"走亲戚"，有生意谈生意，没生意叙友情，把老用户当知己，把新用户当朋友。

10.2.4 汽车人员促销的管理

1．汽车人员推销的组织

为了搞好企业的人员推销工作，企业的营销部门应对推销人员进行合理的组织。一般可采用以下四种组织形式。

（1）按不同的销售地区组织。这是多数企业采用的一种组织形式，即根据企业产品销售的不同地区，如华东、西南地区，或某省、市等，由专人负责一个或几个地方的产品推销工作。采用这种形式，由于划定了销售地区，目标明确，便于营销人员采用适当的措施，不断巩固老用户和开拓新市场，而且可节约企业的推销费用。但在产品或市场差异性较大时，企业人员不易了解众多的产品和客户，会影响推销的效果。

（2）按不同的产品品种组织。这也是企业常用的一种推销组织形式，即根据企业产品的不同品种，由专人负责一个或几个产品的销售。如果企业的产品品种较多，技术性能或结构复杂，采用这种组织形式，有利于营销人员对某几种产品的技术性能的深刻了解，可向用户进行有效的推销。但采用这种组织形式时，企业的营销费用较大。

（3）按不同的销售对象组织。即根据企业产品的不同用户，由专人负责一个或几个用户，组织产品销售。例如，可按不同的行业，分为机械、纺织、电子系统等；可按不同的流通渠道，分成批发部门、零售部门等，由推销人员分工包干。采用这种组织形式，有助于营销人员根据行业的情况收集信息，按行业的特点进行产品销售，有利于企业与客户建立良好的供需关系。但在用户分散或销售路线过长时，不宜采用这种方法。

（4）按上述三种情况综合组织。在企业规模较大、产品品种较多、客户又较分散的情况下，就要根据企业产品销售的不同地区、不同产品、不同顾客对上述三种组织形式做综合考虑。这样可以精干队伍、精简人员、提高效率。这种组织方式是目前发达国家普遍采用的方式。

2．汽车人员推销的选拔与培训

对推销人员的选拔，可以有两个途径。一是从企业内部的职工中挑选。因为他们熟悉企业的基本情况，具备一定的产品技术知识，可以减少训练的时间，迅速补充销售力量；二是向社会公开招聘。

企业选拔推销人员的工作，一般有三个方面：一是履历审查。了解其工作态度、工作经验、工作业绩和社会交往情况，以此作为选择的基础；二是笔试。通过综合知识测验，掌握其文化知识和业务知识状况，以此作为选拔的依据；三是面试。通过面试可以比较准确地评定一个人的语言能力、仪表风度、推销态度以及理解问题和解决问题的能力等，这是选拔的决定因素。

被选中的人还必须经过一定的训练，才可充当企业推销人员的角色。对于原有的推销人员，也应每隔一段时间组织他们进行再培训，学习新的经营思想、市场营销策略和了解产品、市场的新情况。推销人员培训的内容主要有两大方面：一是素质培训。主要是对选定的人员进行基础理论、产品知识、企业知识、顾客知识、市场知识和推销技巧的综合培训,同时帮助他们树立积极进取的工作态度,以使他们达到推销员应有的素质要求;二是对他们进行有关政府法规、业务职责和工作程序的培训。

推销员培训的方法有集体培训和个别培训两种。集体培训的方式有:专题讲座、模拟演示、分组讨论、岗位练兵等。个别培训的方式有:在职函授、业余进修、请有经验的推销人员"传、帮、带"以及采用工作手册或其他书面资料教育、学习。推销人员也可脱产参加专门的培训、短期学习和专门进修。

3. 汽车人员推销的评价

企业必须对促销人员的工作业绩加以考核和评价,以作为激励促销人员的标准,也可为企业制定营销战略提供必要的依据。另外,公司应及时向促销人员反馈对其评价的标准和结果,以使他们能尽力按照公司的目标和要求去改进工作。

公司获取促销人员工作业绩的信息来源主要是销售报告,如促销员工作计划、区域营销计划、访问报告等,其他来源有消费者与其他促销人员的评价意见、主管领导的综合考察等。

具体评价的方法如下。

(1) 现在与过去销售额的比较。就是把促销人员目前的成绩与过去的成绩进行比较,从而获得该促销人员工作进展的直接指标。

(2) 消费者满意评价。通过信件调查表或电话访问收集消费者对促销人员服务的意见,用以作为对促销人员激励的依据之一。

(3) 促销人员品质评价。包括促销人员对公司、产品、消费者及竞争对手的了解程度,对自身职责、有关法规的执行情况。例如,促销人员的陈述必须与广告内容一致,不能误导消费者,不可以诽谤竞争对手等。

10.3 汽车广告策略

汽车广告是汽车企业用以对目标消费者和公众进行说服性传播的工具之一。汽车广告要体现汽车企业和汽车产品的形象,从而吸引、刺激、诱导消费者购买该汽车产品。在汽车营销活动中,广告具有十分重要的地位和作用。

10.3.1 广告的概念与作用

在市场营销活动中,广告是指由特定的广告主有偿使用一定的媒体,传播产品和劳务信息给目标顾客的促销行为。广告作为促销的一种重要形式,对于迅速、广泛地传播信息,沟通产销联系发挥了重要的作用。广告主要具有以下几方面的作用。

1. 传递信息,激发需求

传递信息是广告活动的基本功能。在市场经济条件下,产品的制造与最终消费者很少直接见面,广告则起到了沟通产需双方的桥梁作用。广告通过信息的传播,一方面使消费者知晓企业的产品,了解产品的供求信息,知道该产品已经上市或即将上市,为消费者购买提供了方便;另一方面,广告传递的信息不同于一般产品信息,常带有劝诱性和激励性。它通过强化潜在顾客对产品的印象,起着诱发刺激的作用,激发了他们对产品的需求。此外,广告激发需求功能的发挥,还可起到创造流行、建立新的消费习惯的作用。事实上,许多流行产品的出现和新的消费者模式的建立,与广告的宣传是分不开的。

2．指导消费，扩大销售

认知产品是购买产品的前提，只有消费者充分地认识和了解产品之后，才能做出购买决定。现代市场上，新产品层出不穷、琳琅满目，如果不借助广告的宣传，消费者就很难找到自己需要的产品和其他服务项目。广告指导消费者购买，扩大了产品的销售。

3．有利于竞争，稳定市场

广告是企业在竞争激烈的现代市场上取胜的一个重要工具。企业通过广告这一有力武器，能加深消费者对企业的良好印象，建立信誉，使消费者相信本企业的产品优于其他竞争品，从而为企业开拓市场、巩固市场创造条件。

10.3.2 广告决策

1．广告目标确定

决定广告策略，首先要考虑的因素是广告实现的目标。依据对增加销售和利润的重要程度，广告目标有以下四种。

（1）显现。目标在于通过广告把商标、企业名称传送给社会，要让大家知道这家企业的存在，有利于推销人员去拜访时，对方脑子里事先就有印象。

（2）认识。企业在目标顾客已看到或听到其广告后，进一步要通过广告让顾客充分认识企业和产品，记住产品的性能、品质特点。

（3）态度。目标在于增进目标顾客对企业和产品的喜爱程度，希望通过广告改变人们的态度和思考方式，更倾向于本企业的产品。

（4）销售。一切广告的最终目的都在于增加销售，但广告本身很可能并不会达成某一交易。以销售为目标的广告，重点放在宣传"现在就买"的理由。

企业究竟选择什么样的广告目标，需要具体分析以下三个因素：①企业的市场发展总策略；②产品的市场销售生命周期；③消费者特征及所处的行为程序阶段。如日本丰田汽车公司在进入中国汽车市场时，打出"车到山前必有路，有路必有丰田车"的广告，震撼人心。又如上海大众汽车有限公司仍经常为已经处于成熟期的桑塔纳轿车做广告，提醒消费者对桑塔纳轿车的注意。

2．广告预算

广告预算从财务上决定了企业广告宣传的规模和进程。广告预算大，企业可以尝试许多种类的广告，也可选择一些花费高昂的广告，反之则可能受到限制。影响广告预算的因素主要有：产品新颖程度、产品的差别性、产品竞争力、目标市场的大小、竞争对手的强弱等。

广告预算的主要方法有以下五种。

（1）量力而行法。企业根据其财力情况来决定广告开支多少。但是，广告是企业的一种重要促销手段，企业做广告的根本目的在于促进销售。因此，企业做广告预算时要充分考虑企业需要花多少广告费才能完成销售指标。所以，严格说来，量力而行法在某种程度上存在着片面性。

（2）倾力投掷法。在企业实力雄厚的情况下，广告预算采取广告费用能支付多少就定多少的办法。这种方法的优点在于有利于大力宣传企业的产品，易于迅速扩大知名度。缺点是广告费用支出不一定符合市场开发的需要，可能出现浪费。

（3）销售百分比法。即企业按销售额的一定百分比确定预算。其中因销售额的选择不同，如可选上年的销售额、本年计划的销售额，以及上年与本年平均的销售额等，可能有不同的销售百分比。这种方法的优点是：广告费与销售挂钩，使企业的每一笔广告费支出都与企业盈亏息息相关。缺点是把销售额的变动作为广告费变动的原因而不是结果，倒果为因，缺乏机动性。

（4）竞争对等法。即企业以竞争对手的广告支出作为参照来确定企业的广告预算。其假定是竞争对手的支出行为在本行业中有一定代表性，同时本企业有能力赶上竞争对手的广告支出。这种方法的优点是有利于企业竞争，缺点是竞争对手的广告费用不易确定，并且在很多方面难以模仿。

（5）目标任务法。在确定广告预算时主要考虑企业广告所要达到的目标。首先尽可能地明确广告的目标；其次确定这些目标所要从事的工作；最后估计每项工作所需的成本，各项成本相加即广告预算。这种方法的优点是逻辑上合理，使企业的特定目标与企业广告联系起来。缺点是广告目标不易确定，预算也就不易控制。

3. 广告媒体的选择

广告所发出的各种信息，必须通过或加载到一定的媒介载体上才能传达给消费者。广告媒体是在广告主与广告接收者之间起媒介作用的物体。广告所运用的媒体有报纸、杂志、广播、电视、电影、幻灯片、户外张贴、广告牌、霓虹灯、样本、传单、书刊和包装物等。其中最常用的四大媒体是报纸、杂志、广播、电视。由于不同的广告媒体有不同的特点，起不同的作用，各有其优缺点，在广告活动中应根据实际情况择善而行。就四大媒体来说，其优/缺点主要表现在以下方面。

（1）报纸广告。优点是传播范围广、读者广泛；传播及时、信息量大；有较大的可选择性、伸缩性、较高的可信性。缺点是时效短、不易保存；不易从造型、音响方面创新；不同报纸的广告费用差异大。

（2）杂志广告。优点是针对性强；有较长的时效性，可以反复阅读、过期阅读；比报纸在色彩、造型方面有创新的良好条件；传播时间长，可保存。缺点是因专业性强，传播范围有限，灵活性差。

（3）广播广告。优点是听众广泛；传播速度快，传播范围广；费用比电视广告便宜。缺点是较难保存，听众过于分散，相对电视来说创新形式有所限制，只闻其声、不见其形。

（4）电视广告。优点是具有传播的广泛性，深入千家万户；综合运用各种艺术形式，表现力强；具有直观性，有听觉、视觉的综合效果；传播速度快、信息量大。缺点是针对性不强；竞争者较多，价格昂贵。

根据各种媒体客观上存在的优/缺点，在选择时应着重考虑以下因素。

（1）产品的性质。对汽车来说，电视和印刷精美的杂志在形象化和色彩方面十分有效，因而是最好的媒体。有的汽车杂志广告主要选用了能充分体现汽车外观美的设计，给受众以视觉上的冲击。高技术性能的机械电子产品，若用样本做广告，则可详细说明其性能，效果也较好。

（2）目标消费者的媒体习惯。不同媒体可将广告传播到不同的市场，而不同的消费者对杂志、报纸、广播、电视等媒体有不同的阅读、收视习惯和偏好。广告媒体的选择要根据消费者的这些习惯和偏好才能成功。如购买跑车的大多数消费者是中青年的成功人士，所以广播和电视就是跑车的最有效的广告媒体。

（3）传播信息类型。如宣布明日的购销活动，就必须在电台或报纸上做广告；如果广告信息中有大量的技术资料，则须在专业杂志上做广告。一般情况下，汽车产品的针对性强，因此，比较适合在专业杂志和报纸上做广告，能直接面向特定的受众，有助于用较低的预算实现预期目的。

（4）媒体的成本。广告活动应考虑企业的经济负担能力，力求在一定的预算条件下，达到一定的覆盖、冲击与持续。电视是最昂贵的媒体，而报纸则较便宜。不过，最重要的不是绝对成本数字的差异，而是目标沟通对象的人数构成与成本之间的相对关系。

10.3.3　广告效果评估

企业对广告效果进行评估的内容很多，但主要应抓住两个方面：一是信息传递效果；二是促进销售的效果。

1．信息传递效果的评估

就是评估广告是否将信息有效地传递给目标听（观）众。这种评估在事前和事后都应进行。事前可邀请顾客代表对已经准备好的广告进行评估，了解他们是否喜欢这则广告，广告信息中存在哪些问题。事后可再邀请一些目标顾客，向他们了解是否见到或听到过这一广告，是否还能回忆起广告内容，等等。此外，还可利用一些现代科学手段进行测试。

2．促进销售效果的评估

就是评估广告使消费额增长了多少。一般来说，广告的销售效果要比信息传递效果更难测定，因为除了广告因素之外，销售还受产品性能、价格、售后服务等因素的影响。最容易测定的广告效果是邮购广告的销售效果，最难测定的是树立品牌或企业形象的广告销售效果。测定广告的销售效果可通过两种方法进行。

（1）历史资料分析法。这是由企业营销人员利用最小平方回归法求得企业过去的销售额与企业过去广告支出二者之间关系的一种测量方法。

（2）实验设计法。可选择不同地区，在其中某些地区进行比平均水平强50%的广告活动，在另一些地区进行比平均水平弱50%的广告活动，这样从150%、100%、50%三类广告水平的地区销售记录，就可以看出广告活动对企业销售究竟有多大影响。

10.4　汽车销售促进策略

10.4.1　汽车销售促进的概念和目标

1．汽车销售促进的概念

汽车销售促进是汽车市场营销活动的一个关键因素。汽车销售促进包括各种短期性的刺激工具，用以刺激汽车消费者和经销商较迅速或较大量地购买某一品牌的汽车产品或服务。汽车销售促进在汽车行业中被广泛使用，是刺激销售增长，尤其是短期增长的有效工具。

2．汽车销售促进的目标

汽车销售促进的具体目标要根据汽车目标市场的类型变化而改变。

（1）对消费者来说，汽车销售促进的目标包括鼓励消费者购买汽车和促使其重复购买、争取未使用者购买、吸引竞争者品牌的使用者购买。

（2）对经销商来说，汽车销售促进的目标包括吸引经销商经营新的汽车品牌，鼓励他们购买非流行的汽车产品；抵消竞争性的促销影响，建立经销商的品牌忠诚度和进入新的经销网点的机会；促使经销商参与制造商的促销活动。

（3）对促销人员来说，汽车销售促进的目标包括鼓励他们支持一种新的汽车产品，激励他们寻找更多的潜在消费者。

10.4.2　汽车销售促进的工具

选择汽车销售促进的工具时，要综合考虑汽车市场营销环境、目标市场特征、竞争者状况、销售促进的对象与目标、每一种工具的成本效益等因素，还要注意将汽车销售促进同其他促销工具，如人员促销、广告、公共关系等配合使用。

1. 用于消费者市场的工具

（1）分期付款。由于汽车价格一般比较高，普通消费者较难接受一次付款，因此世界各汽车公司都有分期付款业务。

分期付款用压缩首期付款的方式，把产品的价格降下来，提供了较低消费层次消费者的现实购买力，并以余款延期缴纳的方式，解决了购销双发资金和资源的双重闲置问题。但对汽车生产企业来说，分期付款占用资金大，周转回收慢，需要承担较高的风险。因此，政府监管机构需要制定分期付款的法规，明确各方的权利和责任，建立信用评估机构，使"分期付款购车"健康发展。

（2）汽车租赁销售。汽车租赁销售指承租方向出租方定期缴纳一定的租金，以获得汽车使用权的一种消费方式。汽车专业租赁市场，是继出租车市场后的又一大主体市场，是汽车生产企业长期、稳定的用户之一。租赁销售是刺激潜在需求向现实需求转化的有效手段。

租赁销售促进了整体的汽车销售，使汽车工业获得了自我发展的资金来源，为汽车生产企业技术更新提供了资金保证。

（3）汽车置换业务。汽车置换业务包括汽车以旧换新、二手车整新及跟踪服务、二手车再销售等项目的一系列业务组合。汽车置换业务已成为全球流行的销售方式。

汽车置换业务加速了汽车的更新改造。汽车置换业务不仅投资回报很快，其加速折旧及置换还可以使企业在税赋方面享有实惠。

（4）赠品。购买汽车附带赠送某些礼品，如印有产品标识的打火机、手表、真皮笔记本等小型纪念品，以及不同年限的汽车维修卡、不同里程的汽车免费保养卡等。对汽车这样的产品来说，尽管一般的小礼品对销售促进的影响不大，但可以提高消费者的满意度，在一定程度上刺激消费者的购买欲望，提高某些汽车产品品种，如家用经济型轿车在局部地区的销售量。

（5）免费试车。邀请潜在消费者免费试开汽车，为消费者提供试乘、试驾体验，刺激其购买欲望。

（6）售点陈列和商品示范。在汽车展厅，结合汽车的陈列，通过布置统一标准的室内海报、广告陈列架等，向消费者进行展示。

（7）使用奖励。企业为了促进汽车销售，对使用其汽车产品的优秀用户给予精神和物质上的奖励。例如，一汽大众汽车公司曾对哈尔滨地区 30 万～40 万千米未进行重大修理的汽车车主给予在德国参观学习的重奖；东风汽车公司对使用其汽车达到数万公里，且从未出过事故的车主给予物质奖励，举行庆功表彰大会。

2. 用于经销商的工具

（1）价格折扣。对经销商给予直接折扣，如果经销商提前付款，还可以给予一定的现金折扣等，从而刺激其销售的积极性。

（2）折让。汽车生产企业的折让用作经销商宣传其产品特点的补偿。例如，广告折让用以补偿为产品做广告宣传的经销商；陈列折让用以补偿对产品进行特别陈列的经销商。

（3）免费商品。对销售特定车型或销量达到一定水平的经销商，生产企业额外赠送其一定数量的汽车产品，或促销资金等。

3. 用于人员促销的工具

（1）贸易展览会和集会。企业通过参加年度汽车展览会，来展示概念车和新车的优点和性能。在北京、上海等地举办的国际汽车展览会，云集了国内外各大汽车企业，成为其展示产品风采的舞台。

（2）销售竞赛。汽车生产企业出资赞助经销商举行促销人员的年度业务水平竞赛，并对完成销售目标的中间商给予一定的奖励，刺激他们增加进货量。

（3）纪念品广告。促销人员向潜在消费者赠送标有产品信息的纪念品，换取消费者的姓名及联系方式。

10.4.3 汽车销售促进的实施与评价

1. 制定汽车销售促进方案

制定汽车销售促进方案可以按以下过程来进行。

（1）确定汽车促销所提供优惠的幅度。一般来说，优惠越高，产生的销售反应越明显，但前提是销售反应的增加要大于优惠的增加。同时，促销优惠的作用还受到需求弹性的影响。

（2）确定取车促销的对象。汽车促销的优惠只向符合特定条件的个人或团体提供。

（3）决定汽车促销持续的时间。一般来说，促销时间每季度持续 3 周左右最为理想，其时间长度即消费者平均购买周期的长度。当然，合理的汽车促销周期长度还要根据不同类型的汽车产品来确定，以发挥最佳效力。

（4）选择汽车促销时机。企业应当制定出全年汽车促销活动的日程安排，有计划、有准备地开展，以配合汽车产品的生产、销售和分销。另外，在需要安排临时的汽车促销活动时，企业还需要进行短期内的组织协作。

（5）确定汽车促销预算。确定汽车促销预算有两种方法：一种是根据所选用的各种促销方案估计总费用；另一种是按习惯比例确定各类促销预算占总促销预算的百分比，进而推算出总促销预算。

2. 汽车销售促进的实施

汽车销售促进方案制定后，必须经过试用，再向市场投放。企业可以邀请消费者对几种不同的优惠办法做出评价，也可以在有限的地区范围内进行试用测试，以此明确促销工具选用是否适合及刺激效果是否最佳。

汽车销售促进方案的实施必须包括销售准备阶段和销售延续阶段。销售准备阶段包括：最初的计划、设计工作、配合广告的准备工作和销售点的材料准备等。销售延续阶段指从开始实施优惠办法起，到大约 95%的采取此优惠办法的汽车产品已在消费者手里为止的这一段时间。

3. 汽车销售促进的评价

一般用两种方法对汽车销售促进的效果进行评价，即销售数据和消费者调查。

（1）销售数据。通过销售数据的对比可以看出消费者在促销前/后的购买行为差异，分析出各种类型的消费者对促销的态度。如图 10-3 表现的是某汽车企业在促销前/后其产品在市场上的份额变化情况。显然，促销成功地吸引了新的消费者，长期市场份额效果标明这个促销活动为该企业赢得了更多的市场份额。

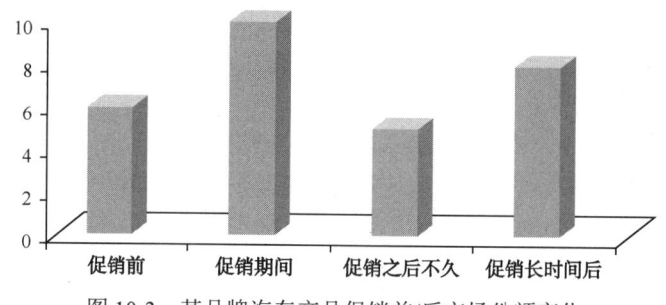

图 10-3　某品牌汽车产品促销前/后市场份额变化

（2）消费者调查。企业通过调查可以了解促销活动对潜在消费者的影响力，收集他们的意见，并了解促销活动对其品牌倾向的影响。

10.5　汽车公共关系策略

10.5.1　汽车公共关系的概念

与广告和销售促进一样，汽车公共关系是另一个重要的汽车促销工具。汽车公共关系指汽车企业在个人、公司、政府机构或其他组织间传递信息，以改善公众态度的政策和活动。

1. 汽车公共关系的含义

汽车公共关系包含以下内容：第一，公共关系不仅在于汽车产品的公共宣传，还在于汽车企业形象及汽车产品品牌形象的树立；第二，公共关系有助于妥善处理企业与公众的关系，为其发展创造一个良好的外部环境。第三，公共关系通过媒体或其他直接传播的方式传播信息。

2. 汽车公共关系的作用

（1）建立知晓度。公共关系利用媒体进行宣传，激发公众对汽车企业及产品的兴趣。

（2）树立可信度。公共关系可通过社论性的报道（有必要的情况下）来传播信息以增加可信性。如某媒体对一汽集团举办的"一汽汽车质量万里行"的报道，获得了公众的认可和信任，提高了一汽集团的企业形象。

（3）激励促销人员和经销商。公共关系有助于提高促销人员和经销商的积极性。如企业可在新车投放市场之前先以公共宣传的方式对其进行披露，便于经销商对目标消费者进行新车促销。

（4）降低促销成本。公共关系的成本比广告的成本要低得多，适宜促销预算少的企业采用，以获得更好的宣传效果。

10.5.2　汽车公共关系促销的工具

越来越多的汽车生产企业和销售企业应用汽车公共关系策略来支持营销部门树立和推广品牌形象，并接近和影响目标市场。汽车公共关系策略的主要工具有：

1．公开出版物

与汽车行业相关的公开出版物包括汽车企业年度报告、企业宣传册、产品文案和汽车杂志等。如《中国汽车报》《中国交通报》等，都是较权威的汽车行业杂志，易获得消费者的信赖。

2．事件

汽车企业通过安排一些特殊的事件来吸引人们的注意力，使人们对其新产品或企业信息产生兴趣。这些事件包括记者招待会、周年庆祝会、运动会和各类赞助活动等。

3．新闻

即公关人员撰写对汽车公司及其汽车产品有利的新闻，并争取大众媒体采用该新闻稿件并参加相关的记者招待会。

4．演讲

公关人员和企业领导富于鼓动性的演讲能提高企业和产品的知名度，大大推动汽车产品的销售。

5．公益服务活动

企业可以通过参加某些公益活动来提高自身的信誉。

丰田公司采用一些"以迂为直"的公关策略。具体做法是：首先，从解决城市的汽车与道路问题入手，成立"丰田交通环境保护委员会"。通过投资修路和建过街天桥直接缓解了城市交通拥挤的现象；其次，为儿童修建汽车游戏场，从小培养他们对汽车的兴趣；最后，开办汽车学校。1957年丰田公司投资4亿多日元，创办日本汽车学校，让更多的人学会开汽车。通过以上这些公关策略，帮助丰田公司逐渐达到了开拓市场、增加销售、提高效益的目的。

6．形象识别媒体

通过公司的持久性媒体，如广告标识、招牌、业务名片、建筑物、制服标记等创造一个公众能迅速辨认的视觉形象，赢得目标消费者的关注。

10.5.3 汽车公关活动的内容

汽车公共关系的主要任务是协调汽车企业与社会公众的关系，以争取公众对企业的理解、支持、信任和合作，从而扩大汽车销售。根据汽车企业公共关系的对象和汽车企业的发展过程，汽车公共关系的内容主要包括：

1．汽车企业与消费者的关系

在市场经济体制下，顾客就是上帝。汽车企业要加强与消费者的沟通，促使消费者对其品牌及产品产生良好的印象，提高企业和产品在社会公众中的知名度与美誉度。

2．汽车企业与相关企业的关系

汽车作为一种集机械、电子、化工等产品为一体的商品，汽车生产企业是不可能独立完成从原料生产到产品销售的整个过程的，它无时无刻不与中间商、供应商及竞争企业发生着各种各样的关系。

3．汽车企业与政策及社区的关系

汽车企业必须处理好与政策相关职能部门的关系，赢得政府的信赖与支持。另外，必须建立起融洽的社区关系，树立起企业在社区居民中的良好形象，为企业发展创造良好的周围环境。

4. 汽车企业与新闻界的关系

在现代社会中，新闻媒体和新闻工作者的作用日益突出。他们不仅可以创造社会舆论，还能引导消费，从而间接影响企业行为。汽车企业要想争取社会公众的关注与信任，必须处理好与新闻媒体的关系。

5. 汽车企业内部公共关系

企业通过完善自身的规章制度，加强企业文化建设，满足员工的物质和精神要求，加强内部团结，协调好企业、员工及投资者的关系，进而生产出优质的汽车产品，实现汽车企业的经营目标。

10.5.4 汽车公关活动计划的执行与评价

1. 汽车公共关系计划的执行

执行公共关系计划要求企业具备认真谨慎的态度，当公共宣传包括了各种层次的特别事件时，如纪念性宴会、记者招待会、全国性竞赛等，就需要企业格外严谨。公共宣传人员需要有细致认真的态度以及灵活处理各种突发情况的能力。

2. 汽车公共关系计划的评价

由于公共关系常与其他促销工具一起使用，故其使用效果很难衡量。汽车公共关系的效果常通过展露度、公众态度及理解情况、销售额和利润贡献三个方面来衡量。

（1）展露度。展露度指计算相关公关活动出现在媒体上的次数。这种方法简单易行，但无法真正衡量出到底有多少人接受了这一信息，以及公关活动对其购买行为的影响。

（2）公众态度及理解情况。指由于公共宣传活动而引起公众对企业品牌的态度及理解情况的前后变化。

（3）销售额和利润贡献。公共关系通过刺激市场以及与消费者建立联系，把对产品满意的消费者转变成品牌忠诚者，进而提高了企业的销售额和利润。计算销售额和利润贡献率是衡量公共关系效果的最科学的方法。

【案例10.1】

100℃温差挑战：吉利博越经历"冰"与"火"的考验

"吉利博越100℃温差挑战"于2017年2月24日从中国神州之巅——漠河北极村一键破冰发车。在历时108天，行驶超15 000公里，跨越寒温带、亚热带、热带3大气候带，穿越21省（直辖市）、60余市。于6月10日"吉利博越100℃温差挑战"车队抵达海南博鳌，并成功挑战70℃高温暴晒，顺利完成了从零下35℃到零上70℃的100℃温差大跨越，对车辆品质、售后服务进行了全面的检验。至此，吉利博越100℃温差挑战也正式圆满收官，开创了中国汽车界品质验证马拉松先河。

1. 事件回顾

（1）吉利博越冰封北极之巅，一键启动万里征程。

2017年2月24日，吉利博越100℃温差挑战在神州之巅——北极村的启动仪式。在中华大地的金鸡之冠上，吉利博越在-35℃的极寒气候下，冰封48小时后一键启动，展示了博越的优良品质。

（2）博越热烤海南博鳌，一键启动圆满收官。

2017年6月10日，吉利博越100℃温差挑战在海南博鳌收官。400余位博越车主，200

余位媒体朋友参加了此次活动,见证了博越成功挑战70℃高温暴晒,一键启动,展示了博越耐高温性能。

(3)四大"最",彰显中国品牌自信。

本次活动,吉利开创了中国汽车工业有史以来,最具挑战、最真实的品质之旅。先后开创了跨度之最——从金鸡之冠到海南之疆,行程 15 000+公里;路况之最——穿越五大复杂路况,体验用户真实用车路况;人数之最——参与到本次活动中来的人数达到 5000+人,其中媒体就有 1000+人;温差之最——从-35℃极寒到 70℃极热,这仅次于车辆在工厂的测试(工厂测试是-40℃～80℃)。

应该说,吉利博越100℃温差挑战是对自身品质进行的一次公开透明的全方面检验,而吉利博越也在多重挑战过程中,交出了一个让人满意的答卷。而在这张答卷的良好成绩,是吉利博越从用户的角度出发,重视自身品质提升的必然结果。

既然说到对用户的关怀,这次吉利博越100℃温差挑战活动过程中,也有着鲜明的体现。这其中,每经一站必办的吉家宴活动,就让更多博越用户成为这场品质之旅的亲身参与者,如广州站"吉利博越·揽粤记暨岭南文化传承之路"活动、湖南长沙站成立国内首个车友会英雄联盟电子竞技队、云南昆明站举办"热·爱博越摄咖沙龙"活动等,既是对文化传承的弘扬,更由此聚了用户,给予车主乃至广大消费者真切的尊重与关爱。

2. 博越的欢乐颂

数据显示,截至2017年5月底,博越累计销量超越21万辆,连续6个月单月销量破2万辆。依靠前瞻性的智能配置,博越在智能安全、智能互联、智能舒适领域树立了中国品牌汽车新标杆,成为智能互联SUV领导者,吉利博越100℃温差挑战也凭借着开创性的品质验证树立了行业新标杆,显示出中国品牌向上的磅礴力量。

在博越之夜车主庆典仪式上,国家游泳队2015年全国冠军赛200米蝶泳冠军郝运、2016年亚洲游泳锦标赛女子200米蝶泳亚军张雨霏和50米仰泳世界纪录保持者赵菁等神秘人物的出场,与会车主们热情走红毯,成为活动中一抹独特的风景线。博越车主也结合与博越的故事,演绎了一个个精彩节目,展示了博越车主多才多艺和对幸福生活的热爱。吉利博越100℃温差挑战开创了中国汽车界品质验证"马拉松"先河,以不惧检验的高品质来为吉利博越证言,让用户信赖中国品牌。

【案例10.2】

比亚迪·唐植入《我们来了》新能源车新式营销

说到当下最火的娱乐节目,无疑是明星真人秀,除了让观众看得开心外,也成为各大品牌眼中的香饽饽。2016年9月,现时最受关注的新能源车比亚迪·唐,就作为节目用车出现在湖南卫视的一档明星综艺节目《我们来了》,为其赢得了大量粉丝。

按理来说,汽车品牌植入综艺节目或影视剧并不少见,并无特别可关注之处,但本次比亚迪·唐的植入形式却非常值得一提。

因为比亚迪·唐这次所展示的"套路"有点新鲜!

在这期《我们来了》中,比亚迪·唐携手汪涵、袁弘、赵雅芝、刘嘉玲、谢娜等偶像明星,走进彩云之南,在美丽的边城腾冲展开了一场绿色自驾之旅。一路上,体验民族风情、欣赏自然风光、品尝当地美食,舒适的旅程和丰富的体验令偶像嘉宾们感叹不已。绿色自驾和多彩的行程体验,十分符合比亚迪·唐新能源SUV的定位。

节目中，比亚迪·唐的露出也相当自然和新颖，没有嘉宾如数家珍地讲述产品卖点，也没有大谈环保使命，而是成为节目环节中不可或缺的道具为现场音响供电，让明星们在青山绿水间载歌载舞。湖南卫视的一档明星综艺节目《我们来了》，为其赢得了大量粉丝。能够实现这一节目场景，得益于比亚迪·唐作为新能源车所独有、而传统燃油车无法实现的"移动电站"功能。该功能让比亚迪·唐可随时对外提供220V的交流电源，走哪儿，哪儿来电，称得上是一个移动充电宝。

再看不久前的成都，上千"吃货"也是把比亚迪·唐作为供电设备，100多台比亚迪·唐在露天烧开了100多口四川火锅，大快朵颐。

在"遥控驾驶"功能的展示方面也很有巧思，队长袁弘以变"小魔术"为由，现场操控比亚迪·唐自动前进转弯，赢得了明星们的称赞。

自由、放松、环保和多体验是《我们来了》腾冲绿色自驾游所展现的特点，而这也是比亚迪所鼓励的新能源生活方式。包括成都千人火锅宴在内，比亚迪试图展现一种轻松、便利、不一样的新能源汽车生活场景，其实选择新能源车并不需要太大的心理负担和使命，也不是因为牌照或补贴的妥协选择——这是一种顺应时代发展、水到渠成的移动生活方式的演变。

比亚迪新能源车轻松感十足的营销方式，是基于其行业地位决定的。可以说，在中国市场比亚迪既是新能源汽车的引领者，也是推广者。从2010年就开始在国内各大城市推广的纯电动车e6，到2013年年底敲开中国新能源车个人消费市场大门的秦，再到新能源SUV唐，比亚迪逐步打开了新能源车市场大门。从这个角度来看也能够理解，为何当别的汽车品牌还在为是否加大新能源车领域的投入探讨时，比亚迪却走得越来越自信。

【案例10.3】

汽车+体育：绝配

这边欧洲杯、NBA总决赛和美洲杯激战正酣，那边里约热内卢奥运会也已经蓄势待发，前些天更是爆出了"苏宁斥资2.7亿欧元控股国际米兰"的大新闻……2016年的夏天绝对是各路体育爱好者的盛会。而对于一向热衷于各种"刷脸"的车企来说，这个夏天自然是不可多得的良机。

没错，很多车企都喜欢在体育盛会上大秀存在感。或现身场馆充当背景，或赞助夺冠热门和超级巨星……富有激情的汽车似乎天然就是体育的好朋友。各大汽车厂家早已在赛场内/外争得不可开交。

据IEG Sponsorship Report的一份报告显示：在最活跃体育赞助排行榜中，车企已经成为第四大体育赞助源，仅次于体育用品、啤酒等快销品。

1. 神预测的奥迪汽车在欧冠

提到奥迪汽车，关注欧洲足球的球迷朋友一定不会陌生。从2011年起，欧洲冠军联赛冠军就被皇家马德里、巴塞罗那、拜仁慕尼黑和切尔西等四大豪门球队承包，而他们的汽车赞助则无一例外地被奥迪集团承包了。从开赛前、中场休息再到完赛后，球迷们总能看到四环标志的身影。

在2005年后，随着欧冠转播范围的扩大，财大气粗的奥迪集团开始成为不少绿茵豪门的赞助商。据外媒报道，"萨其马"（球迷对巴萨、拜仁、皇马阵营的戏称）每年从奥迪集团得到的赞助费不低于千万欧元。

除了真金白银的大手笔赞助，奥迪集团还为冠军们奉上了赠车的奖励。每年"萨其马"

球员们在赞助仪式上的选车过程也让球迷津津乐道。其中令人印象最深刻的，就是当今足坛的"绝代双骄"——梅西、C罗选车时的趣事。为人低调的梅西选择了奥迪A7，而一直以炫酷形象示人的C罗则对奥迪R8青睐有加。

与欧洲杯和奥运会等赛事不同，欧冠是每个赛季都会呈现在球迷眼前的常规赛事。相对于4年一次的曝光率，想必奥迪集团更看重频繁连续的曝光效果。除此之外，奥迪集团也更乐于通过"高大上"的豪门俱乐部与球迷进行互动：2015年，一汽大众奥迪力邀拜仁慕尼黑来华，使中国球迷有机会与心中偶像近距离接触。在拉近了与球迷、车主距离的同时，奥迪那"尊贵·动感·进取"的品牌价值也得到了更广泛的认可。

2. 现代汽车狂砸欧洲杯

作为常常凭借娱乐明星"抢头条"的汽车品牌，现代汽车同样善于通过体育赛事来发展自己的国际地位。如被视为"世界第一运动盛会"的世界杯，现代汽车连续多届成为世界杯官方合作伙伴。

在那个令无数球迷血脉贲张的盛夏，现代汽车延续了它在世界杯上的策略，一举拿下了2016年欧洲杯的官方赞助。无论是欧洲各大城市的热门商场，还是在球迷热情不减的中国，现代汽车动作频频，精心布置了桌上足球对战区、FIFA电子竞技对战区、现代产品体验区等备受青睐的体验环节，不仅使体验者在面对面切磋中收获亲情、友情的快乐，同时也让旗下主力产品得到持续曝光。

如果说"GO！T动欧洲杯"等一系列线下活动还只是属于推广预热的话，随着欧洲杯的正式开打，现代汽车还会打出更多的"组合拳"。

3. 日产公司借体育加速品牌年轻化

说到体育营销，2016年动作最大的车企非日产公司莫属。继成为欧洲冠军联赛的官方赞助商后，日产公司再次一掷千金，成为2016里约热内卢奥运会的一级合作伙伴。

据悉，日产公司投标的价值远远超过了里约2016奥运对汽车类赞助商的要求，合约价值可能高达2.5亿美元。里约2016奥组委主席卡洛斯·努兹曼表示，"经过六个月的多方谈判，日产公司提出了确保产品、服务和金融支持的一致性的建议，证明了日产公司是里约奥运理想的汽车合作伙伴。"

协议规定，日产公司保证在奥运会期间提供4500辆汽车给运动员、教练员、媒体、运营团队、国家奥委会、国际单项体育协会、国际奥委会以及商业合作伙伴使用。值得一提的是，奥运车队将优先使用清洁能源动力汽车，以支持里约奥运可持续性目标的实现。

谈到本次奥运赞助合同，日产公司总裁兼首席执行官卡洛斯·戈恩表示，"日产公司赞助2016年里约热内卢奥运会是天作之合，我们期待在这个世界顶级赛事中，对里约这座奥运城市、里约州和整个巴西做出贡献。"

和单独赞助某支球队相比，赞助赛事似乎能避免球队战绩不佳带来的隐患。当然，价码也要高得多。日产公司之所以钟情大型体育赛事，接连出大手笔赞助，就是为了推动其日益年轻化的品牌形象。而这一点在中国市场上尤为明显。

5月末，东风日产新生代TIIDA的上市会便是一次绝佳的证明。上市活动不仅被特意安排在了充满青春活力的高校体育馆，还请来著名篮球明星易建联代言新车。

通过这三个例子不难发现，车企往往会根据自己的品牌定位和目标人群，选择不同的赛事或球队进行赞助。

也许很难量化体育赞助究竟能为这些车企带来多少回报。但这么多车企不约而同地选择赞助体育，一定不会是巧合。当然，体育赞助绝不能盲目跟风，而应是品牌组合营销的重要环节。

分析与思考

1. 汽车促销组合主要包括哪些方式？简单概括各种促销方式的特点。
2. 汽车人员促销的基本策略有哪些？
3. 请介绍并评价你认为最精彩的一则汽车广告。
4. 你认为在当前的中国汽车市场，哪些销售促进的方法和工具对消费者最有吸引力？
5. 汽车经销商进行营销公关的主要目的是什么？

课程实践

1．目标
掌握汽车企业促销的基本方法和策略。

2．内容
（1）让学生欣赏半个小时左右的不同品牌汽车电视广告，教师引导学生对其创意、目标受众人群等进行讨论。

（2）以顾客的身份去参加某汽车经销商举办的促销活动，结合所学知识分析其促销方式的特点。

3．要点及注意事项
尽可能联系某拟准备举办促销活动的汽车经销商，作为举办方的一员参加促销活动。在活动过程中，注意分析促销活动的效果。

第 11 章　汽车营销实务

【学习目标与要求】
1. 掌握发展潜在顾客的方法。
2. 掌握潜在顾客的管理方法。
3. 掌握推销洽谈的技巧。

汽车销售企业的主要业务包括整车分销、售后服务、网点管理和信息管理四个部分。整车分销指的是汽车厂商将汽车产品批发（供应）给经销商（代理商），以及经销商将产品销售给最终用户，并提供相关附属服务的整个流程。由此，整车分销业务可以分为汽车厂商的整车供应和经销商的汽车零售两部分。汽车的售后服务是指客户接车前/后，由汽车销售部门为客户提供的所有技术性服务工作，包括供应商售后服务和特约维修站售后服务两个层面的工作。汽车销售网点和售后服务网点构成了汽车营销网络。

11.1　汽车厂商整车销售实务

汽车厂商通过其销售公司或其总代理商（以下统称供应商），负责制造商所制造的所有产品的销售工作。前者隶属于制造商，后者属于独立核算的经营者。其组织机构设置大致相同，一般设有业务部、市场部、财务部、计划采购部、储运部等，基本功能是完成整车销售的整个流程，包括进货、验收、运输、存储、定价、销售等环节。

11.1.1　进货

供应商的计划部门汇总经销商的月订单、周订单等指导性订单，并根据实际库存资源以及市场环境、同期对比等指标，制订出具有指导生产性质的月计划订单、周计划订单上报给汽车制造厂商，制造商根据订单汇总信息，调整物料和生产节拍，生产出产品提供给供应商。

11.1.2　验收

汽车制造厂商制造出的产品下线后，一般直接送往供应商的仓库。入库前，供应商的质检人员要进行车辆新车交车前的全面检查（PDI）。各供应商 PDI 检查的项目和指标差别很大，但大致包括车辆外观、动力性、舒适性、随车物品等方面的检查。PDI 检查合格的车辆才能入库，不合格的车辆如只有小毛病则就地修理后入库，其他有明显缺陷的车辆在注明原因后返回制造厂商。同时，清点入库数目，做到账实相符。

11.1.3　运输

由于市场竞争日益激烈，为了加快对市场的反应速度，各品牌供应商开始陆续在全国各地建立分销中心或中转库，使经销商能够就近提车，减少用户或经销商的提车时间。因此，经过验收的车辆，将根据各地库存的需要，运输到各地的分销中心或中转库存储。

我国汽车厂商通常采用的两种运输方式是铁路运输和公路运输。随着物流业的发展壮大，一些大的轿车供应商开始实行第三方物流，即委托专业的物流公司进行运输，这样可以节约人力成本和运输成本，使资源得到合理的运用。

11.1.4 存储

汽车运送到目的地后，接收员首先要核对运输凭证，根据凭证清点数目，同时检查每辆车的外形是否有破损、刮伤等，验收无误后才能办理汽车入库手续。入库后的汽车，应按车型摆放在一起，有条件的要做到"一车一位"。场地中要留有足够的通道作为消防和进出通道。出库时，提车人必须持有提货单、发票等凭证，经核对所提车辆与提货单一致才可放行。

11.1.5 定价

价格是价值的体现，确定产品的价格是市场营销中一个非常重要、非常敏感的环节，它直接关系到产品受市场接受的程度，影响着市场需求量、销售量和企业利润的多少，它涉及生产者、经销者、用户等多方面的利益。我国汽车企业的定价模式通常是：厂家根据核算的产品成本，加上适度的利税，确定出厂价格，并按此价格提供给供应商。供应商再考虑物流费用、各种营销费用以及销售环节利润后，确定销售价格，并按这个价格将车辆销售给经销商。同样，经销商也大体按此模式，确定出最终的零售价格。当然，汽车在各环节的最终价格是一个复杂的确定过程，需要考虑种种因素，有关内容参见本书相关章节。

11.1.6 销售

销售是供应商整车销售流程的主要环节，是供应商的最终目的，现以我国某汽车厂商销售业务流程图为例说明其步骤，如图 11-1 所示。

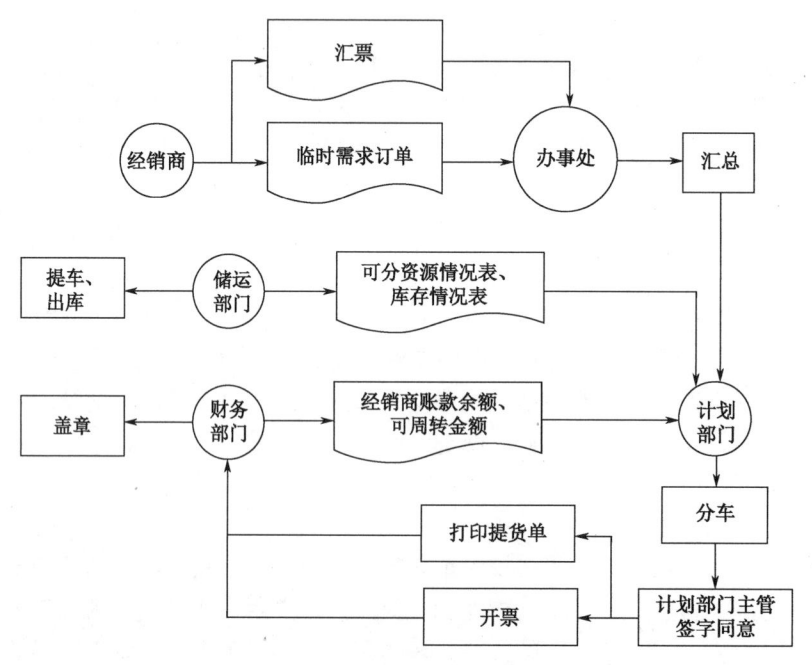

图 11-1 汽车供应商销售业务流程

经销商将需要立即执行的订单（临时需求订单）传真给各大区的办事处（也有的供应商采用网上下订单的方式），由办事处汇总或双方协商后稍做修改传递给供应商总部的计划部门。同时，经销商需将汇票原件直接送给办事处，由办事处确认后，将汇票复印件传真给计划部门，作为分车时的财务依据之一。

分车是指将某一车型、数量且存储于某一车库的车辆具体分配给指定的经销商。如果经销商的财务状况在合同规定的范围内，且当天库存情况能够满足其订单要求，计划部门就根据订单进行完全分车，所分车辆的存储地要力争是离经销商最近的中转库，如中转库库存不足，就分总部的库存资源；如果当天库存资源不能完全满足所有订单的需要，则计划部门就根据经销商所在市场的重要程度、经销商等级以及订单先后次序等因素综合考虑，对不能完全满足的订单，再和经销商进行协商是否可以更换车型或数量，如经销商同意，则分车给经销商，否则暂停该订单的执行，请制造部门安排生产。所有的分车结果，应由计划部门主管核准签字同意。

分车后的结果由财务部门核实车价，然后开票，同时，打印提货单，提货单上主要打印车型、数量、购货单位、送达地址等信息，有的供应商在分车时可以做到分给某一经销商某一车位或 VIN 码（企业自己编制的一种描述车辆配置的编码体系）的车，则提货单上还需打印车位、VIN 码等信息。

提车员根据提货单的信息入库找车，将提货单上指定的车辆提走。如提货单上的送达地址不在本地，还需填写运输凭证，以委托运输商进行运输，运输商将货送达后，经销商应在运输凭证上签字，运输商凭此回执向供应商结算运费。

11.2 经销商整车销售实务

经销商整车销售是指经销商在顾客选购汽车产品时，帮助顾客购买到汽车所进行的所有服务性工作。销售整车的经销商必须具备相应的资质条件，如资金、场地以及人员配置。在整个销售过程中，销售人员应遵循一定的服务规范为顾客提供全方位、全过程的服务，在销售工作中满足顾客要求，确保顾客有较高的满意度，提高顾客对所销产品的品牌忠诚度，而不能不负责任地把产品推给顾客，甚至欺骗顾客。

如图 11-2 为比较通用的经销商销售汽车业务流程。

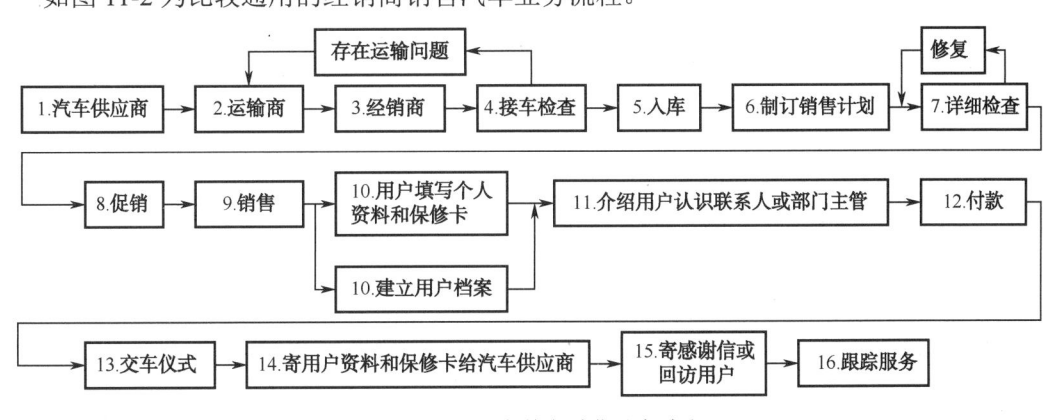

图 11-2 经销商整车销售业务流程

如图 11-3 为广州本田（HONDA）的汽车销售活动过程。

图11-3 广州本田（HONDA）汽车销售活动过程

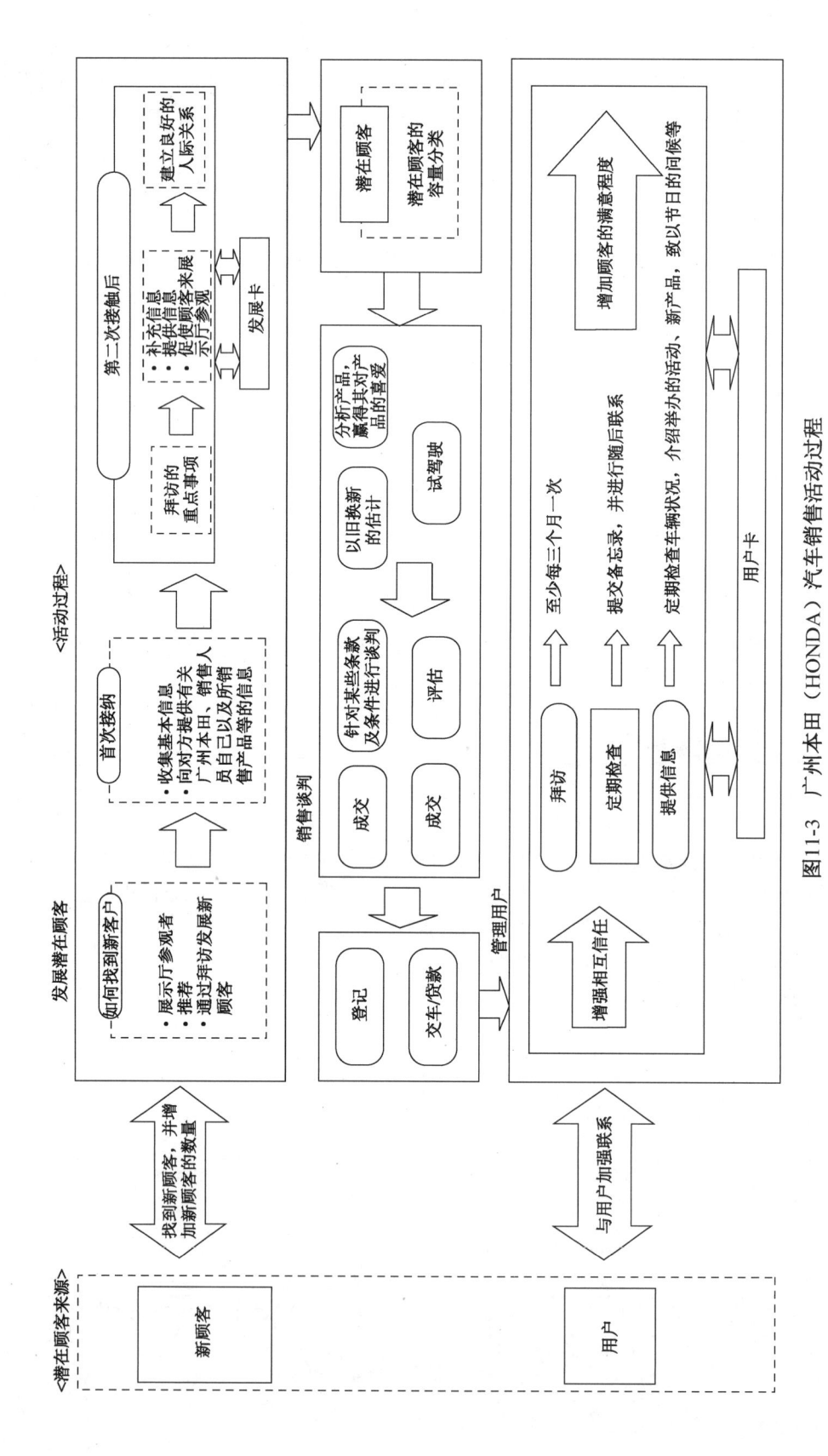

11.2.1 销售展厅硬件设施的要求和管理

1. 销售展厅硬件设施的作用和要求

整车展厅的主要功能在于展示品牌形象、接待客户、销售新车并向客户提供满意的体验。

（1）展示品牌形象。作为品牌汽车特许专营的一种业务模式，汽车 4S 店要按照品牌汽车厂家的要求实施一体化经营。品牌汽车厂家对经销商销售展厅要求采用标准、系列化的建筑风格和统一、标准化的标识系统。其建筑形式以及内外所有的 CI 形象均应严格按照厂家的要求进行装饰和布置。

（2）展示销售的车辆。展车陈列应选择各款车的代表车型及新上市的车型进行展示，车的颜色应适当合理搭配。展厅样车的展示标准如表 11-1 所示。

表 11-1　展厅样车的展示标准

序号	内　容
1	展车外表光洁明亮，轮胎上蜡且轮毂盖罩标志放正，车辆前后放置车型铭牌
2	展车两前门车窗玻璃打开，两后门玻璃关闭，有天窗的应将天窗打开
3	拆除展车内座椅、遮阳板等全部保护膜
4	座椅头枕调至最低位置，前排座椅应调整至距离后排座椅座垫前沿 30 厘米，座椅靠背维持在 105 度。驾驶座和副驾驶座的位置及靠背角度保持一致
5	展车不要上锁，车钥匙应集中统一保管，不要留在车上
6	展车铺上专用脚垫并每日清理
7	设定展车音响和时钟，准备不同音乐风格的 CD 数张
8	保持前挡风玻璃与下方塑料件结合部位无灰尘
9	后备箱内部保持清洁，随车物品摆放整齐
10	保持展车内侧置物箱以及所有储物空间内无杂物
11	发动机舱内部保持清洁，无灰尘、无油渍

（3）接待客户，给客户提供满意的体验。每个汽车展厅都应设计安排参观路线，展车既可看外观，也可供客户触摸以仔细了解车辆的特性；提供每辆展车的详细介绍，包括厂方提供的资料和媒体评论。商务洽谈区的位置不能离展车太远，因为客户总希望离展车越近越好，抬头就能瞧见。精品展示区、销售办公区、客户休息区、儿童游乐区、卫生间等均应精心布置；绿色植物、背景音乐、空调、饮料也是优化调节展示氛围的因素。

2. 销售展厅硬件设施的管理

（1）展厅管理的内容。展厅管理的内容包括展厅外观、展厅内部和展示氛围三个部分，如图 11-4 所示。

（2）销售展厅管理的标准。设立展厅管理标准，不但能延长设施的使用期，更能提升销售人员的工作士气，进而提高客户满意度，增加销售成功的机会。展厅管理可以参照"整理、整顿、清洁、清扫、素养、安全"的 6S 标准，勤于维护和管理，从而达到形象展示、建立客户信心和促进销售等多重目标。

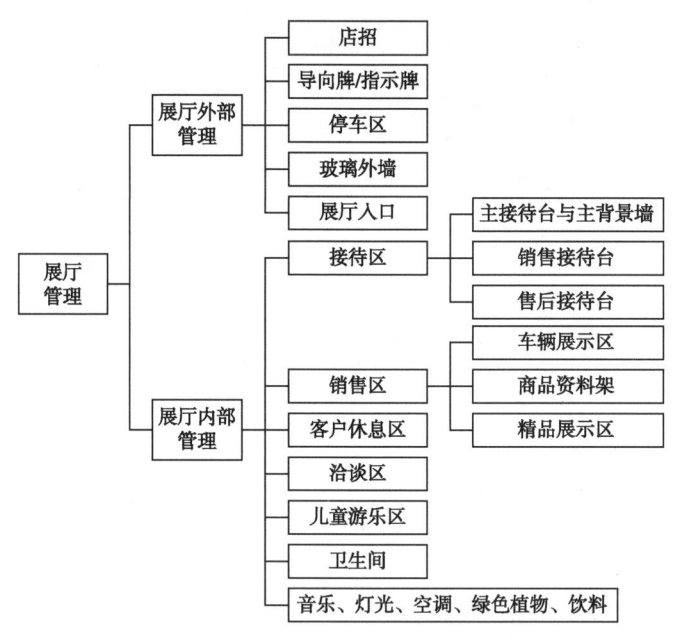

```
                        ┌─ 店招
              ┌─展厅外部─┼─ 导向牌/指示牌
              │  管理   ├─ 停车区
              │         ├─ 玻璃外墙
              │         └─ 展厅入口
              │                        ┌─ 主接待台与主背景墙
              │         ┌─ 接待区 ─────┼─ 销售接待台
  展厅 ───────┤         │              └─ 售后接待台
  管理        │         │              ┌─ 车辆展示区
              │         ├─ 销售区 ─────┼─ 商品资料架
              └─展厅内部┤              └─ 精品展示区
                 管理   ├─ 客户休息区
                        ├─ 洽谈区
                        ├─ 儿童游乐区
                        ├─ 卫生间
                        └─ 音乐、灯光、空调、绿色植物、饮料
```

图 11-4　展厅管理的内容

11.2.2　销售人员的作用和要求

1. 销售人员的作用

（1）代表公司。销售人员的个人行为关系到公司的信誉，因此行为举止应当得体。

（2）创造需求。销售人员的职责不仅是找到需要购买轿车的人，还要使那些对轿车没有兴趣的人确信拥有轿车的好处（快捷、方便、充满乐趣和优越感），从而激发购买需求。另一项职责是让使用竞争厂家轿车的用户确信自己所销售的轿车的优越性能，从而激发购买需求。

（3）市场研究。通过了解基本市场区域（PMA），如用户的需求、市场竞争情况及竞争对手动向，可更好地开展销售活动。及时将用户的需要向生产厂家反映，不断改进产品。

（4）获取利润。销售人员工作的最终目标是获取利润，而实现这一目标的途径是尽最大努力让顾客满意。

（5）专业咨询。销售人员必须努力成为一名出色的轿车专家，就产品的主要规格及配备向顾客提供咨询和建议。

2. 对销售人员的要求

（1）职业着装。良好的第一印象十分重要，着装干净整齐、美观大方（女性员工可适当化妆），佩戴胸卡（附有照片），给人以诚实可靠、值得信赖的感觉。随身携带笔和本，随时准备记录。随身携带名片。

（2）职业态度。"使公司蓬勃发展"的责任感，"身为公司代表"的自豪感，"为自己工作"的自觉性，"为顾客服务"的使命感，"不输给竞争对手"的拼劲，"争取成为行家"的上进心。

（3）产品知识。专业的产品知识对说服顾客大有帮助，所以应掌握产品的规格及主要技术指标、主要卖点及特殊配置。

（4）销售技术。包括寻找潜在顾客的策略、接近顾客的技巧、顾客管理的方法、商务洽谈的技法、建议成交的注意事项、处理投诉的程序等。

11.2.3　客户资源管理

企业的生存有赖于老客户的重复购买行为，企业的成长则有赖于新客户数量的增加。如何开发更多的意向客户与提高保有客户的忠诚度，是每一个销售人员最重要的两项工作。经销商在新车展示、广告宣传、市场推广活动中都能汇集客户，汇集的客户愈多，愈能促进新车成交机会。客户可以说是销售工作的一切，将客户视为永久的合伙人，关心客户的需求，主动帮助他们解决问题，帮助他们选择适合的产品，并让他们在这个过程中留下美好的购买体验。得客户者得天下，越能留住客户的心，销售的成交率就越高。

同时，开发一个新客户要比保有一个老客户多花几倍的时间与精力，因此，对于保有客户应当好好地经营管理，除了让他们能成为不断重复消费的忠实客户外，也应该使这些客户能为企业的产品和服务做广告宣传工作，成为经销商忠实的倡导者。

1．客户分类

潜在客户：针对现实客户而言，是可能成为现实客户的个人或组织。这类客户或有购买兴趣、购买需求，或有购买欲望、购买能力，但尚未与经销商接触或发生联系。

基盘客户：是指曾经接受过或有可能在将来会接受经销商服务的个人或组织，与经销商有效接触并被纳入正式管理的客户。经销商的"意向客户""保有客户""战败客户"均属于基盘客户。

2．客户资源管理的漏斗原理

客户是经销商店的重要资产，客户资源管理是销售部的重要工作。有效的客户管理，对销售目标的达成具有意义重大。

客户资源的管理可形象地用漏斗原理来描述。

如图 11-5 所示，客户资源管理的主要目的和对应措施是：

（1）漏斗上端变大。增加展厅客流，提高留档客户的数量和质量。

（2）让漏斗变扁。缩短成交的时间。

（3）漏斗下口扩大。争取更多的成交客户。

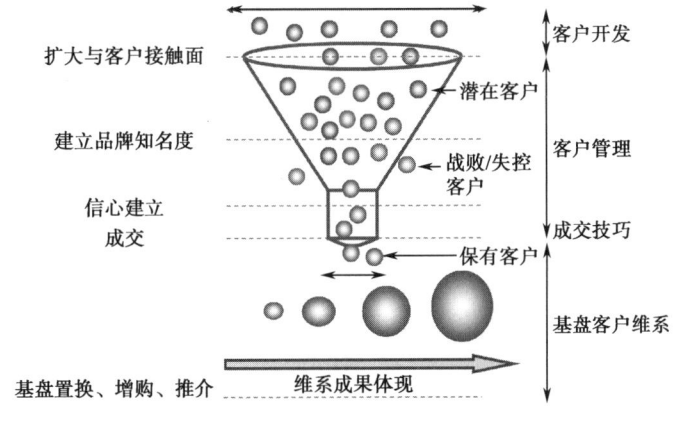

图 11-5　客户资源管理的漏斗原理

3．潜在客户的来源

销售的数量因销售人员所拥有的潜在客户及可能成为潜在客户的数量不同而不同，销售人员要达到销售目标,就应该充满热情并找到足够的潜在客户,然后通过产品推介等方法使潜在客户变成最终用户。潜在客户的来源是多渠道的。

（1）店头效应。从展厅来店（电）和网络成交的客户一般占到经销店成交客户的60%～80%,是经销店主要的意向客户来源,提高展厅的来店（电）量和网络集客量是提高成交量的基础。经销商的广告宣传和促销除了推广作用外,更重要的是集客。经销商应该每月规划吸引目标客户的各项工作,提升展厅客流,提高经销商在区域内的知名度。经销商可以采用在辖区内进行广告宣传和其他方式,如夹车、夹报、投递资料、目标客户访问等开展工作。

（2）保有客户的汰换/增购/推介。维系一个保有客户与开发一个新客户达到同样效益的成本为1:6。满意度高的保有客户在自己有换车、增购需求时会优先考虑本品牌的车型,在其亲朋好友有购车需求时也愿意推荐本品牌的车型。因此,对于保有客户,经销商要每月规划维系计划,并由销售经理带动实施,以提高保有客户的满意度,并请其协助提供购买信息,充分发挥保有客户对销售的促进作用。

（3）内部及外部情报提供。内部情报由经销商通过整合全公司资源,动员全体员工,以激励为手段,发挥团队精神来收集购车信息、提升销量。当然,经销商更应注重外部情报的收集。经销商店应建立自己的"重要购车影响者"档案,将对他人购车具有影响力、对本店好感度高、并经常对公司销售或售后服务提供支持的人员进行有效管理,并由销售经理亲自建立并维系关系,以达到情报站的效果。

（4）开发。根据产品的特性筛选区域内的特定行业去主动接触;针对经销商覆盖率低的区域进行车辆展示、广告投放等,以提升产品在该区域的知名度,开发新的意向客户。

4．意向客户的分级管理

潜在客户及可能成为潜在客户的顾客是经销商最重要的客户资源,应建立必要的顾客管理制度以保证潜在客户不至于流失,便于进一步发展。客户管理的内容包括以下两点:

（1）意向客户的识别。在众多潜在客户中,有一部分人并不是真正的潜在客户。在实际工作中,销售顾问必须练就能准确识别真正潜在客户的本领,以提高推销效率。识别客户的方法可以用MAN法则。

M：MONEY,代表"金钱"。该对象必须有一定的购买力。

A：AUTHORITY,代表购买"决定权"。该对象对购买行为有决定、建议或反对的权力。

N：NEED,代表"需求"。该对象有对经销商产品或服务的需求。

满足两个及以上条件,就可算作潜在客户。

（2）意向客户的分级和推进。为使销售会谈更顺利地展开,应将意向客户按其可能转化的程度和预计的购买时间进行分类,依据潜在等级,确定拜访频次。意向客户分级及推进如表11-2所示。

表11-2 意向客户分级及推进表

级 别	有望确度判断条件	购买周期	跟踪频率
订单（O）	当场订车交车		至少每周一次维系访问
	已收订金		
H级	车型及颜色已选定	七日内成交	每日一次
	已确定付款方式及交车日期		
	二手车进行处理中		

续表

级　　别	有望确度判断条件	购买周期	跟踪频率
A级	已谈判购车条件	一个月内成交	每周一次
	购车时间已确定		
	选定下次商谈日期		
	再度来看展车		
	要求协助处理旧车		
B级	正在决定拟购车种	一个月以上至三个月内成交	每两周一次
	对选择车种犹豫不决		
	经判定有购车条件者		
C级	客户留有资料	三个月以上	每月一次
	三个月以内无明确购车需求		

11.2.4　销售过程

1. 销售准备

经销商的销售工作，应从做好各方面准备工作开始，以体现销售人员的专业素养，建立销售信心，达成客户认可与信赖，树立品牌美誉度。

（1）销售人员的自我准备。销售人员必须掌握产品知识，熟知各车型的配置、性能和技术参数，以及所经销品牌的核心DNA、产品系列、技术优势，并且能够熟练进行突显本品牌产品特色的六方位绕车介绍。

（2）销售工具的准备。销售人员应统一配置、携带销售工具夹。销售工具夹包括名片、荧光笔、计算器、便笺以及以下内部资料：产品型录、购车合同文本、报价单、保险速查表、分期速查表、精品装潢项目表、试乘试驾协议、格式化订单、质量担保政策、服务承诺和竞争车型资料等。

（3）试乘试驾的准备。试乘试驾车应由专人管理，保证车况处于最佳状态。每位执行试乘试驾的试驾专员或销售顾问应有驾照，并能熟练驾驶试驾车辆。经销商应事先规划好试乘试驾路线图，避开交通拥挤路段，从出发试乘、换手、试驾到回店，一般不超过30分钟。试乘试驾路线应能突显车辆的性能优点。一般试乘试驾路线应符合以下几个条件：至少100米的直线车道；各种大小曲度不同的连续弯道；较直的延续车道，不可有急弯；有一段较崎岖或粗糙的路面。

（4）可售资源的准备。销售部内勤人员应每日及时更新可售车源的清单，确认当日可售车辆的车型、颜色及数量，使销售人员做到心中有数。

2. 接待客户

销售顾问应在第一时间与客户相识，并取得客户的信赖。

（1）客户到店引导。专业的到店引导能让客户留下良好的第一印象。

首先，经销商的保安人员身着标准制服，对所有来店客户均敬礼致意并询问来意。如客户开车前来，保安人员应主动引导客户进入客户停车场。客户停好车后，保安人员或销售顾问应快步上前，为客户打开车门并热情候候。如遇雨天，保安人员或销售顾问应主动为客户打伞，送到展厅门口。

销售顾问迎接客户，应当使客户感到宾至如归。如发现客户到来，销售顾问应小跑到展厅门外或停车场迎接，点头微笑，热情迎接客户。引导客户进入展厅后，销售顾问应第一时间递上名片，进行自我介绍，礼貌地询问客户的称谓。如果客户有同伴，销售顾问应与每位同伴打招呼，避免冷落对方。

（2）展厅接待。销售顾问应重点引导客户观看展厅制作物、宣传资料及车辆。如客户表示要自行看车，销售顾问不应尾随，应该与客户保持一定的距离，但需要用眼睛的余光观察客户，不能紧盯客户，避免给客户压力。

销售顾问应主动为客户提供饮品，并放置在最近的洽谈桌上，告知客户可随时提供服务。

当客户释放出一些商谈信号时，销售顾问应立即上前，主动提供服务。

（3）车辆介绍。销售顾问应引导并确认客户需求，并据此进行产品推荐和车辆介绍，强化产品的优势，建立客户对汽车产品的信心。

销售顾问进行开放式提问，引导客户说出购车需求。销售顾问原则上不要立即回答，直接提出刺探性问题，协助客户进一步表达，如购车预算、对车辆的关注点等。销售顾问应认真倾听，记录谈话内容，并适度分析提示，协助客户总结出真实的购车需求。

销售顾问应主动邀请客户听取车辆介绍，先说明车辆介绍的过程和所需时间，征得客户同意后再进行车辆介绍。

在介绍的过程中，应充分运用F（Feature）A（Advantage）B（Benefit）法则及六方位绕车介绍技巧。

在进行车辆介绍时，销售顾问应随身携带车型资料和荧光笔，在资料上圈示客户关注的配置，并交由客户离开时带走。

销售顾问可充分利用POP、易拉宝、媒体有利报道及专业杂志等展厅道具，做进一步产品说明及竞品比较，深化产品印象，强化产品优势，建立客户对车辆的信心，促进销售。

3．试乘试驾

试乘试驾可以让客户通过切身的体会和驾乘感受，感性地了解车辆有关信息，加深对销售顾问口头说明的认同，强化其购买信心。

（1）邀请客户试乘试驾。销售顾问结合展厅制作物和宣传资料向客户讲解"购车必须先试车，才能知道真价值"，并热忱邀请客户参加试乘试驾。销售顾问应询问客户想试驾的车型，并进行现有试乘试驾车型的说明与介绍。驾驶员可以由试驾专员或销售顾问担任。如果经销店配有试驾专员，在试乘试驾过程中销售顾问应全程陪同。

（2）办理试乘试驾手续。为明确责任，确保安全，销售顾问必须协助客户办理试乘试驾手续。销售顾问向客户概述介绍《试乘试驾协议书》的内容，讲解试乘试驾路线图，说明试乘试驾所需要的时间、安全驾驶规范及注意事项等。销售顾问应请客户出示驾照并复印存档，与客户签订《试乘试驾协议书》。

（3）试乘体验。试乘试驾首先从客户试乘开始。

在盛夏或严冬时，销售顾问应在客户上车前打开空调或暖风，预先调整车内温度到合适的程度，让客户一上车就感到凉爽或温暖如春的车内环境。

试乘前，试驾专员或销售顾问帮客户调好座椅，设定好空调和音响，请客户挑选喜欢的CD，提醒前/后排客户均系好安全带。

试驾专员或销售顾问将车开出停车区，在行车过程中务必遵守交通规则，安全驾驶。

试驾专员或销售顾问在试乘过程中进行动态的产品介绍、分析及引导，应根据车辆特性及客户需求，用专业术语描述试乘试驾的体验重点，如表 11-3 所示。

表 11-3　试乘试驾参考动作及体验内容一览表

试车动作	操作说明	体验重点
静止起步	汽车由一挡或二挡起步，以最大油门加速	强大的动力，感受推背感
超车加速	30~40km/h 全油门加速行驶至 80km/h 所需时间	加速的灵敏性及持续的动力
转弯	时速 50km/h 以上的弯道驾驶	过弯时的车身及乘坐稳定性
高速稳定性	高速直线行驶稳定性（抵抗侧向风及路面不平的干扰能力）或参考对比轮距、底盘技术装备	高速时车身是否漂浮，发动机高转速时的顺畅感
转向响应性/电子装备	在一定车速下转向，感受车辆的循迹性与灵活性，TCS、DSC 等	转向灵敏度及循迹性，车身稳定性、侧向偏离感及行驶循迹性
制动	在良好的路面上，汽车以 60km/h 的时速行驶，从制动到停车的距离，介绍说明 ABS、EBD、EBA	制动力，车身稳定性

（4）换手。在确认客户能够熟练操作车辆的前提下，与客户换手，由客户开始试驾体验。换手的过程中应确保客户及车辆的安全。

试驾专员或销售顾问应将车辆停靠在安全地点进行换手，拉好手制动，车辆熄火，拔下车钥匙，下车邀请客户进入驾驶座。

试驾专员或销售顾问从车前方绕到副驾驶室入座，把车钥匙交给客户，协助客户调整驾驶座椅、后视镜、内视镜、方向盘等；简单介绍车辆操作，确认客户已经熟悉该车的操作；再次提醒客户试驾路线及安全驾驶注意事项，请所有客户系上安全带，开始客户试驾。

（5）试驾体验。试驾时，试驾专员或销售顾问适当指引路线，引导客户对车辆优势性能进行操作及深入体验，点明体验感觉，突显车辆优势，加深客户印象。同时应注意倾听客户谈话，观察其表现，发掘客户更多的需求。

如客户有明显的危险驾驶动作或感觉客户对车辆驾驶非常生疏，应及时果断地请客户在安全位置停车，向客户解释强调安全驾驶的重要性，获得客户的谅解。并改试驾为试乘，由试驾专员或销售顾问将车开回展厅。

（6）引导客户回展厅，进行试驾评价。试驾结束后，应及时总结卖点，消除客户疑虑。

试驾结束后，引导客户将车辆停放在试乘试驾车停车位，引导客户回展厅洽谈区入座，并提供饮料服务。

销售顾问结合车型资料对试乘试驾中没有提到的部分进行补充讲解；总结车辆的卖点，点明该车型的优越性；邀请客户填写试乘试驾评价表。

销售顾问应征询客户意见，确认客户需求，消除客户疑虑，并适时提出签约成交。

4. 签约成交

在销售顾问寻求与客户签约成交的过程中，价格谈判和抗拒处理是必须跨越的两道难关。价格虽然不是谈判的全部，但有关价格的讨论依然是谈判的主要组成部分。而分析和处理客户的各种异议，克服成交的障碍，也是销售顾问必须具备的能力。

（1）报价。把握报价的时机很重要，只有当顾客已显示出购买意愿时，开始价格商谈才是最为有利的。销售顾问可以从客户的口头和肢体语言发现客户已经下决心购买的端倪。

销售顾问应向客户讲解购车价格的组成；询问客户拟购车型、付款方式、保险、上牌等意向，并为客户制作报价单。说明销售价格时，销售顾问必须再次总结符合客户需求的车辆主要配置以及对客户的利益，体现产品和服务的价值。

（2）抗拒处理。客户异议就是成交的障碍。当客户心存疑虑而犹豫不决时，销售顾问须了解客户的抗拒原因，站在客户立场表示理解，不要给客户施加压力，给客户充分考虑的时间和空间。

销售顾问可再次根据客户的需求总结本品牌产品的优势，引导客户建立信心，消除客户疑虑。如果客户表示暂时不签约，销售顾问应给予客户时间考虑，同时制订后续跟踪推进计划；如果客户没有选择本品牌车辆，销售顾问应尊重客户的选择，不能表现得太失望或冷漠，可以婉转地请求客户告知选择竞品的原因。

（3）签订合同。完成价格谈判，与客户达成签约意向后，销售顾问应真实准确地填写合同，详细解说，尤其是相关数据一定要请客户确认清楚。对于不当场提车的客户，销售顾问应向其收取定金，避免客户随意取消订单。

（4）订单跟踪。在签约到交车的过程中，销售顾问要保持与客户的联系，避免订单流失。在交车日到来前，销售顾问应告知客户提车时应准备好的事项，确保交车能顺利完成。

5. 交车

交车是客户最兴奋的时刻，而此时销售顾问往往已将注意力转向其他意向客户，两者之间的落差非常容易造成客户不满。因此，销售顾问必须确保客户有愉快的交车体验，提高客户满意度并强化客户对经销商的信任，为今后的长期合作奠定良好的基础。

（1）交车准备。车辆到店后，销售顾问应与客户约定交车时间，尽量安排在客户方便的时间交车。

交车前一天由 PDI 技师完成 PDI 整备，确保车况良好，并将车辆停放在打扫清洁的交车区。

销售顾问检查并确认《用户使用手册》等随车文件以及分期付款、保险、装饰精品等手续和各种发票等。

在交车前一天，电话联系客户，再次确认客户的付款条件和付款情况；并确认交车时间、参与人员，并对交车流程和所需时间进行简要介绍，征得客户认可。

销售顾问于交车前一天通知销售经理、展厅主管、服务经理、客户经理及服务顾问，并让他们熟悉客户信息。如果是 VIP 客户，总经理需出席交车仪式。

销售顾问应准备好相机、鲜花、花球、气球、花炮等物品，并准备好统一的交车客户识别标志、欢迎牌、客户喜欢的 CD 等。

（2）实车说明。销售顾问结合《用户使用手册》，针对重点项目向客户介绍如何使用新车，并依据客户对车辆的了解程度就操作方法进行说明。

（3）交车确认。交车确认的目的是确认清单，避免日后纠纷。

销售顾问向客户移交物品和文件，包括《用户使用手册》、购车发票、保险手续等。

销售顾问将客户带至新车旁，结合《交车确认单》与客户进行逐一核对，对车辆、文件、精品等项目进行全面确认，并请客户签名，如表 11-4 所示。销售顾问准备资料袋，将所有文件、手册、票据等放入资料袋，交给客户。

（4）售后服务说明。销售顾问将服务顾问介绍给客户，进行工作衔接。服务顾问结合《用户使用手册》向客户介绍售后服务相关细节，主要包括：

①向客户解释车辆检查、维护的日程。

②重点提醒首次保养的服务项目和公里数以及免费维护项目。

表 11-4 交车确认单

客户信息 姓名： 身份证号： 联系电话：			联系地址： 邮政编码：	车辆信息 型号： VIN 码： 车牌号：			
确认要项	确认细项	确认结果	备注	确认要项	确认细项	确认结果	备注
费用单据	购车发票			内容确认	内部清洁（烟灰缸、杂物盒、座椅等）		
	保险单及保费发票				检查内饰颜色、无划痕、污渍		
	加装精品发票				确认电气装置能够正常工作		
	购置税缴费凭证				设定收音机频道和时钟		
随车文件	用户手册			车辆功能完备与操作说明确认	门窗开关与上锁（天窗、儿童安全锁）		
	快速操作手册				座椅调节（方向调节、后排折叠）		
	全国 4S 店通讯录				方向盘调节（方向高度/角度调节）		
	合格证				内/外后视镜调整		
	货物进口证明书（进口车）				钥匙及车辆发动		
	商检单（进口车）				仪表盘指示灯说明		
	一致性证书				挡位说明		
	行驶证				空调系统操作		
	注册登记证				音响系统操作		
	检字				组合开关的操作方法（大灯、雾灯、转向灯、紧急指示灯、雨刮器、定速巡航控制等）		
随车工具移交	备胎				各类开关的操作方法和位置指示（发动机盖、行李厢盖、燃油箱盖）		
	轮胎扳手						
	千斤顶				发动机舱操作（机舱盖开启、相关油/水的检查与添加）		
	点烟器						
	车钥匙共____把						
外观确认	车辆外观清洁						
	检查车身无划痕、污渍						
	检查玻璃无划痕、污渍						
	检查轮胎、车轮无划痕污渍						
售后及保险说明	车辆维护保养说明			加装精品			
	售后服务及保险说明						
	已讲解质保条例和国家三包条款						
	已宣讲三包凭证（用户手第____页）						
	整车保修期（3 年或 10 万公里），以先到者为准						
	三包有效期（2 年或 5 万公里），以先到者为准						
	用品保修期详见质保卡						
备注说明：							

客户签字：   销售顾问签字：

销售经理签字：

③说明保修内容、保修范围及保修期限。
④说明发生故障时的联系方法和手续。
⑤介绍售后服务的营业时间、服务流程及本品牌的服务网络。
⑥引导客户至车间和休息区参观并做介绍。

(5)交车仪式。热情洋溢的交车仪式可以在客户最兴奋的时刻激发其热情,开始建立并保持与4S店的长期关系。

销售顾问介绍销售经理、展厅主管、服务经理、客户经理,并邀请其参加交车仪式。如遇VIP客户交车,需总经理出席。所交新车上可放置花球或扎上彩带。销售顾问用托盘准备好车钥匙、CD和鲜花;销售顾问向客户献花并恭喜客户。销售经理亲自将车钥匙交给客户,并在车前合影留念。销售部有空闲的工作人员及服务顾问应列席交车仪式并鼓掌表示祝贺。

(6)送别客户。销售经理、服务经理、客户经理、销售顾问和服务顾问在展厅外列队送别客户,直到客户开车远离,从视线消失。

6. 售后跟踪

通过售后跟踪,可以在交车后促进经销商和客户的长期关系,维持客户满意度,保持更高的客户回厂率,给经销商带来更多的商机。

(1)交车后的跟踪。销售顾问的回访可以让客户感受到热情和关心,交车后的回访可以分为以下几种:

①交车后3小时,销售顾问致电客户,询问其是否安全到家及行车感受。
②销售顾问在交车后3天,电话致谢客户,关心其新车使用情况。
③销售顾问可在交车后一周内,将交车仪式的照片寄给客户,同时发出总经理亲笔签名的感谢信。

(2)定期跟踪。交车后3个月内,销售顾问致电客户,关心车辆使用情况,并提醒客户首次保养事宜。在端午节、中秋节、元旦、春节等节假日及客户的生日,销售顾问应向客户致以问候。

当有新车上市促销活动时,可向客户发出邀请。当客户表达出对自己车辆的好感时,应不失时机地请其介绍推荐潜在客户。

11.2.5 销售经营管理的关键指标

整车销售是经销商的核心业务之一,销售经营管理工作对经销商的发展至关重要。在汽车流通环节中,销售管理是否完善,销售目标确定是否合理,都直接关系到经销商的生存和发展。经销商销售经营管理的关键指标(KPI)可以从以下三个维度来设置。

1. 销售能力

销售能力的KPI指标主要包括反映绝对销售能力的指标和反映相对销售能力的指标,前者如当期销量和人均销量,后者如市场占有率等。

2. 过程控制

过程控制管理的KPI指标包括以下几部分:

(1)渠道构成:这部分指标控制的是销售渠道,也就是客户来源,具体指标有展厅销售比例、二网销售比例、大客户销售比例、老客户转介绍销售比例等。

(2)客户资源:这部分指标控制的是客户资源,包括上月末留存集客数、上月末留存热点客户数、日均集客量、日均到店量、上月留存订单等。

（3）展厅转换能力：这部分指标考核的是销售顾问对客户的把控能力，包括留档率、展厅成交率、战败率等。

3. 影响因素

影响经销商业务的因素有很多，包括跟踪回访率、试乘试驾率、库存周转率、精品销售达成率、展厅投保率、销售客户满意度等。

总之，合理的目标及考核指标的设定，有利于实现经销商的经营方针、经营目标和发展计划。好的 KPI 指标能指导销售行为、激励销售人员、降低销售成本、增加企业利润、提高管理效率。

【案例 11.1】

为什么最后没有成交

某天，一对夫妇来到了某品牌汽车的 4S 店。

销售人员：（将这对夫妇带到车库，用手指着停在车库内的各款轿车向客户介绍）这是 59 800 元的标准型，这是 69 800 元的舒适型和实用型。

客户：这两款车有什么不同？

销售人员：59 800 元这款车没有方向助力、ABS、电动后视镜等。

客户：装一个方向助力要花多少钱？

销售人员：××××元。

客户：购车款怎么付？

销售人员：可以分期付款也可以银行按揭。

客户：按揭一个月要付多少？

销售人员：如果按揭的话，先付 40%，余款分三年付清，每个月要付××××元。如果你们的经济情况可以一次付款的话，建议买 69 800 元的。如果采用分期付款的贷款方式，就没有必要买 69 800 元，而应该买 59 800 元的。

客户：让我们考虑一下是买 59 800 元的，还是买 69 800 元的那款车。

分析与说明：

①当客户问"购车款怎么付？"的时候，销售人员应该问这样的问题："您是指 59 800 元这款车，还是 69 800 元那款车？"目的只有一个，让客户明确自己会选哪款车。因为客户离开时的理由就是要考虑选哪款车。同时，问清楚客户准备采取什么样的付款方式。

②何种方式付款不是确定车型的条件，车型确定的条件只有一个：客户真实的投资目标。该销售人员不知道应该先明确客户的购买目标后再进行产品展示的道理，他们不会主动询问客户将选哪一款车，这是现阶段汽车销售中存在的共性问题，尤其是销售人员销售的汽车有多种款式时更容易出现这样的情况。当客户已经明确要买某个品牌的车时，首要的任务就是将客户的需求明确化，即洽谈之前就要弄清楚客户倾向性最强的车是哪一款，然后围绕客户的需求目标不断强化购买会给他们带来的好处，如果不买会给他们未来的生活和工作带来的不利，这样才有可能将整个销售引向成功。

③当客户问"装一个方向助力要花多少钱时？"销售人员应该了解方向助力对客户是否重要，可以这样问："你要买的车是否需要带方向助力？"并根据客户的回答进行下一步的销售。如果客户的投资不足以购买带方向助力的车，就要向客户强调该车车身重量只有 890kg，没有方向助力驾驶也相当轻巧。如果客户的投资足以支付增加方向助力的费用，此时

就应该强调装有方向助力的轿车更容易操控,特别是在狭小空间调头时。

在这个案例中,这对夫妇于 16:30 来到展厅,17:30 他们的朋友就赶到了,这是一个典型的当天可以成交的销售案例。但到了 19:30 他们离开时,这对夫妇只留给销售人员一句话:"让我们考虑一下是买 59 800 元的,还是买 69 800 元的那款车。"

这是一个 10 分钟就可以完成的销售,但该销售人员却花了那么长时间也没有成交。失败的原因除了没有能把握成交时机外,就是这位销售人员始终忽视了顾客来店的原因,花了大量时间在展示自己对汽车产品的熟悉和了解,特别是当顾客谈到竞争产品时,该销售人员非但没有弱化顾客对竞争产品的认同,反而进一步强调竞争产品优于自己产品的地方。客观来讲,销售人员介绍的这款车的外形属于中庸的那一类,但因为其优异的发动机性能和最低的油耗赢得了客户的赞誉。其实,该客户为什么会在比较后选择这款车,最主要的原因是资金的问题。这一点这位销售人员始终不明白,还在一直介绍 69 800 元这款车,如果他改变一下销售的方式让客户确认售价 59 800 元的标准型,那么当天的销售用不了 10 分钟就可以完成。

【案例 11.2】
FAB 法则及六方位绕车介绍技巧

某日,销售顾问小王向客户李先生介绍展厅的一汽大众迈腾 1.8T 豪华型轿车。

小王:李先生,请允许我占用您 10 分钟时间,给您介绍一下迈腾 1.8T 豪华型轿车(以下简称迈腾),可以吗?

李先生:好的。

小王的介绍按照车正前方、车侧方、车后排、车后方、驾驶室、发动机舱六个方位进行。

(正前方) 李先生,这是一款科技领先、驾乘舒适、安全体贴的商务型轿车。您请看,迈腾整体造型大气稳重,您开出去会特别有面子的。都说车灯是车的眼睛,迈腾的双氙气大灯是不是特别灵动呢?迈腾的大灯不仅美观,而且还配备了 AFS 弯道辅助照明,能让您在夜间行车时消除视野盲区,保证您的行车安全。

迈腾的侧方设计一样很精彩,我带您去看一看好吗?

(车侧方) 李先生您请看,迈腾的车身线条非常流畅,优秀的流线型车身造就了迈腾 0.28 的风阻系数,媲美跑车,不仅动力性好,而且还有很好的燃油经济性。前麦弗逊式后多连杆式独立悬挂让车辆有着良好的操控性,同时也保证了行驶舒适性。迈腾的轴距达到了 2.812 米,在上一代的基础上加长了 10 厘米,加长的轴距给您带来更宽敞的乘坐空间。高刚性车身配合激光焊接技术,使车辆就像一个移动的安全堡垒。

您来感受一下后排座椅吧!

(车后排) 李先生,您感觉怎么样呢?是不是很宽敞?这得益于迈腾 2.812 米的轴距。迈腾还在后排配备了 220 伏的车载电源。长途旅行时,您可以在车上很安心地看完一部电影也不用担心 iPad 没电。迈腾的座椅具有四六分割功能,可以使座椅连通后备箱形成一个灵活多变的空间。

我带您去看一下车的尾部。

(车后方) 李先生,车辆设计讲究前后呼应。您看,迈腾的尾部设计跟车辆整体非常协调。迈腾的后备箱开启方便,只需轻按大众 Logo 即可。您看迈腾的后备箱是不是非常大?是的,迈腾的后备箱容积达到了 565 升,是同级别车中最大的。同时,迈腾的后备箱开口很大，内部平整，空间利用率很高，能放下大件行李，如行李箱或野营帐篷等。

李先生，下面感受一下迈腾的驾驶室吧。

（驾驶室）李先生，请上车。迈腾的座椅具有 12 项电动调节功能，你看这样调节舒服吗？方便我坐在副驾驶为您继续讲解吗？谢谢！李先生，您现在握的是多功能方向盘，它集成了音响和行车电脑的控制，行车电脑能让您对车辆信息一目了然，而音响控制键能让您在开车时无需分心就能控制音量的大小及曲目的切换，真正做到手不离方向盘视线零转移。迈腾还配备了电子手刹，较传统手刹相比，电子手刹不仅占用空间小，而且使用更加方便，结合 Autohold 功能更是便利。我给您举个例子吧，在等红灯时，您的脚可以不用放在刹车上，车辆会自动保持刹车；绿灯亮时您只需轻踩油门便会自动解除刹车。

李先生，再去看一下发动机舱好吗？

（发动机舱）李先生您这边请。您看，发动机舱布局合理，简洁明了。迈腾的 TSI 发动机采用的是涡轮增压技术和缸内直喷技术，最大功率为 118 千瓦，最大扭矩为 250 牛米，绝对能满足您的驾乘需求。同时，DSG 变速器换挡快效率高，加速平顺。TSI+DSG 还被誉为黄金动力组合，不仅动力充足，而且更加省油环保。

李先生，迈腾 1.8T 豪华型轿车拥有领先的发动机技术、独具匠心的舒适性设计和全方位的安全保障，完全能够满足您的用车需求。试驾专员已经为您准备好了试驾车，您要不亲自感受一下？

"好的！"李先生欣然同意。

分析与说明：

在使用六方位绕车法给客户介绍车辆时，首先应注意给客户营造一个良好的介绍环境。融洽的氛围对销售顾问和客户双方的交流都非常有利，良好的环境能打消客户对销售顾问的疑虑，从而促进成交。

销售顾问在说明产品时，千万不要与客户辩论。与客户辩论容易使其产生抵触情绪，尤其是面对自尊心较强的客户时，他们有可能会认为是销售顾问不尊重自己而拂袖离去。

如果客户有质疑，销售顾问应预先想好回应的对策。在向客户说明介绍之前，销售顾问应当准备好详细的计划，并从以前的经验中总结出一些客户经常提出的问题，预先想好答案。

注意 FAB 法则的运用：汽车的特性和优点是本身所固有的，而利益却是相对的。因为客户的购买动机不同，有时汽车具有的优点不是某些客户所必需的。因此，即使汽车有再好的特性和优点，也不一定是客户的利益。反过来说，能满足客户需求的特性和优点对客户来说才具有价值。产品说明的目的，就是把产品的特性转换成客户的特殊利益，用汽车的特殊利益来打动客户。

销售顾问向客户做介绍时，必须使用平白的语言，不要过多使用专有名词和技术名词。同时，还必须采用直截了当的表达方式。不然，在沟通中就有可能产生障碍。如果客户不能明白你的意思，自然就不会产生购买汽车的欲望。

分析与思考

1. 发展潜在顾客的方法有哪些？
2. 如何进行潜在顾客推进？
3. 车辆产品介绍的技巧有哪些？

4．简述汽车销售服务的主要工作流程。
5．简述汽车销售服务中促进成交的技巧。
6．汽车经销商如何进行汽车销售管理？

课程实践

1．目标
（1）了解汽车 4S 店的组织结构和销售顾问的岗位职责。
（2）掌握向客户展示汽车产品的方法。
2．内容
（1）将学生分成若干小组，各小组分别到不同品牌的汽车 4S 店，就其组织结构和销售顾问岗位职责进行实地考察和人员访谈，写出调查报告。
（2）将学生分成若干小组，各小组分别选择一款轿车，从外形、内饰与配置、动力性、经济性、安全性等方面进行综合评价，找出其卖点向客户（由教师扮演）进行六方位绕车展示。
3．要点及注意事项
（1）实地考察前必须约好时间，要克服心理障碍，所提问题要简明扼要，并注意记录。
（2）对轿车的评价要客观公正、实事求是。尽可能在现场针对实车进行展示，并准备若干宣传彩页。注意展示的基本步骤，语言要既专业又通俗易懂，要灵活运用询问、推荐、示范等技巧，解决与客户交流过程中所遇到的问题。在介绍的过程中，应充分运用 FAB 法则及六方位绕车法的介绍技巧。

第 12 章 汽车配件营销

【学习目标与要求】
1. 了解汽车易损件有关知识。
2. 掌握汽车配件目录的使用方法。
3. 掌握汽车零配件的采购、仓储知识。
4. 掌握汽车零配件的销售方法。

12.1 汽车配件分类与易损件

12.1.1 汽车配件的分类

就广义汽车零配件而言，除现在生产中列为零配件的品种外，还把发动机总成、变速器总成等关键总成和某些相关件，以及铸、锻毛坯件都列为研究零配件的对象。另外，底盘和车身虽然在统计时往往单列，但它们也被认为是广义的汽车零配件。由于，各国对汽车零配件没有一个统一的分类方法，一般都是根据自己确定的目的进行单一原则的分类。

1. 按最终用途分类

按安装在汽车不同部位分类，如车身零件、传动零件、底盘零件等，主要用于商业或统计。列入日本汽车零配件工业会统计的有 7 类，共 130 个零配件，如表 12-1 所示。

表 12-1　日本汽车零配件工业会的《产品出厂动向调查》中列入的主要汽车零配件

零配件分类	主要零配件	数量（个）
发动机	活塞、活塞环、气缸垫、垫圈、气门、燃料泵、电控燃料喷射泵等	29
电气装置及电子装置	启动机、交流发电机、火花塞、发动机控制装置、制动系控制装置等	12
照明、仪表等电气、电子装置	前照灯、速度表、刮水器电机及其他电机、各种开关、转向锁、线束等	15
动力传动装置及操纵装置	离合器从动盘、手动变速器、自动变速器、转向助力装置、等速万向节、传动轴、车轮（钢质、轻合金质）、变速操纵杆等	26
悬架及制动装置	钢板弹簧、减振器、制动装置、制动增力装置、制动软管等	20
车身	车架、燃料箱、窗框、车门手柄及锁、座椅及座椅弹簧、座椅安全带等	19
附件	时钟、收音机、冷暖气装置、车轮罩、修理用涂料、汽车立体声音响装置等	9

2. 按市场结构分类

按维修市场、配套市场和出口国际市场划分，将汽车零配件分为以下几大类。

A 类：维修市场件，为汽车维修服务的零配件；B 类：通用配套件，为两种或两种以上基本车型系列服务的零配件，面向全国市场；C 类：专用配套件，为单一基本车型系列服务的零配件，面向局部市场；D 类：外向型零件，主要产量是出口，面向国际市场。

日本把汽车零配件分成装配用和修理用两类。据日本汽车零配件工业会的《产品出厂动向调查》报道的历年统计结果，1975—1991 年汽车生产厂用于装配的零配件产值一直占整个零配件产值的 80% 左右；对于修理用零配件产值，不论是汽车生产厂使用的，还是零配件生产厂直接供应的,都呈连续减少的趋势。

从修理用零配件产值逐年减少这一事实,可以推断出汽车零配件的可靠性正在不断提高,因此修理用零配件数量就不断减少。当然这种倾向是随零配件的种类及性能而异的,其中发动机零配件、电气装置与电子元件的这种倾向十分明显。

修理用零配件比率减少的另一原因是各厂家都将修理用零配件的库存量控制在最低限度。使用信息网络,联系供应,可使库存量与需求量尽量接近。

另外,由于大规模生产,同种形式的零配件很多,许多零配件及装置已不再进行分类修理。当其失效时,直接更换装置,这一点发动机零配件最为典型。这样,汽车维修形式的变化,也使修理零配件的需求发生变化。

3. 按产品主要含量分类

在按含量分类原则中,一般只采用按资源含量和科技含量分类两种方法。资源型零配件,是指产品成本中所含原材料、能源费用较高(包括外协、外购件中的材料、能源费用)的零配件;另一种意义是含附加值较少的零配件。科技型或高科技型零配件是指产品所含科技内容多,另一种意义是高资金型,投资要求大,附加价值高(包括人工费、折旧费、税费)。把原材料、燃料动力费用占成本50%以上的零配件称为资源型零配件,把占成本30%～50%的称为准资源型。

中国汽车技术研究中心对《汽车行业贯彻执行国家产业政策实施办法》中规定的几个主导产品,即轿车中的一汽捷达系列、二汽神龙系列、上海桑塔纳系列,轻型车中的依维柯系列和五十铃N系列,任选61个零配件,应用该中心提出的评价体系(分产品结构、生产技术、技术含量3类7个指标,全部指标满分为50分),请20位专家评分,其结果如表12-2所示。

表12-2 各种零配件按科技含量分类状况

科技含量	零件名称
高科技类(35～50分)	发动机总成、齿形带、V型泵、消声器、风扇离合器、空调设备、后视镜、座椅、油封、中央接线盒、汽车仪表、汽车铸件、模具、软内饰、特种油品、安全玻璃
科技类(25～35分)	变速器总成、保险杠(大型塑料)、活塞、活塞环、气门、挺杆、轴瓦、油箱、空滤器、机油滤清器、燃油滤清器、离合器、盘式制动器、转向盘、刮水器、等速万向节、紧固件、灯具、汽车锻件、轴承、音响设备与车载电视、特种带材(轴瓦、散热器用)
一般类(≤25分)	轿车总成、高压油管、散热器、制动软管、转向器、传动轴、后桥齿轮、减振器、钢板弹簧、钢圈、玻璃升降器、风窗洗涤器、暖风机、点火线圈、火花塞、喇叭、电线束、灯泡、随车工具、蓄电池

12.1.2 发动机易损件

(1)气缸体。除气缸正常磨损可进行镗磨加大尺寸予以修理外,在冬季因缸体未放尽积水被冻裂,运行中因气缸缺少冷却水而过热膨胀裂缝漏水,以及在行车事故中被碰撞损坏和缸孔孔径数次镗削扩大至极限。有一定的消耗量,属正常应备品种,数量应视地区销售情况而定。

(2)气缸套。常见故障有缸孔自然磨损、外径压配不当漏水(湿式缸套)、缸壁因敲缸损伤,或在突发工况下如连杆螺栓松脱被连杆击穿等。必备品,耗量较大,应有一定的备量。

（3）气缸盖。除未发现的制造缺陷如隐藏裂纹、排气门座压配松弛等引起的漏水现象外，主要是使用不当和自然疲劳损坏。常备品，应有一定的备量。

（4）气缸盖衬垫。缸盖紧固螺栓或螺栓拧紧力矩失准或松弛，制造上的缺陷，漏水造成热化学腐蚀等，结果封闭气缸孔边缘部位烧蚀泄漏、水孔边缘部分热腐蚀缺损使封闭失效。一次性使用配件，消耗量很大，通常也作为随车主要维修备用品，应有较多库存备量。

（5）活塞。自然磨损，在发动机过热时会造成部分铝金属熔蚀发生拉缸和咬死，在点火前角太大、磨损后配合间隙过大、积炭早燃时会击伤、裂缝等。主要易损件，消耗量大、规格多，是营销必备品种。

（6）活塞环。因活塞拉缸被折断，自然磨损，弹性衰减等。主要易损件，消耗量大、规格多，是营销必备品种。

（7）活塞销。外径自然磨损，在特殊工况下或制造上未检出的隐藏裂缝造成的折断。主要易损件，消耗量大、规格多，是营销必备品种。

（8）活塞销衬套。自然磨损，因缺油高热烧损及压配合间隙过大引起衬套走外圆等。主要易损件，消耗量大、规格多，是营销必备品种。

（9）连杆。受力杆体扭曲、大头/小头孔座因轴孔磨损或断油造成的过度磨损松旷、螺栓孔螺纹损坏等。虽属易耗件，但相对销量较少，应有一定备品以应需要。

（10）曲轴。主轴颈和连杆轴颈磨损，曲轴因受力扭曲变形导致同轴度失准以及在突发工况下或材质缺陷、隐藏裂纹等造成个别现象的折断等。主要非易耗件，但仍有一定的销量，为常备供应配件之一。

（11）连杆、曲轴轴承。因断油产生的合金层合金烧熔咬轴，因冲击负荷所致合金层部分合金疲劳剥落，因配合间隙过大造成轴承钢衬走外圆及定位唇口变形移位等。易耗件，需成组更换新品，应有足够数量的备品。

（12）飞轮。大端工作平面因离合器钢片损坏或磨损后被铆钉突出磨损形成的沟槽、飞轮齿圈齿端因启动机驱动齿轮的撞击崩块或齿面磨损过大、齿圈与飞轮外圆配合松弛等。应有一定的备品。

（13）气门。自然磨损和胶黏咬死、断裂、腐蚀等。易耗件，应有较多的备品。

（14）气门导管。自然磨损致配合间隙过大，燃烧废气或润滑油杂质等侵入，形成磨料，使气门杆咬死或内孔拉伤。易耗件，在发动机大修中，常需换用新品，应有一定备量。

（15）气门弹簧。变形、折断、弹性衰减等。易耗件，常供品，应有一定的备量。

（16）气门座圈。机械磨损和热腐蚀，以致造成气门或座圈的密封面破坏。应有一定备量。

（17）凸轮轴。主轴颈磨损、凸轮磨损。凸轮轴弯曲变形，同轴度变坏和机油泵驱动齿轮损坏也属常见。根据地区供需情况，应有一定备量。

（18）气门挺杆。杆部自然磨损、调节气门间隙螺钉螺纹损伤、与凸轮轴凸轮接触球形工作面磨损等。易耗件，但与其他品种比较消耗量较少，应有一定备量。

（19）气门摇臂。轴承孔磨坏，圆弧工作面磨损，气门间隙调节螺栓与螺母或螺钉与螺母及螺孔螺纹的松旷和损坏。耗量较大，应有较大的备量。

（20）凸轮轴正时齿轮。齿部因受冲击力矩被崩裂、断齿，铁芯与胶木或尼龙的压配松动及齿面磨损超过允许值等。易耗件，在维修作业中常被更换，应有较多的备品。

（21）正时链条。链板疲劳，轴销、滚子磨损后伸长。工程塑料制齿形带的损坏现象为出现疲劳伸长、齿面磨损等。易损件，应有一定备量。

（22）进、排气歧管总成。热疲劳裂纹，安装凸缘边缘因螺栓拧紧顺序及力矩不当造成的断裂，或受热疲劳引起的安装平面翘曲变形而破坏的漏气等。易耗件，接口垫消耗量较大，应有较多备品。

（23）机油泵。除制造质量外，运动件自然磨损、限压阀弹簧弹力疲劳衰减、密封衬垫损坏等也会造成供油压力不足甚至失效。维修易损件，属常供、常备品，应有较大的备量。

（24）机油集滤器。滤网经多次阻塞清洁后变形或破损、浮子泄漏及油管油垢阻塞、清除中变形等。维修易损件，属常供常备品，应有较大的备量。

（25）机油滤清器。滤芯被机油杂质污染阻塞，密封衬垫变形损坏，限压阀因弹簧压力衰减，开启压力失准。易损件，需要量较多，应有较多备量。

（26）油底壳。易损件，应有一定备品。

（27）汽油泵。膜片疲劳损伤裂缝，进、出油单向阀工作面磨损致其密封性破坏，摇臂工作面磨损量过大，膜片行程减小等。应有较多的备量。

（28）汽油滤清器。漏气（不密封）或滤芯未及时维护而形成阻塞。消耗件，应多备。

（29）空气滤清器。滤芯被尘土阻塞。消耗件，应多备。

（30）散热器。除磕碰损伤外，还有因机械损伤而导致的漏水、水垢阻塞、温度过高水气膨胀压力增大导致水管裂缝漏水、冬季未放尽冷却水而被冻裂等。消耗件，消耗量较大，应有足量的备品。

（31）节温器。皱纹筒热变形失去弹性、蜡式感温体热疲劳感温性能变坏、机械损伤等。常备易耗件，应有足量备品。

（32）水泵。壳体裂缝、轴承损坏、水封及木垫片失效、壳体安装螺栓孔损裂等造成冷却水泄漏。用户大多更换总成，故水泵总成应有较多备量。

（33）风扇皮带。疲劳伸长后传动失效，或因包布脱层而导致的破损和断裂。易损件，需求量较大，并为行车中必备件之一。

12.1.3 底盘易损件

（1）离合器总成。从动盘摩擦面片磨损、钢片裂纹、面片铆钉突出或面片被油脂污染，分离轴承套筒、分离叉、分离杠杆等零件摩擦工作面的磨损等。

（2）离合器从动盘总成。波形弹簧钢片损裂、减振弹簧折断或弹性衰减，从动盘毂裂纹，而摩擦片磨损减薄破裂和烧损更为多见。主要易损零件，应有较多备量。

（3）离合器机械式操纵机构。自然磨损。分离轴承耗量较大，应有较大备量。

（4）离合器液压式传动机构。活塞、活塞的皮碗、皮圈磨损及橡胶老化，双向阀损坏，缸筒磨损等。主缸、轮缸总成应有较多备品。

（5）变速器。齿顶撞击打毛、齿部崩裂、疲劳点蚀、齿厚磨损减薄、齿轮内磨损、间隙增大等。易损件为各档变速齿轮及操纵机构中的变速叉、变速叉轴等，应有一定备量。

（6）传动轴。万向节叉十字轴座孔磨损扩大及配合松动，滑动叉及花键轴的键槽或键齿磨损松动，轴管变形弯曲，突缘叉裂缝等。应有一定备量。

（7）万向节。十字轴轴颈磨损形成滚针沟槽，轴承钢碗磨损使配合间隙超过规定值。万向节及中间支架中的滚动轴承、橡胶垫环等耗量较多，应有一定备量。

（8）半轴。过载或因冲击导致杆部断裂、扭曲，花键磨损，安装螺栓孔因螺栓松旷造成的磨损扩大或裂纹等。

（9）前轴。受冲击负荷发生弯曲变形，主销承孔因磨损扩大。易损件，应有一定备量。

（10）转向节。主销孔、指轴及轴承颈磨损，紧固螺纹损坏，指轴受冲击负荷弯曲变形、产生疲劳裂纹等。转向节主销和衬套易于磨损，损耗量较大，应有较多备品。

（11）轮毂。因未及时维护或锁紧螺母松动或缺少润滑脂，使轴承早期损坏，车轮晃动导致轴承孔座损伤松旷，影响汽车正常运行。多耗易损件，应多备。

（12）轮毂螺栓螺母。螺纹破坏缺损，甚至受冲击负荷而折断。耗用较多的易损件，应多备。

（13）钢板弹簧。弹性衰减（硬度过高或隐藏裂缝）或折断。应有一定备量。

（14）螺旋弹簧。断裂、弹性衰减和变形。耗量大的易损配件，应多备。

（15）钢板弹簧衬套。自然磨损、破裂、压溃。应有较多备品。

（16）减振器和减振器胶套、缓冲胶。阻尼减振性能衰减、变坏或失效。易耗零件，应有多量备品。

（17）转向盘。外包塑料老化产生裂缝、转向盘变形、中央轮毂内孔键槽或花键因工作疲劳或维修拆装损伤、喇叭安装结构的损伤等。应有少量储备。

（18）转向器。转向柱管变形偏离中心、齿轮调整失准或磨损、支承轴承损坏、齿轮磨损、间隙增大等。应作少量储备。

（19）动力转向装置。动力泵油压不足、转向轴弯曲变形、转向器调整失准、控制阀卡住或失灵、液压系统泄漏或进入空气、动力泵零件磨损等。应有少量储备。

（20）纵拉杆与横拉杆。易损件为球销、球销碗、弹簧座、弹簧、防尘罩等。应有较多的零件和总成（纵拉杆和横拉杆接头）备量。

（21）空气压缩机。活塞组零件磨损、排气阀阀片磨损、连杆轴承磨损配合等。应有一定备品。

（22）液压制动主缸和轮缸。除正常使用磨损、渗漏油液之外，往往因皮碗质量不好或配合尺寸选用不当，以及活塞与缸孔磨损后间隙过大，以至皮碗刃口反向等造成制动失效。应有一定备量。

（23）液压制动软管。接头疲劳脱落、损伤，橡胶老化，内孔孔径膨胀缩小或阻塞。易耗品，应有较多备品。

（24）气压制动软管。偶然发生脱头及起鼓分层等现象，与轮胎胎面摩擦而磨损（前轮）及橡胶老化膨胀较常见，内径阻塞或油污阻塞等。应有一定备量。

（25）前、后制动片。磨损、烧蚀、破裂等。属使用频繁、工作条件恶劣的易损件，消耗量很大，应多备。

（26）盘式制动器。受粉尘侵袭，磨损较大。消耗量很大，应多备。

（27）离合器拉索、油门拉索。易耗件，应有一定备量。

（28）油封。易损件，而且消耗量很大，故应有较多数量备品。

（29）滚动轴承。受力很大的滚动摩擦零件。易损件且通用性很广，故应有较多备量。

（30）汽车轮胎。与地面滚动摩擦产生高热，其胎面磨耗快，也易被外物割伤或扎伤，使用不当则会爆胎，是消耗量大的易损件，应多备。内胎的损耗量也较大，应有足够的备品。衬带的消耗量较少，可少备。

12.1.4 电器、仪表易损件

（1）发电机。绕组断路、短路、电枢轴承磨损、机壳及盖损伤等。硅整流发电机的硅管受高峰电压的冲击而击穿损坏也属多见。总成应多备，而易损件如电刷等亦应有一定数量的备品。

（2）启动机。启动开关触点烧蚀、电磁开关绕组及电枢、磁极励磁绕组的断路、短路、整流子磨损、轴承损坏、移动叉行程调节距离失准、驱动齿轮损伤等。总成应多备，而电刷、电磁开关也应有一定备量。

（3）蓄电池。壳体碰击裂纹、漏液、极板活性物质脱落沉淀于壳底、隔板微孔为活性物质阻塞使内阻增加、单电池连接铅条脱焊松动、电池室因电液不足使极板硫酸铅化成死片等。易损件，冬季旺销，应有较多备量。蓄电池壳、盖亦有一定需量，应有一定数量的备品。

（4）点火线圈。绝缘胶木上盖磕碰破损、高压电流击穿、绝缘破坏、绕组断路或过热烧坏、接线柱接线脱焊、潮气侵入罐内等所致的变压功能失效。消耗较多的易损件，应有较多的备量。

（5）有触点分电器。传动轴磨损、配合间隙增大、传动轴旋转晃动、分电胶木盖或分火头绝缘破坏击穿、高压电窜接、断电器（白金）触点烧蚀、电阻增大、凸轮角磨损、离心块弹簧失效、电容器击穿漏电等。更换总成较多，故总成应有较多备品。

（6）磁感应式点火信号发生器。信号感应线圈短路、断路，导磁转子轴磨损偏摆或定子（感应线圈与导磁铁芯组件）移动而使转子与铁芯之间的气隙不当。更换总成较多，故总成应有较多备品。

（7）霍尔式点火信号发生器。内部集成块烧坏、线路断脱或接触不良等。更换总成较多，故总成应有较多备品。

（8）光电式点火信号发生器。发光元件、光敏元件弄脏或损坏，内部电路断路或接触不良使点火信号发生器信号过弱或无信号产生，造成发动机不能工作。更换总成较多，故总成应有较多备品。

（9）火花塞。电极易受高温及化学腐蚀，容易被燃烧废气污染，使点火间隙增大或绝缘体裙部损伤造成短路等。消耗量很大的易损零件，应有足够的备品。

（10）电热塞。为柴油发动机易损件，在柴油汽车较多的地区应多置备品。

（11）低、高压线。绝缘层老化破裂或受硬物划伤漏电或短路。易损件，应有大量备品。

（12）汽车灯具和灯泡。灯泡有一定的燃点小时使用寿命，而且受行车震动或超电压冲击产生灯丝断路、烧毁等的照明失效。而灯具则因外露受到泥水浸渍、锈蚀，使外观和照度变坏。易损件，有较大的耗损比率。其中尤以灯泡的损坏为多，应比灯具的备量多。

（13）各种继电器。易损件，且耗量很大，应多备。

（14）各种开关。使用频繁，易耗件，应多备。

（15）刮水器。易耗件，应有一定的备品，特别是刮水臂及刮片的消耗量更大，应有更多的备量。

（16）风扇带。损耗较大，应有足够的备品。

（17）喇叭。触点烧结不能分开造成喇叭不响，按钮卡死、继电器触点烧结、导线绝缘层破损等造成喇叭长鸣，膜片破裂等造成喇叭变音。要有一定备量。

（18）仪表、传感器。应有较大的备品量。

12.1.5 车身易损件

（1）纵梁。弯曲变形和裂缝。可视情况有少量备品。
（2）蒸发器及壳体。发生碰撞严重弯曲或破裂。有少量备品或视需要临时补充进货。
（3）驾驶室。钣金蒙皮锈蚀、碰撞变形、车门碰撞变形、玻璃破碎、玻璃升降器损坏、门锁损坏等。如玻璃、升降器、门锁、车门铰链等易损件应有较多备量。
（4）翼子板、托架、前后轮挡泥板。碰撞损坏、振动裂缝、泥水锈蚀等，应有较多备量。
（5）保险杠、牌照板、车外后视镜。常因碰撞而损坏，应有较多备量。
（6）装饰条、车门槛嵌条、立柱饰板。易损件，应有较多备量。

12.2 汽车配件目录的使用

12.2.1 配件目录的内容

配件目录一般根据原厂的生产设计资料编制，是配件流通中的技术标准。在配件目录中通常包括以下内容。

1．配件插图

配件插图是配件目录的主要组成部分之一，一般采用轴侧图来表现系统中各零配件的相对位置和装配关系。按照国家标准，在配件插图中标有图中序号，使用时要特别注意零件之间的包含关系。

2．配件编号

配件编号是配件唯一准确的编号，贯穿配件设计、生产、采购、销售、维修各个环节。它是配件订货和销售的最准确的要素，所有的配件订单和销售单据上必须清楚标示出配件编号。

3．配件名称

配件名称主要是在设计和生产中使用的名称。它是根据配件的特点，结合约定俗成的标准为配件赋予的一个文字符号，但指代和区分能力较弱，一般用于配件经销中作描述性说明和补充手段。

4．全车用量

全车用量是指给出该零件在一辆车上的使用数量。

5．备注

备注是配件目录中十分重要的部分，一般用来补充说明配件的参数、材料、颜色、适用年款、车型及其他配置信息等。备注信息提供了配件适用范围的准确描述，因此在采购和销售汽车配件时一定要注意该栏说明。

6．其他

在配件目录中，一般都附有厂家对该配件目录的适用范围、使用方法的详细说明，应在使用之前仔细阅读。

12.2.2 配件编号和规格的识别

汽车配件的制造厂编号代表汽车配件的型号、品种和规格，对于配件的采购和管理十分重要。编号和规格一般印在配件的包装物上，也有的打印或铸造在配件的非工作表面。国产汽车的编号有统一标准，国外汽车大都没有统一标准，而由厂家自定。

1. 国产汽车配件编号规则

在中国汽车工业联合会颁布实施的《汽车产品零部件编号规则》中，汽车配件编号方法如图12-1所示。

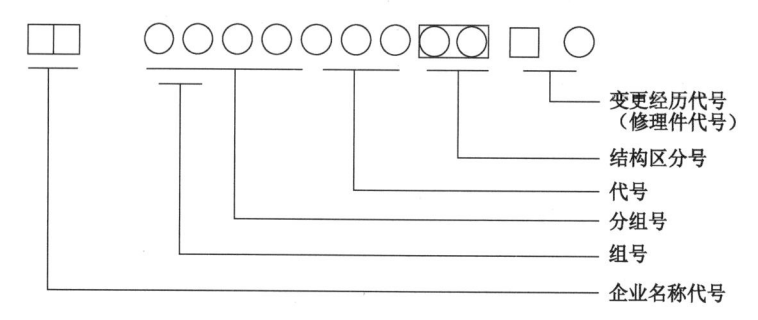

图 12-1　国产汽车配件编号规则

方框代表汉语拼音字母，圆圈代表阿拉伯数字，方框加圆圈在一起表示汉语拼音字母或阿拉伯数字均可。各部分意义如下。

（1）企业名称代号（发动机零件要包括发动机型号）。

（2）组号。用两位数字表示汽车各功能系统内分系统的分类代号。如发动机的主组号为10，发动机冷却系统的主组号为13，变速器为17，转向器为34等。

（3）分组号。用四位数字表示总成和总成装置的分类代号。头两位数字代表其隶属的组号，后两位数字代表在该组内的顺序号。如发动机包含的分组号为1000～1022、变速器包含的分组号为1700～1706、转向器包含的分组号为3400～3413等。

（4）代号。用三位数字表示零件、总成和总成装置的代号。

（5）结构区分号。用两个字母或两位数字区别同一类零件、总成和总成装置图的不同结构、性能、尺寸参数的特征代号。

（6）变更经历代号。用一个字母和一位数字表示零件、总成和总成装置图更改过程的代号，当零件或总成变化较大，并且首次更改不影响互换的用A1表示，依次用A2、A3……当零件或总成首次更改影响互换时，则跳过字母A而用字母B，若再次更改而不影响互换则用B1表示。

（7）修理件代号。在标准尺寸的基础上加大或减小尺寸的修理件，并按其尺寸加大或减小顺序给予代号。用两个字母表示，前一个字母表示修理件尺寸组别，后一字母为修理件代号，用"X"表示。当某一修理尺寸有三组尺寸时，其代号为"BX""CX""DX"。当该组修理件标准尺寸件进行影响互换的更改时，应相应更改尺寸组别代号，其字母根据更改前所用的最后字母依次向后排列。如第一次影响互换更改时，标准尺寸的更改经历代号为"E"，则相应修理件代号为"FX""GX""HX"。

2. 国外汽车配件编号规则

国外汽车配件编号比较繁杂，各厂自行规定各不相同。需要认真查对原厂的零件目录和手册。不过有一点需要注意：国外汽车车型的更新和改进较快，有些同一车型的同一配件，只因生产年份不同而不能通用互换。所以国外车型的配件必须注意其生产年份和生产日期，这是国外汽车零件编号的普遍规律。如日本丰田汽车，要查对零件编号必须先查出车辆型号和车架号码，由车架号码查出车辆生产日期，查出发动机型号，再从有关目录上查出编号。

3. 如何查阅汽车配件目录

汽车配件目录一般是按汽车的发动机、底盘、车身和电气设备四大组成部分顺序编排的。发动机按机体组、曲柄连杆机构、配气机构、供给系、冷却系、润滑系、点火系和启动系排列。底盘按传动系（离合器、变速器、万向传动装置、驱动桥）、行驶系（车架、车桥、悬架、车轮）、转向系、制动系排列，接着是车身附件和电器系统。

在汽车配件目录中，一般每一个总成都有拆解示意图，并标明该总成各组成零件的序号（标号），对应表格中给出各标号配件的名称、编号、每车用量、通用车型等。

查阅汽车配件目录时应注意以下两点。

（1）首先要确定所查阅的配件为车辆的原有目录，否则将无法保证所购配件是否适用。

（2）查阅前，必须确知汽车型号、发动机型号、发动机编号、底盘编号、出厂日期等参数。

下面以捷达（JETTACL）ABX（四速和五速）及 ACR 型和捷达王（JETTAGT）轿车的配件目录为例加以说明。

本目录分为五个部分，第一部分是零件主组索引，按照一汽大众公司的零件主组编号，介绍各编号内的子组零配件及其名称。第二部分为零件目录正文，其中包括全部零配件的子组图解和每种零配件的编号、名称、说明、件数、适用车型等内容。第三部分为备件号码索引，它把书中全部零配件的零件号码按顺序编辑，以便使用者能在知道零件号码后查阅零件所在部位、形状、名称等有关情况。第四部分为新增备件索引。第五部分为车型和零件目录内容和符号说明附表。

现将使用须知说明如下。

（1）本目录中所列出的零件按汽车的构造分成9个主总成，每一个主总成又分成若干子总成。在主总成和子总成中大部分的零件均按其设计结构上的相互从属序列和编号，结构图也是从这个意图出发安排的。

（2）一般零件号码由9个数字组成，分成4组。第一组3位数表示汽车的车型或发动机或变速器的型号（对于油漆、辅料及一部分通用件则用1位或3位字母表示）；第二组3位数字表示该零件所属的主组（主总成）及子组（子总成）；第三组3位数则组成零件号。当零件改进后则在第10、11位用字母或数字表示。有颜色的零件由3个数字或数字与字母组合在第12~14位来表示。

（3）为了使本目录与一汽大众公司的配件技术文件通用，本目录对零件编号、图号及零件主组页码等内容未做改动，以利于用户到有关部门订购配件。每页零件目录列表下端都有两组数，如200-10和9-003，200-10表示图号，9-003表示零件第9主组的第3页。

（4）为了直观快速地查阅已知零配件的号码、部位，本目录全书编排了页码，可先查阅第一部分零件主组索引及目录，然后再按目录所示页码查阅子组列表目录，即可查阅到已知零件组图页号码，再由图页号码查阅零配件列表目录，即可查阅到已知零件号码、部位。

（5）在只知零件号码的情况下，应使用本目录第三部分。首先根据所查零件号码第 2 组 3 位数字的顺序查到该零件号码所在的零件主组页码（对于第一组是字母的零件将其安排在前部，在查阅时要注意），据此即可找到被查零件所在的图解及附表。

（6）为方便用户使用，在目录中增加了新增备件索引部分，如需要可根据所查零件号码的第 2 组的 3 个数字的顺序在新增备件索引中即可查到。

（7）车型、零件目录内容和符号说明等，可按此第五部分中的附表中查出。

12.3 汽车配件的采购

12.3.1 汽车配件进货渠道与货源鉴别

1. 进货渠道

汽车配件销售行业大都从汽车配件生产厂家进货,在进货渠道的选择上,应立足于以优质名牌配件为主。但为适应不同层次的消费者需求,也可进一些非名牌厂家的产品,可按 A、B、C 顺序选择。

A 类厂是全国有名的主机配套厂,这些厂知名度高,产品质量优,多是名牌产品。这类厂应是进货的重点渠道。其合同签订形式可采取先订全年需要量的意向协议,以便于厂家安排生产,具体按每季度、每月签订供需合同,双方严格执行。B 类厂虽生产规模知名度不如 A 类厂,但配件质量还是有保证的,配件价格也比较适中,订货法与 A 类厂不同,可以只签订短期供需合同。C 类厂是一般生产厂,配件质量尚可,价格较前两类厂低。这类厂的配件可作为进货中的补缺。订货方式也与 A、B 类厂有别,可以电话、电报要货,如签订供需合同的话,以短期合同为宜。但必须注意,绝对不能向那些没有进行工商注册、生产"三无"及假冒伪劣产品的厂家订货。

2. 货源鉴别

汽车配件质量的优劣,关系到销售企业的经营大计。汽车配件产品涉及范围广泛,要对全部零配件做出正确和科学的质量结论,中、小型汽配销售企业难以具备所需的全部测试手段。企业要根据自身的实际情况,添置必备的技术资料和通用检测工具,如自己所经营的主要车型主机厂的图样或汽车配件目录、各类汽车技术标准等,这些资料都是检验工作的依据。此外,购置如游标卡尺、千分尺、百分表、千分表、量块、V 形架、平板等通用量具,以具有一般通用检测能力。

3. 检验方法

一般的汽车配件销售企业没有完备的检测手段,但可根据不同的配件种类采取以下不同的鉴别方法,并综合运用。

(1) 目测法。查看文件资料、表面包装和商标,目测产品表面质量(零配件的细小裂纹可通过敲击听音加以判断),以此可以识别配件优劣。

(2) 经验法。检查配件表面硬度是否达标、结合部位是否平整、几何尺寸有无变形、总成部件有无缺件、转动部件是否灵活、装配记号是否清晰、铰接零件有无松动、配合表面有无磨损等。

(3) 比较法。用标准零件与被检零件进行比较,从对比中鉴别被检零件的技术状况。

12.3.2 汽车配件进货方式

汽车配件销售企业在组织进货时,要根据企业的类型、各类汽车配件的进货渠道及汽车配件的不同特点,合理安排组织进货。

(1) 集中进货。契合设置专门机构或专门采购人员统一进货,然后分配各销售部(组、分公司)销售。集中进货可以避免人力、物力的分散。还可加大进货量以受到供货方重视,并可根据批量差价降低进货价格,也可节省其他进货费用。

（2）分散进货。由配件销售部（组、分公司）自设进货人员，在核定的资金范围内自行采购。

（3）集中进货与分散进货相结合。一般是外埠采购及其他非固定进货关系的一次性采购，方法是由各销售部（组、分公司）提出采购计划，由业务部门汇总审核后集中采购。

（4）联购合销。由几个配件零售企业联合派出人员，统一向生产企业或批发企业进货，然后由这些零售企业分销。此类型多适合小型零售企业之间或中型零售企业代小型零售企业联合组织进货。这样能够相互协作，节省人力，凑零为整，拆整分销，并有利于组织运输，降低进货费用。

12.3.3 控制进货量

控制进货量是汽车配件销售企业确定每次进货多大数量为最佳进货量的业务活动。合理控制进货量，既能满足客户的需求，也能将资金占用控制在合理的范围内，降低财务成本。进货分析应从库存管理开始。

1. 库存管理

在编制进货计划前，应确定零配件的供应情况，避免因零配件供应不足而心生不满的客户转向水货市场，赢回失去客户的成本。同时，使用库存管理控制存货范围的广度和深度（库存广度是指一个存货范围中零配件的种类数，库存深度是指一个存货范围中一种零配件的数量）。基于此，可通过预测确定未来库存水平，以确保现有库存和指定的安全库存能够满足所有客户的需求。

（1）确定库存件和非库存件。仓库的面积有限，只能存放需求频繁的零配件。因此可根据销售频率将零配件分为库存件和非库存件。库存件是指属于存货范围或存储在仓库中的零配件，非库存件是指不属于存货范围的零配件。

同时满足以下两个条件的零配件可纳入存货范围，归入库存件：

①出售稳定性高，即一种零配件在 4 个月内每月至少售出一次。

②平均消耗高，即一种零配件一年至少售出 6 件或每 2 个月至少售出 1 件。

一种零配件已连续 12 个月没有售出一次的，应被排除在库存之外，即非库存件。

（2）对库存进行分类。根据特定的属性对库存进行分类，配件管理员基于拣货频率对零配件进行 ABC 分类，不仅能帮助库管人员进行有效的库存分类管理，如果再结合零配件的价格进行细分，更能提高库存管理规划的效率。

A 类零配件指快速流通的零配件，对客户满意度的影响最大，应该成为关注的焦点。B 类零配件指中速流通的零配件，C 类零配件指慢速流通的零配件。N 类零配件指第一次接收后过去 12 个月无销售历史的新增零配件，并且保持这一状态的时间不超过 12 个月。如果 12 个月以后仍无销售历史，则该零配件可被归入 D 类。D 类零配件就是积压库存，应基于库龄进行细分（D1 表示库龄超过一年但少于 2 年，D2 表示库龄超过 2 年但少于 3 年，D3 表示库龄超过 3 年），这类零配件应从库存件定义范围内剔除。

（3）预测需求。预测各零配件的未来需求，首先应该按 ABC 类零配件的顺序进行排序，A 类最优先，B 类次之，C 类再次之。其次，需要考虑零配件的消耗类型，如持续型、趋势型和季节型等，不同的消耗类型选择不同的预测计算方法。

①持续型和趋势型零配件的需求预测：

可采用过去 6 个月的平均值或加权平均值来测算未来需求。平均值是最简单的需求预测方法，适用于持续稳定需求类型的零配件。

未来需求=（消耗 T_1+消耗 T_2+…+消耗 T_n）/消耗周期数，T_i=上 i 个时间周期

以曲轴前油封为例（单位：件），如表 12-3 所示。

表 12-3　以曲轴前油封为例

周期	7月	8月	9月	10月	11月	12月	次年1月
曲轴前油封	6	5	7	8	5	4	?

计算：平均值=（4+5+8+7+5+6）/6=5.833

四舍五入，次年 1 月的需求预测为 6 件。

②季节型零配件应将历史数据作为依据，使用加权平均值计算未来需求。这个过程可以分为三个步骤：

首先，检查最近两年的需求模型以进行类比，并结合相关月份的出库数据，使用图表对比最近两年的曲线。全年的偏差不应太大。如果偏差太大，该零配件的消耗类型可被归入到趋势型或持续型。

然后，使用加权平均值计算未来月消耗量，权重因子可设为：去年 a_1=70%；前年 a_2=30%。

最后，根据当前情况确定预测值。由于季节性零配件受到气候条件和当前经济环境的影响，在对预测值进行理论计算后，配件计划员应根据实际情况进行评估，并根据未来的车辆保有量对理论值进行适当调整。

以气缸垫为例（单位：件），如表 12-4 所示。

表 12-4　以气缸垫为例

年份	4月	5月	6月	7月	8月	9月	10月	11月	12月	1月	2月	3月
前年	0	2	4	14	18	12	3	0	0	0	0	0
去年	0	3	6	18	19	10	4	0	0	0	0	0
使用加权平均值计算未来月消耗量，权重因子可设为：去年 a_1=70%；前年 a_2=30%。所得值向上取整。											
今年预测值	0	3	6	17	19	11	4	0	0	0	0	0

（4）计划库存。遵循供求关系，合理确定进货数量，应设定安全库存、补货点和最大库存。安全库存是最低库存量，如果零配件因某些意外出现供应困难时，可保障仓库的供货能力。补货点是指规定下达订单的时间及库存。最大库存则规定了仓库内可以保留的库存材料的最大数量。存货类型关系如图 12-2 所示。

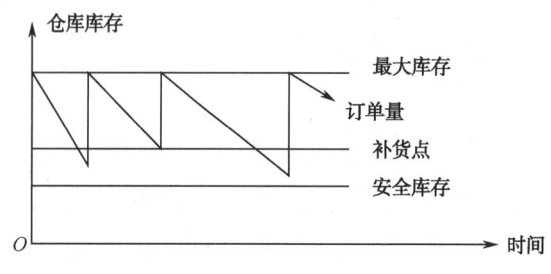

图 12-2　汽车零配件存货类型关系图

①计算安全库存。安全库存的计算公式如下:
$$安全库存=日平均消耗量×安全参数$$
$$日平均消耗量=平均月消耗/每月平均工作日天数$$
$$平均月消耗=过去6个月的销售总量/6$$

安全参数即为天数,可以根据零配件的类别进行设置,一般可设为21天、28天或更高。较高的安全参数能够减轻配件计划员的工作强度,同时带来更大的安全感,但缺点是会增加库存成本。当然,如果某种零配件的供应商出现供货困难或补货周期过长,配件计划员应根据经验单独计划安全库存。

②计算最大库存。最大库存和订购量的计算公式如下:
$$最大库存=安全库存+订单数量$$
$$订购量=日平均预测消耗×覆盖天数+(安全库存-当前库存)$$

覆盖天数一般设定为7天、14天或更高。

2. 零配件订购

(1) 下达订单。库存件通常以批量订单的方式订购,非库存件则以紧急订单的方式订购。配件计划员检查安全库存以确定日常库存范围和订购量。供货渠道应选择合格供应商。如果供应商零配件供应紧张,应检查紧急性,并与供应商确定新的交付日期。

(2) 追踪订单。订单下达后,配件计划员应确保供应商或物流公司能准时交付。同时,检查所有意外积压的未交货订单并制成表格,并每天根据新的交付信息及时更新。如发生交付延迟,应及时通知服务顾问和技术人员。

12.4 汽车配件的仓储管理

汽车配件绝大部分是金属制品,此外还有橡胶制品、工程塑料、玻璃、石棉制品等。有的配件精度很高,精密偶件不能随便拆换,如柴油机的喷油泵芯套和喷油嘴;有的不仅保管期限短,而且对保管的温度还有一定的要求,如补胎胶。由于汽车是一种技术含量很高的产品,近年来许多高、精、尖的技术都在汽车上应用,如计算机系统、电喷系统、安全气囊、防抱死系统等,对配件储存提出了更高的要求。

目前,汽车配件销售企业经营的产品逐渐增多,如各类汽车美容用品、各种油类、液类、车腊、油漆及各种摩托车配件等。为了保管好各种汽车配件及其横向产品,必须根据其不同的性质、特点区别对待,妥善地处理好在入库、保管和出库中发生的一系列技术问题。

12.4.1 入库验收

1. 入库验收的主要工作

入库验收是配件进入仓储管理的准备阶段,把好"收货关"就是为提高仓储管理打下良好的基础,具体工作包括数量与质量验收两个方面。数量、品种、规格的验收,应与运单、发货票及合同的规定相核定,开箱或打开包装检查,在运输过程中有无损坏和丢失。质量验收,首先查验装箱单和合格证是否齐全,然后按技术标准或合同规定的标准进行检验,凡仓库能自检的,由仓库负责,需要技术部门或专业部门检验的,应通过他们检验并出具检验合格证明,才能点收入库。还应注意配件的原厂合格证必须妥善保管,以便对质量问题进行交涉和索赔。

2. 验收入库的程序

（1）点收大件。仓库保管员根据入库单所列的收货单位、品名、规格、型号、等级、产地、单价、数量等各项内容，逐项进行认真查对、验收，并根据入库配件的数量、性能、特点、形状、体积，安排适当货位，确定堆码方式。

（2）核对包装。在点清大件的基础上，对包装物上的商品标志和运输标志，要与入库单进行核对。只有在实物、商品和运输标志、入库凭证相符时方能入库。经过核对检查，如果发现票物不符或包装破损异状时，应将其单独存放，并协助有关人员查明情况，妥善处理。

（3）开箱点验。凡是出厂原包装的产品，一般开箱点验的数量为5%～10%。按入库单所列内容进行核对验收并查验合格证，经全部查验无误后才能入库。

（4）归堆建卡，安排货位。归堆时一般按"五五堆码"原则（五五成行、五五成垛、五五成层、五五成串、五五成捆）的要求，排好垛底，并与前后左右的垛堆保持适当的距离。批量大的，可以另设垛堆，但必须整数存放，标明数量，以便查对。建卡时，注明分堆寄存位置和数量，同时在分堆处建立分卡。

（5）上账退单。根据进货单和库、架、排、号及签收的实收数量逐笔逐项登账，并留下入库单据的仓库记账联，作为原始凭证保留归档。另外两联分别退还业务和财务部门，作为业务部门登录商品账和财务部门冲账的依据。

12.4.2 仓储管理

1. 确定合理的仓库管理和仓储技巧

仓库管理及技巧包括库房硬件、货位系统、存储方法等内容。

（1）库房硬件。库房硬件包括库房建筑设计及内部布局设计。

库房建筑设计需充分考虑库房面积、库房位置、库房高度及通道设计。库房面积一般可按工位数×40平方米来计算。库房位置则应遵循库房到车间及展厅的距离最短，并且运输及停车方便。有条件的经销商，车间、展厅和库房三点相连则为最佳，如图12-3所示。

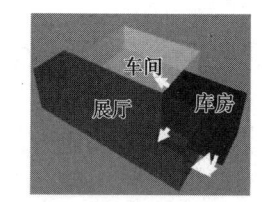

图12-3 库房位置示意

库房的主通道应在仓库中央，主通道宽度不小于1.25米。库房内部区域可分为①收发货周转区；②对车间的发料台；③快流小件；④快流大件；⑤中慢流大件；⑥中慢流小件；⑦立体仓库的楼梯；二楼可存放慢流小零件及重量较轻的大件；⑧危险品；⑨上锁的贵重零件等，如图12-4所示。

（2）货位系统。越来越多的汽车经销商采用全货位系统来进行仓储管理。全货位系统将库房分区，并给每个零件都编上对应的货位号，如图12-5所示。

库房分区可以按照货物流通的快慢进行划分。

A区：一层，存放快速流动和中等流速的零配件及一些小零件；

B区：二层，存放体积较轻的大零件及慢速流动件；

另外还可以设放置带托盘零件的D区和上锁的S区。

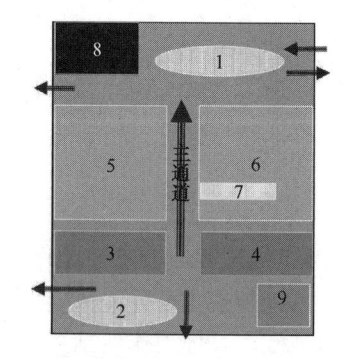

图12-4 库房内部区域示意

给货位编号时可遵循以下原则：面对主通道，左侧的次通道为单数，右侧的次通道为双数。进入次通道以人站立的位置为准，单元号命名的原则为左单右双。这样，配件收发员可以方便快捷地找到相应货位，如 A02-06-24 的位置如图 12-6 所示。完成编制以后，货位号应在配件管理系统中维护输入。

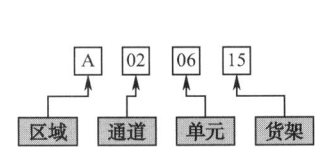

图 12-5　货位号编制示意

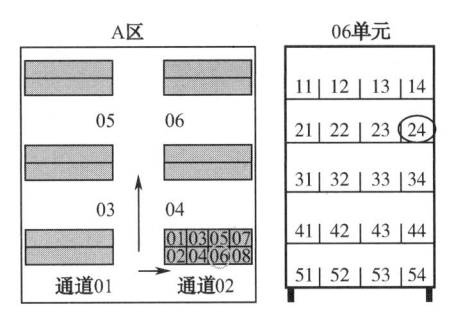

图 12-6　货位号示意

通常一个货位存储一个零件，但也有一些例外。比如一些体积很小的标准件可用储物盒存放，一个储物盒里可放几种标准件。此时可在盒子的外侧标明所存储零件的零件号。也有可能出现一个零件占用多个货位的情况，如大型车身覆盖件、挡风玻璃等。

全货位系统的优点：工作人员，哪怕没有经过培训，也能根据一对一分配的货位迅速找到需要的零件；高密度的存储方式，可使空间利用率提高 25%～30%；根据货位号码，可以设计最短的拣货路线，提高工作效率；不需要经常调整货架的大小和更换零件标签。当然，使用全货位系统需要计算机系统的支持，货位标识也要非常清楚。

（3）存储方法。零部件的存储一般有以下原则。

高效率原则：根据零件拣货次数和库存类别（ABC）作为安排货位的首要条件；快流零件放在最方便取用和发货的地方；将标准件等小零件放置在专用抽屉式的零件货架；轻物上置，重物下置。如使用立体式货架的，应优先将一层充分利用后再使用二层。

经济性原则，即按零件尺寸合理安排货位空间。不宜叠放的零件，应选择层高间隔小的货架，避免空间浪费；体积较小的零件不适合使用深度较大的货架；体积大的零件一定要选择比较充裕的货位，以利于取用和先进先出。

安全性原则，可以保证零件完好和内在使用的质量。

①保持包装完好，在验货后封闭不马上使用的包装，如横拉杆球头应保持球头盖罩完好。
②按包装上的指示箭头摆放。
③无独立包装的小零件和易碎零件应防止丢失损坏。如小灯泡应放在蓝盒子或抽屉中，小零件不放在有缝隙的货位上等。
④容易受力变形的零件不要束扎、积压或拉伸。如皮带不能束扎，软胶条不能直接放在挂网钩子上等。
⑤无金属接触金属。金属零件与货架间最好有保护垫，零件之间用保护套分隔。
⑥液体类不宜与其他零件混放，尤其不能将液体放在其他零件的上面，防止液体泄漏时污染其他零件。

此外还应遵守整洁性原则及先进先出原则。

特定零部件的存储需要注意的事项有：
①有存储期限要求的零件应特别标注并定期检查；
②轮胎应使用特定的有倾斜角并带保护垫的货架，并定期转动轮胎；

③减振器应竖直存放；

④电子零件应预防静电。如果电子零件存储在金属货架上，应尽量保持原包装；已经打开原包装的零件，最好采用聚丙烯导电材料的存储容器。

2．采用可视化管理

仓库可视化管理能够极大地提高物品存储管理的效率，并使物品存储科学化、正规化。可视化管理要求做到以下几点：场所标志清楚、区域定置有图、位置台账齐全、物品编号有序、全部信息规范。

仓库划分区域，以字母区分，如 A 区、B 区、C 区；货架也进行编号，这些编号都做成大标牌，让工作人员一目了然。

带保质期的零部件货位应该用彩带贴等额外标识，提醒工作人员最后的出库期限。

3．安全规定和危险品存放

零配件仓库除了像一般楼宇一样规定消防安全措施和逃生计划之外，还应该配备特定的防护装备，如棉纱手套、橡胶手套、安全鞋、防护服等。配件部员工应接受有关危险品知识培训方可上岗。此外，还需注意仓库货架的最大承载重量。

危险品的存放。凡是具有爆炸、易燃、毒性、腐蚀性、放射性特征，在运输及存储过程中容易造成人身伤亡和财产损失的物品，都称危险品。汽车零部件中包括不少危险品，主要有以下几种。

①易燃液体：油漆、稀料、汽油、固化剂等；

②含气体压力的零件：蓄压器、弹力撑杆、灭火器、减振器等；

③含腐蚀性化学成分：电瓶等；

④易爆品：安全气囊等；

⑤有毒有害物质：清洗剂等。

危险品一般在包装上有明显标识，如图 12-7 所示．

有毒　腐蚀　刺激性　氧化　易燃　易爆　易碎　有害环境　非可燃性瓦斯

图 12-7　危险品包装示意

应尽量减少危险品的库存，将危险品放在单独的区域；库房应严格禁烟，并保持良好的通风。有毒物质应当上锁存放；腐蚀性物质应放在可接泄漏的器皿中，并定期检查包装是否完好；易燃易爆品的周围不要放价值高的物品，并远离有毒物质，保证万一发生爆炸损失最小；易碎品应注意边缘保护，避免破碎。

4．库存盘点

零配件的流动性很大，为了及时掌握库存的变化情况，必须进行定期和不定期的盘点工作。盘点可以采用连续库存盘点法和期末库存盘点法。前者的优点是不会中断业务，后者的优点是便于管理。一般汽车经销商多采用期末库存盘点法。

（1）盘点的准备工作。准备工作包括确定盘点时间、盘点人员、盘点卡等。采用期末库存盘点法，盘点时间一般定在每月的月末。盘点人员必须是内行，每两人为一个小组，划分区域分组进行盘点。盘点卡上应有盘点日期、零件号、零件名、货位号、理论库存、实际库存和盘点人签名栏。盘点人员要对盘点结果负责。

（2）正式盘点。在规定的时间内，盘点人员要根据存货清单对所有零部件进行逐一清点，并记录实际数量。比较实际数量和理论库存，并计算差值。盘点人员应对出现差值的零部件进行再次清点，查找出现偏差的原因，查漏补缺，最终得到盘点结果。

（3）盘点跟进。盘点结束后，应对库存差值进行详细分析，查明原因，落实责任。

①盘盈：指实际库存大于理论库存，查明原因后，调整账面，计入增益。

②盘亏：指实际库存小于理论库存，应反复落实，明确责任，调整账面，计入损失。

③报废或削价：零部件出现霉烂、锈蚀、变质，已失去部分或全部使用价值的，应经配件管理员提出报废或削价申请，由经销商主管领导审批后进行处理。

12.4.3　出库

汽车配件出库标志着储存保管阶段的结束，把好"出货关"是全库管理工作的重要一环。

1. 出库的程序

（1）核对单据。业务部门开出的供应单据（供应发票，转仓单，商品更正通知单，补发、调换、退货通知单等）是仓库发货、换货的合法依据。保管员接到发货或换货单据后，先核对单据内容、收款印戳，然后备货或换货，如发现问题，应及时与有关部门联系解决，在问题未弄清前，不能发货。

（2）备货。备货前应将供应单据与卡片、实物核对，核对无误，方可备货。备货有两种形式：一种是将配件发到理货区，按收货单位分别存放并堆码整齐，以便复点；另一种是外运的大批量发货，为了节省人力，可以在原垛就地发货，但必须在单据上注明件数和尾数（不足一个原箱的零数）。无论采用哪种形式，都应及时记卡、记账、核对结存实物，以保证账、卡、物相符。

（3）复核、装箱。备货后一定要认真复核，复核无误后，用户自提的可以当面点交。属于外运的可以装箱发运。在复核中，要按照单据内容逐项核对，然后将单据的随货同行联和配件一起装箱。如果是拼箱发运的，应在单据的仓库联上注明，如果编有箱号的，应注明拼在几号箱内，以备查考。无论是整箱或拼箱，都要在箱外写上运输标志，以防止在运输途中发错到站。

（4）报运。配件经过复核、装箱，查号码后要及时过磅称重，然后按照装箱单内容逐项填写清楚，报送运输部门向承运单位申请准运手续。

（5）点交和清理。运输部门凭装箱单向仓库提货时，保管员先审查单据内容、印章、经手人签字等，然后按单据内容如数点交。点交完毕后，随即清理现场、整理货位，腾出空位以备再用。用户自提的一般不需备货，随到随发，按提单内容当面点交，并随时结清，做到卡、物相符。

（6）单据归档。发货完毕后，应及时将提货单据（盖有提货印章的装箱单）归档，并按照其时间顺序，分月装订，妥善保管，以备查考。

2. 出库的要求

（1）凭单发货。仓库保管员要凭业务部门的供应单据发货，但如果单据内容有误，填写不合规定、手续不完备时，保管员可以拒绝发货。

（2）先进先出。保管员一定要坚持"先进先出、出陈储新"的原则，以免造成配件积压时间过长而变质报废。因为汽车更新换代很快，配件制造工艺也在不断地更新，如果积压时间过长，很可能因为产品老、旧而淘汰报废。

（3）及时准确。一般大批量发货不超过两天。少量货物，随到随发。凡是注明发快件的，要在装箱单上注明"快件"字样。发出配件的车型、品种、规格、数量、产地、单价等，都要符合单据内容。因此，出库前的复核一定要细致，过磅称重也要准确，以免因超重发生事故。

（4）包装完好。配件从仓库到用户中间要经过数次装卸、运输。因此，一定要保证包装完好，避免在运输途中造成损失。

（5）待运配件。配件在未离库前的待运阶段，要注意安全管理。如忌潮的配件要加垫，怕晒的配件要放在避光通风处。总之，配件在没离开仓库之前，保管员仍然要保证其安全。

12.5 汽车配件的销售

汽车配件销售企业要将销售业务看作是最重要的业务环节，企业的一切活动都应围绕着销售进行。在汽车配件市场竞争日趋激烈的情况下，销售业务开展得如何，对企业的生存和发展起着举足轻重的作用。

12.5.1 汽车配件销售的特征

1. 专业性

现代汽车是融合了多种高新技术的集合体，其每一个零部件都具有严格的型号、规格、工况标准。一辆汽车在整个运行周期中，约有3000种零部件存在损坏和更换的可能，所以经营某一个车型的零配件就要涉及许多品种规格的配件。即使同一品种规格的配件，由于有许多厂家在产品的质量、价格等方面差别很大，甚至还存在假冒伪劣产品。从业人员既要掌握商品营销知识，又要掌握汽车配件专业知识、汽车材料知识、机械识图知识，学会识别各种汽车配件的车型、规格、性能、用途及配件的商品检验知识。相对于一般生活用品而言，卖配件更重要的是搞服务、卖知识。经营必须与服务相配套，特别是技术服务。

2. 季节性

一年四季、春夏秋冬给汽车配件销售市场带来不同季节的需求。在春季，为适应在雨天行驶，各种挡风玻璃、车窗升降器、电气雨刮器、挡泥板等部件需求特别多。在夏季和早秋季节，因为气温高，发动机机件磨损大，对火花塞、气缸垫、进排气门及冷却系等部件需求特别多。调查资料显示，季节性需求所带来的销售额，约占总销售额的30%～40%。

3. 地域性

我国国土辽阔，地理环境的差异也给汽配销售市场带来地域性的不同需求。在山地高原，因山路多、弯道急、坡度大，汽车钢板弹簧就易断、易失去弹性，变速部件、传动部件、减振器部件也易损坏，需要更换总成件较多。在城镇，汽车启动和停车次数较频繁，其所需启动、离合、制动、电器设备等部件的数量就较多。

另外，由于汽车配件经营品种多样化及汽车故障发生的随机性，经营者要将大部分资金用于库存储备和商品在途资金储备。

12.5.2 汽车配件的销售方式

1. 从零售店经营的品种数目看

（1）专业店，也称为专卖店。专门经营某一个汽车公司或某一种车型的汽车配件。国外多数汽车公司的配件都实行专卖。专卖店一般属于汽车公司,或与汽车公司(或其他经销站、代理商)是合同关系。

(2)混合店。一般直接从各生产厂家或汽车公司进货,经营品种涉及各个汽车厂家各种车型的配件。

(3)超级市场。不仅规模大、品种全、价格合理、知名度高,而且还从事批发业务。这类市场的辐射力很强,形成以超级市场为中心的经营网络。如上海汽车工业零部件总汇,堪称为国内第一流的汽车配件经销店。

2. 从零售店的经营权看

一般零售店都是独立的。但连锁店不同,与汽车配件主渠道——汽车配件公司连锁,由汽车配件公司对其进行规划、管理、技术指导、提供信息,并优惠供应配件。

3. 从零售店的集中程度看

(1)分散形式。汽车配件零售店一般分散在各个地方,周围可能只此一家。

(2)汽车配件一条街。这种一条街在我国许多城市都存在,一般位于较有影响的配件批发商附近,或在汽车贸易公司、汽车企业销售机构附近的地区。

4. 从零售店的综合程度看

多数零售店只是经营汽车或摩托车配件及相关五金工业品,但也有综合性很强的大型零售店,有些类似于超级市场。这类大型店提供的服务不仅是经营各类汽车配件,还向客户提供加油、娱乐等多种服务。

12.5.3 汽车配件的门市销售

对于汽车配件流通企业来讲,汽车配件的主要销售方式是门市销售,无论是大用户,还是零星购买,门市供应都是最基本、最直接的流通渠道。一般称门市销售部门为门市部、营业部,也有的称销售中心、销售部(公司)等。门市一般应选在交通方便、顾客比较集中,且停放车辆方便的地方。一个较大的汽车配件销售企业往往在一个地区设立几个门市部,或跨地区、跨市设立门市部。在有多个门市部时,相互间的分工至关重要。有的按车型分工,如经营解放、东风或桑塔纳、捷达、奥迪配件等;有的实行综合经营,不分车型;也有的二者兼有,即以综合经营为基础,各自又有一两个特色车型。

1. 门市销售的柜组分工方式

在一个门市部内部,各柜组的经营分工,一般有按品种系列分柜组和按车型分柜组两种方式。

(1)按品种系列分柜组。经营的所有配件不分车型,而是按部、系、品名分柜组经营。如经营发动机配件的柜组,叫发动机柜组。经营通用工具及通用电器的柜组,叫通用柜组。经营化杂配件的,叫化杂件柜组等。

这种柜组分工方式的优点是能够结合商品的本质特点,比较适合专业化分工的要求。如金属机械配件归为一类、化杂件归为一类、电器产品归为一类,这种划分方式有利于经营人员深入了解商品的性能特点、材质、工艺等商品知识。汽车配件品种繁多,对于营业员来说,学会自己经营的那部分配件品种的商品知识,比学会某一车型全部配件的商品知识要容易得多,这样能较快地掌握所经营品种的品名、质量、价格及通用互换常识。尤其在进口维修配件的经营中,由于车型繁杂,而每种车型的保有量又不太多,按品种系列分柜组比较好。再就是某些配件的通用互换性,哪些品种可以与国产车型的配件通用,往往需要用户提供,有的则需要从实物的对比中得出结论。如果不按品种系列，而按车型经营，遇到上述情况，就有许多不便。

（2）按车型分柜组。按不同车型分柜组，如分成桑塔纳、富康、捷达、奥迪、东风、解放柜组等，每个柜组经营一个或两个车型的全部品种。

中/小型企业及个体用户，大多拥有一种或几种车型，这些中/小型用户的配件采购计划往往是按车型划分，所以一份采购单只集中到一个柜组的一两个柜台，便可解决全部需要。另外，按车型分工还可与整车厂编印的配件样本目录相一致，当向整车厂提出要货时，经营企业可以很便利地编制以车型划分的进货计划。按车型分柜组，根据社会车型保有量统计数据，把进货、销量库存、资金占用、费用、资金周转几项经济指标落实到柜组，在此基础上实行利润包干形式的经济责任制，有利于企业管理的规范化。

但这种方法也有缺点，那就是每个柜组经营品种繁多，对营业员的要求高，他们需要熟悉所经营车型每种商品的性能、特点、材质、价格及产地等情况，这不是一件很容易的事。而且当一种配件可以通用几个车型时，往往容易造成重复进货、重复经营。

两种柜组分工方式各有利弊，可根据具体条件决定。

2．门市橱窗陈列和柜台货架摆放

对汽车配件门市部来讲，陈列商品十分重要。通过陈列摆放样品，可以加深顾客对配件的了解，以便选购。尤其对一些新产品和通用产品，更能通过样品陈列起到极大的宣传作用。

（1）门市的商品陈列，包括橱窗商品陈列、柜台货架商品陈列、架顶陈列、壁挂陈列和平地陈列等。分别介绍如下。

①橱窗商品陈列。是利用商店临街的橱窗专门展示样品，是商业广告的一种主要形式。橱窗陈列商品一定要有代表性，体现出企业的特色，如主营汽车轮胎的商店，要将不同规格、不同形状的轮胎巧妙地摆出来，美观大方、引人注目。

②柜台货架商品陈列。也叫做商品摆布，它具有陈列、销售、更换频繁的特点。柜台货架陈列是营业员的经常性工作，汽车配件中如火花塞、皮碗、修理包、各类油封等小件商品，适合此类陈列方式。

③架顶陈列。是在货架的顶部陈列商品。特点是它利用了上部空间位置，架顶商品陈列的视野范围较高，顾客容易观看，这种方式一般适合相关产品，如全损耗系统用油、美容清洗剂等商品的陈列。

④壁挂陈列。一般是在墙壁上设置悬挂陈列架来陈列商品，适用于质量较轻的配件，如轮辋、皮带等。

⑤平地陈列。是将体积大而笨重、无法摆上货架或柜台的商品，在营业场地的地面上陈列，如电瓶、发动机总成、离合器总成等。

（2）商品陈列的货架摆放及注意事项。要将商品摆得成行成列、整齐、有条理、多而不乱、易于辨认。陈列的商品要明码标价，存货有价。商品随销随补，不断档、不空架，把所有待销售的商品展示在顾客面前。摆放商品要定位定量，不要随便移动，以利于营业员取放、盘点，提高工作效率。按商品的品种、系列、质量等级等有规律地摆放，以便用户挑选。把使用上有联系的商品摆放在一起陈列，这样能引起顾客的联想，具有销售上的连带效应。

3．门市销售应注意的问题

（1）门市销售不等于坐等客户。当前汽车配件市场供大于求，市场竞争十分激烈，门市销售除了日常的接待客户外，还应通过走访、邀请、电话、信函等交流手段熟悉用户，与购货比较集中的单位，如公交公司、汽车运输公司、出租车公司、厂矿车队、修理厂等，加强联系，熟悉其主管人员、主办人员、车数、车型保有情况，建立用户档案，根据汽车配件的消耗规律判断其进货计划，使销售工作有的放矢。

（2）对用户货款结算应持谨慎态度，避免拖欠和造成重大损失。货款结算方式有现金收讫、转账支取、托收承付、担保延期付款等方式。但除关系密切、信誉好的用户外，宁可薄利，也应及时回笼货款。

（3）研究制定合理的销售价格体系。销售中如何发挥价格杠杆作用，根据市场需求变化、进货成本，在不违背国家有关规定的前提下，灵活定价。根据市场行情变化，适当调高畅销品、名优产品价格，但代理销售生产厂家产品的企业应征求厂家意见。适当调低滞销商品价格，必要时为加速资金周转，可亏本或保本出售。对批发价商品要根据购买数量、成本进行核算，薄利多销。在整个销售中有赔有赚，以盈补亏，这样可以消化呆滞积压配件造成的经济损失，给企业的发展注入活力，但应防止采取低价倾销的不正当竞争行为。

（4）对优质服务要有全面认识。门市销售不单单是面带微笑、热情待客，更重要的是练好"内功"。每个用户，特别是大用户购买配件时，总是希望在一个公司能满足其所需的全部配件，且质好价宜。因此，门市销售就必须在品种、质量、价格上下功夫。营业员必须根据汽车配件车型多、品种繁、专用性强等特点，不但要懂得所经销配件的通用互换情况，而且还要了解同一车型、不同代产品的配件。不然，就会造成本来可以通用互换的不同车型的配件，不能实现销售，降低了用户的满足率，同时还会造成因不知道同一车型、不同代产品不能通用的知识所带来的销售错误。所以营业员必须学会识别各种配件的车型、名称、规格、用途，掌握汽车配件基本知识。只有这样才能为用户提供满意的咨询导向和售后服务，与用户建立起牢固的感情纽带。

（5）理顺进销关系。以门市销售情况、库存数量及各品种销售走向安排进货，按汽车配件消耗规律组织营销，进货与销货不能脱节。一旦预见到将会发生品种短缺，立即联系进货，保证常规易损、易耗配件的充足供应，最大限度地满足用户需求。今后的发展趋势是门市销售记账实现办公现代化，利用计算机准确快捷地统计出各品种销售情况，可更好地理顺进销关系，提高工作效率。

（6）对门市销售业务要考核经济效益，同时也要考核社会效益。一般对考核经济效益比较重视，主要指标是考核"纯利润"，对配件商品供应率（用户购买满足率）却不太重视。配件商品供应率是一项反映企业在当地市场上销售品种对用户的满足程度，尤其是对本企业所经营的、当地保有量大的车型配件的满足程度。考核办法是，在一段时间内抽取某些有代表性的老用户采购单，把采购单上的品种总数作为分母，把本企业所能满足的品种总数作为分子得出的数据再乘以100%。这个百分数越大说明本企业的品种覆盖率高，社会效益越好，同时也扩大了销售，促进了经济效益的提高。

（7）接待并处理好用户退换货业务。用户退换商品一般有两种情况：一是因商品质量不合乎要求而退换；二是由于所购商品不适合应用而退换。不论对于哪种情况，都应给予妥善处理。遇到第一种情况，首先必须验明是否确属本企业售出的商品，并经证明质量状况是否符合标准，然后由商店按规定处理。遇到第二种情况，也要首先验明是否确属本企业售出的商品，再查验商品有无损坏，并在规定退换期内，报请商店负责人按规定退换。对于不符合退换规定的，应耐心解释。

（8）完整地向顾客介绍汽车配件及其质量保修规定。顾客在购买汽车配件时，有时并不十分清楚所购配件在使用时的注意事项,营业员应详细向顾客介绍该配件的功能、性能特点及使用方法,有时还须示范或让顾客亲自试用。有条件的话,可向顾客分发产品使用说明书。营业员应对汽车配件的产地、质量、特点等有较深的了解,积极如实地向顾客介绍。同时,对有些配件还应介绍其质量保修规定,这也是顾客十分关心的问题,如保修年限、承保范围、费用分担等问题,还应向用户发送质量保修卡。

4. 提高汽车配件商品供应率

配件商品供应率,有两个方面的影响因素:一是所经营商品品种结构问题,即所规定的经营商品结构是否合理,是否适应市场的需求;二是现有商品结构中的每个具体商品的存量问题,额定存量能否在数量、质量、价格、供货时间等方面满足市场需求。要提高配件商品供应率应从以下两方面着手。

(1) 要重视配件商品结构的调整。在一定的条件下强化管理,合理调配资金,提高资金保证程度,向适应和满足市场需求靠拢,不断改善和拓宽商品结构,提高商品供应率。但这种商品结构,一般说不能一劳永逸,应根据不断变化的市场需求,定期进行调整。

(2) 要注意研究每一种配件商品的合理存量。商品存量一般采用定额管理办法进行管理、调控、处理。商品存量的不正常情况主要表现是商品超储积压和短缺脱销这两个方面。这两种情况往往是同时并存,经常出现。商品的超储积压比较直观,容易发现,它的后果主要是使某些商品被压死,造成资金沉淀,仓储费用增加,甚至损失商品资金,危害性十分明显。而商品短缺脱销、供应率下降的情况,有时容易被忽视。

对一个汽车配件经营企业来讲,提高配件商品供应率是一项参与市场竞争的重要手段,如果配件商品供应率差,客户的需求屡屡得不到满足,将会发生两种效应:一是"泼水效应",即老客户一去也许再不回头;二是"失火效应",即连累适销对路商品的销售,甚至由于客户之间的相互宣传,产生客户转移的连锁效应。作为一个配件销售人员,要经常进行用户需求调查,在商店要建立缺货随时登记制度等,以不断提高配件商品供应率。

【文摘12.1】

零部件企业如何才能借"互联网+"腾飞

2015年8月7日,工业和信息化部确定了100家企业作为"2015年互联网与工业融合创新试点企业",其中有7家汽车零部件企业,分别是安徽中鼎密封件股份有限公司、北京福田康明斯发动机有限公司、重庆潍柴发动机有限公司、天津汽车模具股份有限公司、中信戴卡股份有限公司、潍柴动力股份有限公司和巨轮股份有限公司。

这些汽车零部件企业将探索如何利用互联网的发展模式实现智能生产和智能管理等项目,这些课题也是汽车零部件行业正在探索和努力的方向。那么,站在"互联网"的风口之上,汽车零部件企业如何抓住机遇、借势腾飞呢?

1. "互联网"是零部件企业转型的一个出口

知其然,必知其所以然。汽车零部件企业要利用"互联网",就必须知道何谓"互联网"。通俗来说,"互联网"就是"互联各个传统行业",利用信息技术和互联网平台,让互联网与传统行业进行深度融合,从而创造新的发展生机。在2015年7月6日国务院发布的《关于积极推动"互联网"行动的指导意见》中,"互联网"协同制造、"互联网"电子商务、"互联网"便捷交通作为重点行动规划赫然在列,这些都与汽车零部件有着密切的联系。

汽车及汽车零部件产业是制造业综合实力的重要体现,有着产业链长、涉及面广、协同性要求高、带动效应强的特点。当前，互联网汽车的概念大行其道，汽车企业纷纷采用互联网思维来造车，这也必然要求汽车零部件企业在生产如自动化装备、智能化制造与管理，流通如零配件运输、销售及售后服务等方面积极与互联网进行深度融合。"互联网"对汽车零部件企业来说是一个可以"落地"的庞大产业，这不仅是一条产业链，更是一张产业网。互联网的真正价值是与实体产业相结合，回归到打造实体产业竞争力上。因此，"互联网"是汽车零部件企业转型升级的一个出口，不论是电子商务的拓展、车联网和大数据的布局，还是智能制造、智能管理，其主体都是汽车零部件企业，拥抱互联网的最终目的是借互联网的创新思维、创新手段和创新模式，互相支持、加速合作，从而实现汽车零部件产业的转型发展。

2. "互联网汽车零部件"的五种模式

互联网犹如是汽车零部件企业腾飞的翅膀。目前，很多零部件企业都在积极探索，希望通过互联网来实现传统企业的转型。对当前汽车零部件企业拥抱互联网的案例进行梳理，可以将它们归类于五种模式。

第一种模式是零部件企业布局车联网，积极迎合"互联网"。采用这种模式的企业比较多，如兴民钢圈收购武汉英泰思特51%股权，拓展车联网及大数据业务；金固股份入股上海语境12.5%股权，布局车联网；亚太股份增资钛马信息11.88%股权，意图进入车联网领域；巨轮股份推动实施"互联网"与大数据服务实体经济，投资1.5亿元参股重组中国科学院计算技术研究所下属公司等。

第二种模式是设立"互联网"基金，寻求投资和并购机会。这种模式的典型代表企业是中鼎股份，其与上海田仆资产管理合伙企业共同发起设立田仆中鼎"互联网"基金，主要进行汽车后市场O2O服务项目的投资和并购。

第三种模式是建立互联网数据平台，为零部件企业提供数据和技术分享。阿基米德先进技术网是该模式的体现，通过先进技术包（ATT）、先进技术服务系统（ATS）等核心产品和服务，以全景图、大数据，源源不断地为中国制造业输送欧美的先进技术、专利成果和专业人才。

第四种模式是构建电子商务平台，进行零部件产品销售和服务。轮胎企业、具有易损易装特点的汽车零部件、面向售后市场的汽车零部件企业等在这方面的探索比较多，如风神轮胎在京东商城和天猫商城上开店并开设微信公众号、米其林轮胎设立官方旗舰店驰加、龙蟠科技积极构建电子商务销售平台等。

第五种模式是跨界与互联网公司合作，植入互联网基因。该模式的典型案例也不少，如国际汽车零部件供应商德尔福与百度在车载互联方面进行合作、美国固铂轮胎与互联网电商服务平台淘气云修签订合作协议，探索O2O轮胎电商模式等。

3. 抓住机遇实现腾飞

虽然，汽车零部件企业拥抱互联网已经衍生出五种模式，但从发展现状来看，"互联网汽车零部件"仍处于初级阶段，各家企业探索利用互联网的模式也不是很清晰，都还处在试探摸索期。

就这五种模式而言，零部件企业对互联网有不同的应用方向，但总的来看，这些方向主要集中在电子商务和车联网应用方面，包括零部件的销售、服务和车联网产品研发、大数据采集等。从生产、销售到流通，完整产业链的互联网体系尚没有建立起来。

即使如此，汽车零部件企业也不要气馁，要积极尝试、抓住机遇，乘着"互联网"这阵风，促进产业结构调整，加快实现企业的转型升级。

【文摘 12.2】

2017年汽车零部件行业动向及解析

汽车零部件工业的上游包括钢铁、塑料、橡胶等生产原料，下游主要针对主机厂配套市场和售后服务市场。

上游涉及的行业较多，尤其是钢铁等产业在国民经济中占有重要战略地位，零部件行业的发展可以有效带动此类行业的发展；从其下游说，汽车零部件工业是汽车产业的重要组成部分，汽车零部件工业是基础，没有强大的零部件工业做基础，就不会拥有独立完整和具备国际竞争力的汽车工业。

1. 汽车零部件制造行业与上/下游行业的关联性及其产业链增值空间

从上游行业来看，零部件行业生产原材料价格主要由钢铁、石油、天然橡胶等大宗商品的市场价格决定。近年来由于受到铁矿石、石油、天然橡胶等资源类商品价格频繁波动的影响，对国内汽车零部件行业生产经营的稳定性造成了一定的压力。

从下游行业来看，受益于国内/外整车行业发展和消费市场扩大，国内汽车零部件行业呈现出良好的发展趋势。国内零部件供应商的下游客户主要为国内/外整车厂商及其零部件配套供应商，客户集中度较高，因此零部件企业在与下游客户的谈判中处于相对弱势的地位。但对于部分在某一细分市场内具有领先优势的零部件供应商，其市场地位和技术优势将有助于提升市场话语权和议价能力，因此具备一定向下游转移成本的能力。

2. 汽车零部件制造行业产业链增值空间和市场发展

汽车零部件制造行业成本受制于上游行业和自身管理水平，而下游的汽车生产商所需配件主要来自于固定供应商，汽车配件最大的买家是汽配经销商，也是汽车配件销售主渠道。利润空间取决于零部件企业的行业地位、竞争结构及其与下游行业的议价能力。一个巨大的"汽车后市场"正在进入一个快速成长期，汽车零部件产业前景广阔。

3. 汽车零部件行业市场环境及影响

全国汽车服务高科技产业化委员会为进一步规范汽车后市场、提升汽车服务产业链整体科技水平，整合各方资源促进汽车产业化发展，建立全国汽车服务产业新技术新产品推广平台，重点针对汽车美容装饰及用品、车载电子产品。

随着我国居民生活条件提高，汽车已经成为了一种生活趋势，是一种必不可少的交通工具。虽然近些年国家宏观经济条件和调控力度出现变化，我国汽车出现了一些增长幅度的起伏，但乘用车市场消费刚性需求依旧存在，今后一段时期我国乘用车消费仍会处于平稳上升阶段。

更多的关于新能源汽车产业的鼓励政策出台，将刺激新能源类汽车零部件需求量的快速提高，新能源类零部件企业将得到快速发展。

据中国汽车工业信息网披露，2016年5月，汽车产/销量为206.49万辆和209.17万辆，同比增长5.01%和9.75%。汽车产业的市场仍未达到饱和，而其扩容所带来将是汽车零部件产业的进一步增长。

网络技术的普及和应用对众多传统产业产生了深远影响，尤其是在国务院提出"互联网+"这一概念之后。在汽车零部件领域，"互联网+零部件"也正在走热。汽车零部件企业正致力于将互联网电商渠道与传统渠道融合起来。

4. 近年中国汽车零部件行业情况

整车产销增速继续趋缓，下行压力加大，但依旧可圈可点；我国汽车零部件企业在营业收入增速缓慢的情况下，仍能保持销售额上涨，业绩稳步上升，稍好于整车企业。不过汽配零部件行业净利率持续下滑的风险必须加以重视。

2015年我国汽车和零部件外销规模年均增长约20%；到2020年实现我国汽车及零部件外销额占世界汽车产品贸易总额10%的战略目标。因此，从长远来看，我国汽车及零部件外销还有很大的成长空间。

5. 全球汽车及零部件行业情况

（1）产业转移不断。

中国、印度等新兴汽车市场已成为世界上市场容量最大、最具增长性的汽车消费市场，同时这些国家劳动力资源丰富、劳动力成本较低、劳动力素质不断提高。随着国际汽车及零部件行业竞争日趋激烈，为了开拓新兴市场，有效降低生产成本，汽车及零部件企业开始加速向中国、印度、东南亚等国家和地区进行产业转移。

（2）汽配采购全球化。

在全球经济一体化的背景下，世界各大汽车公司和零部件供应商在专注于自身核心业务和优势业务的同时，进一步减少汽车零部件的自制率，转而采用全球采购的策略，在世界范围内采购比较有优势的汽车零部件产品。

（3）系统化开发、模块化制造、集成化供货。

汽车零部件系统的集成化、模块化是通过全新的设计和工艺，将以往由多个零部件分别实现的功能，集成在一个模块组件中，以实现由单个模块组件代替多个零部件的技术手段。

汽车零部件系统集成化、模块化具有很多优势，首先，与单个零部件相比，集成化、模块化组件的重量更轻，有利于整机的轻量化，从而达到节能减排的目的；其次，集成化、模块化组件所占的空间更小，能够优化整机的空间布局，从而改善整机性能；再次，与单个零部件相比，集成化、模块化组件减少了安装工序，提高了装配的效率。

（4）汽车配件新技术发展。

随着全社会对环境问题的日益重视，节能环保技术将成为汽车及零部件行业未来的技术趋势。以燃料电池汽车、混合动力汽车为代表的新能源汽车正在加速发展，汽车零部件的轻量化设计，电子化和智能化设计，以及汽车零部件再制造技术等正逐步得到应用。

【文摘12.3】

探寻国内电动汽车的主要零部件来源

随着国内新能源汽车市场的迅速发展，新能源汽车零部件这块香饽饽也吸引行业内外跃跃欲试，毕竟掌握好零部件核心部件技术，就意味着能在新能源汽车产业链中占据主导权！新能源电动车的核心部件，无疑是电机、电池、电控。那么，对于国内电动汽车而言，这些核心技术大多来自哪些供应商呢？

1. 电动车的"心脏"——电机

电机是电动车的动力源，相当于传统汽车的发动机和变速箱，可谓电动车的"心脏"部位。由于我国的硅或碳化硅及一些基础材料工业方面与发达国家相比仍有差距，因此电机控制器里最核心的部件——IGBT基本依赖进口。但值得一提的是，中国大洋电机、卧龙电气、中科三环等电动汽车企业在电机控制上，不管是在性能还是在功能方面，都已经赶上了"国际比较先进的水平"。

2. 电动车的"血液"——电池

电动车的心脏部位固然重要,但仍需要新鲜的血液不断补充能量。电池便充当了电动车的"血液"角色。作为电动车最重要的配件之一,电池保证了电动车源源不断的动力,直接决定电动车的续航能力和使用寿命。在国内,随着 LG、三星等大牌电池厂商的核心技术不断输入中国,部分电池企业发展快速,足以在国际舞台上与国外厂商进行竞争。

3. 电动车的"大脑"——电控

有了电机、电池的动力支撑,当然也少不了指挥电动汽车电子器件运行的电控系统,可以说,电控系统堪称电动车的大脑部位。其中,车载能源系统是电控系统中的核心技术,它是衔接电池及电池组和整车系统的一个纽带,包括电池管理技术,车载充电技术及 DCDC 技术和能源系统总线技术等。因此,车载能源系统技术日益成为产业应用技术研究的重要方向。目前,国内新能源汽车电控研发厂家仍在大力布局中,逐渐摆脱对国外技术的依赖。

对于东南新能源汽车,目前已具备完全自主的正向研发能力,获得了 12 项新能源汽车发明专利。在掌握新能源三项核心技术之一即整车控制器,成功研发具有自主知识产权的整车电子系统同时,还构建起符合国际标准的试验能力的国家级实验室,并且与多家知名零部件供应商形成战略伙伴关系,强强联合。目前东南新能源汽车三电系统的合作厂商有:

(1)电池厂商——CATL(宁德新能源科技有限公司)。

CATL 建立了动力和储能电池领域完整的研发、制造能力,拥有电芯、电池系统等的全产业链核心技术。其电芯技术在国内处于领先地位,2015 年国内销量第二。

(2)电机合作厂商——上海电驱动有限公司。

上海电驱动有限公司集中国内优势资源,致力于节能与新能源汽车电机驱动系统产品及服务,产品市场占有率超过 30%。

(3)VCU(整车控制器)合作厂商——福建万润新能源科技有限公司。

福建万润新能源拥有原创的制动能高回收技术,达到了国内/外同行业领先水平。

(4)BCM(车身控制器)与 ABS(制动防抱死系统)合作厂商——大陆汽车电子。

大陆汽车电子是全球领先的汽车零部件供应商之一大陆集团的一个项目。其生产销售的汽车安全电子、车载智能通信系统等在全球销量独占鳌头。电子制动系统和制动助力器全球销量第二。

在蓬勃兴起的电动汽车领域,核心零部件的创新与发展至关重要,未来东南新能源汽车仍会密切关注新能源核心技术的动态,加快产品的创新和升级,为消费者提供更环保、更安全、更便捷的新能源汽车产品。

【文摘12.4】

消费者网购汽车配件类型日趋丰富

根据 AutoPartsWarehouse.com 最近进行的一项在线调查显示:与三年前相比,今天消费者网购汽车零部件时选择的种类更加多样化。越来越便捷的"how-to"信息的使用,越来越舒适的网购环境,以及越来越多的老龄化车辆都在推动着网购浪潮的发展。

调查还指出,省钱和可以在线货比三家是消费者认为网购的最大优势。在调查网购消费者时,AutoPartsWarehouse.com 同时还对 3200 多家网上汽车配件销售商进行了快照式调查。在这 3200 多个调查对象中,偶尔 DIY 消费者和经常 DIY 消费者的比例不相上下,经常去汽车维修点、经销商处维修的消费者比例不到10%，另外10%是汽车修理工。

AutoPartsWarehouse.com 成立于1995年，是一家国际顶尖的网上汽车配件零售商，它致力于通过推广网购为消费者节省成本。该网站提供了一个全面的汽车配件销售目录，在售的汽车零配件超过了200万种，可覆盖国内/外所有售后汽车零部件供应商的配件。同时还为消费者提供购物超过50美元免费送货服务，以及灵活的付款方式和延长保修方案服务，等等。AutoPartsWarehouse.com 的配件仓储遍及全美，可以为消费者提供快速递货服务。

AutoPartsWarehouse 的 CEO ShaneEvangelist 说："快照式调查的结果证实了消费者越来越体会到在网上选购汽车配件的便捷性。当他们的车辆需要维修时，消费者将会进一步强化自我角色，无论是通过网购在线比较配件的质量和价格，还是通过自己动手安装网购的配件。这种改变具有非常的意义。因为随着车辆的老龄化，越来越多的DIY消费者和维修店都将乐意安装网购的零部件，也就毫不奇怪调查者中为什么会有近90%的消费者认为将来很可能会选择在线购买汽车零部件，而不是去专卖店或经销商处购买。

当被问及说出网购的最大优势时，省钱排名第一，其次是可以在线比较价格，网上购物有更大的选择性，如图12-8所示。

很显然，节约成本是选择网购的最大动力，超过90%的消费者认为网购可以省钱。这其中，31.5%的消费者认为可以节省10%~20%；30.3%的消费者认为能节省20%~30%；16.5%的消费者认为能节省30%~40%；8.4%的消费者认为可以节省高达40%~50%的费用，甚至有4.4%的消费者认为在网上购物能节省一半的费用。而只有9%的消费者认为网上的价格和实体零售店里的价格没有什么大的差别。

虽然，总体上大部分受访者认为节约成本是网购的第一优势，但网购发烧友们认为可以在线比较价格是网购的最大优势（这部分人占41%）。然而对于那些不常网购的消费者（他们往往是在车辆急需维修时才会上网购买零部件）来讲，省钱和方便安装是促使他们将来经常网购的首要因素。至于那些从来没有在网上购买过汽车配件的受访者，他们觉得访问汽车配件销售网站的最大优势是可以获知更换一个问题零部件的成本大概是多少。

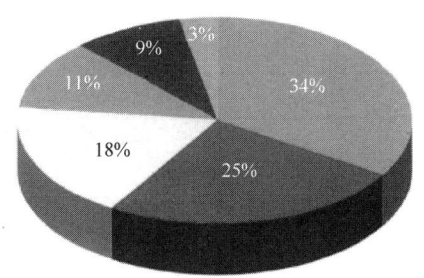

■ 省钱
■ 购买前可以在线比较价格
□ 与专卖店或者经销商相比，网购的选择性更大
■ 可以获得每个零部件的更多相关信息
■ 节省时间
■ 其他

图12-8　网购汽车配件调查结果

为了DIY汽车维修，消费者网购基本汽配零部件，但也选购复杂汽配零部件。在这些自称是DIY的消费群体中，相对容易安装的零部件显然是很畅销的。而如今，"复杂"零部件的网购在DIY群体也逐渐流行开来。

调查者网购中最多的部件是常用的配件和饰件，如表12-5所示，如车镜、前大灯、保险杠、挡泥板、格栅、发动机罩盖等，其次是制动相关部件、空气滤清器和排气系统部件、发动机、传动零部件、功能部件、插头、电线及点火装置。对于那些十分复杂的，难以安装的零部件，1/5以上的调查者称曾经买过以下一种或者多种配件：减振器和支柱、燃油泵或散热器。近2/3的调查者透露，他们购买这些复杂零部件是为了自己动手安装。

表 12-5　网购配件种类

网购配件种类	网购消费者比例（%）
减振器和支柱	24.50
燃油泵	22.80
散热器	20.10
门把手	17.50
车窗调节器	15.80
控制臂	13.90
保险杠	11.10
三元催化转化装置	10.00
挡泥板	9.80
大包围	9.50
燃油箱	8.20
发动机罩盖	7.90
以上均没有	30.30

许多汽车维修店都乐意安装在其他地方购买的零部件。调查显示，过半的受访人员都很清楚这一点，其中55%的人曾经去过维修店安装网购的零部件。而对于那40%并不清楚这一点的人，知识的力量会改变他们未来的行为：其中66%的调查者表示既然他们现在知道了这条信息，那么以后就会在网上购买好零部件再去维修店安装，尤其是当得知这样可以为他们节省成本。

注：①该调查是在网上汽车配件销售商之间展开的，时间从2012年12月至2013年1月，共得到了3214份完整的回馈信息。

②在分析AutoMD.com上的维修店的反馈信息时，有48%的维修店表示他们可以接受安装客户提供的零件。

分析与思考

1. 如何使用汽车配件目录？
2. 如何鉴别汽车零配件的质量？
3. 预测汽车零配件需求的方法有哪几种？
4. 简述汽车零配件仓储管理的主要内容。
5. 汽车零配件的销售方法有哪些？
6. 汽车零配件门市销售应注意哪些问题？

课程实践

1. 目标

掌握汽车零配件进货、仓储、销售的方法，能够辨别汽车零配件的新旧和真假。

2. **内容**

将学生分成若干小组，各小组分别到不同品牌汽车的 4S 店或汽车配件市场，进行汽车配件进/销/存相关的实习，并写出实习报告。

3. **要点及注意事项**

（1）因汽车配件较多，实习是可按车身、发动机、底盘、电器仪表及附件、通用件五个部分进行。

（2）注意观察可视化管理等先进技术在汽车零配件管理中的应用。

第 13 章　汽车服务策略

【学习目标与要求】
1. 了解服务与服务营销。
2. 熟悉与掌握汽车的售后服务内容和流程。

现代市场营销的重要特点就是产品与服务的联系越来越紧密，只卖产品没有服务的时代已经一去不复返了。特别是汽车这样的复杂产品，服务更是成为现代企业竞争的焦点，谁能够为广大汽车用户提供优质的服务，谁就可能会在市场竞争中克敌制胜。服务不仅是汽车生产企业的经营对象，还是汽车销售企业、汽车维修企业及汽车物流企业的直接经营对象。这些情况表明，物质产品的营销和服务营销不是两种能够清晰分开的营销类型，制造型公司已深深卷入到服务之中，而服务型公司往往也需要产品来实现其服务。本章在介绍有关服务营销的基本知识后，重点对汽车产品的售后服务进行讨论。

13.1　服务与服务营销

13.1.1　服务的分类与特征

1. 服务的含义

关于服务的概念，菲利普·科特勒（现代营销学之父，经济学教授）认为，"服务是一方能够向另一方提供的基本上是无形的任何活动或利益，并且不导致任何所有权的产生。它的生产可能与某种有形产品联系在一起，也可能无关联。"学者弗雷德·里克认为，服务是"为满足购买者某些需要而暂时提供的产品或从事的活动"。学者 A·佩恩则认为，"服务是一种涉及某些无形因素的活动，它包括与顾客或他们拥有财产的相互活动，它不会造成所有权的变更。条件可能发生变化，服务产出可能或不可能与物质产品紧密相连。"

由此可见，服务的含义应当包含以下要点。

①服务提供的基本上是一种活动，活动的结果可能是无形的，这种活动有时也与有形产品联系在一起。

②服务提供的是产品的使用权，并不涉及所有权的转移，如提供了汽车维修服务，并不产生汽车所有权的改变。

③服务对其需求者的重要性，并不亚于实物产品。如汽车发生故障后，对维修服务的需求比对汽车产品的需求还要重要。

2. 服务的分类

服务可从下面几个方面进行分类。

（1）根据服务活动的本质，即服务活动是有形的，还是无形的，以及服务对象是人还是物，可分成以下 4 类。

①服务对象是人的有形活动，如医疗服务；
②服务对象是物的有形活动，如货运、机械设备维修服务；
③服务对象是人的无形活动，如教育、广播、信息服务；

④服务对象是物的无形活动，如银行、保险、法律咨询服务。显然，汽车服务是以维修服务为主要内容的，属于第二种类型的服务。

（2）根据服务供应与需求的关系分类。有些服务供应与需求的波动都较小，如银行、保险、法律服务；有的需求波动幅度大而供应基本能跟上，如电力、电话等；有的需求波动大，有时会超过供应能力，如交通运输、宾馆、饭店等。汽车服务基本属服务的供给和需求都不会波动太大的类型。

（3）根据服务推广的方法分类，服务包括以下几类。

①顾客在单一地点主动接触服务机构，如电影院、维修店；

②服务机构在单一地点主动接触顾客，如直销、出租汽车服务；

③顾客与服务机构在单一地点远距离交易，如地方电视台、信用卡公司；

④顾客在多个地点主动接触服务机构，如公共汽车、连锁快餐店；

⑤服务机构在多个地点主动接触顾客，如邮寄服务、应急修理；

⑥顾客与服务机构在多个地点远距离接触，如电话公司、广播网等。汽车服务，如果只考虑汽车厂家的特约维修服务，则属于第一类服务；如果考虑到社会上众多的独立维修店，汽车服务又属于第四类服务。当然，现代汽车服务的观念也在发生变化，即汽车厂家及其特约维修站主动服务的意识不断增强，这样的服务就演变为第二类服务了。

由此可见，由于研究的出发点不同，某一特定的服务可以被划归到不同的类型。

3. 服务的特征

服务的特征较多，以下几方面对制订营销方案的影响较大。

（1）无形性。无形性也称不可触知性，顾客在购买服务之前，一般不能看到、听到、嗅到、尝到或感觉到服务。因此，广告宣传不宜过多介绍服务的本体，而应集中介绍服务所能提供的利益，让无形的服务在消费者眼中变得有形。实际上，真正无形的服务极少，很多服务需要借助有形的实物才可以产生。顾客购买某些产品，只不过因为它们是一些有效功能的物质载体，这些载体所承载的服务或者效用才是最重要的。

（2）同步性。服务的供应者往往是以其劳动直接为购买者提供使用价值，生产过程与消费过程属于同一个过程，两个过程不可分离。如汽车维修过程，对车主而言是消费过程，对维修技师而言就是生产过程。这一特征表明，顾客只有而且必须加入到服务的生产过程中，才能得到服务；而且一个出售劳务的人，在同一时间只能身临其境在一个地点提供直接服务。因此，直接销售通常是服务唯一的分销途径。

（3）差异性。服务是以人（服务提供者）为中心的产业，这与实行自动化生产的制造业不同。由于人的气质、修养、文化与技术水平存在差异，不同的人操作同一服务，服务质量就很难达到完全相同；即使是同一个人做同样的服务，因时间、地点、环境与心态的不同，服务成果也难以完全一致。因此，服务必须特别强调保持应有的品质，力求始终如一，维持高水准，建立顾客信心，树立优质服务的形象。

（4）即时性。由于服务的生产与消费同时进行及其无形性，决定了服务不能进行贮存，也不能进行退换，不能对服务实施"售后服务"。而且很多服务的使用价值，如不及时加以利用，就会"过期作废"。如宾馆中的空房间、汽车维修设备的闲置等，均为服务业不可补偿的损失。因此，服务业的规模、定价与推广，必须力求达到人力、物力的充分利用。

（5）服务交易所有权的非转移性。服务与有形产品最本质的区别就在于服务交易过程中，不存在服务所有权的转移，也就是说，顾客购买服务，购买的只是服务的使用权，并不是服务的所有权。即服务的无形与易逝，使得购买者不能"实质性"地占有，因而不涉及所有权的转移，也不能申请专利。

13.1.2 服务营销的组合要素

市场营销的实质是一种交换关系，实物产品营销的理论和原则也适用于服务营销。由于服务的前述特征，服务营销战略的形成和实施，以及服务营销组合均应有所不同。服务营销的组合要素比实体产品营销要多，它除了产品、分销、定价和促销四个要素外，还应包括服务人员、服务过程和有形展示三个要素。

1．产品

服务产品必须考虑的要素是提供服务的范围、质量、品牌、保证及跟踪服务等。服务产品包括核心服务、便利服务和辅助服务。核心服务体现了企业为顾客提供的最基本效用，如航空公司的运输服务、汽车故障的维修服务等；便利服务是为配合、推广核心服务而提供的便利，如航空公司的订票送票、送站接站，汽车维修商前往用户故障地点拖拉故障车辆等；辅助服务用以增加服务的价值或是区别于竞争者的服务，有助于企业实施差异化营销战略。

2．分销

随着服务领域的扩展，服务销售除直销外，经由中介机构销售者日渐增多。中介机构主要有代理、代销、经纪等形态。如文艺演出、体育比赛的门票分销，往往经中介机构进行。汽车企业通常是在全社会选择适当的维修厂店，建立一套维修服务网络进行服务"分销"，有的维修企业也在异地设立服务连锁店。在分销因素中，服务地点的选择至关重要，要尽量贴近服务需求者，使他们能够方便地得到服务。

3．定价

一般而言，由于服务质量水平难以统一界定，特别是作用于人的服务，质量检验也难以采用统一标准，服务定价必须有较大的灵活性。而在区别一项服务与另一项服务时，价格也是一种重要的识别标志，顾客往往从价格感受到服务价值的高低。但有时，对作用于物的服务，也可以尽量制定量化标准。如汽车维修服务，服务商都有各种故障的维修工时定额、服务价目表等，维修完毕后也可以检查故障是否已排除、产品的性能质量是否复原等。

4．促销

服务的促销方式也包括广告、人员推销、营业推广、宣传、公共关系等营销沟通方式。为增强消费者对无形服务的印象，企业在促销活动中要尽量使服务产品有形化。

5．服务人员

服务提供者，特别是与顾客直接接触的服务提供者，对顾客感知的服务质量形成起着至关重要的作用。服务提供者的服务技能、服务意愿和服务态度等，均会对整个服务过程及服务效果具有重要的影响。

6．服务过程

服务的生产和消费过程是不可分割的，消费者要参与服务的生产过程。服务是谁提供的，以什么样的方式生产，对于顾客来说是十分重要的。对于某些服务来说，服务过程质量的重要性甚至会超过结果质量。

7．有形展示

有形展示也称为有形证据，是指服务过程中能够被顾客直接感知和提示服务信息的有形物证。如汽车 4S 店的建筑、装修、设备、员工制服、接待休息室的灯光、温度、茶水等。

服务环境对于顾客感知服务，从而产生强化购买行为具有重要的意义。

13.1.3 服务质量管理

1. 服务质量的内涵

服务质量同顾客的感受关系很大，可以说是一个主观范畴，它取决于顾客对服务的预期质量同其实际感受的服务水平或体验质量的对比差距。整体感受质量不仅取决于预期质量与体验质量之比，也决定于技术质量和职能质量的水平。技术质量指服务过程的产出，即顾客从服务过程中所得到的东西。对此，顾客容易感知，也便于评价。职能质量则指服务推广的过程，即顾客同服务人员打交道的过程，服务人员的行为、态度、穿着等都直接影响顾客的感知，如何提供服务和接受服务的过程会给顾客留下深刻的印象。

顾客对服务的预期质量，通常受到四个因素的影响，即市场营销、沟通、顾客口碑和企业形象。接受服务的顾客通常能直接接触到企业的资源、组织结构和运作方式等方面，企业形象无可避免地会影响顾客对服务质量的认知和体验。顾客心目中的企业形象较好，会谅解服务过程中的个别失误；如果原有形象不佳，则任何细微的失误也会造成很坏的影响。因此，企业形象被称为顾客感知服务质量的过滤器。

2. 服务质量的评价

通常，可以从以下五个方面去评价服务质量。

（1）服务有形性。指提供服务的有形展示，如各种设施、设备、服务人员的仪表等。顾客正是借助这些有形的、可见的部分把握服务的实质。有形部分提供了有关服务质量本身的线索，同时也直接影响到顾客对服务质量的感知。

（2）可靠性。指服务供应者按照约定，准确、及时、无误地完成所承诺的服务。可靠性要求避免服务过程中的失误，顾客认可的可靠性是最重要的质量指标，它与核心服务密切相关。许多以优质服务著称的服务企业，正是通过强化可靠性来建立自己的声誉。

（3）响应性。主要指反应能力，即随时准确为顾客提供快捷、有效的服务，包括矫正失误和改正对顾客不便之处的能力。对顾客的各项要求，能否予以及时满足，表明企业的服务导向，即是否把顾客利益放在第一位。

（4）保证性。主要指服务人员友好态度与胜任能力。服务人员较高的知识技能和良好的服务态度，能增强顾客对服务质量的可信度和安全感。在服务产品不断推陈出新的今天，顾客和知识渊博而又友好和善的服务人员打交道，无疑会产生信任感。

（5）移情性。指企业和服务人员能设身处地为顾客着想，努力满足顾客的要求。这便要求服务人员有一种投入的精神，想顾客之所想，急顾客之所急，了解顾客的实际需要，以至特殊需要，千方百计地予以满足，给予顾客充分的关心和相应的体贴，使服务过程充满人情味，这便是移情性的体现。

按上述评价标准，可通过问卷调查或其他方式对服务质量进行调查。调查应包括顾客的预期质量和体验质量两个方面，以便进行分析研究。汽车企业的营销部门，每年都应花费较多的资金进行服务质量的调查和评估。

3. 服务质量管理

如上所述，顾客期望在顾客对服务的认知中起着关键性的作用，期望与体验是否一致已成为服务质量评估的决定性因素。因此，服务质量管理首要的就是能够对顾客期望进行正确的管理，并在实际服务过程中做到超出顾客期望。为了达到这一目的，企业可以从以下几方面进行工作。

（1）确保服务承诺的现实性。明确的服务承诺（广告和人员推销等）和暗示的服务承诺（服务设施外观、服务价格等），都是企业可以控制的，对之进行管理是管理期望直接的可靠方法。

企业应集中精力于基本服务项目，通过切实可行的努力和措施，确保对顾客所作的承诺能够反映真实的服务水平，保证承诺圆满兑现。过分承诺难以兑现，将会失去顾客的信任，破坏顾客的容忍度，对企业是不利的。

（2）重视服务的可靠性。在顾客对服务质量进行评估的多项标准中，可靠性无疑是最为重要的。提高服务可靠性能带来较高的现有顾客保持率，增加积极的顾客口碑，减少招徕新顾客的压力和再次服务的开支。可靠的服务有助于减少优质服务重现的需要，从而合理限制顾客期望。

（3）坚持沟通的经常性。经常与顾客进行沟通，理解他们的期望，对服务加以说明，或是对顾客光临表示感激，更多地获得顾客的谅解。通过与顾客经常对话，加强与顾客的联系，可以在问题发生时处于相对主动的地位。企业积极地发起沟通以及对顾客发起的沟通表示关切，都传达了和谐、合作的愿望，而这又是顾客经常希望而又很少得到的。有效的沟通有助于在出现服务失误时，减少或消除顾客的失望，从而树立顾客对企业的信心和理解。

（4）进行服务质量的传送。在服务过程中，顾客亲身体验了提供的服务技能和服务态度有利于保持更切合实际的期望和更多的理解。每一次与顾客的接触都是一次潜在的机会，可使顾客感到享受了超出期望的服务，而对顾客冷淡的员工则是浪费了机会。

（5）加强力量组织现场服务。虽然对完美的服务的追求是优质服务的特征，但在第一次服务出现失误时，一流服务的重现显得十分重要。服务重现是一个超出顾客期望的绝好机会，也为企业提供了重新赢得顾客信任的机会。企业必须加强力量组织好重现服务，使服务中的问题得到令人满意的解答。虽然在服务重现期间顾客对过程和结果的期望都会比平时更高，但顾客将比往常更加注意服务的传递过程，以全身心投入来对待顾客的有效重现，能使顾客顺心惬意，并为精心组织的服务重现超出期望而感到惊喜。

13.1.4　服务的有形展示

1. 有形展示的类型

物质产品可以自我展示，服务则不能，顾客看不到服务。但是，顾客可以看到服务工具、设备、员工、信息资料、其他顾客、价目表等，这些有形物都是顾客了解无形服务的线索。由此，在服务营销管理中，一切可以传递服务特色与优点的有形组成部分，均可称作服务的有形展示。有形展示可以从不同的角度加以分类。从构成要素的角度，有形展示可分为三种类型，即实体环境、信息沟通和价格。

（1）实体环境。实体环境包括三大因素：周围因素、设计因素和社会因素。其中周围因素是指服务现场及周围的空气质量、噪声、气氛、整洁度等。这类要素通常被顾客视为构成服务产品内涵的必要组成部分，其存在虽不致使顾客格外地激动，但如缺少这些或是达不到顾客的期望，就会破坏顾客对企业的印象。也就是说，顾客注意到周围因素，更多的是引发否定行为而不会因之有意接近。

设计因素是指服务处所的建筑、结构、颜色、造型、风格等美学因素和陈设、标识等功能因素。这类要素用以改善服务产品的包装，显示服务产品的功能，建立有形的、赏心悦目的服务产品形象。设计因素的主动刺激比周围环境更易引起顾客的积极情绪，鼓励其采取接近行为，有较强的竞争潜力。

社会因素是指在服务场所内一切参与及影响服务产品生产的人，包括服务员工和其他出现于服务场所的人士，他们的人数、仪表、行为等，都有可能影响顾客对服务质量的期望与认识。

（2）信息沟通。信息沟通所使用的方法有以下两种。

①服务有形化。在信息交流中强调与服务相联系的有形物，让服务显得实实在在。有形因素能使服务容易被感觉，而不那么抽象。

②信息有形化。通过鼓励积极的口头传播、服务保证和广告中应用容易被感知的展示，使信息更加有形化。很多顾客都特别容易接受其他顾客提供的口头信息，据此做出购买服务的决定。

（3）价格。服务价格是营销组合因素中决定收入的主要因素，而顾客之所以关注价格，是因为价格可以提高或降低人们的期望。由于服务是无形的，价格是对服务水平和质量的可见性展示。价格能展示一般的服务，也能展示特殊的服务，它能表达对顾客关心，也能给顾客以急功近利的感觉。制定正确的价格能传送适当的信息，是一种有效的服务展示方式。

2．有形展示的作用

（1）帮助顾客感受到服务所能带来的利益。服务展示的一个潜在作用，就是能给营销策略带来乐趣优势。有形展示可在顾客的消费经历中，注入新颖、激动人心、戏剧性的因素，消除顾客的厌倦情绪。采用有形展示的实质，是通过有形物体对顾客感观的刺激，让顾客感受到无形服务所有带给自己的好处和利益，进而影响其对服务的需求。

（2）引导顾客对服务产生合理的期望。服务的无形化及不可感知性，使顾客在使用前难以对该项服务做出正确的理解或描述。运用有形展示，可以让顾客在使用服务前能具体地把握服务的特征和功能，从而对服务产生较合理的期望，避免因期望过高而难以满足所造成的负面影响。

（3）影响顾客对服务产品的第一印象。有形展示作为部分服务内涵的载体，是顾客取得第一印象的物质因素。对于新顾客而言，在购买和享用某项服务之前，往往会根据第一印象对服务产品做出判断。有形展示的成败，最终会影响顾客的购买决策。

（4）促使顾客对优质服务做出客观评价。服务质量高低由多种因素决定，可感知性是其中的一个重要特质，而有形展示正是可感知的服务组成部分。有形展示可使顾客对服务产生优质的感觉。

（5）引导顾客识别与改变服务的形象。有形展示能有形、具体地传达最具挑战性的企业形象。服务企业或服务产品形象的无形性，增强了改善形象的难度。形象的改变不仅是在原来形象上加入新内容，而且要打破传统观念，利用有形产品作为新设计形象的中心载体，使形象变更的可见信息迅速传送给顾客。

（6）协助企业培训服务员工。在利用有形展示突出服务产品的特征及优点时，也可利用有形展示作为培训员工的手段。员工作为"内部顾客"，通过有形展示深刻、具体地理解了企业所提供的服务，会有助于保证他们所提供的服务符合企业规定的标准。

3．有形展示的管理

服务的不可感知，主要是指其不可触及，难以从心理上进行把握。为克服因此产生的营销难题，必须使服务内涵尽可能地附着于某种实物上。服务的有形化，还必须考虑使服务更易为顾客所把握。因此，有形展示应选择顾客视为重要的有形实物，最好是他们在该项服务中所寻求的一部分；同时，必须保证此有形实物所暗示的承诺，在提供的服务中能完满兑现，即服务质量与承诺的内容一致。

有形展示的最终目的，是建立企业与顾客之间的长期关系。首先是服务人员要取得顾客的好感。服务产品的顾客，常常被服务企业中的某一个人或某一群人所吸引，而不只是认同服务本身。服务人员直接同顾客打交道，不仅其衣着打扮、言谈举止影响着顾客对服务质量的认知和评价，而且服务人员同顾客之间的关系直接决定了顾客与企业关系的融洽程度。为此，企业必须确切了解目标顾客的需要，明确有形展示的预期效果，并确定独特的推销重点，将此重点作为该服务产品的组成部分。

以上讨论了服务营销的某些基本而重要的理论，它们对指导汽车企业及其服务网络做好服务工作具有重要作用。

13.2 汽车的售后服务

现代营销理论已经普遍认为，售后服务是营销策略中不可分割的组成部分和销售工作的支撑条件，现代产品的整体概念是实体与服务之和。汽车卖出去并不是销售的结束，而只是占领市场的开始。用户在购买产品时，也总是希望能带来整体性的满足，不仅仅包括实体物质产品，还包括满意的服务。售后服务的功能应当覆盖到能够为用户想到的一切技术服务范畴。现代国际汽车市场的竞争现状表明，汽车营销的竞争重点已从技术和价格的竞争转向了服务领域的竞争，世界各大汽车企业公认的一条规律是：第一辆汽车是由销售人员卖出去的，而从第二辆起就是由优质的售后服务卖出去的。因此，做好汽车的售后服务工作的意义极其重大，汽车产品的售后服务是当今汽车市场激烈竞争的一个重要因素。

值得说明的是，从营销组合策略的角度看，售后服务具有产品策略和促销策略的双重属性。通常"产品"是要为企业带来营业收入的，而"促销"却是要花钱的，促销费用属于企业营销成本的重要部分。显然从这种意义上讲，售后服务中的质量保修（三包）属于促销的概念范畴，而质量保修范围之外的服务因为是有偿服务，应属于产品的概念范畴。但由于售后服务源于质量保修，质量保修至今仍是售后服务的中心工作之一，二者的联系密不可分，故在本节一并讨论。

13.2.1 汽车售后服务的作用

汽车产品售后服务的作用有以下几点。

1. 确保用户购置汽车产品的正常使用

企业为用户提供及时、周到、可靠的服务，以保证汽车产品的正常使用、可靠运行，最大限度地发挥车辆的使用价值。在用户的汽车产品出现故障时，或为用户恢复汽车的使用性能，或接受用户的索赔，或执行汽车召回制度，为用户解除后顾之忧进而使用户满意。

2. 使企业树立良好的形象、提高市场竞争力

售后服务直接面向消费者，是汽车企业伸向市场的触角。优质的售后服务可以继产品性能、质量、价格之后，通过售后服务渠道准确而有力地展现给用户，增加用户对产品的好感及偏爱心理。这种好的感受又会影响更多的人，树立产品的口碑，从而提高了企业的声誉，赢得更多的用户，增强企业的竞争能力。同时，还可以让用户体验到被重视、被尊重的感觉，给他们以心理上的优越感，这也是协调消费者心理平衡的一个重要的过程。如果服务没有做好，消费者损失的不仅是金钱，还包括时间和情感，但最终损失最多的仍将是企业的信誉。

售后服务部门是企业的一个窗口，是企业形象的直接体现。近几年来，企业形象标准化建设在汽车售后服务行业中逐渐兴起，如悬挂汽车企业的厂徽、厂标、厂容、厂貌、色彩、设备、职工着装的标准化、统一化，厂房、厂区建设以及管理的规范化，这些都极大地提高了企业形象。

3．通过广泛收集用户意见和市场需求信息为企业经营决策提供依据

为用户提供服务的过程是广泛收集用户意见和市场需求信息的过程，也是信息反馈的过程。通过服务，不仅能使用户用好汽车产品，还可以把用户在实际生活中遇到的问题及时反馈到汽车生产企业，使其能及时改进存在的不足，增加产品的市场竞争力，为企业创造最好的效益。售后服务网络的建设，不仅可以使企业掌握用户的信息资料、收集用户意见，还可以广泛收集、及时反馈市场需求信息，为企业及时做出正确的决策提供依据，提高决策的科学性、正确性、减少风险和失误。

4．增加企业收入

除在一定的保证期限内为用户提供免费服务外，其他的有关服务及为用户提供大量的零配件和总成件也可以增加企业的收入。据专家分析，企业出售整车只赚了消费者20%的钱，还有80%的钱滞留在以后的售后服务中。有人正是从这个角度提出了汽车售后服务商业化的思路。

13.2.2 汽车售后服务的概念、内容及功能

1．售后服务的概念

在现实生活中，汽车服务有多种概念或提法，如销售服务、技术服务、售后服务等。对于这些概念或提法，人们的理解不尽一致，有必要在此做出界定。

销售服务泛指客户选购汽车产品时，销售部门帮助用户购买所做的各种非技术性服务工作。一般包括以下三种。

（1）产品介绍，即向客户宣传产品、推荐合适产品、帮助客户挑选产品。

（2）简化手续，即向客户通报银行账号、快捷确认和办理财务手续、有关单据等。

（3）提车和其他服务，如提车及办通行车手续、帮助用户出库的服务；为用户初期使用提供方便（加燃油、办理临时行车执照、指导用户检查车辆、采购技术资料、易损件、润滑油脂、冷却液、汽车美容用品及其他附件），乃至用户所需要的一切必要生活服务（如安排食宿）。销售服务工作多由销售人员或接待人员负责，在营业推广措施中的服务促销就是销售服务。

售后服务泛指销售部门为客户提供的所有技术性服务工作及销售部门自身的服务管理工作。就技术性服务工作而言，它可能在售前进行（如车辆整修、测试），也可能在售中进行（如车辆美容、按客户要求安装和检修附件、对客户进行的培训等）。但更多的是在车辆售出后进行的质量保修、维护、技术咨询及备件供应等一系列技术性工作。由此可见，售后服务并不是字面意义上的"销售以后的服务"。它并不只限于汽车销售以后的用户使用环节，也能是在售前环节或销售环节。此外，所有技术性服务都属于售后服务的范畴，技术性服务是售后服务的主要工作。甚至于在一般情况下，技术服务和售后服务二者不加区别。

2. 售后服务的工作内容

综合地讲，售后服务工作的主要内容包括以下几项。

（1）技术培训。售后服务本身属于技术服务的范畴。由于汽车产品的高度技术密集、知识密集，汽车产品的售后服务工作必然包含着对用户的技术指导、技术咨询、技术示范，也包含着对企业的售后服务网络的技术培训、技术示范、技术指导和技术咨询。通常的做法是，汽车企业的售后服务部门通过售后服务网络对用户进行上述工作。

同时，汽车制造企业还将负责产品的更改、新产品投放时技术要点的宣传等，凡是需要向社会、经销商、售后服务网络和用户宣传和阐明的技术要领，均全部由销售服务部门去完成。而售后服务网络有责任向用户提供各种维修服务和技术维护服务，当然维修和维护技术则是由汽车制造企业提供。

（2）质量保修。质量保修（Warrant），又称质量保证、质量担保、质量赔偿，我国俗称"三包"（包赔、包修、包换）。基本含义是指处理用户的质量索赔要求，并向厂商反馈用户质量信息。在我国的汽车行业内，质量保修工作通常是由第一线的售后服务网络（服务站）受理用户的质量索赔要求，决定是否赔偿。厂商售后服务总部对服务站的赔偿进行赔偿鉴定，复核赔偿的准确性，并进行质量动态的综合分析，向生产和采购部门反馈产品的质量信息。

质量保修具有极强的政策性和技术性。政策性强，指的是保护用户权益的法律法规越来越多，保护力度越来越大，厂商的生产经营活动必须遵守有关政策和法律的规定，切实履行自己的义务。另外，社会舆论对保护用户权益的影响也越来越大，厂商也必须顾及自己的社会形象。为了适应这种形势需要，国际上各大汽车公司都建立了自己的车辆召回制度（有的国家还颁布了车辆召回法），对存在质量隐患的已售出车辆，实行无条件召回，进行零部件更换，消除质量隐患，并承担全部相应的经济损失。近年来，在我国销售的一些进口汽车品牌屡屡被迫召回，闹得沸沸扬扬，舆论反响强烈。

技术性强，指的是汽车产品有其特殊性，如结构复杂，零部件数量极多，生产配套厂家多，用户的使用千差万别，汽车故障千奇百怪。而汽车故障是属于产品质量故障，还是用户使用不当故障，一般需要较为复杂地调查和鉴定，这些工作并不是简单地依靠某个法律条文或某个机构就能解决的。通常情况下，汽车企业负责产品质量故障的调查和鉴定，只在重大故障鉴定意见不能与用户达成共识时，才请道路交通管理部门、技术监督部门或其他法定鉴定部门予以调查和鉴定。目前国内大部分汽车企业都申明保留最终技术仲裁权，并只对企业本身质量原因的直接损坏零件赔偿，不负担相关损失的赔偿，这些做法的合法性是不成立的（但在我国现实社会中这种现象却常常存在）。

质量保修工作的要点有三个：一是"准确"，系指准确地做出质量故障鉴定，既要维护企业的利益，又要维护用户的利益；二是"快速"，系指对用户的求救迅速处理、快速服务。国际上各大汽车公司都保证 24 小时之内，把质量保修零件送到用户手中，并向全世界公布其服务热线电话；三是"厚待"，系指售后服务人员要善待用户，对用户的愤慨、怨恨、不满，应始终保持一种平和的心态，认真解决产品的质量故障。因为质量保修面对的是企业产品的质量缺陷，如果售后服务人员用负疚的心情面对用户的损失，既可以缓解用户的不满，又可以维护企业的形象。

（3）备品供应。备品供应在售后服务中具有决定性作用，没有良好的备品供应就没有优质的售后服务。

试想一下，如果备品经常缺货，或者备品不能保证其质量，汽车售后服务工作怎能令用户满意呢？又怎能解除用户的后顾之忧呢？所以有人说备品供应是售后服务工作的"脊梁"，表明的就是备品供应的重要性。

备品供应还是售后服务工作的重要利润源泉，这一点在国内/外汽车企业的售后服务中得以证明。如国外大汽车厂家利润的 1/4～1/3 来自于配件经营，日本日产公司的整体利润，配件最高曾达到过 3/4 的份额，因而每一个国际型的汽车企业均把备品工作置于企业最高的位置。我国的汽车企业配件经营额在企业经营额所占的份额虽然不及上述国际汽车公司高，但也占到了经营额的 1/30～1/20。我国汽车备品经营的主要问题是汽车零部件知识产权保护落后，仿制、假冒及劣质汽车配件充斥市场，挤占了正宗汽车配件的市场份额，对这种状况急待采取经济、行政的手段进行协调整治，以规范汽车配件市场。

（4）组织和管理售后服务网络。汽车是典型的大量生产的产品，而且用户分布点多面广，很难设想单纯依靠生产厂家自身的力量，就能够圆满地完成售后服务的全部工作。通常的做法是由汽车主机企业在全社会组织一个庞大的服务网络，并由这个网络代表主机企业完成各种售后服务工作。

汽车主机企业售后服务网络的基层组织通常叫做服务站。服务站的类型一般有两种：一种是集汽车营销、服务和其他职能于一体的汽车经销商下设的维修工厂或车间，这类服务站寓于汽车企业的整车销售网络之中；另一种是只承接单纯的汽车维修业务的小型工厂，这类服务一般是前一种服务站的补充，如在第一种类型的服务站不能覆盖或服务能力不足的市场区域才设立此种服务站。

（5）企业形象建设。售后服务除了以上工作内容以外，还肩负着企业形象建设的重任。影响消费者对企业形象评价的因素主要有：产品使用性能及厂商的服务质量、企业窗口部门的工作质量及其外观形象、企业的实力及企业的口碑等。显然，汽车企业售后服务网络是用户经常"打交道"的对象，在汽车企业形象建设方面负有重要的责任。

3. 售后服务的功能

售后服务的内容范畴是宽阔的，它意味着真正为用户解除后顾之忧。也就是说，售后服务的职能应当覆盖用户需要的一切技术服务内容。通过服务，使用户用好汽车产品，并创造最好的经济效益，这才是售后服务工作的成功。纵观全局，完善的售后服务应具备两大功能：一是对外功能，即能够安抚用户，为用户解除后顾之忧。二是对内功能，即能够及时而准确地反馈产品的使用信息、质量信息及其他重要的信息，为企业及时做出正确决策提供可靠的依据。

综上所述，要做好售后服务工作，应遵循"技术培训是先导，质量保修是核心，备品供应是关键，网络管理是保障，公关沟通是形象"的原则，以下按此原则分别讨论其内容。

13.2.3 技术培训

技术培训不仅包括对用户的技术指导、使用训练、咨询解答，更主要的是要对全售后服务网络进行各种技术的培训。任何一个企业或产品的售后服务都必须从技术培训开始，业界关于"技术培训是售后服务的先行官"的说法揭示的就是这个道理。

1. 用户培训

用户培训主要集中于销售环节。对于社会已经熟悉的汽车产品，由于用户已经具有汽车使用的知识，因而用户培训一般较为简单。通常情况下，用户提车时经销商会要求将新车开到服务站进行交车前的全面检查，此时可以根据用户的具体情况进行一些有针对性的简单培训,如检查用户的技术资料是否交付完整、讲解售后服务的相关政策、合理科学使用汽车的经验、简易故障及其排除方法等,这类培训可以分散进行。

对于汽车新产品,在局部范围试销时,一般要对用户进行集中培训,要按照统一的口径、统一的内容、统一的教材,进行标准化的讲解。

2．服务网络的培训

服务网络的培训,是汽车企业售后服务总部所要培训的主要对象,通常是以服务站的技术骨干为主。对他们的培训内容上通常要深一些、广一些,帮助服务站形成能够排除各种使用故障的能力。

对服务站的培训,主要内容包括以下几方面。

①汽车结构及其技术内容;

②常见故障、典型故障和突发故障的现象、形成机理及其排除方法;

③新产品的技术培训,做到"先培训、后投放";

④汽车企业售后服务尤其是质量保修的管理政策和业务流程;

⑤其他内容,如服务站的经营管理、大型促销活动的准备等。

3．技术培训的组织

要做好技术培训,首先要组织好培训教材。教材的标准形式有两种,一种是完全按讲稿(义)内容印出的教材,这种教材内容完整、齐全,适合学员自学;另一种是只印出需要讲解的提纲要点和必要的工程图、结构图,教材中留出足够的空白,让学员在听课时,自行根据听讲内容,填写要点。

教材除了文字形式外,还应包括投影、幻灯片、教学挂图、音像教材甚至实物教材等多种形式,以增强教材的示范性、针对性和实用性。技术培训的教材大部分需要培训部门组织编写,少部分可以借用其他教材,或委托其他力量编写。

企业的所有产品,都必须要有相应的标准教材。教材可以按车型分类编写,也可以按总成系统分类编写。既要讲出本企业的技术特点,还要按车型讲解清楚产品的特征。

新产品的使用技术文件和培训教材必须在产品试制试验阶段就同步编写,以保证售后服务网络能够超前得到,以更好地服务于新产品的市场投放。

其次,要选好一批培训教师。培训部门可以自己承担一部分教学任务,也可以在企业内/外选聘一些专业人员担任教员。总的来讲,培训师应具备必要的理论知识和较强的实践技能,并有一定的培训经验,因而培训师既要能够根据培训要求挑选更换,又要大体保持队伍稳定。

最后,要注重培训部门的能力建设。培训部门的能力包括:

①培训基地接纳学员学习的能力,如必要的一般培训教室、专业培训教室、实习车间、样品陈列室等;

②现代教学能力,如电教能力、多媒体教学能力、远程教育或网上教学能力等;

③标准、规范和技术政策的研究能力,如新产品维修工艺方法、最佳工艺设施(装备)配置、维修工时制订等,均需要培训部门与产品设计部门共同研究。

13.2.4 质量保修

质量保修是售后服务工作的核心,是售后服务的意义所在。质量保修工作的好坏,对企业形象、企业声誉具有举足轻重的影响。

质量保修的工作内容主要包括:质量保修规范的制订和质量信息的分析处理。

1. **质量保修规范的制订**

制订质量保修规范，包括制订整车（零部件）的保修里程或保修时间、制订质量故障的受理、鉴定和赔偿程序。

如表 13-1 简明给出了某汽车公司关于质量保修的规定（表中的特别补偿只针对动力部分）。目前国内/外汽车厂商一般只是针对质量保修范围内被损坏的汽车零部件进行免费更换，不承担因为故障导致的相关损失的赔偿。

表 13-1 某汽车公司质量保修简表

按汽车车载质量分类	一般补偿	特别补偿
小型车：1～3t	不超过 60 000km 或 3 年	不超过 100 000km 或 5 年
中型车：4～8t	不超过 20 000km 或 1 年	不超过 50 000km 或 1 年
大型车：8～12t	不超过 20 000km 或 1 年	

有的公司或有的产品还针对不同的零部件给予不同的保修规定，如对发动机的保修规定就与底盘零件不同。此外，有的零部件因属于配套件，供应商对其有质量保修规定。

以上质量保修规定，是厂商依据其生产质量控制水平、产品使用故障规律、有关法律法规或技术标准规定，并参照行业内同类产品的质保规定等因素综合确定。

如图 13-1 所示是大多数汽车产品质量赔偿的工作流程。

2. **质量信息的分析处理**

质量保修为企业收集、分析和研究产品质量状况，了解质量变化动态提供了最有说服力的素材。

质量信息的分析处理必须依靠计算机完成。通过计算机处理，可进行以下的常规统计分析。

（1）汽车企业历年单车平均赔偿金额。

（2）汽车企业历年 100 辆车赔偿金额。

（3）主要质量故障发生频次历年对比。

（4）历年各质量责任单位质量赔偿发生频次和金额。

（5）各大总成发生的质量赔偿频次占总频次比例。

（6）某一重要质量故障按生产月份发生的频次分布。

（7）某一重要质量故障按生产序号发生的频次分布。

（8）某一重要质量故障按汽车行驶里程发生的频次分布。

（9）按故障原因发生的赔偿车次。

（10）按区域分布统计的赔偿车次。

（11）故障总频次与汽车行驶里程的分布关系。

（12）3000km 范围内故障频次与汽车行驶里程的关系。

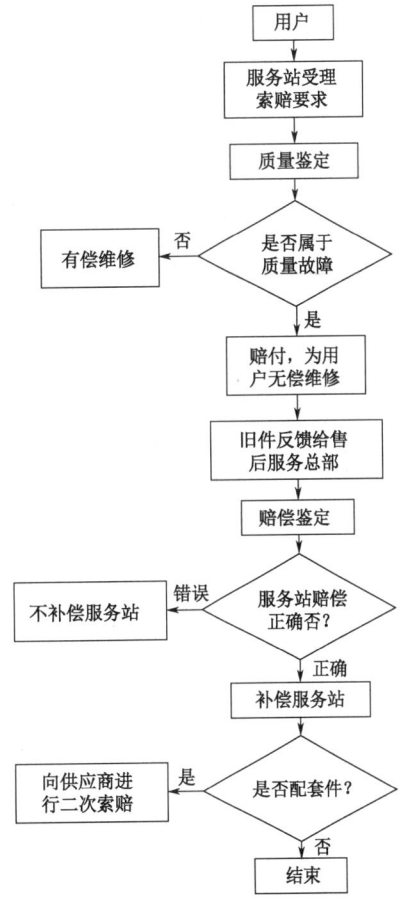

图 13-1 汽车产品质量赔偿工作流程

通过以上统计分析，可以得出一系列的有益信息，并对生产实践具有直接意义。如东风汽车公司曾在 1986 年、1987 年连续两年的质量信息分析中，发现了飞轮螺栓、螺母早期松动故障现象。用计算机分析，发现连续两年故障时间分布图形十分相似，同一质量故障现象均发生在 8 月。1988 年，东风汽车公司发动机厂总工程师从 6 月底就亲自蹲在装配岗位，逐台观察。特别是 8 月，更是加紧了对生产的监督和观察。"蹲点"结论表明，时近 8 月，由于气温太高，天气炎热，该岗位劳动条件非常一般，劳动者稍微的松懈，就出现"松动"故障。发动机厂便立即着手改善该岗位的劳动环境条件，从 1988 年起，此故障终于全部消失，不再出现。

13.2.5 备品供应

备品，在我国被广泛地称作汽车配件。备品供应就是配件营销，它是售后服务工作的关键。备品供应具有两大职能：一是为维持本企业汽车正常运转提供"粮草"，是维持汽车处于良好技术状况的保障条件；二是汽车主机企业以备件让利形式，通过支持其服务站开展备品经营，取得效益，以促进售后服务网络的运转和发展。备品供应需要做好的工作主要包括：确立合适的备品经营机制，做好备品的仓储作业，基于备品需求的科学预测、现代仓储管理技术和 IT，推进备品供应工作的现代化等。

1. 备品供应的经营机制

长期以来，欧、美、日等汽车工业发达国家，一直实行备品专营制度。据介绍，推行这一制度的理由除了保护售后服务网络的利益外，还有以下两个原因。

（1）汽车零部件开发、生产技术、结构图纸等均属于企业的工业产权范畴，主机企业为了保护自己的知识产权，有权只向其供应商提供相关技术，并要求供应商不扩散技术；

（2）只有实行备件的专营专控，才能保证备品的数量、质量和价格。如按照售后服务的需要控制各种零部件的产量，敦促供应商严格把握备件质量，规范备件的市场流通渠道，维持备件的市场价格。

在备品专营制度下，零部件供应商的供货都采取价格的双轨制，备件的价格通常略高于主机装车的零部件价格，因为备件的包装、防锈要求高于装机零部件。

汽车主机企业一般不直接面向普通最终用户供应备件，也不向售后服务网络以外的汽车维修站和配件经营商供货，而是努力完善其售后服务网络，促进服务站提高正宗备件的市场占有率和维修业务的市场占有率。

需说明的是，以上备品专营制度在欧盟范围内已被打破，欧盟委员会已决定于 2002 年 10 月开始，废除汽车的特许经营制度，迫使制造商向独立维修店（不属于主机企业的售后服务网络体系）提供汽车配件和维修设备，保护独立维修店与制造商的售后服务网络体系之间展开正常竞争，允许汽车零部件生产厂家自由营销而不再依附于汽车主机企业，等等。当然，这些政策的实施效果如何，是否能够真正起到保护消费者利益的作用，将对全球的汽车营销和服务贸易产生何种影响，诸如此类问题目前尚不得而知。但可以肯定的是，由于欧盟的市场经济较我国发达，各种制度规范比较完善，国民素质和全社会商业道德较高，其汽车服务市场的开放不同于我国长期存在的汽车服务市场的混乱状况，二者不可同日而语。

中国国情决定了中国汽车用户的汽车保养和维修，可以不完全依靠主机企业的售后服务网络。一般集体、国有企业（用户单位）都有自己的专业汽车修理班组。全社会也存在着大量的独立维修企业或维修店，他们均独立地向全社会自由采购维修配件。但同时也存在假冒伪劣配件和非法生产配件充斥市场的现象，让人真假难辨，汽车用户的利益缺乏保障。预计这种局面还将维持较长时间，我国很难在所有的汽车产品上推行备品专营制度，只有通过主机企业的售后服务网络与社会独立维修店充分竞争，大家"比质量、比服务、比价格"，争取汽车用户，在竞争中谋求发展。

2．备品的仓储作业

备品仓储中心的主要任务是储存备件。备品中心通常可划分为若干区域，各区域的作业任务分别如下。

（1）接受检查区。这是备品中心的第三者区域，在备件入库时进行备件的检查，包括数量清查、配套协作件的质量抽检或普查等。

（2）仓储区。通常按不同车型、不同总成、不同用途的周转速度分区存放，以优化备件物流。目前，备件仓储多采用立体自动化仓库，并实行计算机控制和进行库存管理。

（3）取货区。主要是仓库的通道，应保证通道畅通、干净。

（4）防锈包装区。防锈处理通常指对备品的加工表面进行的涂敷处理，而包装包括收货包装和发货包装。

（5）发货区。应有一定的装卸作业场地，发货方式通常有铁路运输、公路运输、水上运输等，目前集装箱运输日益被广泛使用。

以上是仓储中心的基本作业。目前较大型的汽车主机企业因其产品市场范围较广，为了保证各地的服务站及时得到备件，他们通常在本部以外的适当区域设有备件分库。分库的各种业务受总库管理，其出入库及库内作业流程与总库是一样的。

3．备品营销的现代化管理

备品营销现代化管理涉及较多的内容，这里只简单强调两个方面的内容。

首先，做好备件需求的科学预测，合理储存各种备件的数量，包括主机停产后社会在用车辆继续需要的备件储存。

充足的备品供应能给用户以安全感和亲切感，对开拓和巩固市场无疑将起到促进作用。但备品的储存数量也不是越大越好，储存过多会导致备件功能失效，而且会增加企业的流动资金占用，增加存储费用，不利于节约营销成本。因而企业应当追求合理的经济储备，做到既满足社会对备件的需要，又节约仓储费用。这就不能离开备件的科学预测，为此企业要积累各地区在用车数、地区使用特点、汽车行驶平均里程、各种备件的历史消耗等资料，采用科学的预测方法，认真测算各种备件的合理存储规模。要做到这些工作应当越来越容易，因为现代计算机技术和数据库技术的应用日益深入和普及，各种备件的历史数据很容易记录和进行统计分析。

其次，引入计算机技术、数据库技术、信息识别技术、通信技术及互联网技术等现代科技手段，实现仓储业务作业和管理的现代化。

抓好备件的经营管理及分析研究相应的营销策略，理顺从备件计划、订货、采购、接收、入库、质检、仓储、定价、合同、发货、运送、交付等诸环节的关系，力求提高效率、降低成本、促进周转、方便用户，更好地服务于整车市场是汽车主机企业在备件工作上的目标。但由于备件品种极其复杂，需求差异较大，信息处理量极大，不采用以上现代科技手段几乎难以完成任务。现代汽车企业备件营销已全部采用计算机管理，管理覆盖范围包括计划、合同、采购，进货、出库、发票、结算、市场分析、用户管理、总库与分库全部联网管理等。与此同时，现代通信如程控电话、传真、网络传输等技术，信息识别如条形码技术、防伪技术等，都可以为做好备件经营服务提供技术支持。

此外，备品营销的现代化管理还包括备品计划及采购的科学化、订货方式的规范化等内容，在此不再叙述。

13.2.6 汽车售后服务的工作流程

供应商的售后服务网点是委托在当地符合条件的汽车维修企业（特约维修站，以下简称服务商）来担任的。汽车产品的售后服务包括供应商售后服务和特约维修站服务两个层次的工作。

1. 供应商售后服务

供应商设有售后服务部门（用户服务部、售后服务部或技术服务部等），主要进行质量保修费用结算、售后服务纠纷的裁定、配件供应、策划售后服务宣传活动及管理服务网络等。服务站的售后服务作业可以分为三类，一是有偿服务，即为用户维修、保养汽车并向用户收取规定的服务费用。二是质量保修，即在质量保修期内，按质量保修规定为用户进行的保养、维护，以及由于产品质量问题而为用户进行的维修、更换零部件的服务，这些都是不收费的。三是活动服务，即由供应商或服务商通过开展宣传活动，额外提供给不在质量保修规定范围内用户的免费服务。

（1）质量保修费用结算。在质量保修和受供应商委托的活动服务中，服务商付出的工时、人力和配件成本要凭相关单据由供应商来付费，供应商对整个付费过程的操作、监督称为质量保修费用结算。下面以我国某汽车厂商的结算流程为例说明质量保修费用结算的一般过程，其流程如图13-2所示。

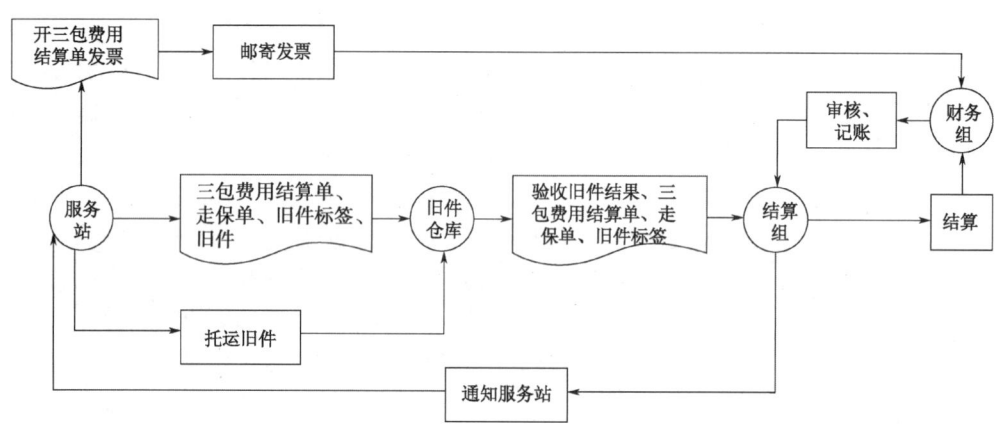

图 13-2 质量保修费用结算流程

第一步，服务商定期（一般一月一次）将质量保修结算单据，包括用户签字的费用结算单、首保单或二保单、旧件标签（用以记载更换旧件信息的小卡片），以及将更换下来的旧件，一并寄回给供应商售后服务部的旧件仓库。

第二步，供应商售后服务部的旧件验收人员，验收寄回的旧件是否正宗、故障原因是否属于质量保修范围。如验收正常，则将单据及验收结果交给结算组，由结算人员予以结算；如发现旧件不属于本公司出品或旧件故障不属质量保修范围，则该旧件的工时费、零件费不予结算。

第三步，结算组根据标准工时及零件费用结算，并由财务人员审核结算结果。

第四步，审核无误后，由结算员通知服务商开出发票，财务人员收到发票后，将费用划拨到服务商账户。

（2）配件供应。配件供应的基本业务流程：服务站通过网络、电话及传真向供应商的售后服务部配件分部订购配件，配件分部收到信息，马上查询库存情况，如果数量充足，就立即出库，若某些配件库存不足，便立即向制造厂商或配件供应商发出订单。

2．服务商售后服务

服务商售后服务工作流程包括：招揽用户、预约管理、接待用户、问诊/诊断、估价、零部件、维修作业管理、修理保养作业、完工检查、清洗车辆、结算、交车、跟踪服务。服务商售后服务工作流程如图13-3所示。

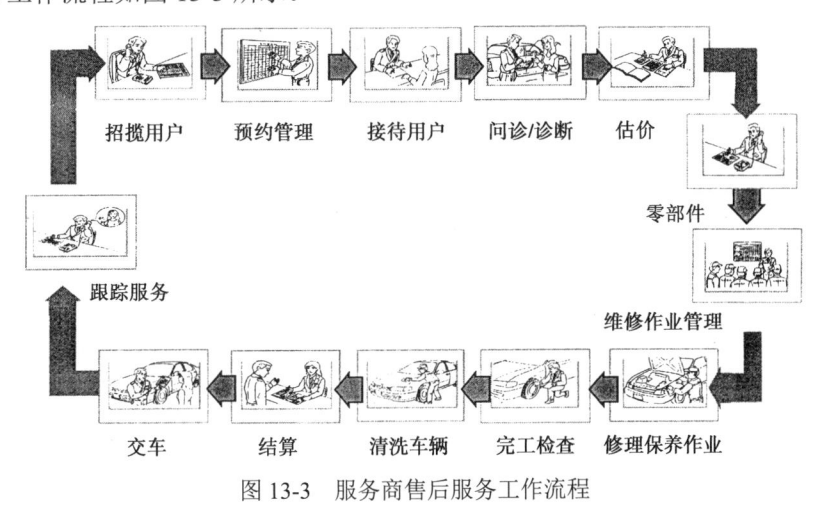

图13-3 服务商售后服务工作流程

（1）招揽用户。由于市场竞争日益激烈，服务商（或特约维修站）从运营开始的每一天都要主动去招揽顾客。招揽顾客的方法有多种，如可以通过广告（电视、电台、报纸、传单、户外广告等）在社会上广泛宣传；也可以通过发信息、打电话对管理区用户进行招揽。以下方法是对管理区用户进行定期保养、年检保养的招揽活动，并结合售后服务流程给用户提供满意的服务。

与经销商合作得到用户购车档案→制作定期维护一览表→邀请函（邀请电话）→预约记录→来厂记录→未来店原因分析→改善方案。

（2）预约管理。特约维修站在顾客来店高峰期会出现以下情况：停车位和接待前台人满为患、顾客因等待而显得不高兴、一些顾客的服务要求被简化或被拒绝、服务过程中无法提供必要的附加服务、顾客觉得服务工作敷衍了事。因此，有必要对用户的预约进行管理。

预约管理是在接受用户预约时，根据特约维修站的作业容量定出具体作业时间，以保证作业效率，并均化每日工作量。涉及的内容有：电话邀请（根据用户车辆档案，当临近保养日期时，打电话提醒和邀请用户）、受理预约（当用户主动预约来站进行维修保养服务时，要及时受理）、确定预约来站日期、制作维修服务卡。

通过预约管理，顾客能够方便地安排维修时间，可以减少等候的时间，能够受到更多个别的关照，使维修工作尽量能够在一天内完成，由于有更充分的时间用于诊断，因而能得到质量更好的服务。服务商也会从预约管理中受益，无论是服务人员还是设备都不会由于高峰期而过度劳损，前台接待员能够恰当地完成所有接待工作，在整个营业时间内能获得更高的生产效率，能够提前预计第二天的工作。

(3)接待用户。

①顾客接待。迅速出迎问候顾客、引导顾客停车、引导用户前往接待前台。问候顾客是很重要的,可以从以下几个方面理解:首先,不要让顾客等待。人们都很不喜欢被忽视和不得不等候,所以顾客一来到后应立即与其打招呼。提高接待响应时间的最佳办法就是在高峰接待时间设置一名专门的"迎接人员"(使用兼职人员、一般办公室人员、销售部或零件部员工都可)。"迎接人员"可以向顾客致以问候,为顾客端上一杯饮料,还可以向顾客了解一些大致的维修信息。"迎接人员"能够减轻那些高薪、有价值的前台接待员在这些琐事上的工作量。其次,用微笑迅速与顾客建立起友善的关系。最后,表现出对顾客的关注。顾客是因为遇到了问题才来这儿的,如果你对顾客的问题表现出真诚的关心,那么顾客就会很快地冷静下来,并对你和你的部门留下深刻的印象。

②确认来意。记录用户陈述;明确用户需求,是定期保养(PM),还是一般修理(GR),或钣金、喷漆(B、P)。有两个原则要遵循,一是要仔细聆听,永远不要打断顾客。二是要提问,直到确信你已经理解了。向顾客复述问题常常会有所帮助,然后让顾客说出:"是的,这正是我所遇到的问题"。如实记下顾客的陈述,用顾客的原话而不要按照自己所理解意思记录(也许你会理解不清楚)。由于没有正确的记录下顾客的陈述、顾客自己的看法,技术人员常常抱怨不清楚送来的车辆究竟怎么了,这种不理解是造成返修的一个很重要的原因。

③受理车辆。陪同用户前往停车场,安装CS件(脚垫、方向盘套、座位套);检查车辆外观(如损伤痕迹、凹陷等),一定要在用户陪同下进行并加以确认;检查车辆有无贵重物品,如有则交给用户保管;启动发动机,检查有无异响。

(4)问诊/诊断。前后过程为询问故障现象、故障再现确认、推测故障原因。某种品牌汽车特约销售服务店接车问诊如表13-2所示。

表13-2 接车问诊表

顾客对故障描述	

顾客姓名		发动机编号	
车种		行驶里程	
车架号码		日期	
登记号		修理履历(次数)	1/2/3 次以上

发生时间	•突然( ) •( )天前 •其他( )
发动机状态	•冷机时( ) •热机时( ) •其他( )
路面状态	•水泥路面( ) •砂土路面( ) •上坡( ) •下坡( ) •海拔( ) •高速公路( ) •弯道(急/缓)( ) •其他( )
行驶状态	•低速行驶( ) •减速时( ) •加速时( ) •高速时( )
天气	•雨( ) •多云( ) •晴( ) •炎热( ) •寒冷( ) •湿度大( ) •气温( )

续表

发生时的使用状态	• 行驶（　　）km 后•乘车人数（　　） • 行驶（　　）分钟后•停开（　　）个月后 • 其他（　　　　　　　　　　　　　　　）
发生频度	• 经常（　）•只有一次（　）•有时每（　）日/月一次
工作状态	• 换挡（　）挡→（　）挡•启动时（　） • 空调（开/关）（　　）
其他	• 洗车后（　　）•修理后（　　）
发生部位	• 前座（右/左）（　　）•后座（右/中/左）（　　）

发生部位图	对故障声音的描述	

[钣金修理经历]（有/无）

（如有修理，修理部位）

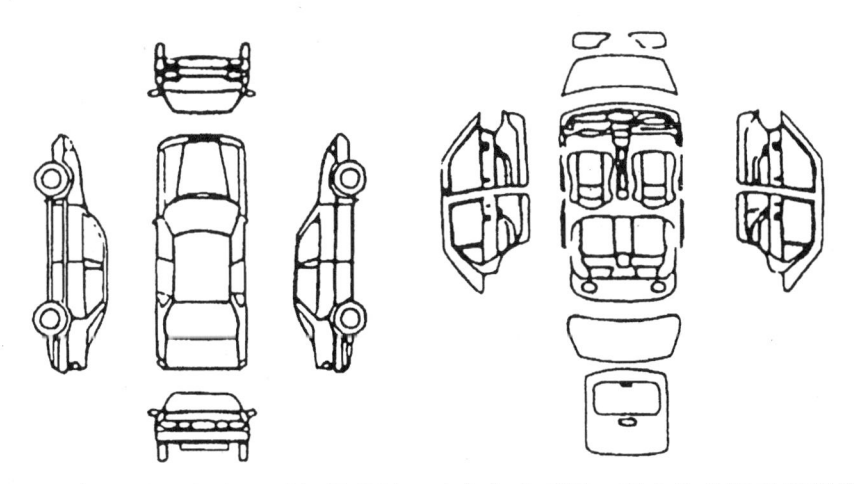

(5) 估价，即对费用与完工时间的估计。确定作业项目；列出作业所需零部件、油漆类、结算工时费；确认所需零件库存情况；计算估计金额；确认车间作业情况；预计作业需求时间；了解用户需求的取车时间，必要时调整作业计划。

确定作业项目的原则是越精确越好，因为修理指令是估算收费与所需时间、安排进度及向修理工分配工作的基础。估价的意义是为每位顾客提供一个估算范围，不给出估算可能会在结账时引起麻烦。当前台接待员有一本价格速查在手时，就比较容易进行估算。

用户确认与说明交车程序。说明作业内容、估算费用、交车日期/时间；针对报价、交车时间征求用户意见；用户签字确认。说明交车时支付费用的方法（支票/现金/其他），明确用户是等候还是离店，对等候的用户说明休息室的位置或引导顾客到休息室内，对要离店的用户介绍店周围的道路及交通情况。在交车前制作完成新用户的用户档案。

(6) 零部件，即配件管理。填写零部件出库通知单，交零件部人员安排出库。对无库存的零部件必须向零部件部门及时确认到货日期；对在库待修车辆应根据预定到货日期安排作业；对无库存零部件而用户需要用车时，应请用户按预定到货日期预约来店；零部件到货日期不能保证交车日期时，必须事先与用户联系征求用户同意；必须每日检查，及时掌握零部件到货情况。

（7）维修作业管理。此项管理的目的是依照对顾客承诺的时间，合理安排与分配维修工单。当分配维修工单时应考虑时间、人员、设备这三个因素。内容涉及以下几项。

①发出作业指示。选派合适的技术工人，指示作业内容及时间的要求，并分配维修工单。

②确认作业进度。每日早、中、晚三次，准确跟踪修理工在每项工作上所用的时间，以确定修理车间的效率与生产率。必要时调整维修管理显示板，调整完工时间。

③控制完工时间。当某些项目变化时，要及时与用户联系，重新确认交车时间、作业内容、维修金额。完工时间延迟、作业内容追加时要及时与用户沟通，并征得用户的同意。

（8）修理保养作业。修理作业的一般步骤：故障及车辆情况核实→明确作业内容→领取零部件→实施作业→记录故障原因、作业内容→签名确认。

在进行作业过程中，要注意对车身的保护，安装车身保护件（叶子板保护罩）。对于新产品上市以后首次发生、频繁发生、涉及安全、招致用户很大意见或修理费用很高的故障要填写质量信息报告。在本站首次出现或维修难度较大的项目要编写《故障实例集》，并在技术培训时讲解。

（9）完工检查。完检人员根据问诊表、接车修理单等，逐项核实确认（必要时试车）。检查有无遗留物品，如工具、资料等。完检后签名。完检过程发现有误或遗漏则马上返修，返修后务必重新全面检查。

质量控制的最佳方法就是在每个环节都有专人负责，并且将质量控制作为服务工作的一部分。可通过配置必要的工具与设备建立专门的质量控制区，为这一岗位配置一名完检技术人员，完检人员应就所有与安全、性能及排放相关的修理实行质量控制。这一方法能有效避免返修，确保所有要求的工作都已完成并发现附加工作（在质量控制阶段，修理人员及完检人员要检查所需的附加工作，然后将情况写在修理卡上交给前台接待员）。

（10）清洗车辆。包括外观清洗和内部清洗。前者即把车外洗干净，包括玻璃、轮毂、车窗；后者包括仪表台、座椅、地板、烟灰罐，必要时对地毯应进行吸尘处理。

（11）结算。接待人员把接车修理单交财务人员制作结账清单，并再次与用户确认交车时的付款方式。制作结账清单就是确定收费的过程，应做到精确（应在估价范围内）、迅速（车修好后结账清单也应准备好）、清楚（使顾客很容易了解做了哪些工作、用了什么零件、这些工作和零件收费是多少）。

（12）交车。向用户说明此次的作业内容及驾驶注意事项，提醒下次保养的时间或里程，并对修理结果做共同的确认。收取费用时要向用户说明零件费、工时费用情况，收取费用后要向用户致谢。送别用户时要陪同用户到停车场，取下车内护罩，道别并欢迎下次光临，目送用户离去。

交车是下次维修保养的开始，前台接待员应该尽量在顾客交款前与每位顾客进行个别交流。和顾客一起审阅维修卡和结账单，向其解释维修情况与费用。对维修、保养中发现的新项目，应征求用户意见，尽量说服顾客继续对新增加项目进行维修。如顾客不同意此次维修，应尽量与顾客商定下次维修的时间，以便为顾客提供必要的附加服务。提醒顾客车辆下次保养时间。为使这次服务有一个好的、积极的结果，前台接待员应对顾客来店表示感谢，给顾客名片（如果接待期间没有给过顾客名片），如果顾客有任何疑问或需求都可直接与自己联系。当顾客付款时，财务人员不要试图就维修工作或收费做出解释，除了费用计算或付款方式，将所有其他问题转交给前台接待员。如果顾客表现有些不妥，立即通知前台接待员，由前台接待员与顾客进行询问解释。

（13）跟踪服务。维修完毕后，服务商应对用户进行跟踪服务。跟踪服务可以让顾客感觉到你很在乎其是否满意，并可请顾客就改进工作提出意见。通常要制作跟踪管理表，交车一段时间（一般是一周）后打电话给用户，感谢用户并询问车辆情况及维修时间/费用是否满意，记录下用户的评价。跟踪服务发现问题时，必须及时反馈给接待人员、前台主管或服务经理进行处理。因作业有误，发生返修时必须优先处理。为提高用户满意度，应整理跟踪管理表并上报售后服务经理，针对存在的不足之处研究改善方案并进行改善。

13.2.7 售后服务管理

服务管理是做好售后服务工作的保障前提。售后服务管理同样涉及较多内容，这里分别从服务理念、售后服务网络的规划与建设管理、服务站的经营管理、售后服务管理机构的设置、售后服务的物流管理和售后服务的信息管理等方面进行讨论。

1. 服务理念

服务理念其实是汽车企业的经营观念或营销观念在服务工作上的具体化。先进的营销观念必须要有先进的服务理念予以支撑，否则落后或不合适的服务理念将会贬损企业的营销观念。要充分看到，企业具有先进的营销观念，未必有先进的服务理念。如企业非常重视销售工作，非常注重产品开发和市场调查，也知道服务工作的重要性，但就是在具体的服务工作中总是差强人意。

先进的服务理念绝不是各种响亮的口号，服务理念必须转化到各种具体的服务工作之中。然而，要做到这一点并非易事，既需要"和尚念经"式地不断重复、强调，耐心地讲那些浅显易懂的道理，潜移默化地提升全体服务人员的服务意识，又要制订严格的管理措施，将那些服务得好和服务得差的人员区别开来，奖罚分明。

当前，我国汽车企业的服务理念参差不齐，但总体上与广大汽车用户的期望尚有较大差距，与国内家电等行业的差距也很明显。汽车用户期待着汽车企业能够提供主动服务，并保持服务一贯性。

2. 售后服务网络的规划与建设管理

售后服务网络的规划与建设管理，系指汽车企业根据其营销战略和具体业务的需要，对其售后服务网点的布局、选建、撤并和优化的过程。

首先，汽车企业要根据其目标市场的营销需要，做好售后服务网点的布局规划，确定服务网点的规模（服务能力）、数量及其比例关系。对于传统目标市场，由于本企业的汽车保有数量较多，因而服务网点的数量要多一些，且要考虑不同规模网点的搭配，以便各司其职、相互协作、相互补充，而不是相互恶意竞争。随着汽车维修理念向着"立等修理""快修""零修""小修""换件修理""总成更换"等修理方式转变，售后服务网点的平均规模趋于缩小，网点数目趋于增加，要求售后服务网点尽量贴近市场、贴近用户。

对于企业拟开拓的新型目标市场，服务网点的建设必须先于产品的实际投放，以便支持市场开拓。但由于服务的业务量可能不大，因而网点的规模不宜太大，数量也不宜多。

其次，汽车企业要做好服务网点的选建工作。汽车企业对其售后服务网络体系进行规划之后，就要具体发展网点成员了，应以各种规模的特约维修站为主。

汽车企业的售后服务管理部门在收到社会上的独立维修店（企业）的加盟申请书后，先审查其是否符合自身售后服务网络体系布局的发展规划。若符合，派专人按照事先制定的考评规范，对其进行全面考察、考评，考评通过并经由主管领导批准后，汽车企业的售后服务管理部门与加盟者签订建立特约维修站的合同。合同生效后，独立维修店（企业）便成为汽车企业的特约维修站，双方将各自履行义务，并享有相应的权利。

最后，汽车企业要做好服务网点的年度管理，即对全部售后服务网络成员进行年度审查。年审的结果将作为对网点成员进行奖惩、升降级、撤并的依据，以保证全部售后服务网络体系的不断优化。各个汽车企业年度考评的内容大同小异，如表 13-3 列出了主要考评的项目。

表 13-3　汽车企业特约维修站年度考评内容

序号	项目内容	序号	项目内容	序号	项目内容
1	维修站组织机构	7	企业内部管理	9	配件处理
2	维修站外观/厂房/场地	7.1	业务接待	9.1	物料管理
3	工作环境	7.2	车间管理	9.2	配件经营管理
3.1	业务接待室	7.3	数据管理	9.3	仓库管理
3.2	修理车间	7.4	领导管理水平	10	广告宣传
3.3	用户休息室	8	索赔工作	11	信息反馈
4	用户调查和访问	8.1	索赔处理	12	档案资料
5	优质服务	8.2	索赔件回收	13	环境保护
6	人员培训	8.3	信息反馈	14	其他

对于年度检查评比的先进服务站通常要进行表彰奖励，汽车企业既可以给予现金奖励，也可以给予物质奖励，如奖励自行车、照相机、彩电、录像机、复印机、打字机、传真机、计算机等物品，以实物方式奖励有助于帮助服务站改善办公条件。

3．服务站的经营管理

服务站产权独立，不属汽车主机企业，但汽车主机企业对服务站具有业务规划、指导与管理职能。特别是大多数品牌轿车企业的特约维修站，业务还具有排他性，主机企业对其特约维修站从外观建筑、布置，到室内设计、设备配置和经营管理等软件，都有着非常具体的规定，有着统一要求。

如表 13-4 列出了某品牌轿车为其特约维修站制订的《建站模式规划手册》的主要内容。在每一项内容上，均提供了非常具体的规定，如对建筑物提供了立体彩色效果图、平面施工图等，对各种标识、箱、牌等提供了具体尺寸、图案，对组织、人员及其培训也提供了具体的机构设计、素质要求、培训日程及学习内容。总之，特约维修站只要筹措资金和组织施工即可，其余所有问题都不用再操心了。

表 13-4　某轿车特约维修站《建站模式规划手册》主要内容

序号	项目内容	序号	项目内容	序号	项目内容
1	工程规划	2.4	标记牌	6	人员培训
1.1	总则	2.5	指路牌	6.1	培训须知
1.2	维修站规模功能	2.6	全国分布图	6.2	管理人员入学条件
1.3	工位定义	2.7	色谱	6.3	基础培训入学条件
1.4	场地选择	3	工程规划审批与验收	6.4	人员培训计划

续表

序号	项目内容	序号	项目内容	序号	项目内容
1.5	总平面规划	3.1	厂房建设程序	6.5	课程日程安排
1.6	建筑设计要素	3.2	竣工验收	7	工具与设备规划
1.7	业务大厅	4	计算机系统管理规划	7.1	订货流程
1.8	二楼的设置	4.1	人员准备	7.2	必备工具与设备
1.9	修理车间	4.2	计算机硬件准备	7.3	选配与购件
1.10	配件仓库	4.3	计算机软件准备	7.4	常用工具清单
1.11	拓展	4.4	其他准备	7.5	发动机专用工具
1.12	照明	4.5	培训	7.6	变速器专用工具
2	标记与标识	5	组织与人员规划	7.7	底盘专用工具
2.1	标识	5.1	人员与组织机构	7.8	本品牌专用工具
2.2	灯箱	5.2	组织机构	8	其他
2.3	蓝带墙	5.3	职位	9	附录

如图 13-4 所示为法国雪铁龙公司服务站的外观形象示意。

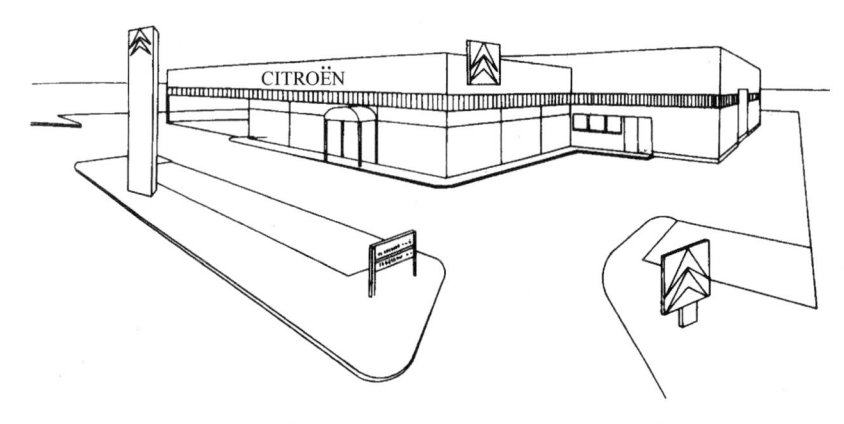

图 13-4 法国雪铁龙公司服务站的外观形象示意

4. 售后服务管理机构的设置

汽车企业的售后服务管理体系一般包括三个层次，最高层次为主机企业营销部门内设立的售后服务管理总部，中间层次为主机企业在各地设立的营销分公司、子公司或办事处内的服务管理组/管理员，基层层次为特约服务站。三个层次各司其职，总部是全售后服务网络体系的心脏和发动机，统领各种管理职能，中间层次履行辅助管理职能，而特约服务站则具体承担各项服务工作。

售后服务全网络各个层次的机构设置，通常是按照职能专业化设置的，如图 13-5 所示是雷诺汽车公司售后服务部的机构设置，如图 13-6 所示是大众轿车特约服务站的机构设置。

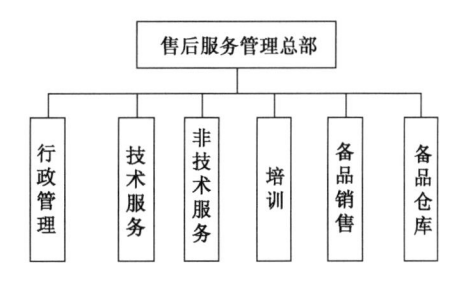

图 13-5 雷诺汽车公司售后服务部机构设置

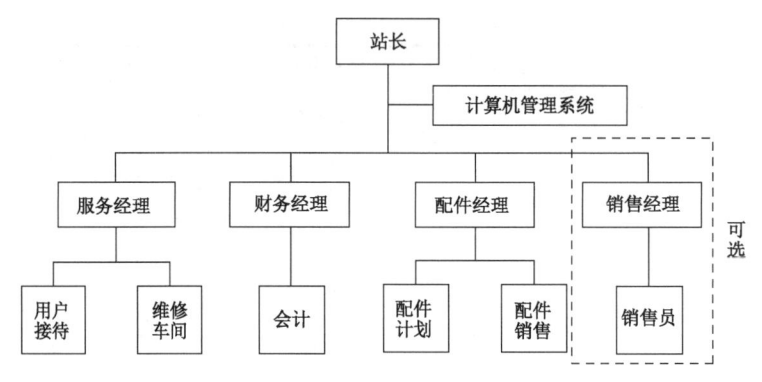

图 13-6　大众轿车特约服务站机构设置

5. 售后服务的物流管理

售后服务的物流涉及备件物流和质量保修更换下来的旧件物流。备件物流的流向是从主机企业的备件仓库或地区分库，向特约服务站流动；而旧件物流的流向是从特约服务站，向主机企业进而向供应商（限协作配套件）流动。

关于备品管理，已经进行过比较充分的叙述，这里只对旧件的管理进行叙述。

汽车企业一般都规定，质量保修更换下来的旧件必须全部保存，进行严格的编号、挂标签，以便能很方便地找出和与赔偿单核对。除非经过售后服务部总部定期巡视人员的同意，批准销毁和指定寄回部分重要样品外，特约维修站不得随意将旧件进行处理和丢失。对属于协作、配套性质的旧件必须 100%返回汽车企业的售后服务总部，以保证这些样品能全部返回给协作、配套厂家进行"二次索赔"，并为改进质量提供样品依据。

汽车企业之所以对旧件的保管做出以上规定，主要是因为旧件的缺陷部位客观地记录着零部件损坏的原因，是质量保修中故障责任鉴定的重要物证。汽车企业作为质量赔偿的承担者，自然有权要求特约维修站保管好旧件，并进行必要的旧件样品审查。

当然，旧件样品的收集和陈列，还具有其他作用，如旧件样品可以充当质量保修专业人员技术培训的实物教材，同时它们也以实物的形式记录着企业产品改进、质量改进的发展历史。

对于重要部件、保安件的损坏件，典型损坏件，首发、偶发损坏件必须及时寄回汽车厂家的售后服务总部，通常采用邮政、铁路托运或公路托运等较快速的运送方式。

6. 售后服务的信息管理

售后服务的各个工作环节都凝聚着大量信息，这些信息是企业的宝贵资源。售后服务的信息管理，除了前述的质量保修信息管理、备件经营的信息管理外，还有一个十分重要的领域，那就是车辆用户信息管理。

车辆用户信息管理系统，应当包括档案系统、服务跟踪系统、分析研究系统等。档案系统是基础，为其他系统提供原始翔实的数据；服务跟踪系统记录着在用车辆及用户的服务信息，是企业推行"主动服务"不可或缺的助手；而分析研究系统可以帮助企业研究自己的客户群体是谁，客户使用产品和购买产品的特点如何，客户何时将产生新的需求等，它是企业充分挖掘客户价值，不断发现新商机的秘密武器。

售后服务的信息管理，除了上述借助计算机进行管理外，还应包含更广泛的含义。如各种信息载体形式的规范问题、信息搜集的固定机制问题、信息传递的畅通性问题、信息去伪存真的处理问题、信息价值的分析挖掘问题等，都需要科学管理。

本节对汽车产品的售后服务，进行了较为全面的讨论。最后尚需说明的是，售后服务工作并没有一个现成的样板和模式去学习或模仿，也不是一成不变的，它必须顺应潮流，与时俱进，不断创新，只有这样才能保持售后服务的活力。

【文摘 13.1】

6S 店：给工业品营销带来的启示

　　汽车与工程机械，风马牛不相及的两类产品，却在 4S 店不谋而合。销售、配件、服务、信息反馈，是 4S 店的核心功能，它重塑了厂家和代理商的合作关系，对于区域销售局面的改观也很大。汽车 4S 店是从 1998 年开始兴起的。而工程机械 4S 店，则是在 2007 年开创了新纪元。这一年，柳工在成都、山河智能在北京相继开业，凯斯北京 4S 店、三一重工广州 6S 店也迅速跟进。

　　三一重工的 6S 店，相比 4S 店，多了 Show（展示）、School（培训）。叶敦明（工业品营销资深咨询师）认为，Show 展示这个功能，属于硬性添加的。4S 的第一个 S（sale 销售），就是营造一种体验式销售氛围，产品和品牌的展示自然包含在内。如此说来，三一重工的 6S 店，还是改为 5S 店较为贴切。可能三一重工这个不甘寂寞的企业，是怕别人与耳熟能详的 5S 工厂管理混为一谈，故而虚高一下数字，好让行业和媒体界耳目一新。

　　三一重工的 5S 店也好，6S 店也罢，一个名字而已。它的实际运营情况如何呢？据报道：三一重工 6S 店，自从 2007 年 9 月 28 日开业，到 2010 年 10 月份，累计销售收入逾 10 亿元。每年 3 亿元以上，一个 6S 店不亚于一个中型工业品企业的年度销售收入。

　　6S 店是大型工业品的新兴营销模式，它把品牌、产品、服务和区域营销，有机地融合到一起。叶敦明认为，6S 店的建设成本和运营成本，可不是一般企业能够承受的。三一南京 6S 店占地 100 亩，包括泵送等五个事业部、融资管理等三个职能，总共 200 多个人员入驻。想想看，6S 的启动成本有多高。规模不大的工业品企业，难道只能临渊羡鱼吗？其实不然，若把 6S 店的经营理念，融入到工业品的产品展示、服务方式、营销升级等方面，还是会大受启发、获益良多的。

　　1. 从听得见，到看得见

　　叶敦明发现，很多工业品销售玩的都是空手道，大量的资源投入到"非现场"销售运动中。然而，销售人员苦口婆心的讲解、技术推广煞费苦心的宣传，都不如客户的眼见为实、亲身体验。要想邀请客户到工厂考察，只能等到方案确认之后，

　　而绝大部分客户，都是在初步接触与方案确认的过程中无疾而终的。

　　怎么样在客户最为需求的关键点，让客户在第一时间感受到自己的产品，成了工程机械、机床等大型工业品销售成败的关键。没有条件设立区域展销点的，要么借助画册、宣传片、公司网站等虚拟手段，要么邀请潜在客户到已购买客户现场参观。然而，这两种手段，一个太虚，无法提供真实体验的氛围；另一个则太实，与自己的需求相差较远，有点隔靴搔痒。

　　新兴的电动仓储叉车行业，经销商就存在"空头买卖"的普遍现象。在广州市场考察期间，叶敦明发现一些单店销售过 500 万元的经销商，都不舍得买一台电动叉车样车。他们承认样车对销售成交的重要作用，可都想让厂家免费提供。燃油叉车厂家为了拼命上量，在样车、延期付款等方面，处处让着经销商。这些被宠坏了的经销商，又把老习惯带到电动叉车这个新品类上。哎，谁不想免费的午餐呢？

　　有了样品之后，不仅可以在店面操作、演示，还可以安排到客户工厂现场演示，更可以

在各种展示会、推介会上大显身手。销售人员的后期跟踪、业务推进和成交,都会比玩空手道的对手多出几分胜算。

2. 从卖产品,到卖服务

6S店的销售利润,随着规模扩大,在总体盈利的比例就会从60%下降到20%左右,更多的利润增长点来自于增值服务。比如,保质期内的免费维修、保质期之后的收费维修、配件销售、定期保养、产品翻新。

然而,6S店的服务价值和服务成本,都是目前工业品小店面、散乱式终端无可比拟的。因此,短期内6S店只能是终端服务升级的一个风向标,不能成为普及应用的蓝本。那么,小店面也可以从卖产品,升级到卖服务吗?叶敦明认为,可以把服务前移到客户需求的方案设计上。厂家直销人员,或者区域经销商,在与客户深度交流之后,提出最具针对性的产品选型、方案设计,这就是顾问式销售。它能把自己的优势与客户需求对接起来,能够有效地区隔对手,甚至在对手打听到业务信息之前,就拿下订单,不给对手留下任何可趁之机。

3. 跳出6S店,看服务营销

6S店提供的服务,基本上都是以整机或配件销售为目的。服务质量提升的同时,服务成本也上去了。当副厂配件、专业维修商越来越规范时,目前配件和维修两大块利润就会大幅缩水。6S店,要么靠规模成本优势赚钱,要么从销售型服务,转型到服务营销的高级阶段。

服务营销,是工业品营销的一大特色。从产品销售、附加服务,到提供解决方案和咨询服务,工业品营销逐步实现了软着陆。还是拿工程机械举例。服务营销可以有两种方式:一种是Second-handexchange,也就是二手车买卖业务。回收客户的二手车,二次销售或者租赁是一块不错的蛋糕。另一种是Sourceof businessin formation,也就是业务信息来源,这是叶敦明自己想出的一个点子。依托6S店,或者业务规模较大的经销商,建立当地工程机械业务信息网,把零散的客户需求信息与工程机械业主对接起来,降低供需双方的交易成本,自己还可以赚取佣金,何乐而不为?

如此算来,6S店可以更名为8S店。4S、6S、8S店,或者将来的NS店,都是想把营销中心和服务中心,从厂家复制到区域市场,增加客户价值,增强厂家区域竞争力。工业品营销的根本,也是立足于客户价值创造和提升,6S店只是其中一种创新手段而已。

【文摘13.2】

汽车4S店经营之品牌建设

汽车4S店近些日子似乎十分的不好过,好像遇到了较大的障碍,或来自于市场:房地产不景气、股市赚钱效应明显(虽然近几天股市下跌);或来自于政府汽车销售管理政策:反垄断调查、汽车维修配件的流通管理等。为什么看似坚强且高大尚的4S店会在这些现状面前不堪一击?

难道汽车4S店是新生儿?

NO。

那是为什么?

很简单,汽车4S店没有核心的东西,用专业的话来讲,就是没有自己的品牌。汽车4S店销售的汽车品牌,需要经过厂家授权;售后维修免保和质保,需要厂家授权;相关核心技术指导及资料,需要厂家授权;相关的汽车配件,需要厂家授权才能在4S店使用并享受相关质保资格。而且,厂家严格控制着汽车4S店的销售及售后部分资金和资源!

如果，没有厂家的上述授权，汽车 4S 店本身有什么？什么都没有！

汽车 4S 店就相当一个裁缝的角色，为他人缝制衣物。哦，不对，还不如裁缝的角色，至少裁缝还拥有核心的技术——缝纫技能！

您会说，汽车 4S 店也拥有核心的技术啊，比如售后的维修技师！错！！汽车 4S 店核心的技术是厂家提供的售后维修检查仪器及厂家提供的强大技术通信，其所有权也是归属为汽车厂家。

那么，汽车 4S 店应该如何做品牌建设呢？

汽车 4S 店也是能够建立起相应的品牌的。不过，需要有一些新的构思，并巧妙地利用汽车 4S 店这个平台，且能够用心经营并很好地使其长大，直至其散发出强大的品牌力量……

汽车 4S 店的品牌建设其实有双重含义：

（1）厂家品牌建设：这点厂家做得相当好，且一直都在延续着，并且其掌控力已经到了接近完全控制汽车 4S 店的地步。汽车 4S 店根据厂家的要求，统一使用厂家规定 Logo 和视觉宣传系统、统一根据厂家的品牌宣传方案系统的在市场传播、统一使用品牌形象服饰、统一执行一致的销售及服务流程、统一……。市场对厂家的品牌接受度随着苛刻的厂家要求逐步向上提升，厂家品牌建设的力度不断加强！

（2）汽车 4S 店自身品牌建设：这点几乎就没有做，似乎没有考虑过，无奈并顺从接受（只为现实的利润或认为可期的利益）。

如果，汽车 4S 店要进行品牌建设，可从以下几个方面着手（由于具体细节复杂，概括叙述）。

①充分挖掘汽车 4S 店经营品牌的外延部分，作为自己的核心部分，并通过本品牌的销售与服务进行关联，促使其获得客户的认可；

②通过汽车 4S 店的广宣资源及车展等活动，宣传并推荐自身核心服务项目/产品（此项目/产品不受厂家管控和约束），获得客户及潜在客户；

③在汽车 4S 店平台外，设立汽车销售平台及或维修平台，并将所经营的品牌资源及技术导入，通过厂家的培训和指导间接获得团队组建和业务的开发（这一步，取决于品牌能否成立的关键）；

④在自身建设的品牌形象中淡化厂家品牌的力量，彰显自身企业的品牌，将自己的公司名字推到市场前面，并获取市场的美誉度和信任；

⑤动用各方资源精心呵护企业自身的品牌，使其在短时间内茁壮成长，能够在市场上自主获得更多的信任；

⑥做到这一步，公司自己的品牌建设就完成了！此时，汽车 4S 店势强，自己的品牌愈强；汽车 4S 店势弱，自身的品牌更强。

虽然，汽车 4S 店已经丧失了建设企业自身品牌的绝佳时机，但根据消费者的成熟度推测，也还是有一定的机会和空间！随着 O2O 汽车服务类目的批量入市与竞争，给汽车 4S 店的经营企业的时间和空间也越来越少！

否则，汽车 4S 店的经营企业可能会在曲终人散后，空留余香，物是人非……

【文摘 13.3】

阿木侃油：反垄断对 2015 年汽车后市场的影响

2014 年，已经有一批互联网或跨界企业开始进入汽车后市场，并迅速获得 A 轮、B 轮融资,在 2015 年随着"互联网+"和政府鼓励的"全民创业",汽车后市场更是迎接了一批又一批资本的陆续进入。对于原有的汽车后市场参与者来说,一夜之间,整个行业进入高混乱、高竞争状态,一场刀光剑影的资源之争、模式之争、渠道之争、客户之争空前火热。

2015年经济下行,汽车后市场相关产业其实并"不景气",但2015年汽车后市场的创业热情却异常"高涨",进入市场的资本更是超出历年市场投资的总额。这种热情的背后其实隐藏更多的"风险""商机",但它推动整个汽车后市场开始从"销售阶段"进入"服务阶段",从"垄断阶段"进入"多元化阶段"。从目前的发展趋势来看,汽车后市场还处于发展的初级阶段,行业模式多种多样,标准混乱,很多商业模式并没有成型,用户消费习惯还未养成,产业链格局存在很大的调整空间,2015年的汽车后市场可谓是雾里看花,变幻莫测!

1. 主机厂

主机厂作为汽车后市场的母体和源头,在 2015 年不光要经历整个大环境的影响,同时还要面对车市下滑、反垄断、WTO 解禁、融资收紧、规模包袱、渠道重组、行业解禁等一系列经营困局。迫于目前的生存压力和发展趋势,不断对下游产业要求降低配套产品成本,推出维修件、要求服务站延期保养同时又不断地加速进入保外市场的角逐,其生存压力导致主机厂策略频出,但还是很难扭转格局走势,反倒近一步激化了渠道冲突。

从发展趋势来看,主机厂在汽车后市场的主导地位或垄断地位已经开始走下坡路,已经不是几家企业的天下,将会有更多的参与者参与竞争,比如现在的新能源汽车产业更多的是民营企业、外资企业、跨界资本参与,原有的配套产业、受控下游产业开始脱离产业链从幕后开始走向前台,这种格局的演变其实也是趋势,一个产业的发展更多的需要平等,需要更多的多元化合作,一个产业的过渡集中到某一阶段必定要走向多元,合久必分、分久必合,这是一个产业发展的阶段性写照。

2. 配套企业

汽车后市场大家耳熟能详的可能是主机厂品牌,汽车产业的高速发展以及主机厂品牌的发展,其实也促进了汽车配套产业的快速发展,在配套产业链中也逐渐形成了很多细分品类的主要产业或主导企业,但是这些企业由于前期的发展过多依赖于主机厂的配套,缺乏自主品牌及渠道的建设,迫于配套产业的困局及自身实力的增强,加上大环境及行业趋势的影响,有一部分有实力、有思路的配套产业将开始从幕后直面进入汽车后市场,自建品牌、自建渠道网络,构建新的后市场体系,参与汽车后市场的角逐。

该产业链的进入,将对主机厂的保外市场形成一定对抗,同时直接会对现有依赖"副厂件"生存的企业形成直接影响,不过该类企业的进入虽有一定的困难,但有利于规范配件的标准件推进以及对市场假货的扼制,对于整个汽车后市场来说,直接进入市场将更有利于净化汽车后市场配件板块。

3. 4S店和服务站

4S店和服务站是主机厂的主要销售渠道,由于汽车产业在发展初期处于垄断、高利润产业,前期的进入门槛较高,很多经营者进入这一产业启动的资金量均较高。但随着大环境的变化,其生存现状说是原有产业链里面活在刀剑上的群体,不光面对主机厂的风险分流及严格的资格考核,还要面对主机厂保外市场及其他渠道参与者的蚕食,甚至出现部分 4S 店和服务站倒闭,部分地区出现了倒闭潮。

迫于生存和转型的压力,很多 4S 店和服务站还是运行两张皮,一张皮是继续保留原有的服务模式，维持现状看后期发展趋势；另一张皮就是另起炉灶，开始筹建新的自营品牌单店或进入快修、快保，脱离主机厂经营控制。很多4S店甚至已经开始做以前根本就看不上的项目：如上门换油、上门洗车、上门保养、上门检测等服务项目以增加客流及服务量。

但是从目前的发展趋势看，4S店和服务站是中国汽车工业首先培养的第一批汽车服务商，若该类企业战略和战术得当，利用前期积累的服务经验、管理标准化、客户集中化，快速转型进入快修、快保行业，甚至汽车后市场服务培训等领域应该有较好的发展。该类企业如果脱掉4S店或服务站那张皮，以真正的市场身份进入汽车后市场将更加有利于服务市场的快速提升。

4. 快修、快保、连锁

快修、快保、连锁从长远来看一定是一个趋势，但是从目前来看，国内还远远没有进入真正的服务阶段，准确来说汽车后市场已经开始出现更多相对规范的快修、快保服务形式，运营单店成功的也有很多，但是运营连锁成功的还没有几家。快修、快保、连锁还需要经历更长的时间方可形成汽车后市场的一个服务分支。

不解决连锁的"内核"问题就很难快速发展。如果把成功转型的4S店、服务站比作汽车后市场的人民医院，那么快修、快保就是专科医院，路边的维修店就是社区诊所，其实这三种形式在未来的汽车后市场一定是并存发展的。个人认为目前的后市场参与者投资冲动大于理性，加上现在的"互联网+"，某些大咖鼓吹的新模式，搞的整个市场是混战+混乱，其实仔细冷静下来，会发现大家并没有找到各自的准确定位，其实这种混乱背后也正在经历商业体系的重组。目前的参与者在现阶段是很难定出发展战略的，但是定发展方向一定是没有问题的，在混乱中"守正出奇"是现阶段的有效策略。

5. 备品、备件商

有人说，未来有一天可能不会有汽配城、不会有配件商。这个比喻可能有点不妥，但是我个人认为：汽配城可能会转型，会逐渐发展成为汽车服务集中市场，更多的会与维修产业、物流产业构建新的服务市场。随着汽车后市场的快速发展，靠副厂、假货生存的一些配件商将会逐渐消失，未来的汽配城可能会出现更多的品牌备品、配件的专营商，甚至厂家的服务网点和中心库。部分成功的备品、配件商也可能开始进入汽车后市场的备品、备件专营渠道的服务连锁。

随着该类群体的转型，后期可能会出现专业的品牌配件服务公司、备品服务公司、汽车综合备品备件服务公司，经营的品类将可能会朝两个方向发展，经营专营件或经营某一系列的综合件。从目前的发展趋势来看，备品、备件市场是需要进行一次"深度"市场净化，将直接影响着汽车服务市场的质量及行业规范，汽配城的未来一定不会是副厂件、假货、找便宜货的集散地。

其实在整个后市场还有很多的参与者，如保险公司、汽车地产、金融服务、互联网企业、汽车后市场培训、汽车后市场媒体等，甚至跨界进入汽车后市场的角逐者，大家都在经历着革命与创新。目前的汽车后市场刚进入"预开放阶段"正处于高速加热期，不管这场热浪打的多高，最终还是会落地。汽车后市场的竞争也将从混乱中逐渐变得更为清晰，这个市场足以容纳更多不同形式、不同模式、不同玩法的经营者参与角逐，未来的市场一定属于有战略、资源、擅长整合、创新和营销的企业！

有人的地方就有江湖，何况不差钱的汽车后市场；角逐者可仗剑天涯，亦可得一隅而寻求偏安！

【作者简介】余峰，笔名"阿木侃油"，实战派营销专家，润滑油行业资深评论员、营销分析师，专注于润滑油行业及汽车后市场营销趋势的跟进和深度研究。

分析与思考

1. 服务的含义是什么？服务具有哪些特征？
2. 服务营销的组合要素包括哪些？
3. 顾客通常从哪些方面评价服务质量？
4. 如何准确理解汽车的售后服务内涵？
5. 汽车的售后服务包括哪些内容？

课程实践

1. 目标

了解服务与服务营销，掌握汽车的售后服务内容和流程。

2. 内容

前往本市汽车城或汽车销售公司的 4S 店，参观和了解其汽车售后服务的内容和流程，或作为顾客体验汽车 4S 店的服务并撰写体验报告。

3. 注意事项

参观与体验要注意遵守汽车 4S 店的管理和指导，尽量减少对其正常业务的影响，并注意各种安全事项。

第 14 章　汽车网络营销与电子商务

【学习目标与要求】
1. 了解网络营销系统的组成及功能。
2. 掌握企业网络营销站点的规划方法。
3. 了解电子商务的功能与分类。
4. 掌握汽车企业电子商务的策略。
5. 了解我国汽车营销电子商务存在的问题，掌握相应的对策。

14.1　汽车网络营销

网络营销是伴随信息技术发展起来的，特别是通信技术的发展，促使互联网形成辐射面更广、交互性更强的新型媒体，它不再局限于传统的广播、电视等媒体的单向性传播，而且还可以与媒体的接收者进行实时的交互式沟通和联系。网络营销的效益是使用网络的人数随着入网用户成倍增加，网络的效益也随之以更大的指数成倍增加。据互联网数据研究机构 We Are Social 和 Hootsuite 共同发布的"数字 2018"互联网研究报告显示，截至 2017 年 12 月，全球网民人数已突破 40 亿。根据中国互联网络信息中心（CNNIC）最新发布的数据，截至 2017 年 6 月，中国网民规模达到 7.51 亿，占全球网民总数的五分之一。互联网普及率为 54.3%，超过全球平均水平 4.6 个百分点。随着中国网民的快速增长，互联网应用将进一步深化并普及，更多的经济活动正在加速步入互联网时代，从而带来整个社会的网络化。而高网民渗透率也将成为网络消费发展的坚实基础。据专家分析，用户一旦成为网民，则在信息获取、娱乐及消费等方面都非常依赖互联网。到时我国的网上市场将步入良性循环轨道，成为一个新兴的有魅力的潜力巨大的市场。因此，如何在如此潜力巨大的市场上开展网络营销，占领新兴市场，对企业来说既是机遇又是挑战，因为网络市场发展速度非常迅猛，机会稍纵即逝。

14.1.1　网络营销理论

网络营销是以互联网络为媒体，以新的方式、方法和理念实施的营销活动，它可更有效地促成个人和组织交易活动的实现。网络营销在国外有许多翻译，比较习惯和采用的翻译方法是 e-Marketing，e 表示是电子化、信息化、网络化涵义，既简洁又直观明了，而且与电子商务（e-Business）、电子虚拟市场（e-Market）等进行对应。

1. 网络直复营销理论

根据美国直复营销协会（ADMA）为直复营销下的定义，直复营销是一种为了在任何地方产生可度量的反应和（或）达成交易而使用一种或多种广告媒体的相互作用的市场营销体系。网络作为一种交互式的可以双向沟通的渠道和媒体，它可以很方便地在企业与顾客之间架起桥梁，顾客可以直接通过网络订货和付款，企业可以通过网络接收订单、安排生产，直接将产品送给顾客。基于互联网的直复营销将更加吻合直复营销的理念。这表现在以下四个方面。

（1）直复营销作为一种相互作用的体系，特别强调直复营销者与目标顾客之间的"双向信息交流",以克服传统市场营销中的"单向信息交流"方式的营销者与顾客之间无法沟通的致命弱点。互联网作为开放、自由双向式的信息沟通网络,企业与顾客之间可以实现直接的一对一的信息交流和直接沟通,企业可以根据目标顾客的需求进行生产和营销决策,在最大限度满足顾客需求的同时,提高营销决策的效率和效用。

(2) 直复营销活动的关键是为每个目标顾客提供直接向营销人员反映情况的渠道,企业可以凭借这些信息找出不足,为下一次直复营销活动做好准备。互联网的方便、快捷性使得顾客可以通过互联网直接向企业提出建议和购买需求,也可以直接通过互联网获取售后服务。企业也可以从顾客的建议、需求和要求的服务中,找出企业的不足,按照顾客的需求进行经营管理,减少营销费用。

(3) 直复营销活动中,强调在任何时间、任何地点都可以实现企业与顾客的"信息双向交流"。互联网的全球性和持续性的特性,使得顾客可以在任何时间、任何地点直接向企业提出要求和反映问题,企业也可以利用互联网实现低成本的跨越空间和突破时间限制与顾客的双向交流,这是因为利用互联网可以自动地全天候提供网上信息沟通交流工具,顾客可以根据自己的时间安排任意上网获取信息。

(4) 直复营销活动最重要的特性是可测定的。互联网作为最直接的简单沟通工具,可以很方便为企业与顾客进行交易时提供沟通支持和交易实现平台,通过数据库技术和网络控制技术,企业可以很方便地处理每一个顾客的订单和需求,而不用管顾客的规模大小、购买量的多少,这是因为互联网的沟通费用和信息处理成本非常低廉。因此,通过互联网可以实现以最低成本最大限度地满足顾客需求,同时了解顾客需求,细分目标市场,提高营销效率和效用。

网络营销作为一种有效的直复营销策略,说明网络营销的可测试性、可度量性、可评价性和可控制性。因此,利用网络营销这一特性,可以大大改进营销决策的效率和营销执行的效用。有关网络直复营销理论的应用将在后面的网络营销渠道策略中进行详细介绍。

2. 网络关系营销理论

网络关系营销是 1990 年以来受到重视的营销理论,它主要包括两个基本点:首先,在宏观上,认识到市场营销会对范围很广的一系列领域产生影响,包括顾客市场、劳动力市场、供应市场、内部市场、相关者市场,以及影响者市场(政府、金融市场);其次,在微观上,认识到企业与顾客的关系不断变化,市场营销的核心应从过去的简单的一次性的交易关系转变到注重保持长期的关系上来。企业是社会经济大系统中的一个子系统,企业的营销目标要受到众多外在因素的影响,企业的营销活动是一个与消费者、竞争者、供应商、分销商、政府机构和社会组织发生相互作用的过程,正确理解这些个人与组织的关系是企业营销的核心,也是企业成败的关键。

网络关系营销的核心一方面是保持顾客,为顾客提供高度满意的产品和服务价值,通过加强与顾客的联系,提供有效的顾客服务,保持与顾客的长期关系。并在与顾客保持长期关系的基础上开展营销活动,实现企业的营销目标。实施关系营销并不是以损伤企业利益为代价的,根据研究,争取一个新顾客的营销费用是老顾客费用的五倍,因此加强与顾客关系并建立顾客的忠诚度,是可以为企业带来长远的利益的,它提倡的是企业与顾客双赢策略。互联网作为一种有效的双向沟通渠道,企业与顾客之间可以实现低费用成本的沟通和交流,它为企业与顾客建立长期关系提供有效的保障。这是因为,首先,利用互联网企业可以直接接收顾客的订单,顾客可以直接提出自己的个性化的需求。企业根据顾客的个性化需求利用柔性化的生产技术最大限度满足顾客的需求，为顾客在消费产品和服务时创造更多的价值。企业也可以从顾客的需求中了解市场、细分市场和锁定市场，最大限度地降低营销费用，提高对市场的反应速度。其次，利用互联网企业可以更好地为顾客提供服务和与顾客保持联系。互联网的不受时间和空间限制的特性能最大限度方便顾客与企业进行沟通，顾客可以借助互联网在最短时间内以简便方式获得企业的服务。同时，通过互联网交易企业可以实现对整个从产品质量、服务质量到交易服务等过程的全程质量的控制。

另一方面，通过互联网企业还可以实现与企业相关的企业和组织建立关系，实现双赢发展。互联网作为最廉价的沟通渠道，它能以低廉成本帮助企业与企业的供应商、分销商等建立协作伙伴关系。如联想集团，通过建立电子商务系统和管理信息系统实现与分销商的信息共享，降低库存成本和交易费用，同时密切双方的合作关系。有关网络关系理论的应用将在后面网络营销服务策略中进行详细介绍。

3. 网络软营销理论

软营销理论是针对工业经济时代的以大规模生产为主要特征的强势营销提出的新理论，它强调企业进行市场营销活动的同时必须尊重消费者的感受和体念，让消费者能舒服地主动接受企业的营销活动。传统营销活动中最能体现强势营销特征的是两种促销手段：传统广告和人员推销。在传统广告中，消费者常常是被动地接受广告信息的"轰炸"，它的目标是通过不断的信息灌输方式在消费者心中留下深刻的印象，至于消费者是否愿意接受则不考虑；在人员推销中，推销人员根本不考虑被推销对象是否愿意和需要，只是根据推销人员自己的判断强行展开推销活动。

在互联网上，由于信息交流是自由、平等、开放和交互，强调的是相互尊重和沟通，网上使用者比较注重个人体验和隐私保护。因此，企业采用传统的强势营销手段在互联网上展开营销活动势必适得其反，如美国著名 AOL 公司曾经对其用户强行发送 E-mail 广告，结果招致用户的一致反对，许多用户约定同时给 AOL 公司服务器发送 E-mail 进行报复，结果使得 AOL 的 E-mail 邮件服务器处于瘫痪状态，最后不得不道歉平息众怒。网络软营销恰好是从消费者的体验和需求出发，采取拉式策略吸引消费者关注企业来达到营销效果。在互联网上开展网络营销活动，特别是促销活动一定要遵循一定的网络虚拟社区形成规则，有的也称为网络礼仪（Netiquette）。网络软营销就是在遵循网络礼仪规则的基础上巧妙运用，以求达到一种微妙的营销效果。

4. 网络整合营销理论

在当前的后工业化社会中，第三产业中服务业的发展是经济主要的增长点，传统的以制造为主的正向服务型发展，新型的服务业如金融、通信、交通等产业如日中天。后工业社会要求企业的发展必须以服务为主，以顾客为中心，为顾客提供适时、适地、适情的服务，最大程度上满足顾客需求。互联网络作为跨时空传输的"超导体"媒体，可以在顾客所在地提供及时的服务，同时互联网络的交互性可以了解顾客需求并提供针对性的响应，因此互联网络可以说是消费者时代中最具魅力的营销工具。

互联网络对市场营销的作用，可以通过对 4PS（产品/服务、价格、分销、促销）结合发挥重要作用。利用互联网络传统的 4PS 营销组合可以更好地与以顾客为中心的 4CS（顾客、成本、方便、沟通）相结合。

（1）产品/服务，产品/服务以顾客为中心。由于互联网络具有很好的互动性和引导性，用户通过互联网络在企业的引导下对产品或服务进行选择或提出具体要求，企业可以根据顾客的选择和要求及时进行生产并提供及时服务,使得顾客跨时空得到所要求的产品和服务;另外,企业还可以及时了解顾客需求,并根据顾客要求组织及时生产和销售,提高企业的生产效益和营销效率。如美国 PC 销售公司 Dell 公司,在 1995 年还是亏损的,但在 1996 年,它们通过互联网络来销售计算机,业绩得到 100%的增长,由于顾客通过互联网络,可以在公司设计的主页上进行选择和组合计算机,公司的生产部门马上根据要求组织生产,并通过邮政公司寄送,因此公司可以实现零库存生产,特别是在计算机部件价格急剧下降的年代,零库存不但可以降低库存成本,还可以避免因高价进货带来的损失。

(2) 价格,以顾客能接受的成本定价。传统的以生产成本为基准的定价在以市场为导向的营销中是必须摒弃的。新型的价格应是以顾客能接受的成本来定价,并依据该成本来组织生产和销售。企业以顾客为中心定价,必须测定市场中顾客的需求及对价格认同的标准,否则以顾客接受成本来定价是空中楼阁。企业在互联网络上则可以很容易实现,顾客可以通过互联网络提出接受的成本,企业根据顾客的成本提供柔性的产品设计和生产方案供用户选择,直到顾客认同确认后再组织生产和销售,所有这一切都是顾客在公司的服务程序导引下完成的,并不需要专门的服务人员,因此成本也极其低廉。目前,美国的通用汽车公司允许顾客在互联网络上,通过公司的有关导引系统自己设计和组装满足需要的汽车,用户首先确定接受价格的标准,然后系统根据价格的限定从中显示满足要求式样的汽车,用户还可以进行适当的修改,公司最终生产的产品恰好能满足顾客对价格和性能的要求。

(3) 分销,产品的分销以方便顾客为主。网络营销是一对一的分销渠道,是跨时空进行销售的,顾客可以随时随地利用互联网络订货和购买产品。以法国钢铁制造商犹齐诺—洛林公司为例,该公司创立于 8 年前,因为采用了电子邮件和世界范围的订货系统,从而把加工时间从 15 天缩短到 24 小时。目前,该公司正在使用互联网络,以提供比对手更好、更快的服务。该公司通过内部网与汽车制造商建立联系,从而能在对方提出需求后及时把钢材送到对方的生产线上。

(4) 促销,压迫式促销转向加强与顾客沟通和联系。传统的促销是企业为主体,通过一定的媒体或工具对顾客进行压迫式的促销来加强顾客对公司和产品的接受度和忠诚度,顾客是被动的和接受的,缺乏与顾客的沟通和联系,同时公司的促销成本很高。互联网络上的营销是一对一和交互式的,顾客可以参与到公司的营销活动中来,因此互联网络更能加强与顾客的沟通和联系,更能了解顾客和需求,更易引起顾客的认同。美国的新型明星公司雅虎(Yahoo),该公司开发一个能在互联网络上对信息分类检索的工具,由于该产品具有很强的交互性,用户可以将自己认为重要的分类信息提供给雅虎公司,雅虎公司马上将该分类信息加入产品中供其他用户使用,因此不用做宣传其产品就会广为人知,并且在短短两年之内公司的股票市场价值达几十亿美元,增长了几百倍之多。

14.1.2 网络营销的内容

网络营销作为新的营销方式和营销手段实现企业营销目标,它的内容非常丰富。一方面,网络营销要针对新兴的网上虚拟市场,及时了解和把握网上虚拟市场的消费者特征和消费者行为模式的变化,为企业在网上虚拟市场进行营销活动提供可靠的数据分析和营销依据。另一方面,网络营销在网上开展营销活动来实现企业目标,而网络具有传统渠道和媒体所不具备的独特的特点:信息交流自由、开放和平等,而且信息交流费用非常低廉,信息交流渠道既直接又高效,因此在网上开展营销活动,必须改变传统的一些营销手段和方式。网络营销作为在 Internet 上进行营销活动,它的基本营销目的和营销工具是一致的,只不过在实施和操作过程中与传统方式有着很大区别。

1. 网上市场调查

利用 Internet 的交互式的信息沟通渠道来实施调查活动。它包括直接在网上通过问卷进行调查,还可以通过网络来收集市场调查中需要的一些二手资料。利用网上调查工具,可以提高调查效率和调查效果。Internet 作为信息交流渠道,它成为信息海洋,因此在利用 Internet 进行市场调查时,重点是如何利用有效工具和手段实施调查和收集整理资料,获取信息不再是难事,关键是如何在信息海洋中获取想要资料信息和分析出有用的信息。

2．网上消费者行为分析

Internet 用户作为一个特殊群体,它有着与传统市场群体中截然不同的特性,因此要开展有效的网络营销活动必须深入了解网上用户群体的需求特征、购买动机和购买行为模式。Internet 作为信息沟通工具,正成为许多兴趣、爱好趋同的群体聚集交流的地方,并且形成一个特征鲜明的网上虚拟社区,了解这些虚拟社区的群体特征和偏好是网上消费者行为分析的关键。

3．网络营销策略制定

不同企业在市场中处在不同地位,在采取网络营销实现企业营销目标时,必须采取与企业相适应的营销策略,因为网络营销虽然是非常有效的营销工具,但企业实施网络营销时是需要进行投入和有风险的。同时企业在制定网络营销策略时,还应该考虑到产品周期对网络营销策略制定的影响。

4．网上产品和服务策略

网络作为信息有效的沟通渠道,它可以成为一些无形产品如软件和远程服务的载体,改变了传统产品的营销策略特别是渠道的选择。作为网上产品和服务营销,必须结合网络特点重新考虑产品的设计、开发、包装和品牌的传统产品策略,如传统的优势品牌在网上市场并不一定是优势品牌。

5．网上价格营销策略

网络作为信息交流和传播工具,从诞生开始就实行自由、平等和信息免费的策略,因此网上市场的价格策略大多采取免费或者低价策略。因此,制定网上价格营销策略时,必须考虑到 Internet 对企业定价影响和 Internet 本身独特的免费思想。

6．网上渠道选择与直销

如果问 Internet 对企业营销影响最大是什么,那应该是对企业营销渠道影响最大。如 Dell 公司借助 Internet 的直接特性建立的网上直销模式获得巨大成功,改变了传统渠道中的多层次的选择和管理与控制问题,最大限度降低渠道中的营销费用。但企业建设自己的网上直销渠道必须进行一定投入,同时还要改变传统的整个经营管理模式。

7．网上促销与网络广告

Internet 作为一种双向沟通渠道,最大优势是可以实现沟通双方突破时空限制直接进行交流,而且简单、高效和费用低廉。因此,在网上开展促销活动是最有效的沟通渠道,但网上促销活动开展必须遵循网上一些信息交流与沟通规则,特别是遵守一些虚拟社区的礼仪。网络广告作为最重要的促销工具,主要依靠 Internet(第四媒体)的功能,目前网络广告作为新兴的产业得到迅猛发展。网络广告作为在第四类媒体发布的广告,具有传统的报纸杂志、无线广播和电视传统媒体无法比拟的优势,即网络广告具有交互性和直接性。

8. 网络营销管理与控制

网络营销作为在 Internet 上开展的营销活动，它必将面临许多传统营销活动无法碰到的新问题，如网络产品质量保证问题、消费者隐私保护问题，以及信息安全与保护问题，等等。这些问题都是网络营销必须重视和进行有效控制问题，否则网络营销效果或适得其反，甚至会产生很大的负面效应，这是由于网络信息传播速度非常快，而且网民对敏感问题反应又比较强烈而且迅速。

14.1.3 网络营销系统

1. 网络营销系统组成

企业开展网络营销是一个系统性工程，它需要企业调动人力、物力和财力进行系统的组织和开发。网络营销系统的组成主要包括有基于 Intranet（企业内联网）的企业管理信息系统、网络营销站点和企业经营管理组织人员。网络营销作为电子商务中重要的组成部分，网络营销系统的建设和开发一般要纳入电子商务系统的整体建设，把网络营销系统作为电子商务系统中的有机组成部分。下面主要从整体电子商务系统的架构来讨论网络营销系统的组成。

（1）企业内部网络系统。计算机网络是通过一定的媒介如电线、光缆等媒介将单个计算机按照一定的拓扑结构连接起来的，在网络管理软件的统一协调管理下，实现资源共享的网络系统。

根据网络覆盖范围，一般可分为局域网（LAN）和广域网（WAN）。由于不同的计算机硬件不一样，为方便联网和信息共享，于是将 Internet 的联网技术应用到 LAN 中组建企业内联网（Intranet），它组网方式与 Internet 一样，但使用范围局限在企业内部。为方便企业与业务紧密的合作伙伴进行信息资源共享，于是在 Internet 上通过防火墙（Fire Wall）来控制不相关的人员和非法人员进入企业网络系统，只有那些经过授权的成员才可以进入网络，一般将这种网称为企业外联网（Extranet）。如果企业的信息可以对外界进行公开，那企业可以直接连接到 Internet 上，实现信息资源最大限度的开放和共享。

企业在组建网络营销系统时，应该考虑企业的营销目标是谁，如何与这些客户通过网络进行联系。一般说来可以分为三个层次。

①对于特别重要的战略合作伙伴关系，企业应允许他们进入企业的 Intranet 系统直接访问有关信息。

②对于与企业业务相关的合作企业，企业应该与他们共同建设 Extranet 实现企业之间的信息共享。

③对于普通的大众市场，则可以直接连接到 Internet。由于 Internet 技术的开放、自由特性，因此在 Internet 上很容易受到攻击，企业在建设网络营销系统时必须考虑到营销目标的需要，以及如何保障企业网络营销系统安全。

（2）企业管理信息系统。它是一个功能完整的具有网络营销功能的电子商务系统，基础是企业内部信息化，即企业建设有内部管理信息系统。企业管理信息系统是一些相关部分的有机整体，在组织中发挥收集、处理、存储和传送信息，以及支持组织进行决策和控制。企业管理信息系统最基本系统软件是数据库管理系统（Database Management System，DBMS），它负责收集、整理和存储与企业经营相关的一切数据资料。

根据不同功能组织可以将信息系统划分为销售、制造、财务、会计和人力资源信息系统等。如果要使网络营销信息系统能有效运转，营销部门的信息化是最基础的要求。一般为营销部门服务的营销管理信息系统主要功能包括：客户管理、订货管理、库存管理、往来账款管理、产品信息管理、销售人员管理，以及市场有关信息收集与处理。

根据组织内部不同层次，可划分为4种信息系统：操作层、知识层、管理层、策略层。

①操作层系统用来支持日常管理人员对基本活动和交易进行跟踪和记录。

②知识层系统用来支持知识和数据工作人员进行工作，帮助公司整理和提炼有用信息和知识，供上级进行管理和决策使用，主要解决结构化问题。

③管理层系统用来为中层经理的监督、控制、决策以及管理活动提供服务，主要解决半结构化问题。

④策略层系统用来根据外部环境和企业内部制定和规划长期发展方向。

（3）网络营销站点。网络营销站点是在企业 Intranet 上建设的具有网络营销功能的，能连接到 Internet 上的 WWW 站点。网络营销站点起着承上启下的作用，一方面，它可以直接连接到 Internet，企业的顾客或者供应商可以通过网站了解企业信息，并通过网站与企业进行交易。另一方面，它将市场信息和企业内部管理信息系统连接在一起，通过将市场需求信息传送到企业管理信息系统，让管理信息系统根据市场变化组织经营管理活动；它还可以将企业有关经营管理信息在网站进行公布，与企业业务相关者和消费者可以直接了解企业经营情况。

（4）网络营销组织与管理人员。企业建设好网络营销系统后，企业的业务流程将根据市场需求变化进行重组。为适应业务流程变化，企业必须重新规划组织结构，重新设立岗位和培训有关业务人员。其中，有些机构和岗位需要削减，有些机构需要重新设立，如原来的客户服务部中电话接线员就可以大大减少，因为客户可以直接通过企业网络营销系统获得帮助。

2．网络营销系统功能

网络营销系统作为电子商务系统有机组成部分，它包括的功能有：信息发布与沟通、电子单据的传输、网上支付与结算、货物配送及完善网上售后服务。

（1）信息发布与沟通。主要是实现信息发布和与顾客进行沟通功能。这也是大多数企业网络营销系统的初步形式，如网上产品目录与展示。由于信息是公开的，不涉及本质的交易，因此安全性和可靠性要求也不高。

（2）电子单据的传输。为保证交易的合法性，电子单据的传输一般要求保密、安全、可靠，而且可以作为法律凭证。该功能属于实现市场交易中的功能。

（3）网上支付与结算。它属于市场交易完成阶段功能。企业一般都开设有银行账户，而且具有较好的信用，因此只要银行之间能实现网上清算，企业间电子商务活动的支付就非常容易，但这依赖网上银行的发展。

（4）货物配送。它是另外一个完成交易的关键，如何实时将货物送到指定的目的地，这是完成交易最后的环节。

（5）网上售后服务。由于产品使用过程中可能出现很多问题，如果不能解决好网上售后服务问题，就可能影响到电子商务活动的正常开展，因为客户可能转为寻求更可靠的传统方式。一般网上售后服务，主要提供技术资料、网上咨询等服务。

3．网络营销系统开发方式

（1）购买通用商用系统。购买通用商用系统是实施的捷径。采用这种方式有以下优点：见效快、费用相对较低、系统质量较高、安全保密性较好、维护有保障。但是，商用系统也有其自身的局限性：第一，不能一步到位地满足企业管理的需求。企业在购买后，往往要针对自身的特点进行某些设定或是增补开发。第二，学习难度较大。第三，系统维护具有较强的依赖性。对于小型企业、事业单位及业务比较规、范而且特殊要求不多的大中型企业来说，通过购买商用系统的途径比较合适。

（2）自行开发。如果企业本身具有一定的技术能力，有一批开发会计信息系统所需要的复合型人才，往往希望自行开发系统。这种方式具有以下优点：针对性强，能够最好地满足单位管理的需要；便于维护，不需要依赖于他人；设计的系统易于使用。但采用这种方式也有其自身的缺陷：对单位的技术力量要求较高；系统的应变能力较弱。这种方式适合有比较稳定开发维护队伍的单位。

（3）委托开发。大多数单位不具备自行开发系统的能力，这时可以考虑委托外单位开发系统。这种方式的优点：和自行开发系统一样，采用委托开发方式是针对本单位的业务特点和管理需求建立系统；可以弥补本单位技术力量不足的缺陷；由于是专用软件，比较容易为使用者接受。这种方式存在的缺陷：开发费用较高；软件应变能力不强；维护费用高。这种方式比较适合本单位开发力量不足而又希望使用专用系统的单位。

（4）合作开发。与外单位合作开发系统，同时具备上述二、三两种方式的优点。这种方式也存在开发费用高、软件应变能力较弱等缺陷，但从成本与效益的角度考虑，不失为一种较好地开发方式，在实际工作中得到了普遍运用。

14.1.4　企业网络营销站点

1. 企业网络营销站点类型

一般来讲，企业建立自己的网站总有其目的，根据侧重面的不同，可将企业网站分为五种类型：信息型、广告型、信息订阅型、在线销售型和技术支持服务型。这五种典型模式中不同类型的站点，每一个都具有其独有的特性，也存在一定的差异，正是这些特性将它们与其他的类型区分开来。此外，许多站点对这五种典型网络营销模式中的几个进行了组合，形成了综合型站点。下面简要说明各类网站的基本特点。

（1）信息型。信息型站点也称传单站点或是公告牌站点。它的设计目的在于通过间接的途径获取经济效益，如相关产品的销售成本的降低。收益的根源在于通过网络建立起公众对其产品和服务的注意，从而增加现实当中的交易机会。与公路上的公告牌一样，这种站点的效果应当通过网民冲浪而过时的注目率，以及受到的购买诱惑来衡量。

（2）广告型。网络电视、广播及许多期刊型网站走的是广告模式的路子。所有的技术和信息内容编制所需的费用全都来源于广告收入。此时，消费者的注意力就成为网站价值的关键衡量标准。老练的广告商可以对一个网站进行评估并为其广告定价。

（3）信息订阅型。订购的费用可能按周、月或年来支付。最常使用的支付手段是信用卡，因为信用卡可以最方便地处理周期性电子商务。

（4）在线销售型。一个进行产品销售的网站实质上是一个电子版的产品目录。这些虚拟的店面通过精心编制的图片和文字来描述所提供的产品、进行促销活动、提供"网上购物车"系统及在线交易系统。一旦产品被购买了，该网络企业就得安排产品销售的执行，包括运送和安装，等等。执行过程有时候是由网络企业来进行，有时候则是直接由生产商通过特定的配送机制来完成的。

（5）技术支持服务型。互联网作为一种有效沟通渠道，许多企业都利用互联网提供技术支持服务与售后服务。特别对于一些IT类企业，经常需要对许多产品进行技术说明，提供一些免费升级软件，利用互联网就可以让客户自己在网站上寻求技术支持和售后服务，只有当技术难度较大和专业知识要求较高的时候，再通过传统渠道进行解决。

2．企业网络营销站点功能

一个结构完善、设计合理的网络营销站点可以方便客户通过企业营销站点获取信息、订购产品和寻求售后服务。在规划企业网络营销站点结构时，除应具备一般站点应具有的站点结构位图（MAP）、站点导航、联系方式等基本功能外，还应该结合企业的网络营销目标进行综合设计。

（1）企业信息发布。这部分属于站点的最基础内容，它主要包括企业新闻、企业经营活动、重大事件信息发布，以及企业的概况和企业产品信息等。如金山网站中的栏目：产品介绍、公司简介、文摘报道、新闻、搜索等。

（2）信息交流沟通。互联网最大的特点是可以进行双向沟通，一个友好的人性化网站一般都要提供顾客直接与企业进行沟通的渠道。如金山网站中的栏目：新闻组、论坛、注册和反馈，这些都是金山公司的用户或者业务伙伴与金山公司进行交流和沟通的有效渠道，同时也是金山公司软件用户之间交流的虚拟社区。

（3）网上销售。利用互联网进行网上销售既可以减少交易费用，又可以直接与消费者进行沟通，有利于完善软件和产品功能。提供网上销售功能时，还要考虑提供功能类型，如果只是有订货功能实现起来比较简单，如果是具有网上交易功能的，则网站还要提供网上支付功能。

（4）售后服务。售后服务是企业网站上经常提供的功能，设计时可以根据企业实际情况有选择性提供网上售后服务。如金山公司的网站就有很强的网上售后服务，如技术支持和授权培训这两个栏目，提供了消费者需要的有关技术资料和操作培训的信息。

（5）个性化服务。为方便和吸引更多网民访问公司网站，更好为企业的顾客服务，还可以建设一些子站点为顾客提供更差异化的满足顾客个性化需求的网站。如金山公司专门针对公司的产品如文字处理软件、游戏软件、词霸等设有专门网站，同时为拓展新的业务，金山公司还建立了提供计算机咨询的金山卓越网站。

上述结构设置主要是针对生产类型企业，对于商贸型、服务型的其他类型企业的网络营销，网站结构还需要根据实际情况进行调整。

3．企业网络营销站点规划

（1）企业网络营销站点规划步骤。企业建设网络营销系统是一项系统性工程，它涉及企业管理各个层面，包括企业高层的战略决策方面、中层的业务管理和低层的业务执行。进行企业网络营销站点建设，要考虑的是将企业业务管理和执行整合在一起。

首先，需要考虑的问题是企业打算利用网站进行哪些活动，也就是考虑企业网站目标。常见的网站目标：提供良好的用户服务渠道；试图销售更多的产品和提供更多的服务；向有兴趣的来访者展示一些信息。

其次，在确定站点的目标后，在规划的初始阶段，就应该尝试划定访问者范围，分析时要考虑访问者的情况包括：预期网站的主要目标受众在哪些地区，哪些人口结构；访问地区接入互联网的带宽有多大，能否快速访问到网站内容；谁会来使用网络页面。

再次，确定网站提供信息和服务。在考虑站点的目标和服务对象后，根据访问者的需求规划站点的结构和设计信息内容，规划设计时应考虑：按照访问者习惯规划站点的结构；结合企业经营目标和访问者兴趣规划网站信息内容和服务；整合企业的形象规划设计站点主页风格。

最后，在分析站点的战略影响和规划好站点的经营目标和服务对象后，就要规划如何组织建设网站了。规划建设网站时，应该考虑这样4方面问题：是否要建立自己的网站或网页空间，还是采取其他方式（如委托建设）；为网上营销方案预计投入多少资金；如何组织人员和有关部门参与网站建设；如何维护管理企业网络营销网站。

（2）企业网络营销站点内容规划。企业网络营销站点建设的目的有着很大不同，并非所有的企业都是直接靠网络营销站点去赢利，绝大多数传统行业企业只是把网络营销站点当作一种宣传、广告、公关和销售补充工具而已。但也有一部分企业依靠建立网络营销站点，发展特殊网络营销赢利业务。

合理安排网络营销站点的内容对企业至关重要，精心规划、及时更新的网络营销站点能让访问者忠诚地不断回访，提高站点知名度，使企业网站在整个营销体系中真正发挥作用。

（3）成本效益分析。企业网络营销站点的建设是一项长期发展计划，但如果投入成本过大而收益太小，势必影响它的持续发展，因此合理核算域名成本和收益，以保成本收益为准来支持结构合理的营销计划，避免提前过多的浪费投入。站点的成本包括使用平台（主机服务器、网上服务器、连接硬件设备和支撑系统软件）和服务内容（创意及日常设计、应用软件设计、日常管理、内容版权等）。另外，应当加强对企业实施网络营销后带来的效益进行核算，以确定企业下一步发展目标，不至于因投资不够延误站点带来的商机；由于企业上网动机和目的不一样，很难制定出标准的测算方法，但企业可以根据上网前/后对企业营销成本核算进行比较。

如果投资建立了一个十分吸引人的站点，但不对它进行及时更新，站点很快就被遗忘失去功效。因此，在核算站点的成本费用时，还要加入对网站进行维护的费用预算。

14.2 汽车电子商务

网络营销作为 Internet 起步最早的成功的商业应用，网络营销得到蓬勃和革命性的发展。随着网络营销发展的深入，它不再仅仅是营销部门的市场经营活动方面的业务，它还需要其他相关业务部门如采购部门、生产部门、财务部门、人力资源部门、质量监督管理部门和产品开发与设计部门等的配合。因此，局限在营销部门在 Internet 上的商业应用已经不能适应 Internet 对企业整个经营管理模式和业务流程管理控制方面的挑战。电子商务是从企业全局角度出发，根据市场需求对企业业务进行系统规范的重新设计和构造，以适应网络知识经济时代的数字化管理和数字化经营需要。

电子商务以不受地域时间限制、成本低、效率高、快速、方便等优势，受到越来越多企业和用户的欢迎，在世界范围内保持着快速、持续发展的态势。目前，电子商务应用已经从零售、运输、外贸等个别领域扩展到各类企业和各个行业，显示出强大的生命力。

14.2.1 电子商务的层次与分类

不同公司和不同的组织对电子商务有不同的定义，但基本内容是一致的。比较权威的定义是经济合作与发展组织 OECD 给出的定义：电子商务是关于利用电子化手段从事的商业活动，它基于电子处理和信息技术，如文本、声音和图像等数据传输。主要是遵循 TCP/IP 协议，通信传输标准；遵循 Web 信息交换标准，提供安全保密技术。如果给出一个更简单系统的定义，电子商务是指系统化地利用电子工具，高效率、低成本地从事以商品交换为中心的各种活动全过程。网络营销作为促成商品交换的市场交易实现的企业经营管理手段，它显然是企业电子商务活动中最基本的重要的商业活动。

1. 层次

根据国际数据公司 IDC 的系统研究分析指出，电子商务的应用可以分为以下几个层次。

（1）第一个层次是面向市场的以市场交易为中心的活动，它包括促成交易实现的各种商务活动如网上展示、网上公关、网上洽谈等活动，其中网络营销是最重要的网上商务活动；同时还包括实现交易的电子贸易活动，它主要是利用 EDI、Internet 实现交易前的信息沟通、交易中的网上支付和交易后的售后服务等都在网上实现；两者的交融部分就是网上商贸，它将网上商务活动和电子商贸活动融在一起，因此有时将网上商务活动和电子贸易统称为电子商贸活动。

（2）第二个层次是指如何利用 Internet 来重组企业内部经营管理活动，与企业开展的电子商贸活动保持协调一致。最典型的是供应链管理，它从市场需求出发利用网络将企业的销、产、供、研等活动串在一起，实现企业网络化数字化管理，最大限度适应网络时代市场需求的变化。

2. 分类

从不同商务群体角度可以将电子商务分成以下几类。

（1）企业对消费者的电子商务。企业对消费者的电子商务（Business to Consumer，B2C），是指企业与消费者之间进行的电子商务活动。随着互联网的普及，这类电子商务通过互联网积极展开在线销售。凡是传统市场面向消费者的商品和服务，都先后扩展到企业设立的网站上，借助互联网的虚拟商店模式面对全体网民，进行销售和服务。由于企业与消费者之间的交易不需要规范的单据传输等复杂的过程，因而这类电子商务发展迅速，成为带动整个电子商务发展的主要力量。

（2）企业对企业的电子商务。企业对企业的电子商务（Business to Business，B2B），是指各企业之间进行的电子商务活动。工商企业利用计算机网络对其供应商进行采购，对其客户供货，并利用计算机网络实施付款、结账、合同订立、商品调拨等运作。面对市场的激烈竞争，发展电子商务可以降低成本，提高对市场变化作出反应的敏捷程度，可以更好地优化企业间的资源配置，从而建立竞争的优势。无论大、中、小企业都十分重视，希望通过信息化手段来促进企业的发展，故而这类电子商务的发展具有强大的驱动力。

（3）企业对行政机关的电子商务。企业对行政机关的电子商务（Business to Administrations，B2A），是指通过互联网上政府机构设立的网站，政府可利用网站竞价招标进行采购活动；进行收税和退税工作；发放进出口许可证或展开统计工作。通过互联网，企业可以参与政府采购的投标活动，实施各类商品的销售交易、完成税收交纳、电子报告、许可证申请、统计数据等商务、业务工作。这类电子商务既有保密性又有透明度，提高了行政机关与企业之间的相互服务质量。

其他类别还有 C2A、C2C 等电子商务模式。

14.2.2 电子商务的功能

在信息时代电子商务显示出了强大的功能和明显的效益，正因为如此，电子商务备受各行各业重视，成为促进汽车工业发展和汽车消费的又一热点，各汽车企业应高度重视电子商务对本企业发展的推动作用。

1. 在企业采购方面的功能

企业采购工作是一个复杂的多阶段过程。企业采购属于 B2B 电子商务模式，许多大中企业已经在专用网络上使用电子数据交换来自动完成例行采购。全球范围利用 EDI 进行的商务活动已超过 3000 亿美元。据统计，利用 EDI 的企业一般可节省采购费用的 5%～10%。利用互联网可以让许多中/小企业从其低廉的传输费用中得益。

2. 在企业减少库存方面的功能

企业与供应商之间传统的供应链运作效率很低，表现在每次供货量很大，每批供货间隔时间很长，其结果是企业的库存量很大，供应商对企业的商品需求不能作出快速的反应。日本汽车企业创立了及时供货（JIT）系统，将企业年库存周转次数由 4～5 次提高到近 20 次。

生产计划是按销售情况来不断调整的，企业产品的库存过大会造成大量资金积压、过小会产生脱销而影响销售量，在传统的生产与营销模式中库存量占年销量的 10%～20%之间，管理水平很高的汽车企业可以控制在 10%以下，即使如此，资金困难还总是困扰着大部分企业。

美国汽车制造商通过专用网络及电子数据交换系统与供应商之间沟通供货信息。供应商可以掌握整车厂今后两个月的生产计划，以及近几天内的详细供应需求，这样供应商可以从容地安排本企业的供货和生产，同时及时向整车厂供货，使整车厂的年库存周转次数由近 20 次增到 130 次左右，从而节省了大量运营费用。

3. 在企业缩短生产周期方面的功能

市场竞争要求企业迅速地推出符合潮流的新产品来满足消费者需求，这对汽车业界而言是极大的挑战。按传统的方式开发产品，周期约为 5～6 年，日本企业采用并行工程研发方式将研发、生产和营销人员组织在一起进行工作，把周期缩短到 3～4 年，这样企业就可以在采用先进技术的新颖性到款式的时尚性上都占有先机，具有很大的竞争力量。

4. 在企业更好地为客户服务方面的功能

许多企业利用互联网进行客户服务，在网上介绍产品、提供诸多有关产品的信息资料、进行交互式的咨询服务、在互联网上接收订单、并按协议或方便客户的方式进行付款和送货。销售服务部门建立客户管理系统，通过电话、Web 站点、传真、E-mail 等触发手段与客户进行交流，提供技术支持和售后服务。

企业在利用互联网进行客户服务中，可以充分地展示企业的产品、可以和更多的潜在顾客交流信息、可以迅速地反馈客户在产品消费中的意见、能更好地使客户满意，并节省大量的营销和服务费用。

5. 在企业降低产品价格方面的功能

在传统的销售方式中企业要销售更多的产品必须增加销售人员，故而大型企业必然会拥有一支庞大的销售队伍。如果通过互联网 Web 站点进行销售，新客户的增加仅仅受到服务器容量的限制，其他附加费用甚低。

由于销售上升，企业通过信息网络系统及时进行采购和物资调配，缩短了生产周期，保证了向市场供货。电子商务的运作模式使企业在生产、营销服务上节省了可观的资金，降低了生产成本和营销成本，最终在产品价格竞争方面具有更大的空间。

6. 在企业寻求新的销售机会方面的功能

由于互联网在全球已进入普及阶段，各企业利用 Web 站点可以进入一个新的市场。Web 商务的特点是具有多媒体功能和交互能力，其页面能够显示各种彩色并附有音响的动画图像，可以很有效地宣传、介绍企业的产品，允许来访者输入数据进行信息交流。

企业通过 Web 站点与销售商接触，树立品牌形象，与客户进行交流，实现信息管理和分发，提供顾客服务、技术支持和网上销售。以计算机制造商 Dell 公司为例，在其 Web 站点上采购产品的客户，有 80%的消费者和一半的小公司过去从未购买过该公司的产品，有 1/4 的客户宣称，若无此 Web 站点，他们不会购买 Dell 产品。由于 Web 站点上的虚拟商店每周营业 7 天，每天营业 24 小时，因而可以比传统商店获得更多的商机。

对于汽车行业而言，中、小型的汽车零部件制造厂家通过电子商务可以获得许多新的销售机会。

7. 在消费者购买商品中的功能

传统的消费者购买行为是进商店，货比三家，然后才是付款提货。

网上购货开辟了一个不同的模式，网上浏览虚拟商场可以取得精练而有价值的信息，可以不受地域、时间限制迅速地了解数十家商场的商品情况，包括款式、功能及价格等。通过交互信息可以定制、砍价，可以参与产品的设计开发，可以选择多种付款方式，可以选择送货上门或在附近提货，可以得到咨询等各项服务。

8. 对社会的功能

电子商务的发展将进一步促进市场的繁荣，使经济实现全球化。

信息产业是形成知识经济时代的核心，电子商务的发展将直接或间接地推动知识经济走向新的高点。在电子商务的发展过程中会出现许多新的行业和服务中介机构，如物流公司和配送中心，它们将起到重要的中介作用。

电子商务为政府行政管理带来了新的模式，在安全管理、税收管理、法律保证、知识产权保护、隐私保护等方面提出了挑战。电子商务将创造出更安全、更合理、更方便的社会服务体系，从而推动经济的发展，使人民生活得更便利以及消费得更满意。

14.2.3 汽车企业应用电子商务的优劣分析

1. 优势分析

（1）汽车工业在国民经济中的地位适合电子商务的应用。随着汽车工业自身的发展，汽车工业在世界各国的经济发展中所处的地位越来越突出，逐渐成为各主要汽车生产国的支柱产业。正是由于它在各国经济中的地位，决定了汽车企业一般都具有相当的规模和实力，是资本和技术密集型企业，这就为汽车行业应用电子商务提供了经济和技术基础。

（2）汽车工业行业特点适合电子商务的应用。汽车的零部件较多，也就决定了它的供应商较多，产业链较长，是一个大规模的协同产业，它需要有整车厂商、各级供应商、经销商的协同作业，需要广地域的全球采购。要实现广地域的全球采购只有利用信息技术连接供应链上的各个企业、各项业务，形成订单流程，缩短订单处理的时间，使销售、制造与供应商集成一体化，实现快速反应，及时采购、生产和装配，只有这样才能提高效率、降低成本、增强竞争能力。据福特公司统计，通过网络采购，每笔交易的费用只有 15 美元，而传统方式采购的交易费用是 150 美元。

（3）汽车工业产品特点适合电子商务的应用。汽车工业的许多零部件都是规范化的产品，有严格的技术标准,是标准件,即只要关心它们的规格,而不必担心它们的质量。这就使电子商务的风险减少了很多。

2. 劣势分析

(1) 消费者的消费观念和能力不利于电子商务的应用。在我国这样的发展中国家,消费者的消费观念还比较传统,消费能力有限。对于消费者而言,汽车还是高档商品,消费者会花上千元去尝试网上购物,但不可能仅凭感性认识就做出购车决定,他们只可能通过网络这个窗口,了解汽车行情、市场变化情况及时尚车型、款式及价格等,最后还必须亲自到现场看车、验车、试车、讨价还价、办理相应购车手续。

(2) 网络交易的安全问题制约电子商务的发展。在我国目前商业信誉还较低的情况下,网络交易的安全无法得到切实保障。另外,还有网上交易的支付等问题,虽然支付系统在不断完善,银行卡、在线支付等已经在中国银行、招商银行等实现,但从技术和方便易用性上讲,它还存在许多弊端和漏洞,有待进一步完善。

由此,我国汽车电子商务的发展应兴利除弊,先致力发展 B2B 模式,只有在汽车企业自身产品技术逐渐成熟,网络技术与交易手段逐渐完善了,才可能真正实现基于价值链的电子商务模式。

14.2.4 汽车企业电子商务策略

1. 零部件企业发展电子商务的策略

信息技术的广泛应用和电子商务的发展可以为汽车企业拓展销售渠道、提高服务效率、降低采购营销成本、减少库存、优化库存结构,是汽车企业增强实力、融入经济全球化格局的必由之路。电子商务的应用将为我国汽车工业提供创新的机遇和无限的空间。因此,汽车企业可以采用电子商务来解决汽车供应链中的问题,从而最终促进我国汽车工业的进一步发展。

(1) 建设网络基础设施。汽车零部件企业可利用电子商务网站介绍产品和服务,并在企业网站上发布企业的基本信息。还可以利用电子商务的交互性在网站上建立诸如常见问题解答、聊天室等栏目,从而可方便汽车零部件企业与用户之间的相互交流,提升企业的服务质量。另外,还应积极地将自己的网站链接到其他门户网站或者著名的搜索引擎上,以提高访问量,这样可以最大限度地挖掘潜在用户。最终,汽车零部件企业可利用互联网的无时空限制使自己有更多的机会加入到世界汽车行业的全球采购网络中。

(2) 建立企业核心业务管理(ERP)。汽车零部件企业应围绕着市场需求建立一个高效运作的后台——ERP 系统。通过 ERP 系统,可以将所有的部门和功能整合到一个应用软件系统中。通过共享的数据库,各部门之间可以很容易地共享信息,互相沟通。当从网上接到订单后,系统可以根据工厂产能和备料情况作好生产排程,并可立即告诉客户交货的时间和数量。利用 ERP 系统,汽车零部件企业可以保证及时供应高质量的零部件产品以及相应的服务,最终可以提升整个企业的运转效率,从而使得零部件企业与整车制造企业能够同步生产。

(3) 建立客户关系管理(CRM)。目前许多企业已经开始注意到必须以客户为中心开发产品和提供服务,才能获得更大的竞争优势。要想更好地为客户服务从而提升自己的竞争力就必须引入 CRM。通过 CRM 汽车零部件企业可以方便地寻找到新的客户,并为现有的老客户搞好服务,从而提升企业的价值。汽车零部件企业要想做好 CRM,应该按照以下流程运作。

①收集资料。利用高科技手段与多种渠道收集客户资料,并将它们整合成为单一的客户

数据库。

②分类与建立模式。借助分析工具与程序将收集到的客户资料分成不同类型，并描述出每一类客户的行为模式。

③进行活动测试、执行与整合。通过客户服务中心或呼叫中心及时地反映出活动效果，这样会有助于企业实时调整进一步的营销活动。

④实行绩效分析与考核。CRM可通过各种市场活动、销售与客户资料建立起一套标准化的考核模式，零部件企业可利用此考核模式考核服务与市场营销活动的实施成效，并及时发现实施过程中出现错误的原因。

2．整车制造企业发展电子商务的策略

汽车整车制造企业可利用电子商务的交互性与无时空限制来进行新产品的开发，利用互联网将广大的消费者引入产品的构思中来，从而改变我国汽车过分模仿国外产品而不具备自主知识产权的现状。整车制造企业利用电子商务进行网上新产品开发主要可从以下几个步骤展开。

（1）产品的构思。汽车整车制造企业可利用Microsoft的ASP技术再加上SQL Sever数据库建立"新产品构思"的交互性栏目。"新产品构思"包括登录客户的姓名、电话、地址、新产品构思细节以及新产品构思效果图等内容。当用户将自己的构思内容填入网页表单中的相应空白处后，可单击页面中的"提交"按钮便可将通过互联网传递到企业的后台"新产品构思"数据库中。

（2）构思的筛选及概念的形成。企业内部的专家可从"新产品构思"数据库中查看到不同用户所提交的产品构思信息。通过分析，筛选出符合本企业发展目标和长远利益、并与企业资源相协调的产品构思。企业在筛选出构思的基础上对于产品的功能、形态、结构等进行详细的描述，使之在顾客心目中形成一种潜在的产品形象，即产品概念。

（3）新产品研制。汽车整车制造企业在新产品的研制过程中，可通过互联网与相应的汽车经销商和零部件供应商进行双向的沟通交流，通过相互合作可以最大限度地提高新产品开发的速度。

3．售后市场发展电子商务的策略

随着我国汽车工业的蓬勃发展，汽车售后市场容量已经超过了整车销售的市场容量，汽车售后市场的服务水平的高低将直接影响到整个汽车销售市场的发展。因此，汽车售后连锁经营机构应重视电子商务的应用，具体做法体现在以下几个方面。

（1）连锁组织业务运营和信息交换。实施连锁组织内部的业务信息平台，通过广域的企业内部网和相应的信息系统为汽车售后连锁体系成员之间提供低成本、高效率、安全的业务往来，保障连锁体系低成本跨地域扩张。

（2）组织内部管理。在汽车售后连锁系统内的各组成部分中实行信息管理系统，从而起到强化内部管理、规范经营管理模式等作用。

（3）网上客户服务。可以利用互联网平台让客户从网上订购汽车用品、配件等，然后依托整个连锁体系开展对客户的直接销售和配送，并利用互联网延伸客户服务。

（4）网上采购。通过电子商务手段，及时收集市场、用户对产品的需求并进行分析汇总，做出采购决策，并在此基础上与汽配厂商、汽车用品厂商等供应商之间通过电子商务手段交付订单，处理订货信息。通过电子商务手段进行采购，能够大大缩短采购周期，降低采购价格。

【文摘 14.1】

汽车网络营销现状探析

网络已经成为人们日常生活的一部分，消费者对于在网上购买商品这种行为不再陌生。2015 年的"双十一"网络购物节，天猫商城一天的销售额就达到了 912 亿元人民币，相当于 2014 年我国上市汽车经销商营业收入合计的 47.88%。在电商几乎进入日常消费的所有领域的时候，汽车经销商应该如何应对、汽车能否进行网络销售、如何实现，就成了摆在我国广大汽车经销企业面前的实际问题。

1. 汽车相关网站

人们购买汽车这种大型贵重商品的过程，往往是一个由未知到已知的学习过程，这个过程在网络时代之前的主导者是汽车经销商，主要依靠汽车销售顾问的讲解介绍，但现在，绝大多数消费者会通过在网络上搜索信息来完成。产生购车意向后，消费者会主动在搜索引擎上进行信息搜索，在垂直网络平台上查询相关参数，留意门户类网站的汽车专栏，购买完成后还会到论坛里分享自己的购车经验，形成了一个网络上信息传播的回路。这里涉及的汽车相关网站有以下几类：

（1）门户网站的汽车专栏。门户类网站十年前曾风靡一时，新浪网、搜狐网、腾讯网、网易是现在最热门的四大门户网站。随着网络用户从 PC 端向移动端的大规模转移，信息集成型的门户类网站风光不再，但作为特殊板块存在的汽车专栏还保持着自身独特的活力，这与我国汽车市场近些年的蓬勃发展有关。当然，像搜狐网以视频为特色，其搜狐视频汽车频道制作了很多汽车测评类网络视频，通过 APP 可以广泛在移动客户端传播，影响力不容小觑。

（2）汽车类垂直网络平台。与包罗万象的门户类网站不同，垂直网络平台不求广度而求深度，因此，在汽车领域，汽车之家、易车网、太平洋汽车网、网上车市、爱卡、汽车中国等几个网站广受汽车爱好者和汽车用户的欢迎。尤其是汽车之家和易车网，几乎成为了所有购车者通过搜索引擎进行汽车信息筛选的第一站，凭借自身车型信息丰富、经销商资源庞大，对汽车市场有相当的影响，也具备了初步的网络汽车营销能力。

（3）社交媒体公共账号。新浪微博加 V 认证的官方账号，是企业新车型发布、优惠活动信息、事件营销、危机公关等的重要阵地，各大车企都在广泛利用，精心维护，是官方声音传播给大众的主要渠道。随着微信的普及程度越来越高，微信公共账号也成为车企传递信息的另一途径，尤其是汽车经销商，利用微信公共号的互动功能，可以实现车主身份认证，直接进行售后服务预约和优惠券发送等特色业务。

2. 汽车网络营销现状

（1）B2C 电商平台。以天猫商城和京东商城为代表的 B2C 电商平台是网络购物大潮中的主战场，以丰富的业态构成、强大的平台优势吸引了各大合作品牌。汽车作为特殊产品，最近几年也加入到 B2C 电商平台的网络销售中，但由于其自身价格高、无法异地交易、需要阶段性进行售后服务等原因，难以在网络中像其他商品一样普遍销售。

（2）京东商城线上销售 Smart。2012 年 2 月，京东商城首开网络销售汽车的先河，在线上销售奔驰旗下的品牌 Smart（精灵），创下 89 分钟内 300 辆线上特供款全部售罄的不俗成绩。此次线上销售的 Smart 颜色为"流光灰"，属限量款，且售价比同期线下相同配置低一万多元，同时还可获赠一年保险、一年油卡及 1000 元京东商城东礼券等超值赠品。购买的过程是线上拍下 1000 元预约保证金，京东商城确认订单后发放消费者购车凭证，购车者与当地

Smart 经销商联系，去 4S 店提车成功后，京东商城退还 1000 元保证金的同时发放 1000 元京东商城礼券，剩余的购车流程在 4S 店进行。总体来说，是线上预订，线下购买的模式。现在京东商城线上经销的品牌有上海大众、斯柯达等七个品牌，基本也采取这种预付定金+成交送礼/抽奖的方式，但车型基本以展示为主，成单并不多，客户评价一般。

（3）天猫商城线上销售汽车模式。2013 年后，天猫商城加大了对汽车销售平台的扶持，其整车销量有大幅度提高。现在天猫商城线上销售汽车主要有三种模式：第一，线上特供款，只能线上预付线下提车；第二，天猫商城专款，以雪佛兰为代表的轻度改装车型，改装后申报国家目录，解决改装车上牌问题。同时，又找到了线上、线下的差异；第三，同款车线上、线下同时销售，线上只提供优惠券，议价看车等具体环节还是在 4S 店进行。相对于京东商城，天猫商城汽车进驻的品牌数量更多，对于线上销售投入的心思也更多，甚至紧跟国家政策引入了平行进口车经销商。即便如此，天猫商城汽车的销量也不尽如人意，绝大多数车型销量停留在 0 辆上并没有变动。

（4）汽车之家询价。汽车之家作为国内知名的垂直电商平台，是购车人网络搜寻信息的第一站。汽车之家利用自身流量大的优势，与各地经销商展开了深入的合作。在汽车之家查询具体车型信息时，可以看到当地经销商信息。网站有询价功能，有意向的购车者可以通过输入本人联系方式得到当地经销商的最低报价，而与汽车之家合作的经销商就可以从后台看到此意向客户，并进行后期跟进。汽车之家并不直接进行汽车销售，只是通过与经销商合作侧面促进交易，成功率较高。

（5）易车网的易车商城。易车网也是流量足够大的汽车垂直网站，易车网设有易车商城，在 2014 年，易车商城使用独立域名并进行了较大升级改版，形成了以金融购车为特色的整车销售平台。此次改版后的易车商城推出超低的首付比例（普遍为 20%～30%，部分豪华车型可首付 10%），可以选择车辆租赁，或还款购买，使消费者可以灵活选择汽车产品及购买方式。但出于对新型购买方式和平台的陌生，很多消费者仍持观望态度。

3. 汽车网络营销展望

（1）针对人群。在人群年龄划分上，70 后、80 后为购车主力，同时也是互联网使用和网络购物的重点人群，从接受新鲜事物、网络使用习惯、经济实力、购买意向等方面综合考虑，他们是汽车网络营销的主要受众；相对来说，50 后、60 后对网络使用频率相对较低，而 90 后初入职场，消费能力有限。因此，在网络广告投放、营销方式方法上，可以侧重考虑 70 后、80 后的偏好特征，借助他们喜爱的微博、微信等网络社交媒体进行推广。

（2）营销目的。汽车产品价值量大、售后维护复杂、配套产品多、技术含量高、不方便运输等特点决定了与其他产品的不同，无法做到只依靠网络介绍图片展示就令消费者做出下单决定、网络付款并通过物流进行配送。从目前的汽车网络营销形式来看，网络宣传推广是主要目的，基本的思路是线上预订、线下付款提车，即 O2O 的模式。线上的推广由汽车生产企业进行，线下的服务由汽车经销商即 4S 店来提供。这样也满足了以 70 后、80 后为主的购车群体网络搜索信息的心理需求，拓展了车辆信息的获得媒介，汽车生产厂商提供给网络经销平台的文字介绍、图片甚至视频，可以更全面而具体地呈现汽车产品的特点。而汽车垂直网络平台可以利用自身流量大的特点，即使不转型做网络销售平台，也可以以恰当的切入点与 B2C 平台展开广泛的合作。

（3）开展方式。如果线上、线下销售的汽车产品完全一致无差异，那么线上平台就失去了经营活力；如果线上营销依靠价格优势，那么一是形成了线上、线下经销商的左右互搏，二是在整车销售利润极低甚至负利润的情况下造成经销商更大损失。汽车网络营销的开展，可以参考苏宁、国美等电商平台的做法，进行线上、线下的差异化营销，打消价格的敏感性，如前文举例中，京东商城线上销售 Smart，由于车身颜色属限量款，为实体店不供应的型号，就不妨碍在网络上以不同于 4S 店的价格进行销售。因此，汽车生产厂商可以考虑打造网络平台特供车型，以不同于实体店的颜色、配置等方式，适当配合折扣、限量赠品等销售促进手段，达到招徕的目的，实现销量的上升。另外，在 4S 店展厅内，销售顾问也可以反向促进网络特供车型的销售，经过需求分析后，向适合的用户推荐线上车型，网上预订后店内购买核销，既可以提升网络款车型的销售，又能用新鲜的营销手法使年轻消费者主动分享，达到病毒营销的目的。随着政策的放开，平行进口车由于车辆来源和车型本身就不同于中标 4S 店经销款的天然优势，又免掉了中间商的流通费用，未来可能成为网络营销的重要力量。

综上所述，汽车网络营销尚属新鲜事物，在汽车市场多元化的发展过程中，汽车生产厂商和汽车经销商要彼此配合，线上、线下营销要找到差异化，辅以恰当的推广促销方式，才能使这种新型营销方式顺利开展，从而推动我国汽车市场的进一步发展。

【案例 14.2】
回顾 2014 年度最"duang"的网络营销案例：汽车篇

随着互联网技术的发展，智能产品成为了普通人日常生活不可分割的一部分。无论工作、休闲、生活、娱乐，智能产品更成为了人们的一种生活习惯，于是互联网服务也由最初的大行业应用向垂直细分领域渗透，网络营销时代已然来临！具有前瞻性的各产业广告主都想在互联网领域中成为屹立于新型营销手段的那个"巨人"。那么，在庞大的互联网市场中，如何提升产品、品牌的知名度和美誉度，取得甚至远超预期目标，加深与消费者互动，促进销售与推广就变得尤为重要。下面以汽车行业为点、互联网为面而整编出的 2014 年度最优秀的网络营销案例，细细品读定然有所收获。

案例 1：Mini 城市微旅行输入法皮肤&壁纸设计大赛
- 营销背景：在繁忙的工作中，不让假期牵绊自己的步调。就在居住的城市，选定若干绝佳去处，展开长则数天、短则半日的旅程。期盼意外发现，那些朝夕相处的城市不为人知的美。最快意事，莫过于像 Mini Paceman 一样有意思、有格调、有脾气的旅伴。Mini 将这种行走方式、这种发现的概念称为"城市微旅行"。这种懂得享受生活美好的用户，恰恰是 Mini Paceman 的核心目标人群。伴随着 Mini Paceman 车型全新上市，Mini 将车型推广与融入步调引领者的城市微旅行活动，以及新车的理念在网络上最大化发声，让更多人认识并认同 Paceman 车型。
- 营销目标：借助搜狗强大的用户规模覆盖和使用人群与 Mini Paceman 的高度匹配，实现与用户积极互动的目的。
- 营销策略：Mini 选择与搜狗合作，主要建立在搜狗强大的用户规模基础上，搜狗输入法用户超过 4 亿人，搜狗壁纸用户超过 1 亿人，每天活跃用户分别超过 1 亿 900 万人，凭借这些活跃用户在每天必经的浏览渠道中覆盖、在用户打字过程中和使用电脑桌面时全程营销，最大程度传播微旅行主题与活动信息。
- 精准的用户定位：从 Mini 的定位、市场状况及搜狗汽车行业投放等多方面共同研讨得出，喜欢个性化输入法皮肤、计算机/手机壁纸的用户，往往更重视生活品位和格调，更能满足 Mini Paceman 的定位。Mini 新车与搜狗人群均为年轻、活跃人群，他们偏好互动、新颖的方式，厌恶硬性的推送，视觉影响占据他们营销体验的重点。所以，最终确定了以微旅行为主题的输入法皮肤、壁纸设计大赛，以用户设计的作品来影响更多用户。

- 创新的营销方式：调动搜狗已经积累的大量设计师资源，以他们的参与设计大赛，唤来更多优质作品。在大赛结束的同时，上线第二阶段，利用广告位推送优质作品，吸引更多的用户点击下载皮肤及壁纸，在日常生活中时刻营销网民。搜狗输入法的另一资源"新词弹窗"本身具有新鲜信息整合的平台作用，将此次赛事作为新鲜事告知，不仅不会引起反感，反而容易调动更多兴趣。
- 创意沟通元：举办以新车皮肤壁纸为核心思想的设计大赛，以视觉冲击传递 Mini 品牌内涵。搜狗以 Mini 新车设计大赛为契机，开辟了一个先河。设计师参与设计搜狗的输入法皮肤、壁纸，不但能够尊享万千网民的膜拜，更能通过优秀的设计赢得各类精美礼品和奖金。以往的展示广告，往往比拼的是广告展现位置和机会，搜狗则切入另一个全新领域，以大家每天使用的输入法皮肤及计算机手机桌面为原点，构建了一套全新的广告体系，当用户对图片产生浓厚兴趣后，可以点击下载皮肤或桌面壁纸，客户广告将会很长时间驻留在用户打字时和开机浏览时，将广告时间无限延长。对于不少网民来说，已经厌倦被各种广告信息轰炸，搜狗设计大赛的独特创意，让产品图片以高端、大气、上档次的格调进驻消费者视野。搜狗输入法皮肤、壁纸设计大赛的核心价值在于易复制，对于以品牌、产品展现为主的用户，都具有推广价值！
- 执行过程/媒体表现：

①借助输入法皮肤、壁纸设计大赛，以输入法皮肤及壁纸为主载平台，利用搜狗积累的大量设计师参与互动，设计出优秀作品。

②推送设计作品，让网友点击下载实现品牌曝光。

③下载后的作品上可以添加链接至品牌官网，为营销收口，基于用户的主动下载及点击互动行为，让品牌信息快速扩散。

- 创意策略：以微旅行为主题，向广大受众征集作品，并在作品中加入官网链接再次推送，将品牌桌面 Mini 站请到用户桌面去，让用户在对壁纸、皮肤的使用中，时刻感受品牌理念。
- 媒体策略：在征集阶段中，运用皮肤、壁纸及"新词弹窗"等资源，广泛推送赛事，让这一创意活动被更多受众所知。推送阶段中，再运用皮肤及壁纸的推送资源，选择用户黏度较高资源位促进作品的下载使用。
- 营销效果与市场反馈：此次合作超过原定目标。最终征集得到 58 款皮肤、195 款壁纸，远超过原定计划的几十款，下载量分别达 76 万次与 1603 万次，为原定计划 8 万次的上百倍。除去下载量与征集作品，据统计，搜狗达到了 3.8 亿次的展现量，预约试驾导流 1663 次，官网导流超 17 万次，成功地让更多人主动了解了 Mini 新车，拉近了品牌与消费者距离，以皮肤和壁纸的制作使用，视觉冲击+网络生活伴随，感知品牌微旅行概念。推广期间，Mini 曝光量明显增加，官网流量与试驾导流显著提升。
- 专业点评：随着 80 后、90 后逐渐成为汽车消费市场的主要购买群体，各大汽车品牌纷纷收起刻板、传统的营销手段，寻求最契合年轻人需求的营销方式。"Mini 城市微旅行输入法皮肤&壁纸设计大赛"无疑在这方面给出了绝佳的思路和答案。

对于 Mini 而言，这是一次全新的营销模式，更是一次精准的跨界营销，巧妙地通过搜狗输入法、壁纸等客户端产品，Mini 品牌有效地拓展了传播渠道，并全面覆盖、时刻营销主流用户人群。值得一提的是，案例采用征集作品的形式，特别是调动搜狗已经积累的大量设计师资源，以他们的参与吸引更多的参与者，唤来更多优质作品。活动期间，Mini Paceman 品牌在短时间内得到快速集中曝光，实现并超越预期效果。该案例已经成为全新营销模式的标杆案例，亦为汽车企业提供了一个新的营销范式。

案例2：北京汽车"E起打劫"诠释点子商务营销

- 营销背景：北京汽车 E 系列两厢车上市一年后，E 系列三厢车上市，三厢车作为两厢车的互补，需要在短期内引发消费者关注并建立信任，达成"上市即销售"的目标。分析当时的消费环境，社会物价不断上涨，工资收入不变。在这个网民只关注与自己有关的事情或者只关注自己感兴趣的内容的年代，E 系列三厢车上市传播如何从信息泛滥的网络环境中突起？如何迅速与网友产生共鸣的主题，在第一时间抓住网友的眼球，从而提高产品声量并促进销售是面临的最大挑战。

- 营销目标：第一，在市场上快速建立三厢车的产品信任度；第二，在短时间内利用信息碎片化特点，打造三厢车的知名度；第三，在上市之际，达到销量冲刺。

- 策略与创意：E 系列三厢车上市之际，代理公司发起以"打劫"为噱头的上市活动，通过口碑事件营销，配合幽默趣味的创意广告，迅速扩散全网。活动期间，利用以"打劫"为主题的病毒视频在全网传播，进行公关事件炒作，引爆话题。联合国美、1号店进行线上"打劫商品"的网络互动游戏，突出 E 系列三厢车后备箱容量大的产品特点，网友只要到线下 4S 店达成购车交易，则必有 1 号店或国美 5000 元购物卡相送，将"打劫"的虚拟物品换为实物。参加互动游戏后，网友会留下个人信息。这时通过代理公司的销售系统来跟进每位用户的后续行为，引导消费者从线上活动参与到线下进入 4S 店的体验，甚至到最后购车的成交。与此同时，配合线上"打劫"活动，在客户重点销售区域的主要国美店面，选择人流量最集中的周末，安排进行 E 系列静展和购车体验，刺激消费者"购车又购物"，紧密联系生活。整体推广围绕效果导向，从线上互动引导到线下进店，甚至从线下车辆展示反向刺激线上活动参与，是一个 O2O2O 的双向活动。线上活动通过门户、垂直、移动三大平台，达到全网覆盖。

  线下在国美实体店铺中进行三厢车辆展示及抽奖活动，同时在国美和 1 号店的暑季促销中，配合了大量的传统媒体进行曝光。整体兼顾活动资源与效果资源的平衡，加强媒介效益的提升，从而带动销量。从线上活动参与一直到购车成交，针对每个环节的每个消费者的行为追踪，代理公司都有一套非常精准和优化的系统帮助层层把控，保证最终成交的数量和质量。

- 执行过程/媒体表现：预热阶段。网络活动页面上线，网友进入页面后可直接填写个人信息；启动销售跟进系统，将所有用户信息进行统一标准化管理，从电话邀约到进店的全部环节紧密跟踪。以"某超市大白天遭打劫"为标题，在优酷上发布病毒视频（第一波炒作版）；联合微博红人发布将视频剧情以漫画的形式展示，突出北京汽车 E 系列车内空间大的产品优势，文案以诙谐幽默为主。带动了"E 起打劫"活动，并预告游戏正式开始等信息。

  活动阶段。游戏正式上线，网友可在国美、1 号店两个游戏平台中任选其一，参与"打劫"游戏。游戏结束后进行抽奖并填写个人信息。优酷网站上发布病毒视频（第二波揭秘版）；利用微博红人，将博主聚焦于"打劫"主题，将"打劫"话题升华至情感层面，直击微博网友关怀话题。利用销售增进系统，把三个平台产生的用户信息分批管理，用最有效的方式促进用户到店，从而产生销量。与国美、1号店进行联合推广，进行线下实车展示及店庆抽奖活动；门户、垂直、视频、搜索、移动端等各大媒体平台进行活动推广。

- 营销效果与市场反馈：广告总曝光近39亿次；活动平台整体曝光超过100万次，活动参加人数超过20万/人次。活动期间，共收集到13711个有效潜客数据；微博活动共计转发42.6万次；评论13.85万次；粉丝共增长18万人以上；病毒视频PV超过85万，转发8千次；收集有效信息13711人；到店量327人，共产生284台销量，转化率高达86.9%。

- 专业点评："打劫"的话题切入点比较新颖，噱头十足，也贴合了当前消费者的心理状态。以病毒视频吸引消费者去活动页面登记信息进行线下试驾，有意思的是这个活动页面是建立在一号店和国美的平台上，并且与线下的国美店打通，有着相对应的线下车展和活动，这就实现了O2O2O的双向导流。这样的导流机制能够很好地带动到店量和购买量，因此最后完成的销量也是相当出色的。

当然，作为一个起点于社会化媒体的活动，少不了更多拓展话题的延伸，将"打劫"话题升华到情感层面确实是个比较聪明的做法，能更多引起共鸣提升参与度。活动周期不长，目标却很明确，也动用了非常多的网络平台和线下资源，从最终的结果来看，还算是一个不错的商务营销类的案例。

分析与思考

1. 什么是网络营销？网络营销的特征如何？
2. 网络营销系统的功能是什么？由哪几个部分组成？
3. 电子商务的功能有哪些？如何分类？
4. 分析汽车企业应用电子商务的优势和劣势。

课程实践

1. 目标
了解汽车企业开展网络营销和电子商务的基本方法和策略。

2. 内容
登录各大汽车公司或汽车专业网站，对其页面各项功能进行体验，完成信息查询、比较决策、产品定制等购车手续，分析其特点。

3. 要点及注意事项
上网前应明确目的，上网时间不宜过长。遵守网络社交礼仪，注意网络安全。

反侵权盗版声明

电子工业出版社依法对本作品享有专有出版权。任何未经权利人书面许可，复制、销售或通过信息网络传播本作品的行为，歪曲、篡改、剽窃本作品的行为，均违反《中华人民共和国著作权法》，其行为人应承担相应的民事责任和行政责任，构成犯罪的，将被依法追究刑事责任。

为了维护市场秩序，保护权利人的合法权益，我社将依法查处和打击侵权盗版的单位和个人。欢迎社会各界人士积极举报侵权盗版行为，本社将奖励举报有功人员，并保证举报人的信息不被泄露。

举报电话：（010）88254396；（010）88258888
传　　真：（010）88254397
E-mail：　　dbqq@phei.com.cn
通信地址：北京市海淀区万寿路 173 信箱
　　　　　电子工业出版社总编办公室
邮　　编：100036